权威·前沿·原创

皮书系列为

“十二五”“十三五”国家重点图书出版规划项目

U0832485

长江经济带蓝皮书

BLUE BOOK OF
YANGTZE RIVER ECONOMIC BELT

长江经济带发展报告（2017~2018）

ANNUAL REPORT ON DEVELOPMENT OF YANGTZE RIVER ECONOMIC BELT (2017-2018)

主　编／王　振

副主编／周海旺　王晓娟

社会科学文献出版社
SOCIAL SCIENCES ACADEMIC PRESS (CHINA)

图书在版编目(CIP)数据

长江经济带发展报告. 2017－2018 / 王振主编. --
北京: 社会科学文献出版社, 2018. 12
（长江经济带蓝皮书）
ISBN 978－7－5201－3874－1

Ⅰ. ①长… Ⅱ. ①王… Ⅲ. ①长江经济带－区域经济
发展－研究报告－2017－2018 Ⅳ. ①F127. 5

中国版本图书馆 CIP 数据核字（2018）第 257111 号

长江经济带蓝皮书
长江经济带发展报告（2017～2018）

主　　编 / 王　振
副 主 编 / 周海旺　王晓娟

出 版 人 / 谢寿光
项目统筹 / 郑庆寰
责任编辑 / 郑庆寰　王蓓遥

出　　版 / 社会科学文献出版社 · 皮书出版分社（010）59367127
地址: 北京市北三环中路甲 29 号院华龙大厦　邮编: 100029
网址: www. ssap. com. cn
发　　行 / 市场营销中心（010）59367081　59367083
印　　装 / 三河市龙林印务有限公司

规　　格 / 开 本: 787mm × 1092mm　1/16
印 张: 27　字 数: 410 千字
版　　次 / 2018 年 12 月第 1 版　2018 年 12 月第 1 次印刷
书　　号 / ISBN 978－7－5201－3874－1
定　　价 / 99. 00 元

皮书序列号 / PSN B－2016－575－1/1

本书如有印装质量问题，请与读者服务中心（010－59367028）联系

版权所有 翻印必究

长江经济带蓝皮书编委会

主　　任　王　振

副 主 任　周海旺　王晓娟

委　　员　（按姓氏笔画排序）

马　双　于秋阳　卢晓菲　刘玉博　刘　亮
李　妍　汪　杨　张　彦　陈嘉欢　周　静
樊福卓　薛艳杰　戴伟娟

主要编撰者简介

王　振　1998年毕业于日本京都大学农学部农林经济学系，获博士学位；2001年于上海社科院应用经济学博士后流动站出站；2003年晋升正研究员。主要研究领域为区域经济、人才发展、中小企业。现任上海社会科学院副院长，兼任信息研究所所长、长三角与长江经济带研究中心常务副主任、“一带一路”信息研究中心主任。区域经济学博士生导师。《长江经济带蓝皮书》主编、《全球数字经济蓝皮书》主编、《长三角地区经济发展报告》主编。上海市城市规划学会副会长、上海市人才研究会副会长。第十五届上海市人大代表、主席团成员。荣获全国留学回国成就奖（2003年）、上海市优秀留学回国人才称号（2004年）、上海市领军人才（2010年）、享受国务院特殊津贴（2011年）。近几年组织撰写与出版多部研究著作，如《长江经济带创新驱动发展的协同战略研究》《长三角协同发展战略研究》《上海2050发展愿景》《新产业革命与上海的转型发展》《中国“一带一路”倡议及其影响研究》等。

周海旺　1992年毕业于华东师范大学西欧北美研究所，现任上海社会科学院城市与人口发展研究所副所长，上海社会科学院社科创新智库“人口发展与公共政策”首席专家。兼任上海市老龄科研中心老年人口研究所所长、上海社会科学院人力资源研究中心副主任。中国人口学会会员，上海人口学会理事，上海老年学会理事。主要从事人口发展与公共政策、社会发展、人口老龄化与社会保障、流动人口与就业问题等领域的研究，承担完成两项全国哲学社会科学基金课题，作为核心成员参与完成一项国家社科基金重大项目、一项重点项目，主持完成20多项上海市哲学社会科学基金和上海市政府决策咨询课题、70多项省市委办局委托课题项目。关于上海人口发展战略、人口发展预测、生育政策、人口老龄化对象的多项研究成果被政府部门采纳，获得十多次省部级以上奖励。

王晓娟 上海社会科学院应用经济研究所副研究员，2007年毕业于浙江大学，获博士学位，2009年上海社会科学院应用经济学博士后流动站出站，主要研究方向为产业网络和区域经济发展等。近年来主持或参与多项国家及省部级课题。主要学术成果有专著《知识网络与企业竞争优势：浙江产业集群的经验研究》，论文《企业跨区域发展视角下产业集群转型》《知识网络与集群企业创新绩效——浙江黄岩产业集群的实证研究》《上海服务业发展特征及其与经济增长的关系》《网络视角下企业跨区域发展与产业集群升级研究》《长江三角洲地区产业一体化：内涵、主体与途径》《跨国公司与产业集群的融合：从地理接近到关系嵌入》《三大都市圈的汽车产业集群》《工业城市转型升级的两种国际模式及对上海的启示》等。

摘　要

《长江经济带发展报告（2017～2018）》是长江经济带蓝皮书系列第三部，也是上海社会科学院长三角智库创新团队组织研创的国家高端智库成果之一。报告以长江经济带区域整体发展为研究对象，分为总报告、指数篇、城市与社会篇和产业篇四大部分，重点对2017～2018年长江经济带的经济、社会、环境等发展状态与态势做比较全面的梳理。报告一方面，对长江经济带110个城市的绿色发展、科技创新、产业转型进行综合评估和排名；另一方面，对长江经济带工业、农业、服务业、金融业、旅游业进行梳理，对比研究区域内三大城市群发展，相关指数的发布和主要产业及城市发展研究，对于长江经济带建设具有决策参考价值。

指数篇分别完善了绿色发展、科技创新驱动力和产业转型升级三大指标体系，并首次提出社会发展指数。其中，运用国内外8个较有影响力的评价指标体系，构建长江经济带城市绿色发展指数评价指标体系，并对区域内110个城市的绿色发展水平进行分析评价，全面展示长江经济带绿色发展的区域差异，并分析了背后的经济社会影响因素。建立了长江经济带科技创新驱动力指标评价体系，从科技创新投入、科技创新载体、科技创新产出和科技创新绩效等四个维度，系统全面评价了长江经济带110个地级市的科技创新驱动力。依据综合指数及四个专项指数，对110个城市进行了排名，并着重对长江经济带科技创新驱动力排名前20的重要城市进行了分析。长江经济带产业转型升级指数报告，结合中央最新提出的创新驱动、高质量发展要求，对评价指标体系进行了优化，将样本扩大为长江经济带11个省市全部110个地级市（不含民族自治州），以求更为全面地对长江经济带城市产业转型升级情况做出分析判断。长江经济带社会发展指数报告评价了长江经济带主要城市在社会事业、社会保障、社会均衡和社会活力等方面的综合表现，形成包括4项一级指标、9项二级指标和15项三级指标在内的综合评价体系，建立了长江经济带社会发展指数。指数得分情况表明，长江经济带50座重点城市中，舟山社会领域发展情况最优，其次为湖州和杭州。

城市与社会篇聚焦长江经济带城市群与社会发展。其中，城市群报告对长江经济带三大城市群基本概况及2017年发展情况进行比较分析，得出三大城市群概况、发展阶段、发展水平、结构特征等存在较明显地区差异，城市群之间及城市群内部城市间发展不平衡不充分的矛盾和问题还比较突出的结论。同时，指出三大城市群的实际功能区范围均小于规划区范围。社会结构协调发展报告分析研究了长江经济带11个省市人口、家庭、婚姻、教育、就业等社会结构演变的趋势和特点；概括了上海社会结构演变趋势、现状和问题，同时分析长江经济带社会结构演变走向对上海社会结构的影响，包括来沪人口变动对上海常住人口数量、年龄结构、婚姻市场、人口素质、劳动力供给、社会经济发展等方面的影响。

产业篇跟踪研究长江经济带工业、农业、服务业、金融业、旅游业、交通运输业和文化产业的最新发展态势，运用最新的统计年鉴、统计公报数据进行全面梳理分析。工业发展报告通过分析认为2017年长江经济带工业经济运行稳中有进、稳中向好、好于预期，工业生产止稳回升，工业投资增速回升，经济效益大幅提升。农业发展报告分析指出长江经济带保有我国近27%的农业用地，以及约1/3的耕地，承载了全国超过1/2的农业从业人口，投入了全国超过三成的农业投资，2017年产出了全国43%的农业增加值。服务业发展报告分析指出，长江经济带现代服务业总体发展平稳有序，上、中、下游发展各具优势和特色，区域间融合互动不断增强，协同发展态势显著。金融业发展报告指出，2017年长江经济带金融发展水平小幅回落，区域金融发展差异继续缩小，保险深度提高，金融业务占有全国较大比重。旅游业发展报告指出，长江经济带11个省市不断明确新时代新使命，在全域旅游、红色旅游、乡村旅游等方面开展了积极实践。交通运输业发展报告指出，2017 年长江经济带上中下游交通运输业发展平稳，运输能力进一步提升，运输结构进一步完善。最后文化产业发展报告指出，长江经济带文化产业已步入良性发展的轨道，并处于稳健发展阶段，逐步确立文化产业集群的优势地位，并形成区域文化产业多增长极，同时逐渐明晰区域文化品牌。

目 录

Ⅰ 总报告

Ⅱ 指数篇

Ⅲ 城市与社会篇

Ⅳ 产业篇

皮书数据库阅读**使用指南**

总 报 告

General Report

B.1
长江经济带发展形势分析（2017~2018）

刘 亮 刘玉博 马 双*

摘 要： 2017年中央明确了围绕环境保护和修复，将长江经济带建设成我国生态文明建设先行示范带、创新驱动带、协调发展带的总体战略部署，长江经济带各省市坚持生态优先、绿色发展战略，围绕全中央环境与经济发展中实际问题，从顶层设计到具体项目等方面稳步推进，长江经济带成为目前国内重要的经济增长点之一。总体而言，长江经济带各省市经济发展继续保持较高增速，主要指标运行在较合理区间，经济增长动力与结构逐步改善，经济发展质量稳

* 刘亮，博士，上海社会科学院应用经济研究所副研究员，研究方向为宏观经济政策与财政金融；刘玉博，博士，上海社会科学院城市与人口研究所助理研究员，研究方向为经济与社会发展；马双，博士，上海社会科学院信息研究所助理研究员，研究方向为区域经济和绿色创新。

步提升。在民生建设方面，2017年，各省市对民生问题的重视程度越来越高，社会事业发展迅速，人均可支配收入稳步增长，城乡差异进一步缩小，医疗卫生事业继续改善，就业保障制度进一步完善，核心城市对人口吸引力进一步增强，城镇化水平进一步提升，人民生活水平进一步提高。随着《长江经济带生态环境保护规划》出台，长江经济带在水资源利用、水生态保护、环境污染治理、流域风险防控等方面目标更加细化和量化，长江经济带生态建设和绿色发展事业稳步推进。

关键词： 长江经济带　经济发展　社会民生　生态建设　绿色发展

2017年是长江经济带深化推进的一年，6月9日在北京召开了推动长江经济带发展工作会议，认真学习习近平总书记关于推动长江经济带发展的重要讲话、指示批示精神和李克强总理重要批示要求，并讨论了《长江经济带生态环境保护规划》等有关文件，对下一步围绕将长江经济带建设成为我国生态文明建设的先行示范带、创新驱动带、协调发展带等工作做了进一步部署。长江经济带各省市各项工作正围绕环境与经济发展等实际问题，从顶层设计到具体项目等方面稳步推进，长江经济带成为目前国内重要的经济增长点之一。2017年长江经济带11省市地区生产总值由33.3万亿元增长到2017年的41.1万亿元，名义增长23.4%，占全国GDP的比重从44.7%上升到45.2%。按实际增速计算，则长江经济带GDP增速约为8%，高于同期全国平均增速（6.9%）。同时，区域内各地区之间的经济结构与发展质量也得到了进一步改善，社会民生发展水平稳步提升，生态环境建设及绿色发展取得积极成效，截至2017年末，长江经济带地区常住人口近6.03亿人，占全国总人口的43.4%，常住人口人均GDP超过6万元，达到62001元，略高于全国平均水平（59660元）。长江经济带11省市中，城镇化率最高的为上海，2016 年已经达到 87.6%，[①] 江苏、浙江、重庆和湖北均高于全国水平（58.52%），其他省市低于全国平均水平。其中，贵州最低，城镇化率只有 46.02%。

一 2017年长江经济带区域经济发展

2017 年世界经济虽然面临一系列不确定性影响，但总体呈现出经济复苏并继续向好趋势，全球经济进入上行周期，且上行力度不断加大。与此同时，全球的民粹主义、贸易保护主义和经济孤岛主义的泛滥，也催生很多双边或者多边贸易摩擦，且越来越多。面对极其错综复杂的国内外形势，长江经济带 11 省市在以习近平同志为核心的党中央团结带领下砥砺前行，深入贯彻落实新发展理念，实现了经济平稳较快发展，主要指标仍然运行在较合理区间，经济增长动力与结构逐步改善，经济发展质量稳步提升，人民生活水平进一步提高。

（一）2017年长江经济带区域经济发展概况

1. 经济增速继续保持较高水平，为目前国内经济增长最好地区之一

2017 年相对于 2016 年而言，虽然长江经济带 11 省市 GDP 实际增速略低于 2016 年，从 8.5% 下降到 8%，但仍是国内经济增长最活跃的地区之一。2017 年，长江经济带 11 省市除上海外 GDP 增速均高于全国平均水平（6.9%）。其中，贵州增速居全国 31 个省份（不含港澳台，下同）首位，贵州省已经连续 7 年经济增速位居国内前三（见表 1）。且全国 GDP 增速前 5 位的省份中，长江经济带共有 4 个（贵、云、渝、赣），全国 GDP 增速前 10 位的省份中，长江经济带共有 7 个（还有皖、川和湘三省）（见图 1）。

---

① 上海未公布 2017 年城镇化数据，但 2016 年城镇化数据仍然居 11 省市第一。

表 1　2017 年长江经济带 11 省市经济增速与全国比较

排名	地区	GDP(亿元)	GDP 增速(%)	全国 GDP 排名	全国增速排名*
1	贵州	13540.83	10.2	25	1
2	云南	16531.34	9.5	20	3
3	重庆	19500.27	9.3	18	4
4	江西	58213.5	8.9	16	5
5	安徽	27518.7	8.5	13	6
6	四川	36980.2	8.1	6	7
7	湖南	34590.6	8	9	9
8	湖北	36522.95	7.8	7	11
9	浙江	51768	7.8	4	11
10	江苏	85900.9	7.2	2	18
11	上海	30133.86	6.9	11	21
全国		827122	6.9		

*由于广东未公布 2017 年 GDP 增速，故在全国的增速排名中未包含广东省。

资料来源：排名是作者根据各省市数据计算得出。

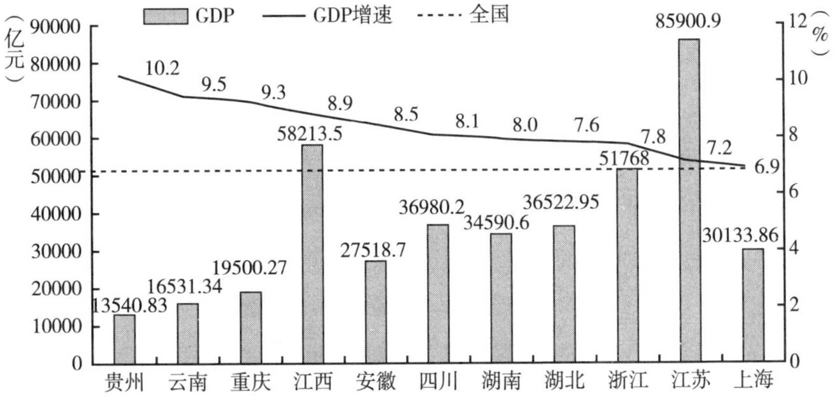

图 1　2017 年长江经济带 11 省市经济增速与全国比较

与 2016 年相比，各省市调结构、促增长所处的阶段不同，各省市的经济增速也有升有降。其中，上海、浙江、湖南、四川、云南五省市经济增速上升，云南增速增长最快，从 2016 年的 8.7% 上升到 9.5%，提高了 0.8 个百分点，云南也成为 2017 年国内经济增速第三的省级区域（见表 2）。

表 2　2012~2017 年长江经济带各省市经济增速与全国比较

单位：%

地区	2012 年	2013 年	2014 年	2015 年	2016 年	2017 年
上海	7.5	7.7	7	6.9	6.8	6.9
江苏	10.1	9.6	8.7	8.5	7.8	7.2
浙江	8.0	8.2	7.6	8	7.5	7.8
安徽	12.1	10.4	9.2	8.7	8.7	8.5
江西	11.0	10.1	9.7	9.1	9	8.9
湖北	11.3	10.1	9.7	8.9	8.1	7.8
湖南	11.3	10.1	9.5	8.5	7.9	8
重庆	13.6	12.3	10.9	11	10.7	9.3
四川	12.6	10.0	8.5	7.9	7.7	8.1
贵州	13.6	12.5	10.8	10.7	10.5	10.2
云南	13.0	12.1	8.1	8.7	8.7	9.5
全国	7.9	7.8	7.3	6.9	6.7	6.9

资料来源：2012~2016 年数据来自 2013~2017 年的中国统计年鉴，2017 年数据来自全国及各省市 2017 年国民经济和社会发展统计公报；本报告经济部分其他数据若无特殊注明，来源相同。

从区域内东中西部增速情况看，11 省市呈现出明显的西部、中部和东部增速逐渐下降的趋势，中西部省市的后发赶超优势明显。西部地区除四川增速略低外，均处于经济高速增长态势，云贵渝是长江区域内增速最快的三个省市，体现出中西部地区快速追赶东部发达地区的趋势。而江浙沪三省市的经济增速明显落后于中西部区域，由总量增长转向质量增长的趋势明显。

2. 产业结构进一步优化，高新技术产业加速发展

围绕供给侧结构性改革，各省市加快淘汰落后产能，积极制定配套政策，促进高新技术产业、战略性新兴产业、先进制造业、现代服务业等新兴产业发展，新技术、新产业、新模式、新业态在产业发展中的作用日趋明显，产业结构进一步优化。2017 年长江经济带第三产业增加值平均增长 9.6%，明显高于同期第一产业增速（2.9%）和第二产业增速（8%），也高于全国平均水平（8%）（见表 3）。长江经济带一、二、三产之比变为 7.5∶42.5∶50，二产比重略高于全国平均水平（40.5%），三产比重则略低于全国平均水平（51.6%），但比 2016 年上升了 1 个百分点（49%）。

表3　2017年长江经济带11省市分产业增加值增速

单位：%

地区	第一产业	第二产业	第三产业
上海	-9.5	5.8	7.5
江苏	2.2	6.6	8.2
浙江	2.8	7	8.8
安徽	4	8.6	9.7
江西	4.4	8.3	10.7
湖北	3.6	7.1	9.5
湖南	3.6	6.7	10.3
重庆	4	9.5	9.9
四川	3.8	7.5	9.8
贵州	6.7	10.1	11.5
云南	6	10.7	9.5
长江经济带	2.9	8	9.6
全国	3.9	6.1	8

从各省市产业结构情况看，长江区域内只有上海和浙江的三产占比高于全国平均水平，其他省市则低于全国平均水平（见图2）。从区域分布来看，长江下游地区的江浙沪三省市占比较高，第三产业占比达到54.4%；上游地区第三产业占比较低，约为48.4%；中游地区第三产业占比最低，只有44.8%。省市级层面上，第三产业占比除上海有所下降外（从2016年的70.5%下降到69.0%），其他省市都有不同幅度的上升（见表4）。

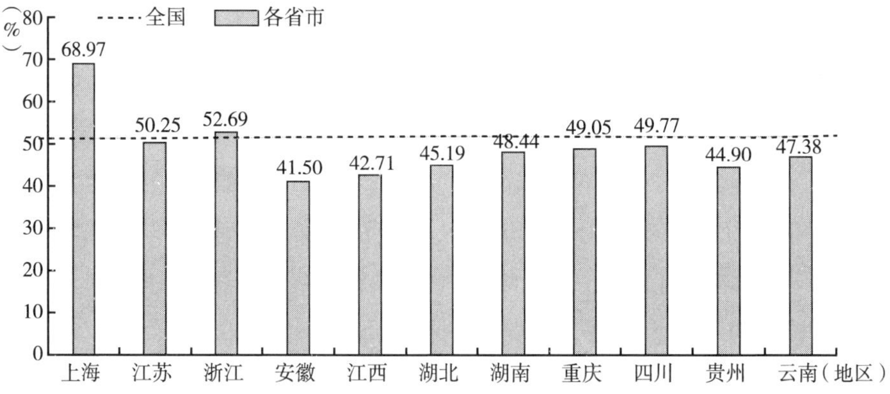

图2　2017年长江经济带11省市第三产业占比及其与全国比较

表4　2016～2017年长江经济带各省市产业结构

单位：%

地区	2016年			2017年		
	一产	二产	三产	一产	二产	三产
上海	0.4	29.1	70.5	0.3	30.7	69.0
江苏	5.4	44.5	50.1	4.8	45	50.3
浙江	4.2	44.2	51.6	3.9	43.4	52.7
安徽	10.6	48.4	41	9.5	49.0	41.5
江西	10.4	49.2	40.4	9.4	47.9	42.7
湖北	10.8	44.5	44.7	10.3	44.5	45.2
湖南	11.5	42.2	46.3	10.7	40.9	48.4
重庆	7.4	44.2	48.4	6.9	44.1	49.1
四川	12	42.6	45.4	11.6	38.7	49.8
贵州	15.8	39.5	44.7	14.9	40.2	44.9
云南	14.8	39	46.2	14	38.6	47.4
全国	8.6	39.8	51.6	7.92	40.5	51.6

从各省市高新技术产业或战略性新兴产业看，总体上都处于较高水平。上海战略性新兴产业增加值4943.51亿元，比2016年增长8.7%。其中，制造业战略性新兴产业（指节能环保、新一代信息技术、生物医药、高端装备、新能源、新能源汽车、新材料等产业）总产值10465.92亿元，比2016年增长5.7%，低于同期上海工业总产值的增速（6.8%），但增加值2262.64亿元，增长8.1%，产业增加值率上升到21.6%。战略性新兴产业中的服务业增加值2680.87亿元。战略性新兴产业增加值已占到上海市生产总值的16.4%，比2016年提高1.2个百分点。此外，江苏、浙江、安徽、江西的高新技术产业均增长较快，产值增速分别达到11.4%、11.2%、16.3%和11.1%，四省的战略性新兴产业增加值增速也分别达到了13.6%、12.2%、21.4%和11.6%。湖北、湖南、重庆、四川和贵州五省市的高技术产业增加值增速也分别达到了14.9%、15.9%、24.9%、

16.1%和39.9%。①

3.投资增长平稳，投资结构改善

2017年长江经济带除上海外，固定资产投资增速相对于2016年均出现了一定程度放缓，但总体上仍高于全国平均水平，保持了较为平稳的增长态势。其中，长江经济带下游地区投资增速相对较慢，江浙沪三地增速均在9%以下，长江上游地区特别是云南和贵州仍然是投资热点，其中，贵州投资增速达到20.1%，云南投资增速达到18%，是目前国内投资增速最快的地区之一。长江中游地区投资增速较快，均超过10%。

从各省市的投资结构看，长江经济带地区产业转型升级的特征比较明显，除江西（42.7%）外各省市的第三产业投资占比均超过其他产业，且除江苏、安徽、江西和湖北四省外，其他省市第三产业投资占比均高于全国平均水平（58.5%），以上四省在第二产业特别是工业产业转型升级方面投入较多。此外，长江流域内基础设施投资和房地产投资占比较高，如房地产投资占比中，上海、江苏、浙江、安徽和重庆均高于全国平均水平，在公布2017年基础设施投资额的6个省市中，其投资占比也高于全国平均水平（见表5）。

表5　2017年长江经济带各省市固定资产投资情况

地区	2017年		2016年增速(%)	重点领域投资占总投资比重(%)			
	投资额(亿元)	增速(%)		第三产业	工业	房地产开发	基础设施
上海	7246.6	7.3	6.3	85.7	14.2	53.2	23.5
江苏	53000.2	7.5	7.5	49.5	49.4	18.2	—
浙江	31126	8.6	10.9	69.2	29.9	26.4	—
安徽	29186	11	11.7	52.7	43.6	19.2	22.4
江西	22085.3	12.1	13.3	42.7	53.4	9.1	—

① 战略性新兴产业、高新技术产业和高技术产业三者的产业范畴并不完全相同。其中战略性新兴产业包括节能环保、新一代信息技术、生物、高端装备制造、新能源、新材料和新能源汽车等七个产业。高新技术产业则主要包括信息技术、生物技术、新材料技术三大领域。高技术产业通常指的是高新技术产品的生产但不包括高新技术产品的应用。因此各省市上述产业统计口径不尽相同，在数据上不具有可比性。

续表

地区	2017 年		2016 年增速(%)	重点领域投资占总投资比重(%)			
	投资额(亿元)	增速(%)		第三产业	工业	房地产开发	基础设施
湖北	31872.57	11	13.1	55.6	41.5	14.4	—
湖南	31328.1	13.1	13.8	59.7	36.3	10.9	27.2
重庆	17440.57	9.5	12.1	63.4	33.7	22.8	32.4
四川	32097.3	10.2	12.1	66.9	28.6	16.0	—
贵州	15500	20.1	21.1	80.8	16.7	14.2	43.6
云南	18474.89	18	19.8	79.7	15.4	15.1	39.9
全国	641238	7	7.9	58.5	36.8	17.4	22.2

注：湖北、湖南、云南固定资产投资为不含农户投资；上海基础设施投资为城市基础设施投资。

4. 消费继续保持较快增长，消费升级增速明显

2017 年长江经济带内需消费市场增速虽有所下降，但总体运行平稳，达到 11.0% 的平均增速，高于全国平均水平（10.2%），占比从 2016 年的 42.0% 上升到 42.3%。除上海市外，其他 10 省市 2017 年社会消费品零售总额均实现了两位数以上的较快增长。其中，上海、江西和四川和云南增速高于 2016 年，各省市的内需增速均高于同期 GDP 增速，内需消费对区域经济增长的拉动作用明显增强。

在零售市场上，线上交易增速较快。如 2017 年浙江的网络零售额达到 13337 亿元，增长 29.4%，高于总交易额增速 18 个百分点，浙江的网上交易额已经超过同期浙江全省零售总额的 60%，其中，浙江省内居民网络消费达到 6777 亿元，增长 29.0%。其他已公布数据的省市网上零售增速均超过 30%，如安徽全省纳入统计的 569 家开展网络零售业务的限额以上企业在 2017 年实现了网上零售额 314 亿元，增长 39.4%。湖北省 2017 年全省网上零售额达到 1716.6 亿元，比上年增长 37.2%，其中，实物商品网上零售额 1131.8 亿元，增长 30.0%。贵州限额以上企业（单位）通过公共网络实现商品零售额 74.56 亿元，比 2016 年增长 30.3%。重庆限额以上批发和零售企业实现网上商品零售额 298.52 亿元，增长 34.3%，高出非网上商品零

售额增速21.3个百分点。四川限额以上企业（单位）中通过互联网实现的商品零售额601.7亿元，增长33.4%。云南全年限额以上单位通过互联网实现的零售额26.38亿元，比上年增长18.0%。

2016～2017年长江经济带各省市社会消费品零售总额见表6。

表6　2016～2017年长江经济带各省市社会消费品零售总额

单位：亿元，%

地区	2016年		2017年	
	绝对值	增长	绝对值	增长
上海	10946.57	8.0	11830.27	8.1
江苏	28707.1	10.9	31737.4	10.6
浙江	21971	11.0	24308	10.6
安徽	10000.2	12.3	11192.6	11.9
江西	6634.6	12.0	7448.1	12.3
湖北	15649.22	11.8	17394.1	11.1
湖南	13436.5	11.7	14854.9	10.6
重庆	7271.35	13.2	8067.67	11
四川	15501.9	11.7	17480.5	12
贵州	3708.99	13.0	4154	12
云南	5722.9	12.1	6423.06	12.2
长江经济带	139550.33	11.6	154890.6	11
全国	332316	10.6	366262	10.2
占全国比重	42.0	—	42.3	—

资料来源：2016年数据来自《中国统计年鉴（2017）》，2017年数据来自各地区2016年国民经济和社会发展统计公报或统计月报。

5. 出口增长明显加快，地区增速差异明显

2017年国内长江经济带各省市积极对接“一带一路”等国家重大政策，依托自贸区等载体，深化制度机制改革，提升对外开放水平，在积极扩大出口的同时，增大了进口力度，全国全年进出口总额实现了14.2%的增速，达到27.8万亿元。其中，出口增长了10.8%，达到15.3万亿元；进口增长了18.7%，达到12.5万亿元。长江流域11省市除上海和重庆外，进出口总额增速均高于全国平均水平。其中，贵州的进出口总额增速达到42.6%，四川、湖南增速也较高，分别达到41.2%和39.8%，2017年整个长江流域

11省市进出口总额达到12.1万亿元，占全国的43.7%。从出口上看，2017年长江流域11省市中云南出口仍呈下降趋势，全年下降了0.5个百分点，但比2016年下降速度明显减慢（－30.3%），上海、浙江、安徽和重庆增速低于全国平均水平，其他省市均较高。其中，四川和湖南分别达到了37.4%和33.3%，2017年11省市出口总额达到7.1667万亿元，占全国出口总额的46.7%（见表7）。进口方面，整个长江流域11省市的进口额达到49649万亿元，占全国的39.8%。其中，贵州增长最快，由于以前进口基数低，虽然2017年其进口仅23.51亿美元，但增速达到了145.8%。此外，湖南、四川、安徽和云南等省也实现了超过40%的增速，分别为53.3%、46.2%、45%和42.3%。

表7　2017年长江经济带各省市出口发展情况

单位：亿元，%

地区	进出口			出口		
	总额	比上年增长	占全国比重	总额	比上年增长	占全国比重
全国	277923	14.2	—	153321	10.8	—
上海	32237.82	12.5	11.6	13120.31	8.4	8.6
江苏	40022.1	19.8	14.4	24607.2	16.9	16.0
浙江	25604	15.3	9.2	19446	10.1	12.7
安徽*	3621.7	20.8	1.3	2057.9	7.2	1.3
江西	3020	14.5	1.1	2222.6	13.3	1.4
湖北	3134.3	20.6	1.1	2064.1	20.2	1.3
湖南	2434.3	39.8	0.9	1565.5	33.3	1.0
重庆	4508.25	8.9	1.6	2883.71	7.8	1.9
四川	4605.9	41.2	1.7	2538.5	37.4	1.7
贵州*	548.8	42.6	0.2	390.1	21.8	0.3
云南*	1579.1	17.6	0.6	771.1	－0.5	0.5
长江流域合计	121316.3	—	43.7	71667.02	—	46.7

*三省提供的是以美元为计价单位的出口额，作者按照《中华人民共和国2017年国民经济和社会发展统计公报》中提供的“全年人民币平均汇率为1美元兑6.7518元人民币”进行折算。

从进出口的区域分布来看，长三角地区是长江流域主要进出口地区，江浙沪三省市占了全国进出口总额的 35.2%，占长江流域进出口总额的 80.5%。其中，出口占全国出口总额的 37.3%，占长江流域 11 省市出口总额的 79.9%。长江中游和上游省市虽然发展较快，但目前占比都不高，其中进出口总额分别只有全国的 4.4% 和 4.1%，出口分别占全国的 5% 和 4.4%。

从长江流域主要省市的出口结构上来看，高新技术产品出口逐渐占主导地位，在已公布高新技术产品出口额的 7 个省市中，除江西高新技术产品在 2017 年出口增速下降了 3% 外，其他省市高新技术产品增速均超过 10%，高于同期这些省市的出口增速，其中贵州增长了 155.4%。高新技术产品在各省市出口产品中占比也逐渐升高，其中重庆高新技术产品占比达到了 66.1%，上海和贵州也超过 40%，占比均达到 43.6%（见图 3）。

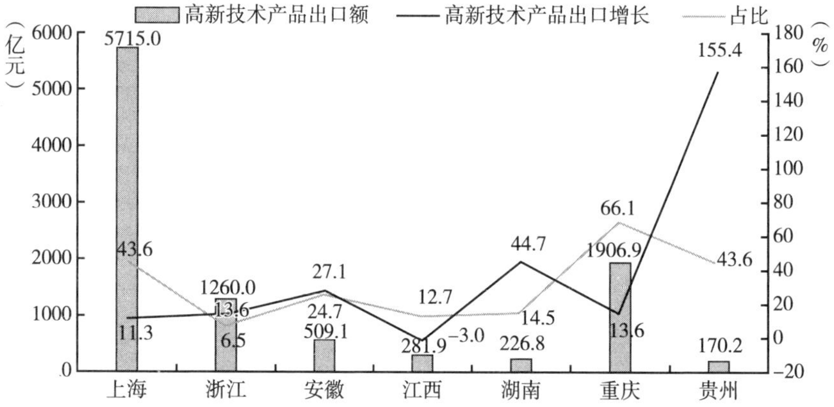

图 3　2017 年长江经济带主要省市高新技术产品出口额及增速

2017 年长江流域上中游地区仍然是吸收外资的重要区域，从各省市公布的实际利用外资额来看，11 省市总共利用外资额达到 1365.6 亿美元，①

① 各省市的实际利用外资额与国家统计局公布的“实际使用外商直接投资金额”在统计口径上可能存在差异，故各省市相加的数据不能与国家统计局《统计公报》中的全国数据进行简单对比。

除重庆（-10.2%）和上海（-8.1%）外，各省市实际利用外资额都实现正增长，其中贵州增长21.0%，江西增长9.8%。外商直接投资仍然是各省市经济增长的重要推动力量之一（见图4）。

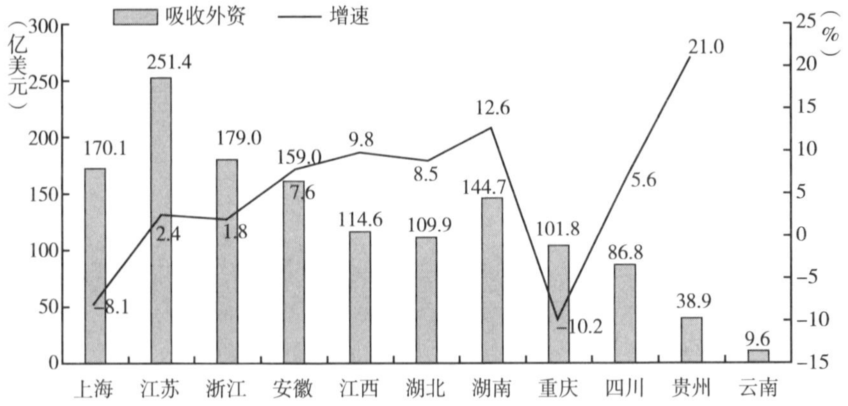

图4　2017年长江经济带11省市实际利用外资额及增速

（二）2017年长江经济带重点城市经济发展概况

为进一步了解长江流域的情况，我们选取了长江流域12个重点城市进行分析。[①] 以这12个城市作为长江流域的主要城市，是基于以下两个方面的原因：一是除苏州、无锡和宁波外基本上是该省的省会城市，往往是该省的政治或经济中心城市，基本上代表了该省市经济发展的前沿，如武汉GDP占整个湖北省的36.7%，成都占四川省的37.6%，都是该省的经济重心（见表8）；二是苏州、无锡和宁波是江浙地区重要的经济重心，其中苏州和无锡是苏南地区最重要的两大核心城市，两市GDP占江苏全省的32.4%，宁波GDP占浙江全省的将近1/5（19.1%）。因此，对12个城市的重点分析能够了解各区域的发展趋势。

① 由于上海和重庆已经在前面部分做了分析，因此在本部分不再做分析。

表8　2017年长江经济带12个主要城市基本情况

地区	GDP（亿元）	GDP占所在省市的比重（%）	人口（万人）	人口占所在省市的比重（%）	人均GDP（元）
南京	11715.1	13.6	833.5	10.4	141103
苏州	17300	20.1	1068.4	13.3	—
无锡	10511.8	12.2	655.3	8.2	160700
杭州	12556	24.3	946.8	16.7	134607
宁波	9846.9	19.1	800.5	14.2	124017
合肥	7213.45	26.2	796.5	11.3	91113
南昌	5003.19	24.0	524.66	11.4	—
武汉	13410.34	36.7	1089.29	18.5	123831
长沙	10535.51	30.5	791.81	11.5	135388
贵阳	3537.96	26.1	480.2	13.4	74493
成都	13889.39	37.6	1604.5	19.3	86911
昆明	4857.64	29.4	678.3	14.2	71906

1. 大部分城市增速高于所在省市平均水平，体现了引领区域经济发展的特征

从总体增速来看，12个城市的增速大部分快于所在省域，这些城市为南京、无锡、杭州、南昌、武汉、长沙、贵阳、昆明等8个城市，宁波、合肥、成都与所在省域持平，只有苏州（7.1%）略低于所在省域。从三大产业的增速来看，南京、杭州、长沙、贵阳、昆明5座城市的第三产业增速明显高于所在省域，无锡、宁波、南昌、长沙4座城市的第二产业增速高于所在省域平均增速（见表9）。

表9　2017年长江经济带12个主要城市经济增速情况

单位：%

地区	城市				所在省			
	GDP增速	一产增速	二产增速	三产增速	GDP增速	一产增速	二产增速	三产增速
南京	8.1	1.2	5.1	10.3	7.2	2.2	6.6	8.2
苏州	7.1				7.2	2.2	6.6	8.2
无锡	7.4	0.8	7.3	7.7	7.2	2.2	6.6	8.2
杭州	8.0	1.9	5.3	10.0	7.8	2.8	7.0	8.8
宁波	7.8	2.4	7.9	8.1	7.8	2.8	7.0	8.8

续表

地区	城市				所在省			
	GDP 增速	一产增速	二产增速	三产增速	GDP 增速	一产增速	二产增速	三产增速
合肥	8.5	3.7	8.6	8.9	8.5	4.0	8.6	9.7
南昌	9.0	4.0	8.4	10.2	8.9	4.4	8.3	10.7
武汉	8.0	2.8	7.1	9.2	7.8	3.6	7.1	9.5
长沙	9.0	3.0	7.7	10.9	8.0	3.6	6.7	10.3
贵阳	11.3	6.3	10.0	12.6	10.2	6.7	10.1	11.5
成都	8.1	3.9	7.5	8.9	8.1	3.8	7.5	9.8
昆明	9.7	6.0	9.0	10.5	9.5	6.0	10.7	9.5

2. 产业结构稳步提升，新兴产业成为城市产业增长的主要动力

如南京工业转型升级的步伐明显加快，新兴产业中新能源汽车、工业机器人、智能手机产业分别增长 171.8%、78.9%和 78.3%，高新技术产业产值占规模以上工业比重为 45.89%。苏州的新兴产业也保持了较快增长，特别是其工业机器人产业产值 227 亿元，增长 39.3%，产量比 2016 年增长 117.1%，集成电路产业产值 718 亿元，增长 17.2%，2017 年苏州全市制造业新兴产业产值达到 1.62 万亿元，占规模以上工业总产值比重首次超过了 50%，达到 50.8%。杭州以信息经济为着力点，全年实现信息经济增加值 3216 亿元，增长 21.8%，占 GDP 的比重提高到 25.6%。此外，文化杭州也增长迅速，2017 年文化创意产业增加值达到 3041 亿元，增长了 19.0%，占 GDP 的比重提高到 24.2%。宁波规模以上工业企业的新产品产值达到 5144.1 亿元，增长 19.7%，产值率提高到 32.4%，2017 年宁波的战略性新兴产业、高新技术产业、装备制造业增加值分别达到 872.2 亿元、1337.5 亿元和 1585.5 亿元，分别增长 15.7%、10.4%和 14.1%。合肥的高新技术产业实现增加值增长 12.8%，战略性新兴产业实现工业增加值增长 16.4%。其中，高端装备制造、新材料和新一代信息技术产业分别增长 24.3%、23.0%和 20.8%。武汉的新经济也发展迅速，智能制造、生命健康、信息技术工业产值或营业收入分别增长 22.0%、18.7%和 18.2%。成都规模以上高技术制造业增加值增长 20.5%。其中，电子信息产品制造业增加值增

长 20.8%，高于成都规模以上工业增加值 9.0% 的增速。昆明的高技术制造业增加值比上年增长 13.7%，高于同期工业增加值的增速（10.1%）。

3. 部分城市固定资产投资回暖，消费增速基本平稳，进出口增速明显加快

2017 年长江流域 12 个重点城市中部分城市固定资产投资增速明显回暖，如武汉固定资产投资增速从 2016 年的 -2.6% 上升到 11.0%，南京的固定资产投资从 2016 年的 2.0% 上升到 2017 年的 12.3%，无锡从 2016 年的 2.0% 上升到 2017 年的 4.7%，苏州虽然仍然处于负增长（-0.3%）状态，但比 2016 年的 -7.8% 下降速度有所减慢。但上游和中游一些固定资产投资增速较快的城市投资增速有所放缓，如贵阳 2017 年的增速也比 2016 年下降了 3 个百分点，从 21.1% 下降到 18.1%，昆明增速从 12.1% 下降到 7.6%，长沙从 13.9% 下降到 13.1%，合肥从 11.1% 下降到 5.0%（见表 10）。

从消费增速上看，12 城市的消费增速基本平稳。其中，无锡从 9.6% 上升到 10.9%，南昌从 11.8% 上升到 12.3%，武汉从 10% 上升到 10.4%，成都从 10.4% 上升到 11.5%，昆明从 12.1% 小幅上升到 12.2%。其他城市均出现小幅下降，如南京由 10.9% 下降到 10.2%，苏州由 10.7% 下降到 10.3%，宁波从 11.4% 下降到 10.4%，合肥从 12% 下降到 11.6%，长沙从 11.6% 下降到 10.5%，贵阳从 13% 下降到 11.7%，但总体而言，这些城市消费增速仍然处于较快区间。

电子商务模式仍然增长迅速。如杭州 2017 年的电子商务产业增加值 1316 亿元，增长 36.6%，连续七年增速保持在 30% 以上。成都 2017 年限额以上企业通过互联网实现商品零售额 526.0 亿元，增长 32.1%。合肥网络零售市场规模也不断扩大，2017 年网上商品零售额 115.30 亿元，增长 41.0%。

2017 年 12 个主要城市的进出口增长迅速。其中，成都增速达到 42.3%，其他城市除南昌外增速都在两位数以上，合肥、贵阳等城市增速也较快，分别达到 33.6% 和 25.3%。这些城市进出口的增长大多是得益于进口的增长，如昆明、合肥、贵阳和成都的进口增速分别达到 90.9%、71.8%、64.7% 和 45.7%。

从各城市吸收外资的情况来看，除杭州和宁波外，其他城市均出现了稳定增长，特别是上游和中游地区增速较快。如贵阳、武汉、南昌增速分别达到了20.1%、13.2%和10.1%，长沙增速也达到9.1%。下游地区吸收外资的增速虽然比不上上、中游城市，但使用外资的结构明显优化。如苏州全年新设外商投资项目985个，实际使用外资45.04亿美元，其中，服务业实际使用外资占比达34%，战略性新兴产业和高技术项目实际使用外资占比达51.2%，新增的具有地区总部特征或共享功能的外资企业30家。

表10　2017年长江经济带12个主要城市固定资产投资、社会零售总额、进出口、吸收外资情况

地区	固定资产投资(亿元)	固定资产投资增速(%)	社会零售总额(亿元)	社会零售总额增速(%)	进出口(亿美元)	进出口增速(%)	吸收外资增速(%)
南京	6215.2	12.3	5604.66	10.2	611.87	21.7	5.6
苏州	5629.6	-0.3	5442.82	10.3	3160.79	15.5	—
无锡	4967.51	4.7	3458.04	10.9	812.53	16.4	7.7
杭州	5857.00	1.4	5717.00	10.5	753.1	13.3	-8.3
宁波	5009.6	3.5	4047.8	10.4	1125.6	21.3	-10.7
合肥	6351.43	5.0	2728.51	11.6	249.59	33.6	7.5
南昌	—	—	2096.96	12.3	99.1	8.3	10.1
武汉	7871.66	11.0	6196.3	10.4	286.8	23.2	13.2
长沙	7567.70	13.1	4547.68	10.5	138.9	29.0	9.1
贵阳	—	18.1	1335.28	11.7	29.92	25.3	20.1
成都	9404.20	12.3	6403.5	11.5	583.0	42.3	—
昆明	4217.94	7.6	2590.95	12.2	78.18	18.2	8.3

二　2017年长江经济带区域社会发展

（一）2017年长江经济带省域社会发展概况

1. 医疗卫生事业

医疗卫生事业是保障社会民生的重要方面，直接关系到当地居民生老病养等切身利益。从机构数来看，2017年长江经济带各省（市）平均万人

（常住人口）医疗机构数为6.18个。其中，四川和湖南最高，分别为9.70个和8.90个。另外江西、贵州和重庆万人医疗机构数高于平均值，分别为8.18个、7.85个和6.40个（见图5）。

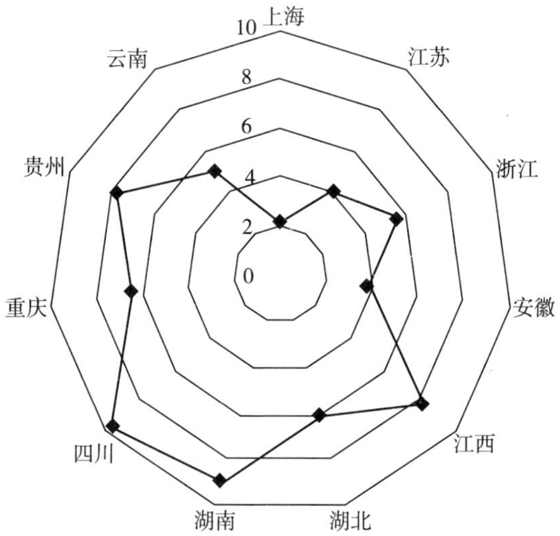

图5　2017年长江经济带11省（市）万人医疗机构数

从万人医疗卫生技术人员数来看，2017年长江经济带各省（市）万人医疗卫生技术人员数均值为66.65人。其中，湖北最高为86.41人，其次为浙江81.49人。安徽、江西、四川、重庆、贵州和云南的万人医疗卫生技术人员数均低于11省（市）平均水平（见图6）。

2. 就业保障与促进

城镇新增就业是各省（市）落实国家就业政策的重要体现，对促进就业增长、维系社会稳定，以及推动经济发展有重要作用。从绝对量来看，2017年长江经济带11省（市）共计新增城镇就业931.58万个，平均增加84.69万个。其中，江苏新增就业岗位最多，为148.60万个，其次为浙江，增加127.20万个。从相对值来看，11省（市）每千城镇人口新增就业岗位数均值为27.93个，其中贵州最多为46.68个，其次为重庆和浙江，分别为37.25个和33.07个（见图7）。

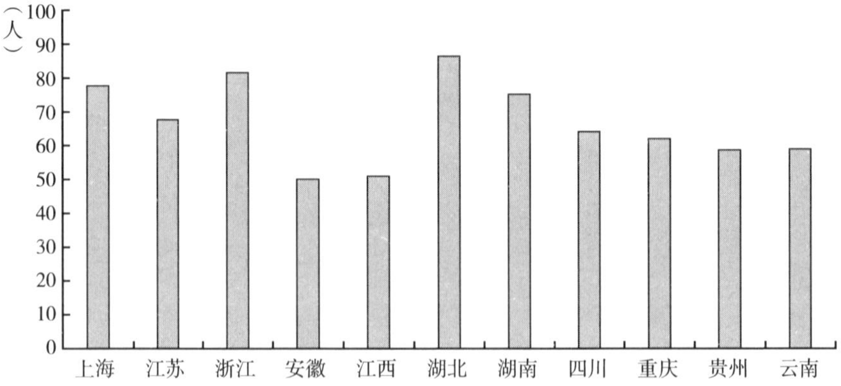

图6　2017 年长江经济带 11 省（市）万人医疗卫生技术人员数

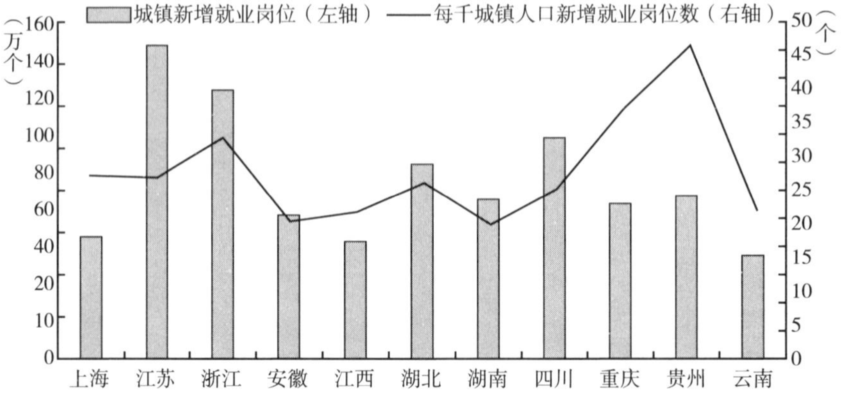

图7　2017 年长江经济带 11 省（市）新增就业岗位数

城镇登记失业率亦是反映当地就业状况的另一项重要指标。11 省（市）2017 年城镇登记失业率平均为 3.34%，低于 2016 年 0.06 个百分点。其中，湖北最低为 2.59%，四川最高为 4.5%（见图 8）。

3. 人均收入与增长

居民可支配收入水平是经过初次分配和再分配后的最终收入指标，可以直接反映当地居民生活水准的高低。2017 年长江经济带 11 省（市）城乡居民人均可支配收入水平为 28705.82 元，其中上海最高为 58988 元，其次为浙江，人均可支配收入为 42046 元。江苏和江西人均可支配收入高于 11 省

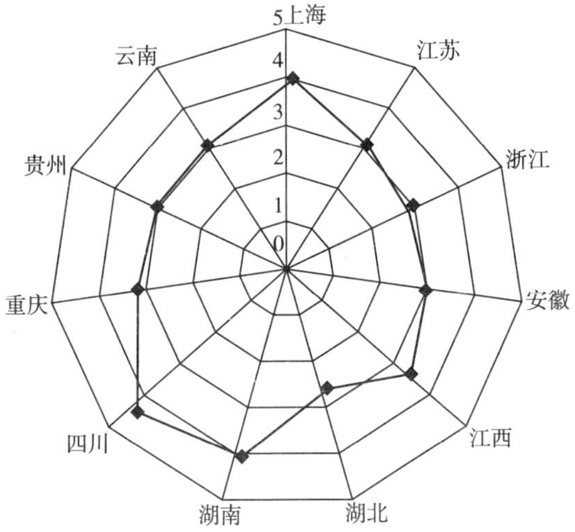

图8　2017年长江经济带11省（市）城镇登记失业率

（市）平均水平，分别为35024元和31198元。贵州人均可支配收入水平最低，为16704元，低于平均值41.81%（见图9）。

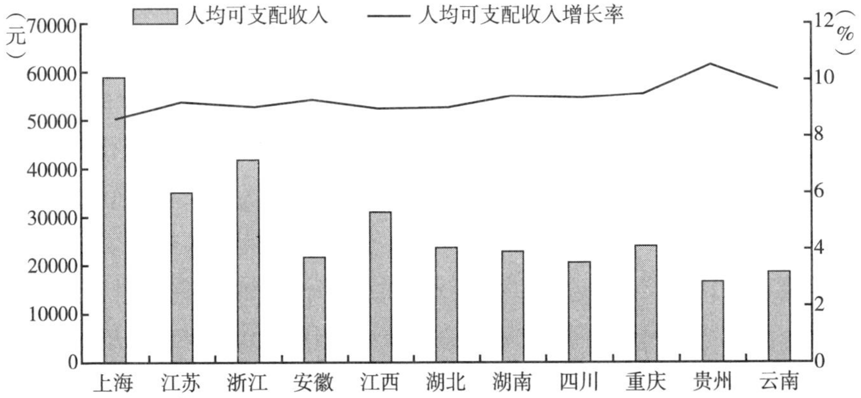

图9　2017年长江经济带11省（市）居民人均可支配收入水平

收入增长率可以反映地方经济藏富于民和居民生活改善水平的速度。从居民人均可支配收入增长率来看，各省（市）基本持平，年平均增长9.35%。

4. 城乡均衡发展

城乡居民人均可支配收入差距是反映当地城乡一体化水平的重要指标。2017年长江经济带11省（市）城镇常住居民人均可支配收入平均水平为37195元，高于2016年34262元8.56%；农村常住居民人均可支配收入平均水平为15298元，高于2016年14033元9.01%。从城乡收入差距看，11省（市）城镇居民人均可支配收入为农村居民人均可支配收入的2.43倍。从单一省（市）发展情况看，11省（市）城乡居民人均可支配收入比值平均为2.53。其中，贵州城乡居民人均可支配收入比值最高为3.28，其次为云南，比值为3.14；浙江城乡差距最低，比值为2.05，其次为上海2.25（见图10）。

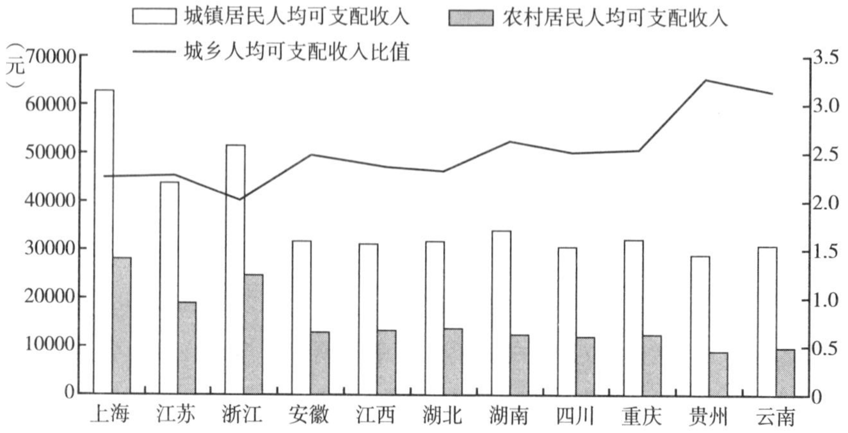

图10　2017年长江经济带11省（市）城乡居民收入情况

5. 人口吸引力

以常住人口与户籍人口比值来反映地方对人口的吸引力，比值越大，吸引力越大，反之，吸引力越小。10个省（市）（云南除外）常住人口与户籍人口比值均值为1.02。其中，上海最大，为1.67，其次为浙江，比值为1.15，江苏排名第3位，比值为1.03。在10个省（市）中，上海、江苏、浙江总体表现为人口吸引型城市，其他省（市）整体表现为人口流失型城市，即常住人口数量小于户籍人口数量，比值小于1。其中，贵州比值最小，为0.8（见图11）。

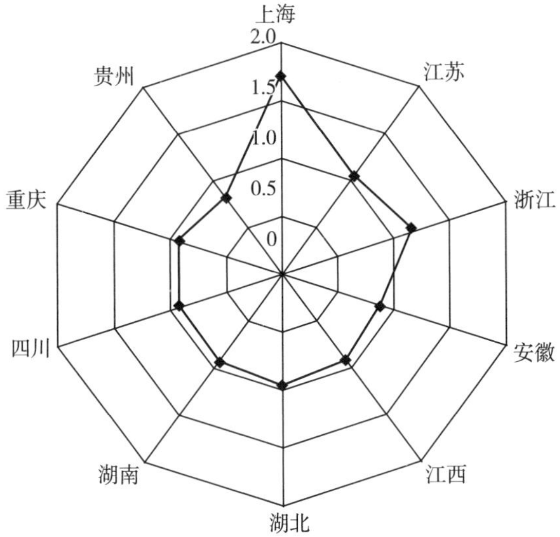

图 11　2017 年长江经济带 10 省（市）常住人口与户籍人口比值

注：云南数据缺失。

（二）14个重要城市社会发展指数

本报告建立长江经济带社会发展指数，共包括 4 项一级指标、9 项二级指标和 15 项三级指标，对长江经济带 14 个重要节点城市在社会事业、社会保障、社会均衡和社会活力方面的综合表现进行评估。14 个重要节点城市包括上游的成都、贵阳、重庆和昆明，中游的武汉、长沙和南昌，以及下游的上海、杭州、南京、苏州、无锡、宁波以及合肥。14 个重要节点城市社会发展指数得分见图 12。

由表 11 可知各重要节点城市在社会发展领域的长短板。其中，杭州社会事业、社会保障和社会活力领域领先，排名第 2 或第 3 位，社会均衡领域相对落后，排名第 42 位；南京与杭州类似，社会事业、社会保障和社会活力领域领先，社会均衡领域排名滞后为第 30 位；苏州社会活力和社会保障领域领先，分别排名第 1 位和第 3 位，社会均衡领域发展滞后，排名第 34 位；上海社会活力、社会事业和社会保障领域领先，社会均衡领域排名仅 46 位；无锡社会四大领域发展相对均衡，其中社会活力和社会保障排名靠前，分别为第 4 位和第 5 位，社会

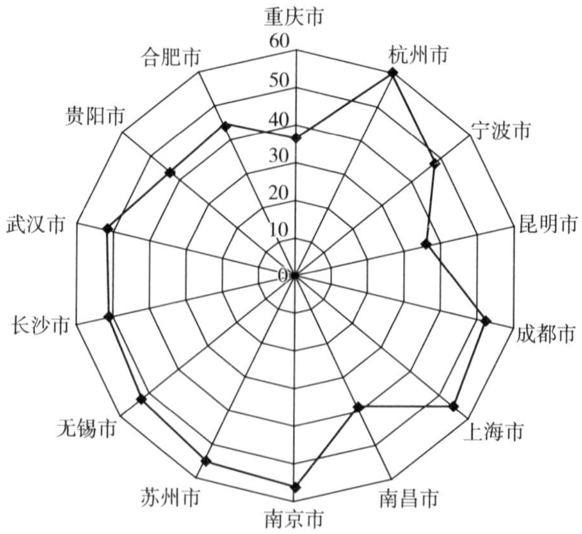

图 12　14 个重要节点城市社会发展指数

均衡领域发展相对不足，处于中游偏下水平，排名第 28 位；成都社会事业领域发展较好，排名第 2 位，社会保障领域发展相对不足，排名第 26 位；武汉社会发展相对较好，社会事业领域排名第 6 位，社会活力领域排名第 9 位，社会保障和社会均衡处于中游偏上水平，排名第 21 位；长沙社会四大领域发展相对充分，社会事业领域发展较好，排名第 7 位，社会保障领域发展相对薄弱，排名第 27 位；宁波社会保障和社会活力领域发展较好，分别排名第 4 位和第 8 位，社会均衡领域发展滞后，排名第 44 位；合肥社会均衡领域发展领先，排名第 6 位，社会保障领域发展相对滞后，排名第 30 位。

表 11　14 个重要城市社会发展指数排名

城市	综合排名	社会发展指数	二级指数排名			
			社会事业排名	社会保障排名	社会均衡排名	社会活力排名
杭州	3	59.45	3	2	42	3
南京	4	56.10	4	6	30	7
苏州	5	55.35	15	3	34	1
上海	6	55.24	5	7	46	2

续表

城市	综合排名	社会发展指数	二级指数排名			
			社会事业排名	社会保障排名	社会均衡排名	社会活力排名
无锡	7	52.84	13	5	28	4
成都	8	52.64	2	26	16	18
武汉	9	52.53	6	21	21	9
长沙	10	51.88	7	27	12	11
宁波	16	47.85	20	4	44	8
合肥	20	44.02	25	30	6	14
贵阳	21	43.81	10	24	36	12
南昌	28	39.01	11	32	38	19
昆明	31	36.33	9	28	50	15
重庆	32	36.12	28	31	27	28
均值	—	48.80	11	18	31	11

贵阳社会领域发展相对平衡，社会事业和社会活力领域排名靠前，分别为第10位和第12位，社会均衡指数排名位于中下游水平，排名第36位；南昌社会事业指数排名第11位，社会活力指数排名第19位，社会保障和社会均衡指数排名相对靠后；昆明社会事业领域和社会活力领域发展相对较好，分别排名第9位和第15位，社会均衡领域排名则为50座城市倒数第1位；重庆社会发展的四个领域排名均处于中下游水平。

从14个重要节点城市四个社会领域综合排名看，14个重要节点城市社会事业和社会活力领域发展情况较好，指数排名均值均为第11位，社会保障指数排名均值为第18位，而社会均衡指数排名相对靠后，为第31位。以上数据意味着14个重要节点城市在社会均衡领域的发展中仍存在不足。

三　2017年长江经济带生态建设与绿色发展

建设长江经济带，必须严格遵循绿色发展理念。2018年4月26日，习近平总书记在深入推动长江经济带发展座谈会上发表重要讲话时指出，“要正确把握生态环境保护和经济发展的关系，推动长江经济带绿色发展。要坚持在发展中保护、在保护中发展，不能把生态环境保护和经济发展割裂开来，更不能对立起来”。坚持生态优先、绿色发展的战略定位，是长江经济带建设的必然选择，这不仅是对自然规律的尊重，也是对经济规律、社会规律的尊重。

2017年7月，环保部等部门印发《长江经济带生态环境保护规划》，从水资源利用、水生态保护、环境污染治理、流域风险防控等方面提出更加细化、量化的目标任务。8月，交通运输部印发《关于推进长江经济带绿色航运发展的指导意见》，明确到2020年初步建成航道网络有效衔接、港口布局科学合理、船舶装备节能环保、运输组织先进高效的长江经济带绿色航运体系。2017年，长江经济带110个城市的空气质量指数、污水处理厂综合处理率、生活垃圾无害化处理率、工业固体废物综合处理率、建成区绿化覆盖率分别达到81.6%、86.0%、94.1%、84.6%、40.4%，远远高于全国平均水平。环保部通报长江经济带饮用水水源地整治情况，沿江126个地级市排查的490个饮用水水源地问题中，已经有120个市的483个问题水源得到彻底整治，完成率达到98.6%。长江经济带生态建设和绿色发展事业稳步推进。

（一）2017年长江经济带生态建设和绿色发展成效

2017年长江经济带生态建设和绿色发展水平稳步提升，建成区绿化覆盖率优于全国，工业污染物排放得到有效控制，生产生活废弃物综合利用和处理率明显提升。

1. 建成区绿化覆盖率优于全国，空间格局差异较大

2017年，长江经济带11省市建成区平均绿化覆盖面积61644公顷，建成区平均绿化覆盖率40.4%，远远高于全国平均水平，相较2016年也有小幅度上升。从空间格局来看，江苏、四川等面积较大省份的城市建成区绿化覆盖面积较大，上海、浙江等城市化率较高、经济发展水平较好的地区建成区绿化覆盖面积也较高。从建成区绿化覆盖率来看，长江下游的长三角地区绿化率普遍在40%以上，中游地区的绿化率普遍在35%～40%，

成渝城市群的绿化覆盖率接近40%，西南地区的云南、贵州绿化率则在35%以下（见图13）。

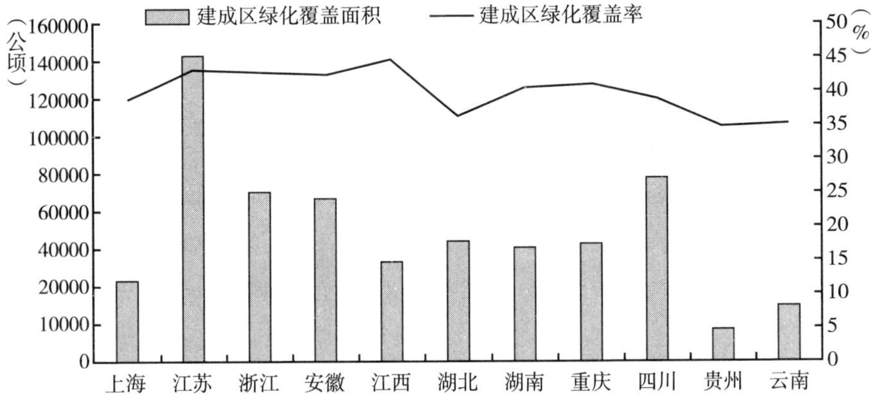

图13　2017年长江经济带11省市建成区绿化覆盖面积和覆盖率

资料来源：长江经济带11省市的统计数据根据各省市2017年国民经济和社会发展统计公报中的披露信息整理而得，下同。

2. 工业污染物排放得到有效控制

2016年长江经济带工业污染物排放得到有效控制。11省市工业废水排放量647461万吨，工业二氧化硫排放量2674199吨，工业烟（粉）尘排放量2121177吨，相较2015年下降10%以上。分区域看，经济发展水平较高的长三角地区排放量最大，工业废水、二氧化硫、烟粉尘排放量占长江经济带总量的一半以上，中游地区的安徽、江西、湖北、湖南四省占比也达到1/3以上，西部的重庆、四川、贵州、云南由于工业化和城市化发展水平较低，工业污染物排放量最低（见表12）。

表12　2016年长江经济带11省市工业污染物排放量

地区	工业废水排放量(万吨)	工业二氧化硫排放量(吨)	工业烟(粉)尘排放量(吨)
上海	36599	67376	72782
江苏	182058	523203	429068
浙江	129913	245263	163192
安徽	49118	230187	264011

续表

地区	工业废水排放量(万吨)	工业二氧化硫排放量(吨)	工业烟(粉)尘排放量(吨)
江西	60000	270000	378063
湖北	45754	172498	196261
湖南	47548	273571	213780
重庆	25875	174048	83787
四川	28396	199385	113266
贵州	10421	198764	80000
云南	31779	319904	126967

3. 生产生活废弃物综合利用和处理率得到提升

2017 年长江经济带生产生活废弃物综合利用和处理率明显提升。11 省市一般工业固体废物综合利用率、污水处理厂集中处理率、生活垃圾无害化处理率高于全国平均水平，相较 2016 年有明显提升。分区域看，经济发展水平较高的长三角地区的生产生活废弃物综合利用和处理率最高，中游地区的省市次之，西部最低（见表 13）。

表 13　2017 年长江经济带 11 省市污染物综合利用和处理率

单位：%

地区	一般工业固体废物综合利用率	污水处理厂集中处理率	生活垃圾无害化处理率
上海	95.7	95.0	100.0
江苏	92.3	83.0	99.3
浙江	91.4	88.4	99.9
安徽	84.6	91.9	96.4
江西	74.6	88.1	92.0
湖北	65.5	89.6	97.5
湖南	85.2	88.8	99.2
重庆	76.9	95.37	100.0
四川	85.7	84.1	94.7
贵州	60.6	87.0	90.5
云南	63.4	88.7	88.9

4. 水质环境有所改善

2017 年，长江经济带 11 省市 943 个地表水环境质量监测考核断面中，

Ⅰ～Ⅲ类水质类别比例为72.4%，Ⅳ～Ⅴ类比例为24.1%，劣Ⅴ类比例为3.5%。水质优良率超过70%，比上年提高接近2个百分点，劣Ⅴ类水质断面下降近3个百分点，长江经济带沿线地区的污水处理能力比上年提高8%。目前，劣Ⅴ类水质主要集中在长江中上游地区。在近两年来环保部开展的环保专项行动中，沿江11省市126地级市逾百个水源地排查出1000多个环境问题，并全部完成清理整治，水质得到明显改善，水环境质量明显优于全国平均水平（见图14）。

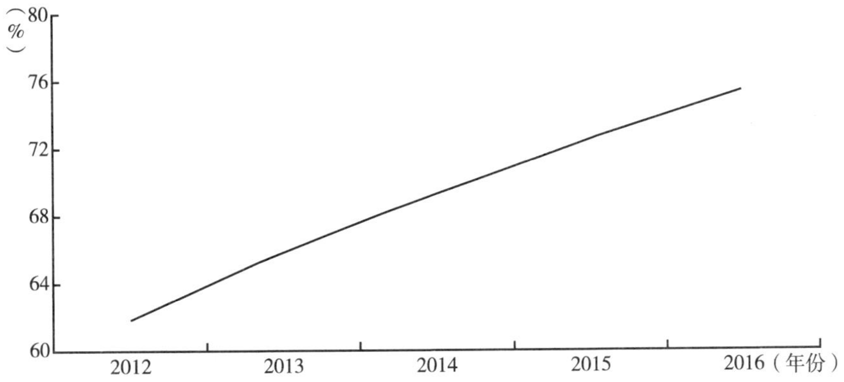

图14　2012～2016年长江经济带水质优良率变化情况

5. 森林、湿地等生态资源进一步集聚

2016年，长江经济带用占全国21.4%的土地面积集聚了全国近35%的造林面积、40%的森林面积，各项生态资源比上年具有不同程度的提升，生态资源集聚效应进一步显现。11省市平均森林覆盖率达38%，高出同期全国森林覆盖率16个百分点。湿地面积从2012年的不足800万公顷上升到2016年的1200万公顷，年均复合增长率10.67%，11省市湿地面积占土地面积比重为11.91%，高于全国同期水平的5.56%，湿地生态资源集聚优势明显。

6. 城市空气质量指数优于全国水平

2016年，长江经济带沿线地级及以上城市的空气质量优良天数平均比例为 81.2%，同比去年增加 0.6 个百分点，远远高于全国平均水平。PM2.5 平均浓度比 2013 年下降超过 30%。其中，长三角地区 PM2.5 平均浓度下降最快，降幅超过 35%。空气质量未达标城市的比例仅占 60% 左右，远低于全国平均水平的 70.7%。

7. 环境保护投资力度不断增加

为践行“绿水青山就是金山银山”的科学发展理念，长江经济带地区加大了环境保护的投资力度。以林业投资额为例，2016 年，长江经济带 11 省市完成林业投资额近 1300 亿元，比上一年提高 100 多亿元，近五年年均增长率近 10%（见图 15）。在环境保护持续增加投入的背景下，长江经济带森林覆盖率、林地面积等生态资源面积也不断提高。

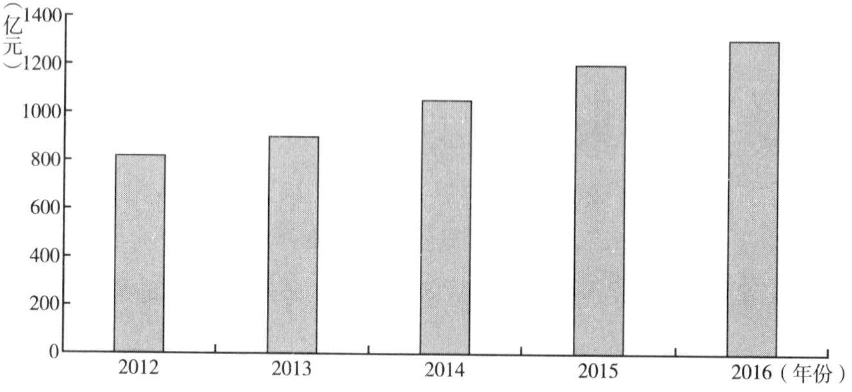

图 15　2012～2016 年长江经济带林业投资额增长情况

资料来源：历年中国统计年鉴。

（二）长江经济带绿色发展面临的问题

在中央和国家的正确部署下，长江经济带生态环境得到明显改善，绿色发展水平进一步提高，但仍然存在着一些突出问题。

首先，长江经济带地区人口密度大，城镇化程度高，给长江经济带的绿色发展和生态文明建设造成了巨大的压力。2016 年，长江经济带人口密度是全国平均水平的 2.5 倍，城镇化水平略高于全国同期水平，过度集聚的人口和城镇会给长江经济带生态文明和绿色发展造成很大的压力。

其次，长江经济带沿线地区集聚了全国40%的化工、印染等20种高污染工业企业，污染防控任务依然艰巨。以湖北省为例，湖北长江、汉江两江沿线15公里范围内有394家重化工及造纸行业企业，2016年共排放废水28672万吨、COD 20353吨、氨氮2453吨，企业数量仅占全省规模以上工业企业的2.6%，但排放的污染物分别占全省工业行业排放总量的35.1%、18%和20.4%。

总体而言，长江经济带绿色发展面临的问题与其在全国经济社会发展中地位有着密切关联，长江经济带既是一条绿色生态带，也是中国经济社会发展的支撑带，有效处理好生态环境和经济发展、绿水青山和金山银山的关系，就能破解长江经济带生态建设和绿色发展所面临的问题。

参考文献

吴传清、宋筱筱：《长江经济带城市绿色发展影响因素及效率评估》，《学习与实践》2018年第4期。

卢丽文、宋德勇、李小帆：《长江经济带城市发展绿色效率研究》，《中国人口·资源与环境》2016年第6期。

彭智敏：《实现长江经济带生态保护优先绿色发展的路径》，《决策与信息》2016年第4期。

指 数 篇

Index Reports

B.2
长江经济带绿色发展指数报告（2018）

马 双*

摘 要： 当今世界，绿色发展已经成为一个重要趋势，许多国家把发展绿色经济、建设绿色家园作为实现区域发展的重要举措。本报告借鉴国内外8个较有影响力的评价指标体系，构建长江经济带城市绿色发展指数评价指标体系，并对区域内110个城市的绿色发展水平进行分析评价，全面展示了长江经济带绿色发展的区域差异，并分析了背后的经济社会影响因素，最后提出了提升城市绿色发展水平的政策建议。

关键词： 长江经济带 绿色发展 综合评估

* 马双，博士，上海社会科学院信息研究所助理研究员，研究方向为区域经济与绿色创新。

当今世界，绿色发展已经成为一个重要趋势，许多国家把发展绿色经济、建设绿色家园作为实现区域发展的重要举措。放眼全球，联合国可持续发展委员会、世界银行、国际ISO协会、欧洲等具有重要影响力的国际组织和地区都将绿色发展理念融入城市可持续发展评价体系。回望国内，党的十九大报告提出必须树立和践行“绿水青山就是金山银山”的理念，形成绿色发展方式和生活方式，坚定走生产发展、生活富裕、生态良好的文明发展道路。

绿色发展理念以人与自然和谐为价值取向，以绿色低碳循环为主要原则，以生态文明建设为基本抓手。从内涵看，绿色发展是在传统发展基础上的一种模式创新，是建立在生态环境容量和资源承载力的约束条件下，将环境保护作为实现可持续发展重要支柱的一种新型发展模式。具体来说包括以下几个要点：一是要将环境资源作为社会经济发展的内在要素；二是要把实现经济、社会和环境的可持续发展作为绿色发展的目标；三是要把经济活动过程和结果的“绿色化”“生态化”作为绿色发展的主要内容和途径。

建设长江经济带，必须严格遵循绿色发展理念。2018年4月26日，习近平总书记在深入推动长江经济带发展座谈会上发表重要讲话时指出，“要正确把握生态环境保护和经济发展的关系，推动长江经济带绿色发展。要坚持在发展中保护、在保护中发展，不能把生态环境保护和经济发展割裂开来，更不能对立起来”。坚持生态优先、绿色发展的战略定位，是长江经济带建设的必然选择，这不仅是对自然规律的尊重，也是对经济规律、社会规律的尊重。

2017年，长江经济带110个城市实现国内生产总值36.8万亿元，占全国比重达到44.5%，比2016年增加了1.2个百分点；人均国内生产总值65835元，比全国人均水平高出10.4%。生态环境方面，长江经济带110个城市的空气质量指数、污水处理厂综合处理率、生活垃圾无害化处理率、工业固体废物综合处理率、建成区绿化覆盖率分别达到81.6%、86.0%、94.1%、84.6%、40.4%，远远高于全国平均水平。因此，开展长江经济带城市绿色发展指数研究，有利于准确把握长江经济带绿色发展现状，为更好地服务长江经济带建设和国内其他城市可持续发展提供借鉴参考。

一　指标体系构建及合理性分析

本研究秉承“五大发展理念”的目标导向，在借鉴和比较国内外权威评价指标体系的基础上，立足于长江经济带城市发展的实际，提出“绿色发展指数”概念并构建其评价体系，旨在揭示长江经济带城市的绿色发展现状，诊断现有问题和不足，以期实现城市资源的优化配置，促进城市的可持续发展。

（一）构建原则

合理地选取指标和构建绿色发展指数评价体系，有利于真实、客观地反映城市发展质量与综合水平。本研究在回顾既有研究成果的基础上，综合运用地理学、经济学、管理学、环境科学、生态学等理论，聚焦“绿色”和“发展”，结合长江经济带城市发展实践，提出绿色发展指数的构建原则，并据此构建一套系统、科学、可操作的评价指标体系。

（1）系统性原则

绿色发展指数的评价是一个涵盖经济发展、创新驱动、环境保护、社会治理等各个方面的有机整体。因此，指标体系的构建必须运用系统的视角，全方位地表现城市绿色发展的内涵。此外，城市绿色发展指数应当结合城市发展的内在逻辑，在指标的相互关联、相互制约中描绘系统特征。

（2）科学性原则

长江经济带绿色发展必须建立在尊重科学客观规律的基础上。指标筛选过程中，坚持以五大发展理念为指导，依据对绿色发展的解读，优先选取科学依据充足、经过实践检验的重要指标，力争准确、翔实地反映城市发展现状，保证计算结果的可靠性。此外，为了突出重点、凸显绿色发展的立意，还应克服国内外现有大部分指标体系面面俱到、缺乏重点的问题。

（3）可操作性原则

一方面，各项指标要具有统计上的可操作性，既要基于现行的统计分类体系，又要具有一致的统计口径，所选指标定义明确，且易于获取；另一方面，各项指标要具有计算上的可操作性，可量化、可对比。反映长江经济带城市绿色发展指数的一系列指标经加权计算得到的综合指数，既可用于城市自身发展的纵向评价，也可用于多个城市间的横向比较。

（二）内涵与结构

绿色发展指数基于“生态”、“生产”和“生活”三个方面，把绿色发展的核心内涵概括为“绿色生态”、“绿色生产” 和“绿色生活” 三个方面。

“绿色生态”是绿色发展的必要条件。生态资源是人类生产生活的宝贵财富和源泉，发挥生态资源优势，创造出更大的经济价值和社会价值，是实现绿色发展的必要条件。“绿色生态”包括自然禀赋和环境质量两方面，涉及5个具体指标。

“绿色生产”是绿色发展的基础支撑。发展绿色产业，推进科技创新，可以提高资源利用率和生产效率，提供清洁产品和服务，有效转变经济增长方式。“绿色生产”包括节能减排和绿色科技两方面，涉及11个具体指标。

“绿色生活”是绿色发展的重要保障。高水平的绿色生活反映了城市实现自我更新和可持续发展的能力。只有实行有效的治理手段，才能保证城市绿色发展的顺利进行。“绿色生活”包括污染整治和城市绿化两方面，涉及5个具体指标。

综上，形成包括1个目标层、3个领域层、6个二级指标层和21个三级指标的绿色发展指标体系（见表1）。同时，通过专家打分法确定每个二级指标的权重。

表1　长江经济带绿色发展指标评价体系

目标层	领域层	二级指标	三级指标
绿色发展	绿色生态	自然禀赋	森林覆盖率(%)
			农田与水域面积占比(%)
			各级自然保护区数量(个)

续表

目标层	领域层	二级指标	三级指标
绿色发展	绿色生态	环境质量	水质截面监测达标率(%)
			空气质量指数(%)
	绿色生产	节能减排	单位产值用电量(千瓦时/万元)
			单位产值用水量(吨/万元)
			单位产值工业废水排放量(吨/万元)
			单位产值二氧化硫排放量(吨/万元)
			单位产值工业烟(粉)尘排放量(吨/万元)
			工业固体废弃物综合利用率(%)
		绿色科技	人均 GDP(元)
			环保产业科技活动人员占比(%)
			环保产业发明专利数(件)
			环保领域国家重点实验室(家)
			环境科学与工程领域发表论文数(篇)
	绿色生活	污染治理	生活垃圾无害化处理率(%)
			污水处理厂综合处理率(%)
			人均碳排放量(吨/万人)
		城市绿化	建成区绿化覆盖率(%)
			每万人公共绿地面积(公顷)

（三）指标评价体系的合理性分析

通过与国内外著名的 8 个绿色发展领域的指标体系①进行对比，我们发现本指标体系的空气质量指数、每万人公共绿地面积、生活垃圾无害化处理率、建成区绿化覆盖率、污水处理厂综合处理率、单位产值用电量等指标与上述指标体系存在高度重合/相似（4 次及以上），在指标总数中占比过半（见图 1）。本报告的指标体系设定合理。

① 8 个指标体系：联合国可持续发展委员会的可持续发展指标体系、世界银行城市竞争力指数（2015 版）、国际 ISO 协会可持续城市标准指标体系、欧洲绿色城市发展指数（2011 版）、瑞士城市可持续发展指标体系、丹麦城市可持续发展指标体系、英国未来论坛可持续城市指数（2007 版）和中国国家环保部生态文明试点示范市建设指标体系（2013 版）。内容详见文末附录。

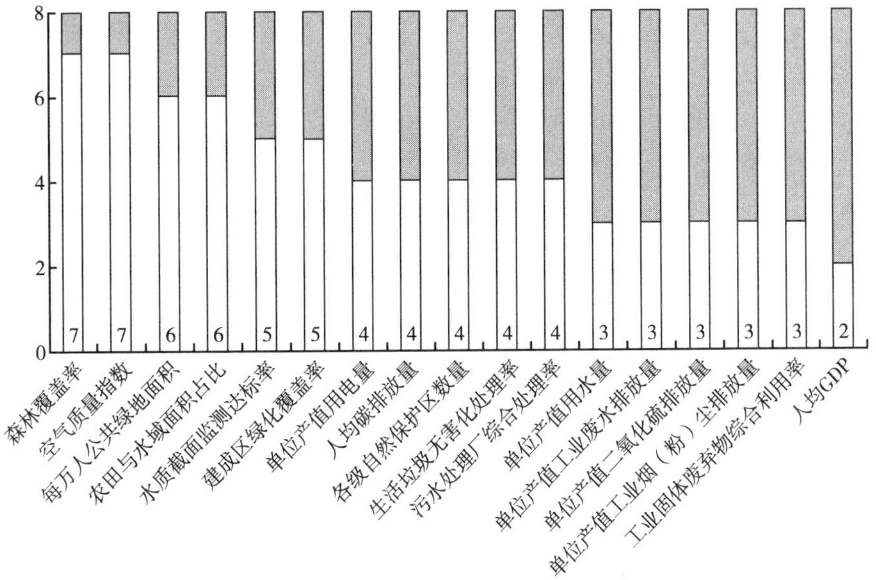

图1　长江经济带绿色发展指标体系合理性分析

二　长江经济带110个城市绿色发展指数评价

（一）110个城市绿色发展指数综合排名

根据综合计算，得到2017年长江经济带城市绿色发展指数排行榜（见表2）。杭州、昆明、贵阳、舟山、黄山、丽江、重庆、丽水、成都和遵义占据榜单前十位；泸州、亳州、淮南、新余、黄石、铜陵、景德镇、六盘水、淮北和攀枝花则位列排行榜的后十位。总体而言，长江经济带城市绿色发展水平不高，分值均不足70分。

在排名前20的城市中，长三角城市群的26个城市只有杭州、舟山、上海和南京4个城市进入，江苏省仅南京进入前20名，浙江省有3个城市进入前20名，安徽省没有城市进入前20名，江西省、湖南省也没有城市进入前20名。

表 2　2017 年长江经济带 110 个城市绿色发展指数排名

排名	城市	指数	排名	城市	指数	排名	城市	指数
1	杭州	68.16	38	长沙	51.50	75	连云港	44.59
2	昆明	67.06	39	遂宁	51.00	76	徐州	44.35
3	贵阳	66.84	40	南充	50.97	77	芜湖	44.03
4	舟山	65.53	41	嘉兴	50.92	78	湘潭	44.00
5	黄山	65.20	42	温州	50.87	79	邵阳	43.87
6	丽江	64.25	43	湖州	50.86	80	淮安	43.75
7	重庆	64.23	44	金华	50.63	81	马鞍山	43.69
8	丽水	61.64	45	资阳	50.34	82	孝感	43.26
9	成都	61.58	46	咸宁	50.27	83	宜春	42.84
10	遵义	61.18	47	衢州	50.22	84	乐山	42.77
11	上海	59.50	48	常州	49.33	85	池州	42.65
12	玉溪	59.41	49	鹰潭	49.33	86	蚌埠	42.56
13	铜仁	59.11	50	绍兴	49.25	87	衡阳	42.34
14	绵阳	59.03	51	怀化	49.12	88	达州	42.16
15	巴中	58.34	52	荆门	49.09	89	十堰	42.04
16	武汉	58.25	53	台州	49.01	90	随州	41.70
17	张家界	58.14	54	德阳	48.98	91	宣城	41.53
18	临沧	57.22	55	自贡	48.69	92	襄阳	41.09
19	南京	56.85	56	眉山	48.58	93	黄冈	41.05
20	雅安	56.70	57	内江	48.17	94	宿迁	40.96
21	曲靖	56.45	58	常德	48.16	95	娄底	40.03
22	广元	55.98	59	抚州	48.10	96	鄂州	39.79
23	安顺	55.85	60	扬州	47.93	97	阜阳	39.26
24	永州	55.44	61	益阳	47.91	98	滁州	38.90
25	宜昌	55.10	62	赣州	47.58	99	宿州	38.79
26	苏州	55.02	63	镇江	47.47	100	萍乡	37.76
27	毕节	54.49	64	六安	47.31	101	泸州	37.61
28	普洱	54.49	65	南通	46.89	102	亳州	37.58
29	宁波	54.23	66	广安	46.79	103	淮南	37.43
30	九江	53.89	67	泰州	46.71	104	新余	36.96
31	郴州	53.28	68	吉安	46.64	105	黄石	36.85
32	宜宾	53.00	69	合肥	46.46	106	铜陵	36.25
33	昭通	52.96	70	荆州	46.08	107	景德镇	35.76
34	保山	52.72	71	岳阳	45.56	108	六盘水	35.59
35	南昌	52.44	72	安庆	45.42	109	淮北	34.50
36	上饶	52.24	73	盐城	44.78	110	攀枝花	25.43
37	无锡	51.87	74	株洲	44.68			

长江经济带各地级市的绿色发展指数与其位序服从规模—位序分布规律，得分的对数与其排序的拟合优度达到了69%。借助自然断裂点分析方法和现实数据，确定长江经济带城市绿色发展指数的自然断裂点分别为66、55、47和41。据此，可将城市分为五个等级。

第一梯队包含杭州、昆明和贵阳3座城市。杭州在绿色生活领域位列第1位，绿色生产领域位列第3位，绿色生态领域位列第34位。昆明在绿色生态、绿色生活两个领域进入前十，分列第2位和第5位。贵阳则在绿色生态、绿色生活分列第15位和第2位。这三座城市均是省会城市，发展基础较好，具有明显的城市治理和生态禀赋优势，且在生产过程中注重节能减排和科技创新，绿色发展指数最高。

第二梯队包含舟山、黄山、丽江等23座城市。这些城市具有较强的绿色发展能力和发展水平，其中一些城市在个别领域表现突出。例如，黄山、舟山、丽江的绿色生态和绿色生活优势突出，上海、武汉、南京在绿色生产领域优势突出，但综合能力不如第一梯队。

第三梯队包含毕节、普洱、宁波等38座城市，部分城市是地方中心城市，在个别专题领域表现也非常突出（例如普洱在绿色生态、宁波在绿色生产方面极为优秀），但总体水平较为一般。

第四梯队包含南通、广安、泰州等29座城市，这些城市的绿色发展水平相对较低，主要受限于单个领域的无力表现。一些东部沿海城市可以关注绿色生活和绿色生态领域的改进，一些中西部城市则可以更加注重技术的提升和环保产业的推进，这部分城市的绿色发展潜力空间广阔。

第五梯队包含宿迁、娄底、鄂州等17座城市。这些城市大多数是资源型城市，在绿色发展方面存在严重的短板，发展水平极为滞后，在未来应补齐短板，增强绿色发展能力，积极推进各项治理措施和政策制度。

从绿色发展综合指数进入前50名的分省情况看，上海、重庆2个直辖市均进入前50名；江苏省13个城市中南京、苏州、无锡、常州4个城市进入前50名；浙江省除台州外10个城市全部进入前50名；安徽省16个城市中仅黄山进入前50名；江西省11个城市中只有4个城市进入前50名，分别是南昌、九江、上饶和鹰潭；湖北省16个城市中有4个城市进入前50名，分别是武汉、张家界、宜昌和咸宁；湖南省13个城市中有3个城市进入前50名，分别是长沙、永州、郴州；四川省18个城市中有9个城市进入前50名，分别是成都、绵阳、巴中、雅安、广元、宜宾、遂宁、南充、资阳；贵州省6个城市中有5个城市进入前50名，分别是贵阳、遵义、铜仁、安顺、毕节；云南省8个城市全部进入前50名。

空间格局来看，长江经济带城市绿色发展水平在上中下游存在显著不同，中上游地区的绿色发展形成了明显的以昆明—贵阳、成都—重庆为中心的抱团集聚现象，而下游地区发展较好的只局限于杭州、上海等少数城市。上游地区的成都—重庆—贵阳集聚区形成了一整块绿色发展高地，以昆明为中心的滇南地区和湖南、江西南部地区的绿色发展水平也较高，集聚程度也较为明显。下游的上海、杭州等城市自身发展较好，但周边城市发展水平落后，邻近城市并未形成集聚区。

（二）长江经济带110个城市绿色发展指数专项排名

从表3中可以看出如下内容。

在绿色生态领域，普洱、昆明、丽江、铜仁、保山、临沧、昭通、遵义、黄山和张家界位列前十。其中张家界、普洱等城市在环境质量方面做得较好；而广元、重庆等城市则具备得天独厚的自然资源禀赋。

在绿色生产领域，上海、南京、杭州、苏州、武汉、成都、长沙、无锡、合肥和南通位列前十。一方面，这些城市的环保事业起步较早，发展水平较高，技术转型升级和节能减排成为其主要的发展方向；另一方面，这些城市中大学和科研院所林立，环保企业密集分布，创新主体多样，智力和技术资源丰富。

在绿色生活领域，杭州、贵阳、丽江、丽水、昆明、舟山、黄山、成都、张家界和九江位列前十。这些城市对污水、工业固体废弃物和生活垃圾的处理率较高，城市绿化建设方面具有较高水平。当然，一些如贵阳、丽江、黄山、舟山等西部城市和旅游城市本身工业企业少，污染整治难度低，这也是它们在绿色生活领域得分较高的原因之一。

表 3　2017 年长江经济带绿色发展指数一级指标前十位城市

排名	绿色发展指数	绿色生态	绿色生产	绿色生活
1	杭州(68.12)	普洱(77.45)	上海(81.07)	杭州(88.87)
2	昆明(67.06)	昆明(77.33)	南京(76.73)	贵阳(88.18)
3	贵阳(66.84)	丽江(77.01)	杭州(69.82)	丽江(87.29)
4	舟山(66.53)	铜仁(76.16)	苏州(68.16)	丽水(86.43)
5	黄山(66.20)	保山(76.05)	武汉(67.71)	昆明(88.28)
6	丽江(64.25)	临沧(75.26)	成都(65.48)	舟山(88.65)
7	重庆(64.23)	昭通(74.48)	长沙(63.65)	黄山(79.67)
8	丽水(61.64)	遵义(73.96)	无锡(60.49)	成都(74.73)
9	成都(61.58)	黄山(73.14)	合肥(59.90)	张家界(74.02)
10	遵义(61.18)	张家界(71.66)	南通(59.27)	九江(74.01)

从二级指标层来看，自然资源较好的是广元、重庆、曲靖、昭通、遵义、雅安、巴中、保山、临沧和昆明，均位于长江经济带上游；环境质量较好的是张家界、普洱、贵阳、丽江、黄山、昆明、铜仁、舟山、安顺和临沧，主要是中西部城市和旅游城市；节能减排较好的是泰州、资阳、鹰潭、随州、咸宁、吉安、长沙、遂宁、扬州和合肥，东中西城市分布较为均衡；绿色科技较好的是上海、南京、杭州、武汉、苏州、成都、重庆、长沙、无锡和宁波，大多是东部发达城市。污染治理较好的是杭州、贵阳、昆明、丽江、舟山、玉溪、张家界、丽水、巴中和荆门，大部分为中西部城市；城市绿化较好的是丽水、丽江、黄山、杭州、舟山、贵阳、九江、昆明、湖州和遵义，既有大城市也有小城市，既有东部城市也有西部城市，城市绿化指标的空间均衡性最好（见表 4）。

表4　2017年长江经济带绿色发展指数二级指标前十位城市

排名	绿色生态		绿色生产		绿色生活	
	自然资源	环境质量	节能减排	绿色科技	污染治理	城市绿化
1	广元	张家界	泰州	上海	杭州	丽水
2	重庆	普洱	资阳	南京	贵阳	丽江
3	曲靖	贵阳	鹰潭	杭州	昆明	黄山
4	昭通	丽江	随州	武汉	丽江	杭州
5	遵义	黄山	咸宁	苏州	舟山	舟山
6	雅安	昆明	吉安	成都	玉溪	贵阳
7	巴中	铜仁	长沙	重庆	张家界	九江
8	保山	舟山	遂宁	长沙	丽水	昆明
9	临沧	安顺	扬州	无锡	巴中	湖州
10	昆明	临沧	合肥	宁波	荆门	遵义

1. 绿色生态指数及城市排名

绿色生态指数由自然资源和环境质量2个二级指标构成，长江经济带110个城市绿色生态指数及城市排名见表5。排名前20位的城市分别是：普洱、昆明、丽江、铜仁、保山、临沧、昭通、遵义、黄山、张家界、安顺、广元、毕节、重庆、贵阳、玉溪、曲靖、舟山、雅安和绵阳。

表5　2017年长江经济带110个城市绿色生态指数及城市排名

排名	城市	得分	绿色生态	
			自然资源	环境质量
1	普　洱	0.792	0.707	0.876
2	昆　明	0.782	0.740	0.823
3	丽　江	0.779	0.733	0.825
4	铜　仁	0.770	0.727	0.814
5	保　山	0.764	0.528	1.000
6	临　沧	0.759	0.767	0.751
7	昭　通	0.754	0.747	0.761
8	遵　义	0.747	0.670	0.824

续表

排名	城市	得分	绿色生态	
			自然资源	环境质量
9	黄　山	0.737	0.807	0.667
10	张家界	0.731	0.800	0.662
11	安　顺	0.724	0.800	0.649
12	广　元	0.717	0.667	0.768
13	毕　节	0.706	0.571	0.840
14	重　庆	0.699	0.687	0.711
15	贵　阳	0.694	0.793	0.595
16	玉　溪	0.673	0.700	0.647
17	曲　靖	0.666	0.833	0.499
18	舟　山	0.666	0.810	0.522
19	雅　安	0.654	0.496	0.811
20	绵　阳	0.646	0.787	0.505
21	永　州	0.596	0.521	0.671
22	宜　宾	0.571	0.676	0.465
23	巴　中	0.545	0.651	0.439
24	上　饶	0.517	0.426	0.609
25	丽　水	0.513	0.386	0.640
26	郴　州	0.508	0.486	0.531
27	宜　昌	0.508	0.346	0.670
28	衢　州	0.506	0.380	0.631
29	杭　州	0.501	0.386	0.617
30	成　都	0.500	0.290	0.709
31	南　充	0.488	0.346	0.630
32	九　江	0.483	0.481	0.485
33	南　昌	0.471	0.483	0.459
34	武　汉	0.460	0.386	0.535
35	咸　宁	0.452	0.496	0.409
36	资　阳	0.452	0.474	0.429
37	宁　波	0.442	0.323	0.561

续表

排名	城市	得分	绿色生态	
			自然资源	环境质量
38	温　州	0. 438	0. 237	0. 640
39	遂　宁	0. 435	0. 388	0. 482
40	金　华	0. 426	0. 303	0. 549
41	鹰　潭	0. 422	0. 310	0. 535
42	嘉　兴	0. 420	0. 401	0. 439
43	上　海	0. 420	0. 230	0. 610
44	湖　州	0. 417	0. 381	0. 453
45	长　沙	0. 416	0. 323	0. 510
46	苏　州	0. 415	0. 243	0. 588
47	无　锡	0. 415	0. 346	0. 484
48	绍　兴	0. 410	0. 381	0. 439
49	南　京	0. 408	0. 286	0. 529
50	常　州	0. 407	0. 230	0. 583
51	怀　化	0. 394	0. 203	0. 584
52	荆　门	0. 389	0. 263	0. 515
53	台　州	0. 388	0. 243	0. 534
54	德　阳	0. 388	0. 306	0. 470
55	自　贡	0. 387	0. 223	0. 551
56	眉　山	0. 373	0. 230	0. 516
57	内　江	0. 368	0. 263	0. 473
58	常　德	0. 367	0. 306	0. 429
59	抚　州	0. 365	0. 286	0. 444
60	扬　州	0. 364	0. 326	0. 401
61	益　阳	0. 363	0. 243	0. 483
62	赣　州	0. 363	0. 250	0. 476
63	镇　江	0. 363	0. 286	0. 439
64	六　安	0. 363	0. 286	0. 439
65	南　通	0. 361	0. 270	0. 453
66	广　安	0. 361	0. 168	0. 554
67	泰　州	0. 355	0. 108	0. 603

续表

排名	城市	得分	绿色生态	
			自然资源	环境质量
68	吉 安	0.355	0.243	0.467
69	合 肥	0.354	0.306	0.402
70	荆 州	0.346	0.223	0.469
71	岳 阳	0.340	0.306	0.374
72	安 庆	0.337	0.143	0.531
73	盐 城	0.335	0.366	0.304
74	株 洲	0.326	0.190	0.461
75	连云港	0.323	0.290	0.356
76	徐 州	0.321	0.048	0.595
77	芜 湖	0.315	0.143	0.486
78	湘 潭	0.311	0.223	0.400
79	邵 阳	0.299	0.203	0.396
80	淮 安	0.298	0.053	0.544
81	马鞍山	0.297	0.080	0.515
82	孝 感	0.293	0.143	0.444
83	宜 春	0.289	0.163	0.415
84	乐 山	0.288	0.007	0.570
85	池 州	0.282	0.163	0.402
86	蚌 埠	0.282	0.143	0.421
87	衡 阳	0.279	0.183	0.375
88	达 州	0.277	0.143	0.411
89	十 堰	0.276	0.068	0.485
90	随 州	0.276	0.163	0.389
91	宣 城	0.274	0.068	0.481
92	襄 阳	0.274	0.020	0.528
93	黄 冈	0.273	0.068	0.478
94	宿 迁	0.270	0.143	0.396
95	娄 底	0.266	0.183	0.350
96	鄂 州	0.266	0.047	0.486
97	阜 阳	0.261	0.156	0.367
98	滁 州	0.259	0.040	0.477
99	宿 州	0.257	0.020	0.494
100	萍 乡	0.245	0.020	0.469
101	泸 州	0.240	0.176	0.304

续表

排名	城市	得分	绿色生态	
			自然资源	环境质量
102	亳　州	0.240	0.000	0.479
103	淮　南	0.234	0.143	0.325
104	新　余	0.207	0.143	0.272
105	芜　湖	0.202	0.163	0.241
106	铜　陵	0.196	0.183	0.210
107	景德镇	0.191	0.020	0.361
108	六盘水	0.183	0.366	0.000
109	淮　北	0.160	0.040	0.279
110	攀枝花	0.153	0.170	0.137

2. 绿色生产指数及城市排名

绿色生产指数由 2 个二级指标构成，即节能减排、绿色科技。长江经济带 110 个城市绿色生产指数及城市排名见表 6。排名前 20 的城市分别是上海、南京、杭州、苏州、武汉、成都、长沙、无锡、安庆、合肥、重庆、镇江、常州、泰州、南昌、扬州、宁波、嘉兴、舟山、阜阳。

表 6　2017 年长江经济带 110 个城市绿色生产指数及城市排名

排名	城市	得分	绿色生态	
			节能减排	绿色科技
1	上　海	0.811	0.799	0.823
2	南　京	0.767	0.774	0.761
3	杭　州	0.698	0.817	0.579
4	苏　州	0.677	0.845	0.509
5	武　汉	0.676	0.893	0.458
6	成　都	0.651	0.908	0.394
7	长　沙	0.636	0.952	0.321
8	无　锡	0.605	0.895	0.314
9	安　庆	0.599	0.902	0.296
10	合　肥	0.593	0.946	0.239
11	重　庆	0.591	0.829	0.353
12	镇　江	0.577	0.922	0.231

续表

排名	城市	得分	绿色生态	
			节能减排	绿色科技
13	常　州	0. 573	0. 889	0. 256
14	泰　州	0. 572	0. 982	0. 161
15	南　昌	0. 571	0. 869	0. 272
16	扬　州	0. 570	0. 949	0. 191
17	宁　波	0. 569	0. 875	0. 263
18	嘉　兴	0. 560	0. 918	0. 201
19	舟　山	0. 547	0. 934	0. 160
20	阜　阳	0. 544	0. 925	0. 164
21	连云港	0. 537	0. 945	0. 129
22	绍　兴	0. 535	0. 856	0. 215
23	金　华	0. 530	0. 945	0. 115
24	台　州	0. 526	0. 894	0. 158
25	鹰　潭	0. 520	0. 967	0. 073
26	芜　湖	0. 520	0. 929	0. 111
27	湖　州	0. 517	0. 911	0. 124
28	淮　安	0. 512	0. 896	0. 127
29	咸　宁	0. 510	0. 960	0. 059
30	资　阳	0. 509	0. 973	0. 044
31	随　州	0. 507	0. 967	0. 048
32	马鞍山	0. 507	0. 901	0. 113
33	常　德	0. 504	0. 929	0. 079
34	吉　安	0. 501	0. 955	0. 047
35	自　贡	0. 499	0. 941	0. 056
36	丽　水	0. 498	0. 916	0. 079
37	宿　迁	0. 494	0. 901	0. 088
38	蚌　埠	0. 494	0. 908	0. 080
39	湘　潭	0. 494	0. 857	0. 131
40	南　充	0. 493	0. 934	0. 052
41	襄　阳	0. 492	0. 856	0. 127
42	遂　宁	0. 492	0. 952	0. 032
43	株　洲	0. 487	0. 884	0. 091
44	温　州	0. 487	0. 852	0. 121
45	岳　阳	0. 486	0. 879	0. 092
46	绵　阳	0. 485	0. 903	0. 067

续表

排名	城市	得分	绿色生态	
			节能减排	绿色科技
47	盐　城	0. 484	0. 920	0. 047
48	宜　昌	0. 483	0. 806	0. 161
49	德　阳	0. 483	0. 891	0. 075
50	宣　城	0. 482	0. 914	0. 050
51	滁　州	0. 481	0. 906	0. 056
52	益　阳	0. 478	0. 914	0. 043
53	眉　山	0. 477	0. 901	0. 053
54	南　通	0. 470	0. 895	0. 045
55	娄　底	0. 467	0. 905	0. 028
56	孝　感	0. 467	0. 880	0. 054
57	抚　州	0. 466	0. 893	0. 039
58	郴　州	0. 466	0. 862	0. 069
59	荆　门	0. 465	0. 855	0. 074
60	黄　冈	0. 464	0. 886	0. 042
61	宿　州	0. 463	0. 889	0. 036
62	铜　陵	0. 462	0. 850	0. 074
63	宜　春	0. 462	0. 870	0. 053
64	广　安	0. 460	0. 881	0. 039
65	淮　北	0. 459	0. 883	0. 035
66	六　安	0. 459	0. 835	0. 082
67	九　江	0. 458	0. 850	0. 067
68	黄　山	0. 458	0. 861	0. 055
69	萍　乡	0. 458	0. 853	0. 063
70	内　江	0. 457	0. 878	0. 035
71	赣　州	0. 455	0. 854	0. 057
72	邵　阳	0. 450	0. 880	0. 021
73	巴　中	0. 450	0. 889	0. 012
74	泸　州	0. 447	0. 881	0. 013
75	永　州	0. 445	0. 853	0. 037
76	贵　阳	0. 444	0. 744	0. 145
77	池　州	0. 442	0. 832	0. 052
78	十　堰	0. 442	0. 825	0. 059
79	景德镇	0. 440	0. 814	0. 066
80	亳　州	0. 431	0. 811	0. 051

续表

排名	城市	得分	绿色生态	
			节能减排	绿色科技
81	荆　州	0.430	0.789	0.072
82	鄂　州	0.428	0.755	0.101
83	怀　化	0.426	0.812	0.041
84	遵　义	0.423	0.778	0.067
85	广　元	0.422	0.807	0.037
86	徐　州	0.414	0.780	0.049
87	达　州	0.412	0.785	0.038
88	雅　安	0.412	0.783	0.040
89	宜　宾	0.410	0.773	0.047
90	昆　明	0.410	0.657	0.163
91	上　饶	0.409	0.777	0.041
92	乐　山	0.408	0.743	0.073
93	衡　阳	0.404	0.742	0.067
94	毕　节	0.404	0.775	0.032
95	芜　湖	0.397	0.701	0.093
96	六盘水	0.393	0.725	0.060
97	铜　仁	0.391	0.750	0.031
98	安　顺	0.390	0.740	0.040
99	新　余	0.389	0.664	0.114
100	玉　溪	0.384	0.693	0.076
101	衢　州	0.384	0.692	0.077
102	曲　靖	0.373	0.706	0.040
103	攀枝花	0.361	0.606	0.115
104	昭　通	0.352	0.691	0.013
105	淮　南	0.349	0.637	0.060
106	临　沧	0.342	0.669	0.016
107	张家界	0.302	0.571	0.034
108	保　山	0.300	0.574	0.027
109	丽　江	0.284	0.530	0.038
110	普　洱	0.256	0.487	0.024

3. 绿色生活指数及城市排名

绿色生活指数由 2 个二级指标构成，即污染治理、城市绿化。长江经济带110个城市绿色生活指数及城市排名见表7。排名前20的城市分别是杭州、贵阳、丽江、丽水、昆明、舟山、黄山、成都、巴中、九江、张家界、玉溪、绍兴、南京、湖州、常州、绵阳、遂宁、无锡、雅安。

表7　2017年长江经济带110个城市绿色生活指数及城市排名

排名	城市	得分	绿色生态	
			污染治理	城市绿化
1	杭　州	0.874	0.824	0.925
2	贵　阳	0.873	0.872	0.874
3	丽　江	0.869	0.969	0.768
4	丽　水	0.862	0.959	0.766
5	昆　明	0.817	0.866	0.767
6	舟　山	0.814	0.887	0.742
7	黄　山	0.797	0.796	0.798
8	成　都	0.742	0.733	0.750
9	巴　中	0.721	0.817	0.625
10	九　江	0.704	0.700	0.708
11	张家界	0.701	0.825	0.577
12	玉　溪	0.691	0.765	0.618
13	绍　兴	0.691	0.833	0.550
14	南　京	0.679	0.753	0.605
15	湖　州	0.679	0.733	0.625
16	常　州	0.678	0.654	0.702
17	绵　阳	0.678	0.778	0.578
18	遂　宁	0.671	0.769	0.574
19	无　锡	0.670	0.716	0.624
20	雅　安	0.670	0.806	0.535
21	宜　昌	0.668	0.785	0.550
22	宁　波	0.664	0.778	0.549
23	曲　靖	0.664	0.791	0.536
24	温　州	0.662	0.669	0.654
25	苏　州	0.658	0.790	0.525
26	遵　义	0.657	0.666	0.649
27	武　汉	0.656	0.717	0.595
28	扬　州	0.654	0.784	0.524

续表

排名	城市	得分	绿色生态	
			污染治理	城市绿化
29	衢　州	0.643	0.687	0.599
30	荆　门	0.641	0.655	0.627
31	上　饶	0.638	0.809	0.467
32	上　海	0.634	0.696	0.571
33	郴　州	0.632	0.712	0.551
34	台　州	0.628	0.708	0.549
35	金　华	0.625	0.750	0.500
36	嘉　兴	0.623	0.672	0.574
37	重　庆	0.622	0.700	0.545
38	内　江	0.622	0.618	0.627
39	泰　州	0.621	0.724	0.518
40	永　州	0.621	0.814	0.427
41	镇　江	0.617	0.735	0.500
42	德　阳	0.617	0.719	0.514
43	资　阳	0.615	0.606	0.625
44	抚　州	0.614	0.701	0.526
45	鹰　潭	0.611	0.689	0.533
46	临　沧	0.610	0.617	0.602
47	铜　仁	0.609	0.670	0.548
48	六　安	0.604	0.682	0.525
49	咸　宁	0.601	0.743	0.459
50	合　肥	0.601	0.618	0.584
51	宜　宾	0.598	0.757	0.439
52	南　充	0.583	0.750	0.416
53	长　沙	0.575	0.750	0.399
54	益　阳	0.573	0.600	0.547
55	普　洱	0.568	0.681	0.454
56	南　昌	0.567	0.737	0.396
57	安　顺	0.556	0.799	0.314
58	芜　湖	0.554	0.690	0.419
59	常　德	0.554	0.628	0.480
60	株　洲	0.553	0.607	0.500
61	湘　潭	0.551	0.681	0.421
62	怀　化	0.546	0.706	0.385

续表

排名	城市	得分	绿色生态	
			污染治理	城市绿化
63	眉　山	0. 543	0. 620	0. 466
64	岳　阳	0. 538	0. 714	0. 361
65	马鞍山	0. 536	0. 715	0. 358
66	吉　安	0. 534	0. 650	0. 418
67	广　元	0. 533	0. 542	0. 525
68	连云港	0. 530	0. 637	0. 423
69	蚌　埠	0. 529	0. 558	0. 500
70	荆　州	0. 527	0. 558	0. 496
71	淮　安	0. 522	0. 710	0. 335
72	孝　感	0. 521	0. 715	0. 326
73	毕　节	0. 515	0. 717	0. 313
74	广　安	0. 504	0. 620	0. 388
75	徐　州	0. 503	0. 493	0. 513
76	盐　城	0. 501	0. 555	0. 448
77	保　山	0. 496	0. 618	0. 375
78	宿　迁	0. 496	0. 776	0. 215
79	淮　南	0. 494	0. 776	0. 212
80	宿　州	0. 493	0. 486	0. 500
81	十　堰	0. 493	0. 516	0. 470
82	随　州	0. 486	0. 593	0. 378
83	自　贡	0. 485	0. 463	0. 508
84	安　庆	0. 485	0. 410	0. 560
85	阜　阳	0. 479	0. 626	0. 333
86	昭　通	0. 476	0. 596	0. 356
87	泸　州	0. 476	0. 452	0. 500
88	衡　阳	0. 469	0. 529	0. 409
89	宜　春	0. 465	0. 482	0. 448
90	南　通	0. 463	0. 663	0. 263
91	乐　山	0. 463	0. 409	0. 517
92	新　余	0. 458	0. 605	0. 312
93	赣　州	0. 456	0. 600	0. 312
94	达　州	0. 434	0. 780	0. 087
95	襄　阳	0. 431	0. 475	0. 388
96	池　州	0. 418	0. 475	0. 362

续表

排名	城市	得分	绿色生态	
			污染治理	城市绿化
97	亳　州	0. 414	0. 475	0. 353
98	铜　陵	0. 412	0. 475	0. 350
99	滁　州	0. 406	0. 475	0. 337
100	鄂　州	0. 406	0. 475	0. 337
101	宣　城	0. 403	0. 626	0. 179
102	淮　北	0. 391	0. 595	0. 187
103	芜　湖	0. 391	0. 511	0. 270
104	萍　乡	0. 388	0. 399	0. 376
105	黄　冈	0. 375	0. 624	0. 127
106	邵　阳	0. 367	0. 594	0. 139
107	娄　底	0. 337	0. 438	0. 236
108	景德镇	0. 324	0. 273	0. 375
109	六盘水	0. 195	0. 230	0. 161
110	攀枝花	0. 177	0. 205	0. 150

三　长江经济带20个主要城市绿色发展指数分析

基于长江经济带 110 个城市绿色发展指数及空间分布特征，从上游至下游选择 20 个主要城市进行重点分析。长江经济带 20 个主要城市绿色发展指数位列前五的是杭州、昆明、贵阳、重庆和成都。其中，绿色生态领域位列前五的是昆明、重庆、贵阳、杭州和南通；绿色生产领域位列前五的是上海、南京、杭州、苏州和武汉；绿色生活领域位列前五的是杭州、贵阳、昆明、成都和九江。综上，杭州、昆明、贵阳进入 20 个重要城市的第一梯队，重庆、成都、上海、武汉进入第二梯队，南京、苏州、宁波、九江、南昌、无锡进入第三梯队，长沙、温州、常州、南通、合肥、芜湖、马鞍山位列 20 个重要城市第四梯队（见表 8）。

表8　2017年长江经济带20个主要城市绿色发展指数排名

排名	绿色发展指数	绿色生态	绿色生产	绿色生活
1	杭州(68.16)	昆明(77.33)	上海(81.07)	杭州(88.87)
2	昆明(67.06)	重庆(69.44)	南京(76.73)	贵阳(88.18)
3	贵阳(66.84)	贵阳(67.89)	杭州(69.82)	昆明(82.88)
4	重庆(64.23)	杭州(45.80)	苏州(68.16)	成都(74.73)
5	成都(61.58)	南通(45.62)	武汉(67.71)	九江(74.01)
6	上海(59.50)	成都(44.53)	成都(65.48)	南京(70.62)
7	武汉(58.25)	九江(41.82)	长沙(63.65)	常州(69.78)
8	南京(56.85)	南昌(40.13)	无锡(60.49)	无锡(69.10)
9	苏州(55.02)	武汉(39.81)	合肥(59.27)	宁波(68.65)
10	宁波(54.23)	宁波(37.15)	重庆(59.08)	温州(68.03)
11	九江(53.89)	温州(35.93)	常州(57.27)	苏州(67.71)
12	南昌(52.44)	上海(32.33)	南昌(57.08)	武汉(67.21)
13	无锡(51.87)	长沙(29.86)	宁波(56.90)	上海(65.21)
14	长沙(51.50)	苏州(29.17)	芜湖(51.98)	重庆(64.17)
15	温州(50.87)	无锡(26.02)	马鞍山(50.69)	合肥(61.58)
16	常州(49.33)	马鞍山(24.43)	温州(48.66)	长沙(60.98)
17	南通(46.89)	南京(23.20)	南通(46.97)	南昌(60.10)
18	合肥(46.46)	芜湖(22.32)	九江(45.84)	芜湖(57.78)
19	芜湖(44.03)	常州(20.95)	贵阳(44.44)	马鞍山(55.97)
20	马鞍山(43.69)	合肥(18.51)	昆明(40.96)	南通(48.06)

杭州、昆明、贵阳在长江经济带110个城市绿色发展排名中位居第一梯队，这三座城市是长江经济带绿色发展的重要引擎。从构成绿色发展综合指数的三个一级指标来看，杭州、贵阳、昆明的绿色生态一级指标分列第4位、第3位、第1位，其指数得分分别为45.80、67.89、77.33，杭州与其他两座城市的得分差距较大，也侧面说明了贵阳、昆明两座城市在绿色生态方面的表现极为优异（见表9）。三座城市的森林覆盖率、水质截面监测达标率、空气质量指数均在前5位。杭州、贵阳、昆明的绿色生活一级指标分列前三，其指数得分分别为88.87、88.18、82.88，这主要是三座城市的自然资源和环境质量表现突出。2017年，杭州、贵阳、昆明生活垃圾无害化处理率、污水处理厂综合处理率、建成区绿化覆盖率、每万人公共绿地面积均处于前5位，人

均碳排放量也处于中游水平。在绿色生产领域，三者差距较大，杭州排在第3位，而昆明和贵阳则在最末两位，造成这一现象的主要原因是绿色科技表现差异大，不论是环保产业的投入强度、专利和论文产出，还是人均 GDP 等，昆明、贵阳均不占优势。2017 年第一梯队城市绿色发展二级指标对比见图 2。

表 9　2017 年第一梯队城市绿色发展一级指标

指标	杭州		昆明		贵阳	
	得分	排名	得分	排名	得分	排名
绿色生态	45. 80	4	77. 33	1	67. 89	3
绿色生产	69. 82	3	40. 96	20	44. 44	19
绿色生活	88. 87	1	82. 88	3	88. 18	2

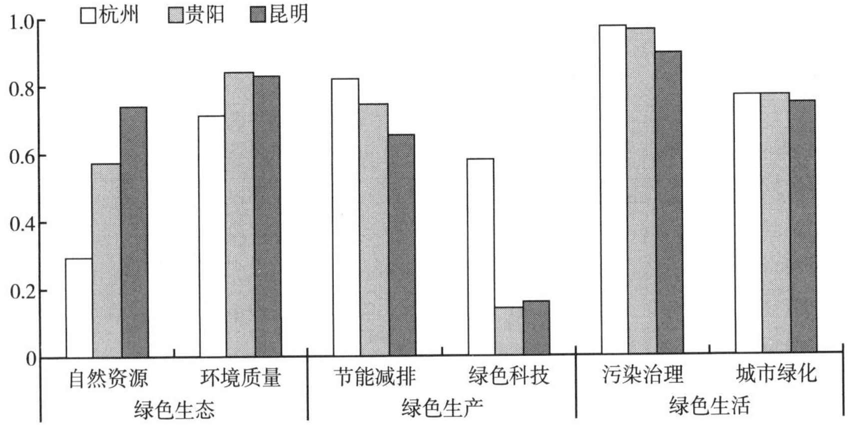

图 2　2017 年第一梯队城市绿色发展二级指标对比

重庆、成都、上海、武汉进入长江经济带绿色发展 19 个重要城市的第二梯队，四个城市为经济发达省份的省会城市或直辖市。

从表 10 和图 3 可以看出如下内容。

重庆的综合排名第 4 位，综合得分 64. 23，这得益于其绿色生态一级指标位于 110 个城市的第 2 名，仅次于昆明，尤其是重庆的自然资源二级指标居第 1 位。重庆在森林覆盖率、农田水域面积占比、各级自然保护区数量上均处在第 1 位。但重庆在绿色生产和绿色生活上表现相对较弱，分列第 10

位和第14位。其中，重庆绿色生产领域的二级指标节能减排只能排到第14位，单位产值用电量、用水量以及废气废水废弃固体的排放量均低于平均水平。重庆绿色生产领域的二级指标绿色科技排名第7位，主要得益于重庆的科技研发载体众多，国家级重点实验室、国家级大学和研发机构比较集中，此外，创新产出如论文、专利以及创新投入强度均表现良好。重庆绿色生活领域的二级指标污染治理和城市绿化分列第14位和13位，生活垃圾无害化处理率、污水处理厂综合处理率、人均碳排放量、建成区绿化覆盖率、每万人公共绿地面积等指标均有待提高。

成都的综合排名为第5位，其在绿色生态、绿色生产和绿色生活三个一级指标上的排名较为均衡，分列第6位、第6位和第4位。成都的各项指标均无明显短板，绿色生态领域二级指标自然资源排名第4位，环境质量排名第10位，主要受限于水体和空气质量影响，但得分与前面城市差距不大。成都绿色生产领域二级指标节能减排排名第3位，绿色科技排名第6位，成都的单位产值工业废水排放量、单位产值二氧化硫排放量、单位产值工业烟/粉尘排放量、工业固体废弃物综合利用率均处于20座城市的前5位，节能减排成效显著。此外，环保领域的投入产出以及人均GDP等也有不小的优势。成都绿色生活领域二级指标污染治理和城市绿化分列第5位和第14位，成都在生活垃圾无害化处理率、污水处理厂综合处理率方面表现较好，但城市绿化覆盖率和人均公共绿地面积较少，均在平均线以下。

上海是中国的经济和科技中心，在20个主要城市的绿色发展综合排名中列第6位。从3个一级指标来看，上海绿色发展极不均衡，绿色生产一枝独秀，绿色生态和绿色生活则较为落后。绿色生产方面，上海在绿色科技领域的得分是0.823，高出第2名的南京8.15%，且在人均GDP、环保产业研发投入强度、环保产业发明专利数、环保领域国家重点实验室、环境科学与工程领域发表论文数各项指标上均位列第1位，且高出第2位近10%，但节能减排则排在20个主要城市的倒数第2位，呈现极不均衡的状态。绿色生态方面，上海自然资源和环境质量分列第12位和第8位，表现平平，这与上海本身的森林、农田等自然要素缺乏有关，而水质、空气环境也受到高强度的经济社会活动影响。绿色生活方面，上海的城市绿化较好，列第 6 位，但污染治理排名倒数第 3 名，主要受限于人均碳排放强度这一负向指标排在 20 个城市的首位，且高出第 2 名近 20%。

武汉在绿色生态、绿色生产和绿色生活领域分列第 9 位、第 5 位和第 12 位，综合排名为第 7 位。绿色生态领域，自然资源排名第 9 位，农田水域比例较高但森林覆盖率较低；环境质量排名第 4 位，其中水质截面达标率排在第 2 位，但空气质量指数一般。绿色生产领域，武汉在节能减排上表现不佳，仅排第 14 位，但绿色科技表现优异，排名第 4 位，仅次于沪宁杭。武汉良好的绿色科技水平主要得益于大量聚集的国家重点实验室和环保专利及论文产出。武汉在绿色生活两个二级指标污染治理和城市绿化上的排名分别为第 4 位和第 14 位，差异较明显。出现以上现象的原因主要是较好的垃圾和污水处理能力，以及绿化覆盖率和人均绿地面积的不足，这与绿色生态领域较低的森林覆盖率也有一定关系。

表 10　2017 年第二梯队城市绿色发展一级指标

指标	重庆		成都		上海		武汉	
	得分	排名	得分	排名	得分	排名	得分	排名
绿色生态	69.44	2	44.53	6	32.23	12	39.81	9
绿色生产	59.08	10	65.48	6	81.07	1	67.71	5
绿色生活	64.17	14	74.73	4	65.21	13	67.21	12

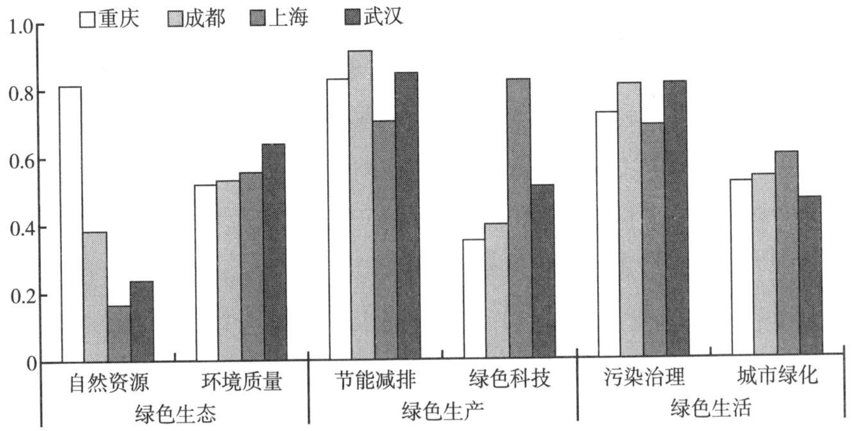

图 3　2017 年第二梯队城市绿色发展二级指标对比

南京、苏州、宁波、九江、南昌、无锡6个城市进入长江经济带20个重要城市绿色发展的第三梯队。这6个城市可以分为三类，第一类是沿江各省的省会城市，包括南京、南昌；第二类是苏州、宁波、无锡经济发达城市；第三类是经济社会绿色发展都较为均衡的九江。第一类城市科技创新水平较高，其中南京的绿色生产仅次于上海，南昌则在绿色生态和绿色生活领域方面也有较好表现。第二类城市与第一类差不多，但内部差异性更小，在绿色生产上表现较好，绿色生活也处于中游水平，但绿色生态极差，特别是自然资源禀赋方面均处于倒数第5位。第三类城市为九江，表现较为均衡，绿色生产、绿色生态和绿色生活均在第10名左右，其中九江的绿色生态和绿色生活要优于绿色生产，城市的自然资源、环境质量、污染治理和绿化水平都处于前十位。2017年第三梯队城市绿色发展二级指标对比见图4。

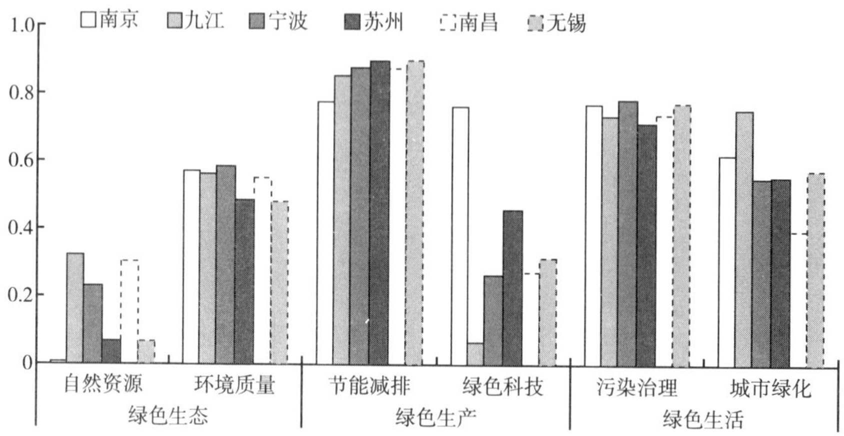

图4　2017年第三梯队城市绿色发展二级指标对比

长沙、温州、常州、南通、合肥、芜湖、马鞍山进入第四梯队。其中，长沙、合肥均为省会城市，人均GDP排名处于前列，其他则为长三角地区的较为发达的城市。长沙在六项二级指标上表现均较好，温州自然资源禀赋和环境质量较好但绿色生产较为落后，绿色生活则处于中游水平。常州的绿色生态得分较低，自然资源禀赋不足，环境质量也一般，但在节能减排和污染治理方面有较好的表现。安徽省的 4 个城市（合肥、安庆、芜湖、马鞍山）在所有长江经济带 110 个城市中排名也处于中下游，合肥得益于国家重点实验室和创新投入产出强度，在绿色生产方面表现较好，但绿色生态和绿色生活表现不佳。马鞍山作为曾经的资源型城市，现已经通过产业结构转型和生态治理实现了一定程度的绿色发展，但未来还有进一步的拓展空间。芜湖、安庆自然资源匮乏，污染治理和绿色科技也不尽如人意，三者是其绿色发展的主要瓶颈。但节能减排和环境质量还有改善空间，特别是水质改善、废弃物排放和垃圾处理能力有待进一步提升。2017 年第四梯队城市绿色发展二级指标对比见图 5。

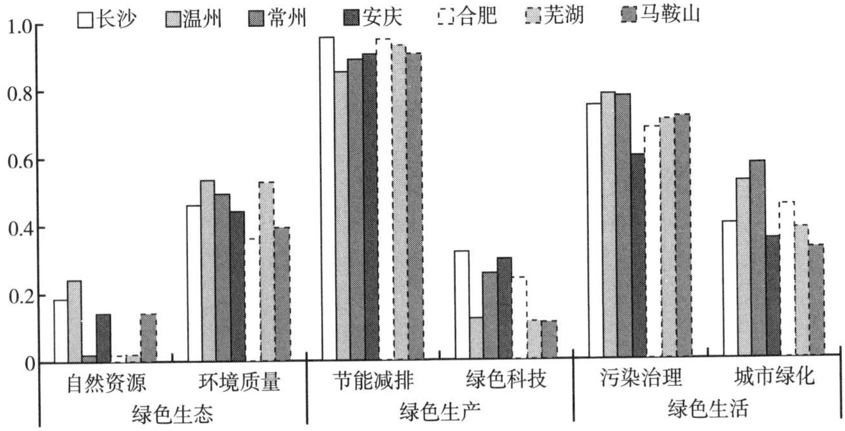

图 5　2017 年第四梯队城市绿色发展二级指标对比

附录：

国内外绿色发展评价指标体系

一　联合国可持续发展委员会的可持续发展指标体系

在《21 世纪议程》指导下，1996 年由联合国可持续发展委员会及联合国政策协调与可持续发展部牵头，联合其他相关职能部门制定了一个以“压力—状态—响应”为基本逻辑的可持续发展指标体系框架。该指标体系由四大领域构成，共 11 个子项。其中，压力指标表征人类经济社会活动的过程和模式，状态指可持续发展系统对这些人类活动所呈现出来的状态，响应指标则是维持可持续发展所选择的政策机制。4 大子系统如下。

社会系统：主要包括反应消除贫困、人口动态和可持续发展能力、教育培训及公众认识、人类健康、人类居住区可持续发展等方面的指标。

经济系统：主要包括反映国际经济合作及有关政策、消费和生产模式、财政金融等方面的指标。

环境系统：主要包括反映淡水资源、海洋资源、陆地资源、防沙治旱、山区状况、农业和农村可持续发展、森林资源、生物多样性、生物技术、大气层保护等多方面的指标。

制度系统：主要包括反映科学研究和发展、信息利用、有关环境规划、可持续立法、地方代表等民意调查方面的指标。

2001 年，在实践的基础上，该指标体系形成了包括 15 个主项、38 个子项的核心指标体系框架，改进了最初的指标体系。新的指标体系保留了可持续发展的四个方面（社会、经济、环境、体制），且比旧指标体系简化了许多，但是指标划分依旧粗细不一，指标所涉数据不易获取的问题仍然存在，可操作性仍有待提高。此后，联合国分别于 2002 年、2007 年针对指标系统的适宜性进行修订，并重新发表第二版及第三版可持续发展指标系统。2007 年提出的第三版指标系统共计 98 项，包含 50 项核心指标，整个框架涵盖贫穷、管理、健康、教育、人口、自然灾害、大气、土地、海岸与海洋、淡水、生物多样性、经济发展、全球经济伙伴、生产消费形态等几大主题。该指标体系显示出较强的逻辑性，对绿色发展指标的选取有重要借鉴意义（见附表 1）。

附表 1　联合国可持续发展委员会的指标体系

类别	项	子项	指标
社会	公平	贫困	贫困人口百分比、收入不均的基尼系数、失业率
		性别平等	女性与男性平均工资比
	健康	卫生	污水设施处理的受益人口
		饮用水	可获取安全饮用水的人口
	教育	教育水平	儿童小学 5 年级入学率、成人再教育水平
		识字	成人识字率
经济	经济结构	经济运作	人均 GDP、投资占 GDP 的份额
		贸易	商品与服务的贸易平衡率
		财政状况	债务占 GNP 的比率、政府发展援助占 GNP 的比例
	消费与生产方式	原料消费	原材料利用强度
		能源利用	人均年能源消费量、可再生能源消费所占比例、能源利用强度
		废物的产生与管理	工业与城市固体废物、危险废弃物、放射性废弃物
		交通运输	废物的再循环与再利用、人均旅行里程数
环境	淡水	水量	地表及地下水年取水占可利用水比
		水质	水体中的生物需氧量 BOD、淡水中粪便大肠杆菌浓度
	生物多样	生态	选定的关键生态系统的面积、生态保护面积占总面积比重
		物种	重要物种的丰富程度
	大气	气候变化、臭氧层、空气质量	温室气体的排放、破坏臭氧层物质的消费、城区空气污染物环境浓度
	土地	农业	可耕地与永久性耕地面积、肥料及农药使用情况
		林业	森林面积占土地面积比例、木材采伐强度
		城市化	城市常住人口与流动人口的居住面积
制度	机制框架	战略实施与国际合作	国家可持续发展战略、已批准的全球协议的履行情况
	机制能力	信息获取与通信设施	每千人因特网上网人数、每千人电话线接口数、R&D 投入占 GDP 的份额、自然灾害造成的生命财产损失

资料来源：叶文虎、仝川《联合国客户需发展指数体系评述》，《中国人口·资源与环境》1997 年第 9 期。

二　世界银行城市竞争力指数（2015版）

“世界银行城市竞争力指数”（Competitive Cities）由世界银行全球发展

实践局发布，是“城市竞争力智库”项目（Competitive Cities Knowledge Base）的重要研究成果。该指数的建立综合了世界银行“全球营商环境指数”（Doing Business Indicator）、联合国城市繁荣指数（Habitat City Prosperity Index），在经济学人情报中心（Economist Intelligence Unit）的城市竞争力指数（City Competitiveness Index）和宜居指数（Liveable Index）等研究的坚实基础上建立，具有较高的理论价值。

“世界银行城市竞争力指数”涉及制度和法规、基础设施和土地、技术和创新、企业支持和金融四个核心类别，集聚程度、其他禀赋两个补充类别，共计16个竞争力影响因子，并从国家政府、地方政府、私人企业三个维度分别提出优先发展方向。该指数融合理论与实践，明确了各个指标的具体治理方法，为城市绿色发展提供了切实可行的判断标准和实施途径。这种指标体系与配套实施方案相结合的研究框架值得城市绿色发展指数特别借鉴。此外，技术和创新类指标与城市绿色发展较为相关，可作为重点借鉴领域（见附表2）。

附表2　世界银行城市竞争力指数

类别	竞争力因子	实施主体与发展方向		
		国家政府	地方政府	私人企业
制度和法规	税收、许可 法律体系 市场法规 地方政府	宏观经济管理；国际投资和贸易政策；法律架构与资产保护；工资税种和法规	地方税收与激励；分区和土地利用政策；建设许可和商业执照；公共安全和法律强制性	标准认证联盟
基础设施和土地	硬件基础设施 社会基础设施 住房	高速公路、道路、机场、港口；电网；基础设施政策	城市道路和公共交通；水源与卫生设施；公共安全；住房/贫民窟改造	其他基础设施和共享服务
技术和创新	人力资本 教育和研究 网络	教育系统；人才引进政策；R&D投入；医疗保健	人才引进计划；集群发展支持；校企合作	职员培训项目；R&D合作
企业支持和金融	金融成熟度信贷成本	出口和贸易促进措施；金融支撑项目可得性	商业支持计划；投资政策；种子资本、风险资本促进计划	商业联盟和支持网络；市场情报和商业信息

续表

类别	竞争力因子	实施主体与发展方向		
		国家政府	地方政府	私人企业
集聚程度	产业集群	—	—	—
	地方供应链	—	—	—
其他禀赋	区位和历史沿革	—	—	—
	生活福利设施	—	—	—
	城市无形资产	—	—	—

资料来源：World Bank Group，*Competitive Cities for Jobs and Growth*：*What*，*Who*，*and How*，Washington，DC：World Bank，2015。

三　欧洲绿色城市发展指数（2011版）

“绿色城市指数”（Green City Index）是由西门子公司（Siemens）委托英国经济学人智库（Economist Intelligence Unit，EIU）进行开发的可持续发展指标体系系列。最早一版“欧洲绿色城市指数”于2009年12月发布，对30个主要欧洲城市的生态环境质量进行了综合评价。该指标体系对每个城市进行30项指标的定量评价，评价领域涉及二氧化碳排放、能源、建筑、交通、水、空气、废物、土地使用和环境治理8个领域。该指标中有16个是来源于量变产生的数据，其目标是衡量一个城市目前是如何运作的。在2009年西门子公司与经济学人智库（Economist Intelligence Unit）共同发表的研究中，对欧洲的30个城市进行绿色指数的评价排名，其中哥本哈根位列榜首，斯德哥尔摩、奥斯陆分列第2、第3位，而基辅则以33分排名最后。由于发展模式的差异，在这份研究中排名靠后的大多是冷战时期苏联阵营国家。随后的两年内，“拉丁美洲绿色城市指数”“亚洲绿色城市指数”“德国绿色城市指数”“美国和加拿大绿色城市指数”“非洲绿色城市指数”等系列研究成果相继发布。指标体系的研究对象多为城市，其影响力较广。

为贴合研究对象，此处重点以“亚洲绿色城市指数”作为借鉴。“亚洲绿色城市指数”在“欧洲绿色城市指数”的基础上，结合亚洲城市实情进行了适度调整。共包括29项具体指标，涉及能源和二氧化碳、土地利用与建筑、交通运输、废弃物、水资源、卫生设施、空气质量和环境管治等8个领域。其中，14个定量指标，15个定性指标（见附表3）。该指标体系是针对亚洲城市环境绩效及其为促进可持续发展所做出的努力进行的首次分析调查，在城市生态环境评价和可持续发展领域具有重要的指向意义，其完整而简明地涉及了城市环境评价的各方面，具体指标可为绿色发展指数的指标设立提供可靠的借鉴。

附表3　西门子和经济学人绿色城市指数（2011亚洲版）

领域	指标		
	名称	类型	权重(%)
能源和二氧化碳	人均二氧化碳排放量	定量	25
	单位GDP能源消费量	定量	25
	清洁能源政策	定性	25
	气候变化行动方案	定性	25
土地利用与建筑	人均绿色空间面积	定量	25
	人口密度	定量	25
	生态建筑政策	定性	25
	土地利用政策	定性	25
交通运输	高级公共交通网络	定量	33
	城市大众运输政策	定性	33
	减少交通拥堵的政策	定性	33
废弃物	废弃物收集及处置率	定量	25
	人均废弃物产生量	定量	25
	废弃物收集与处置政策	定性	25
	废弃物循环和再利用政策	定性	25
水资源	人均水资源消费量	定量	25
	供水系统损耗量	定量	25
	水环境质量政策	定性	25
	水资源可持续利用政策	定性	25
卫生设施	获得改善卫生设施服务的人口比重	定量	33
	获得废水处理设施的人口比重	定量	33
	卫生设施政策	定性	33

续表

领域	指标		
	名称	类型	权重(%)
空气质量	二氧化碳浓度	定量	25
	二氧化硫浓度	定量	25
	可吸入颗粒物(PM10)浓度	定量	25
	空气净化政策	定性	25
环境管治	环境监测程度	定性	33
	环境治理程度	定性	33
	公众参与程度	定性	33

资料来源：Economist Intelligence Unit，*Asian Green City Index-Assessing the environmental performance of Asia's major cities*，Munich：Siemens AG，2011。

四　瑞士城市可持续发展指标体系

2002年上半年，考虑到旧的UN-CSD指标体系不适合瑞士进行可持续发展监测，因此瑞士联邦会议立足自身实际情况提出瑞士城市可持续发展战略。例如健康，之前在一定区域内，没有包括私人部门和流动性的经济活动，或者没有通过有意义的指标准确地反映它们，因此对指标进行了删除。再如，之前应用在CSD中的指导类型学是基于环境统计（DSR）开发的模型，不适宜用来描述社会和经济因素，因此利用了新的计量模型对经济社会领域的发展情况进行了测度。新的城市可持续发展指标体系更加贴合瑞士发展实际，更能反映瑞士城市可持续发展的过程和结果，对比评价瑞士城市可持续发展的过去和现在（见附表4）。

附表4　瑞士城市可持续发展指标体系

主题	指标	主题	指标
社会稳定和繁荣	家庭收入	材料、废弃物及其副作用	受噪声污染的人口数
	收入不平等的基尼系数		污水中的重金属污染
	生活在贫困线以下的人口数量		放射性污染物排放量
	生活在贫困线不同性别人口		家庭废弃物的产生量

续表

主题	指标
社会稳定和繁荣	家庭转账收入
	社会保障的净财经流量
教育和科学	15 岁少年的阅读能力
	15 岁少年阅读能力的社会差异
	期望的学校教育持续时间
	期望的不同性别受学校教育持续时间
	教育的公共支出
	接受再教育花费的时间
研究、发展和技术	专利申请
	总劳动力中研究人员的数量
	用于研究和发展的支出
国内市场	物价水平
	GDP 的市场份额
	有关环境税收
	绿色税收体系
	化石燃料外部性费用内在化的程度
	市场调节程度
	对环境有害的津贴
	与环境有关的津贴
能源	游泳能源的消耗
	电站的发电量
	终端能源消费
	经济能源效率
	可更新能源的消费份额
	满足低能标准的建筑
	灰色能源
生产	GDP
	耕地
	净投资
	工业和服务行业的终端能源消费
	劳动生产率
	创造就业机会
	工业部门和服务行业能源利用效率
	有机农业
	资本总量
材料、废弃物及其副作用	灾害性废弃物的产生量
	废物循环
	非电离放射物
土壤	重金属污染
	PAH(多环芳烃)污染
	可耕地
	进入土壤中的污染物
	土壤紧实度
	土壤侵蚀的风险
水	家庭用水
	地下水中的硝酸盐含量
	湖水中的磷酸盐含量
	废弃物处理的公共支出
	流水的空间需求
大气	暴露在超标排放空间的人群数量
	氮氧化物浓度
	臭氧层浓度
	可吸入细粒物浓度
	NOx、NH_3、VOCs 排放浓度
	化石燃料消费
气候	瑞士年平均温度
	温室气体排放
	交通的二氧化碳排放效率
	经济活动的二氧化碳排放率
土地利用	居住区
	耕地
	景观多样性
	居住区的扩展
	土地利用程度
	确定为居住区的面积
	城市扩展
生物多样性	物种多样性
	受威胁物种的净变化
	生境多样性
	家畜种类和农业物种

续表

主题	指标	主题	指标
生产	经济中的物质利用效率	生物多样性	保护区面积
消费	消费支出(调整为购买力)		生态平衡区域
	公平贸易产品的市场份额	森林	森林面积
	产品的市场份额		天然森林面积
	与环境有关的税收		保护森林的条件
	具有生态标签的非食物性商品的市场份额		木材收获强度
			林业补贴

五　英国未来论坛可持续城市指数（2007版）

“未来论坛可持续城市指数”（the Sustainable Cities Index）由英国非营利组织未来论坛（Forum for the Future）于2007年发布，并于此后陆续考察了英国20个主要城市2007~2010年的社会、经济、环境绩效，旨在激励城市间的良性竞争和可持续水平的整体提升。未来论坛成立于1996年，通过与全球范围内的先锋企业或机构合作实施系统创新，推动能源、食品、通信、消费等基本生产生活领域的系统性变革，旨在实现城市的可持续发展。例如，通过五年规划，帮助英国西部港口城市布里斯托尔荣获“欧洲绿色首府奖”(European Green Capital Award)。“未来论坛可持续城市指数”评价了生态环境、生活质量以及未来预期3个领域，包括13项具体指标（见附表5)。该指标体系偏重生态健康性和生活宜居性的评价，对于绿色发展指数中的绿色生态类指标的设计具有借鉴意义。

附表5　英国未来论坛可持续城市指数（2007版）

领域	具体指标
生态环境	空气质量 河流水质 生态足迹 人均废弃物产生量

续表

领域	具体指标
生活质量	65 岁人口寿命预期 居民对绿色空间的满意度 居民对公共交通的满意度 失业率 受教育程度
未来预期	本地权威对全球气候变化的反馈 人均绿色企业拥有量 生物多样性 资源循环率

资料来源：Forum for the Future，*The Sustainable Cities Index-Ranking the Largest 20 British Cities*，London：Forum for the Future，2007。

六　丹麦城市可持续发展指标体系

丹麦于2002 年推出了第一个可持续发展指标体系报告，该报告反映了丹麦在实现可持续发展方面取得的进展。报告中的指标构成了正在编写的与丹麦国家可持续发展战略目标和行动相关的发展与成就报告的重要部分。该指标体系主要有两部分组成。①概括性指标体系。它由 14 个指标组成，主要阐述了可持续发展应该达到的总体目标和结果，同时还进行年度实时更新，体现动态变化和检测过程。②描述性指标体系。主要对可持续发展目标相关的行动和政策进行细致描述，利用检测数据反映其成效，数据同样每年都在更新（见附表6）。

附表 6　丹麦城市可持续发展指标体系

序号	项目	具体描述
1	人均 GDP	—
2	消除与 GDP 相关的 4 中环境影响因素的相互作用	温室气体
		进入大海的营养物质
		酸性化合物的排放
		大气排放

续表

序号	项目	具体描述
3	真实财富	—
4	基于年龄组的就业分析	
5	平均预期寿命	
6	每百万吨 CO_2 当量排放量	工业每百万吨 CO_2 当量排放量
		交通运输每百万吨 CO_2 当量排放量
		家庭每百万吨 CO_2 当量排放量
		农业每百万吨 CO_2 当量排放量
		废弃物每百万吨 CO_2 当量排放量
7	已经分类的化学物质数量	—

七　国际 ISO 协会发布第一个可持续城市标准指标体系

2014 年 5 月 15 日，在全球城市峰会期间正式发布了 ISO37120：2014。该标准是 ISO/TC268 发布的第一项国际标准，受到联合国环境规划署（UNEP）、世界银行（World Bank）、国际咨询工程师联合会（FIDIC）、地方政府环境行动理事会（ICLEI）等国际组织以及世界各国的广泛关注。ISO37120 国际标准研制历时三年：2011 年 6 月，全球城市指标机构（GCIF）在第 51 次 ISO/TMB 会议中，提出“Global City Indicators”的提案，获得通过；2012 年 2 月，ISO/TC268/WG2 成立，并负责 ISO37120 的研制工作，最终在征求 300 多个意见的基础上五易其稿，于 2014 年 5 月完成 ISO37120：2014。

“城市数据”是用来记录城市发展路径的一系列数据，内容涵盖公共交通、卫生、教育、垃圾处理、消防、安全等多个领域。在 ISO37120：2014 发布之前，虽然每个城市都可以提供这些数据，但是缺乏统一的标准，相互之间无法直接参照、借鉴。ISO37120：2014 提供了一套全球通用方法，除可建立纵向城市数据模型外，还能进行不同国家不同城市间的横向比较。该指标体系建立起来一套相对公认的标准指标体系，有利于后发城市借鉴良好城市的可持续发展经验，探索出城市自身的未来发展路径。

ISO37120：2014 基于城市服务和生活品质两个方面，从经济、教育、能源、环境、财政、火灾与应急响应、治理、健康、休闲、安全、庇护所、固体垃圾、通信与创新、交通、城市规划、废水、水与卫生等 17 个方面，提出了 100 项指标（其中包括 46 项核心指标和 54 项辅助指标）衡量城市可持续发展状态。对于进行横向比较时的对标城市，ISO37120：2014 除城市数据标准指标外，还从人口、住房、经济、政府和地理气候等 5 个方面，给出了 39 项专门指标用来确定感兴趣的对标城市。

八　环保部生态文明试点示范市建设指标体系（2013版）

2013 年 5 月，环保部为深入贯彻落实党的十八大精神，以生态文明建设试点示范推进生态文明建设，研究制定了《国家生态文明建设试点示范区指标（试行）》。该指标体系以全国主体功能区规划为基础，为全国范围内生态文明试点县、试点市建设提供指标。

“生态文明试点示范市建设指标体系”包括生态经济、生态环境、生态人居、生态制度、生态文化等 5 个一级指标，资源产出增加率、主要污染物排放强度等 30 个二级指标（包括 29 个基础指标和 1 个自选特色指标，见附表 7）。与前述可持续发展指标体系相比，该指标体系具有较好的数据可得性和可对比性，但更为偏重生态环境保护，对发展关注不足。

附表 7　环保部生态文明试点示范市建设指标体系

系统	指标	指标属性
生态经济	生态资产保持率	参考性指标
	碳排放强度	约束性指标
	产业结构相似度	参考性指标
	资源产出增加率	参考性指标

续表

系统	指标	指标属性
生态经济	单位工业增加值新鲜水耗	参考性指标
	单位工业用地产值	约束性指标
	第三产业占比	参考性指标
	再生资源循环利用率	约束性指标
生态环境	主要污染物(COD,SO_2,NH_3-N,NO_X)排放强度	约束性指标
	国控省控市控断面水质达标比例	约束性指标
	本地物种受保护程度	约束性指标
	林草覆盖率	约束性指标
	生态修复治理率	约束性指标
	污染土壤修复率	约束性指标
	受保护地占国土面积比例	约束性指标
	中水回用比例	参考性指标
生态人居	生态用地比例	约束性指标
	新建绿色建筑比例	参考性指标
	公众对环境质量的满意度	约束性指标
生态制度	生态环保投资占财政收入比例	约束性指标
	生态文明建设工作占党政实绩考核的比例	参考性指标
	政府采购节能环保产品和环境标志产品占比	参考性指标
	环境影响评价率及环保竣工验收通过率	约束性指标
	环境信息公开率	约束性指标
生态文化	规模以上企业开展环保公益活动比例	参考性指标
	生态文明知识普及率	约束性指标
	生态环境教育课时比例	参考性指标
	公众节能、节水、公共交通出行比例	参考性指标
	党政干部参加生态文明培训班比例	参考性指标

资料来源：环境保护部发布《国家生态文明建设试点示范区指标（试行）》，2013。

参考文献

杨顺顺：《长江经济带绿色发展指数测度及比较研究》，《求索》2018 年第 9 期。

郝汉舟、周校兵：《中国省际绿色发展指数空间计量分析》，《统计与决策》2018 年第 12 期。

吴传清、黄磊：《长江经济带绿色发展的难点与推进路径研究》，《南开学报》（哲学社会科学版）2017 年第 3 期。

李琳、楚紫穗：《我国区域产业绿色发展指数评价及动态比较》，《经济问题探索》2015 年第 1 期。

郑红霞、王毅、黄宝荣：《绿色发展评价指标体系研究综述》，《工业技术经济》2013 年第 2 期。

B.3
长江经济带科技创新驱动力指数报告（2018）

卢晓菲　王　振*

摘　要： 本报告基于改进了的长江经济带科技创新驱动力指标评价体系，从科技创新投入、科技创新载体、科技创新产出和科技创新绩效等四个维度，系统而全面地评价了长江经济带110个地级市的科技创新驱动力。依据综合指数及四个专项指数，对110个城市进行了排名，并着重对长江经济带科技创新驱动力排名的前20的重要城市进行了分析。

关键词： 长江经济带　科技创新驱动力　城市发展

在2017年出版的长江经济带蓝皮书中，我们构建了长江经济带创新驱动力评价指标体系与评价方法，并选取长江经济带经济总量排在前50位的城市，利用2015年度的统计数据，测度了各个城市的创新驱动力指数。① 在2017年的研究基础上，一方面我们对指标体系及测算方法作进一步完善，形成了由科技创新投入、科技创新载体、科技创新产出和科技创新绩效等四个维度，10个二级指标，30个三级指标组成的指标评价体系，并把指数名

---

* 卢晓菲，上海社会科学院应用经济研究所博士，主要研究方向为产业经济与区域经济；王振，博士，博士生导师，上海社会科学院副院长，研究方向为区域经济与创新发展。

① 黄亮、王振、施楠：《长江经济带创新驱动力指数报告（2016）》，载王振主编《长江经济带发展报告（2016～2017）》，社会科学文献出版社，2017。

称改为科技创新驱动力指数（见附录）；另一方面把测算范围扩展到长江经济带除自治州以外的所有地级市，共计 110 个城市。

一 长江经济带110个城市科技创新驱动力综合指数

表 1 为 2016 年长江经济带 110 个城市的科技创新驱动力综合指数测算结果及其排名。排在前 20 名的城市有：上海、南京、武汉、杭州、苏州、长沙、成都、无锡、合肥、重庆、宁波、常州、南通、镇江、芜湖、扬州、泰州、徐州、嘉兴、湖州。其中长三角城市群 26 个城市中有 16 个城市进入前 20 名，江苏省有 9 个城市进入前 20 名，浙江有 4 个城市进入前 20 名，安徽有 2 个城市进入前 20。江西、贵州、云南三省没有进入前 20 的城市。

上海在长江经济带 110 个城市中处于龙头地位，其科技创新驱动力的综合得分高达 0.713，远高于排名第二的南京，领先优势比较明显，是当之无愧的创新驱动发展的“领头羊”。南京、武汉、杭州、苏州、长沙紧随其后，综合得分均在 0.4 以上，分别位居第 2 名至第 6 名，除了苏州之外，其余四个城市均为省会城市。成都、无锡、合肥、重庆、宁波、常州、镇江、南通、芜湖等 9 个城市得分均在 0.3～0.4，具备较强的科技创新驱动力，在长江经济带创新驱动发展中起到了重要节点的作用。其中，无锡、宁波和常州的科技创新驱动力表现显著强于其他重点城市，其余几大重点城市创新基础较为完善，虽综合得分不低，但是和上海以及南京等先锋城市相比，仍存在较大差距，科技创新驱动力的提升空间比较大。

从科技创新驱动力综合指数进入前 50 名的分省情况看，江苏省 13 个城市中除宿迁排名第 53 位，其他 12 个城市都进入前 50 名；浙江省的 11 个城市全部进入前 50 名；安徽省 16 个城市中有 6 个城市进入前 50 名，分别是合肥、芜湖、马鞍山、蚌埠、铜陵、滁州；江西省 11 个城市中只有 2 个城市进入前 50 名，分别是南昌、新余；湖北省 16 个城市中有 4 个城市进入前 50 名，分别是武汉、宜昌、孝感、荆门；湖南省 13 个城市中有 3 个城市进

表1　2016年长江经济带110个城市科技创新驱动力综合指数及排名

排序	城市	综合得分	排序	城市	综合得分	排序	城市	综合得分
1	上海	0.713	38	温州(浙江)	0.174	75	邵阳(湖南)	0.103
2	南京(江苏)	0.605	39	滁州(安徽)	0.173	76	阜阳(安徽)	0.101
3	武汉(湖北)	0.573	40	连云港(江苏)	0.171	77	黄冈(湖北)	0.101
4	杭州(浙江)	0.536	41	金华(浙江)	0.169	78	淮南(安徽)	0.100
5	苏州(江苏)	0.532	42	攀枝花(四川)	0.165	79	内江(四川)	0.100
6	长沙(湖南)	0.451	43	衢州(浙江)	0.155	80	抚州(江西)	0.098
7	成都(四川)	0.397	44	孝感(湖北)	0.149	81	景德镇(江西)	0.097
8	无锡(江苏)	0.396	45	宣城(安徽)	0.144	82	娄底(湖南)	0.097
9	合肥(安徽)	0.389	46	郴州(湖南)	0.142	83	六安(安徽)	0.096
10	重庆	0.378	47	荆门(湖北)	0.14	84	玉溪(云南)	0.093
11	宁波(浙江)	0.363	48	衡阳(湖南)	0.138	85	遂宁(四川)	0.092
12	常州(江苏)	0.345	49	丽水(浙江)	0.136	86	资阳(四川)	0.092
13	南通(江苏)	0.337	50	新余(江西)	0.136	87	宜宾(四川)	0.091
14	镇江(江苏)	0.337	51	淮北(安徽)	0.133	88	亳州(安徽)	0.087
15	芜湖(安徽)	0.319	52	鹰潭(江西)	0.129	89	十堰(湖北)	0.086
16	扬州(江苏)	0.276	53	宿迁(江苏)	0.128	90	荆州(湖北)	0.086
17	泰州(江苏)	0.271	54	常德(湖南)	0.127	91	眉山(四川)	0.083
18	徐州(江苏)	0.247	55	德阳(四川)	0.127	92	六盘水(贵州)	0.083
19	嘉兴(浙江)	0.246	56	吉安(江西)	0.124	93	广安(四川)	0.082
20	湖州(浙江)	0.246	57	萍乡(江西)	0.12	94	曲靖(云南)	0.082
21	南昌(江西)	0.235	58	随州(湖北)	0.12	95	雅安(四川)	0.081
22	昆明(云南)	0.232	59	赣州(江西)	0.119	96	铜仁(贵州)	0.080
23	绍兴(浙江)	0.231	60	黄山(安徽)	0.117	97	怀化(湖南)	0.078
24	襄阳(湖北)	0.227	61	九江(江西)	0.117	98	宿州(安徽)	0.077
25	宜昌(湖北)	0.215	62	益阳(湖南)	0.117	99	毕节(贵州)	0.077
26	舟山(浙江)	0.212	63	宜春(江西)	0.113	100	泸州(四川)	0.076
27	马鞍山(安徽)	0.208	64	黄石(湖北)	0.113	101	南充(四川)	0.073
28	湘潭(湖南)	0.198	65	自贡(四川)	0.113	102	广元(四川)	0.070
29	贵阳(贵州)	0.198	66	安顺(贵州)	0.111	103	达州(四川)	0.064
30	盐城(江苏)	0.195	67	咸宁(湖北)	0.11	104	保山(云南)	0.061
31	绵阳(四川)	0.193	68	池州(安徽)	0.109	105	丽江(云南)	0.060
32	株洲(湖南)	0.189	69	安庆(安徽)	0.108	106	张家界(湖南)	0.057
33	蚌埠(安徽)	0.188	70	上饶(江西)	0.108	107	昭通(云南)	0.056
34	淮安(江苏)	0.185	71	鄂州(湖北)	0.108	108	普洱(云南)	0.056
35	岳阳(湖南)	0.185	72	永州(湖南)	0.106	109	巴中(四川)	0.049
36	台州(浙江)	0.178	73	乐山(四川)	0.105	110	临沧(云南)	0.047
37	铜陵(安徽)	0.175	74	遵义(贵州)	0.104	—	—	—

资料来源：作者根据指标体系计算所得。

入前50名，分别是长沙、株洲、衡阳，四川省18个城市中只有3个城市进入前50名，分别是成都、绵阳、攀枝花；云南省8个城市中只有昆明1个城市进入前50名；贵州省6个城市中也只有贵阳1个城市进入前50名。

空间分布上，长江经济带110个城市的科技创新驱动力分布反映了长江上游至下游递增和以省会城市和直辖市为多核心两大特征。首先，沿长江上游至下游，城市的科技创新驱动力逐渐递增。长江上游城市，如云南、贵州和四川各地级市的科技创新驱动力总体较低，颜色较浅；中游次之，长江下游城市的科技创新驱动力最高，颜色最深，尤其是上海等长三角地区的城市。其次，从长江上游至下游，形成以贵阳、昆明、成都、重庆、武汉、长沙、合肥、南昌、南京、杭州等十大省会城市和直辖市为核心，向周围城市辐射的多极发展模式。

二　长江经济带110个城市科技创新驱动力专项指数

（一）科技创新投入指数及城市排名

科技创新投入指数由三个二级指标构成，即科技研发投入、人才资源投入、创新基础投入。长江经济带科技创新投入指数及城市排名见表2。排名前20位的城市分别是：上海、南京、杭州、苏州、武汉、长沙、无锡、宁波、重庆、合肥、成都、常州、南通、芜湖、镇江、嘉兴、扬州、绍兴、绵阳、湖州。

表2　2016年长江经济带110个城市科技创新投入指数及城市排名

一级指标排序	城市	一级指标得分	二级指标		
			科技研发投入	人力资源投入	创新基础投入
1	上海	0.797	0.738(1)	0.787(1)	0.934(1)
2	南京(江苏)	0.562	0.404(4)	0.731(2)	0.542(5)
3	杭州(浙江)	0.458	0.449(2)	0.411(5)	0.569(4)
4	苏州(江苏)	0.456	0.367(6)	0.467(4)	0.611(2)

续表

一级指标排序	城市	一级指标得分	二级指标		
			科技研发投入	人力资源投入	创新基础投入
5	武汉(湖北)	0.441	0.441(3)	0.368(6)	0.59(3)
6	长沙(湖南)	0.409	0.29(8)	0.486(3)	0.493(9)
7	无锡(江苏)	0.368	0.313(7)	0.347(7)	0.523(6)
8	宁波(浙江)	0.349	0.27(11)	0.341(11)	0.521(7)
9	重庆	0.343	0.253(13)	0.346(8)	0.514(8)
10	合肥(安徽)	0.334	0.277(10)	0.342(10)	0.432(13)
11	成都(四川)	0.324	0.285(9)	0.336(12)	0.375(17)
12	常州(江苏)	0.322	0.226(18)	0.343(9)	0.47(10)
13	南通(江苏)	0.306	0.246(15)	0.311(15)	0.417(14)
14	芜湖(安徽)	0.300	0.264(12)	0.329(13)	0.313(32)
15	镇江(江苏)	0.295	0.191(24)	0.313(14)	0.468(11)
16	嘉兴(浙江)	0.276	0.232(17)	0.277(18)	0.362(20)
17	扬州(江苏)	0.259	0.194(21)	0.259(19)	0.39(16)
18	绍兴(浙江)	0.256	0.234(16)	0.209(23)	0.393(15)
19	绵阳(四川)	0.251	0.385(5)	0.145(32)	0.198(82)
20	湖州(浙江)	0.230	0.19(25)	0.213(22)	0.344(26)
21	襄阳(湖北)	0.227	0.135(38)	0.285(16)	0.295(37)
22	泰州(江苏)	0.220	0.194(22)	0.183(28)	0.348(22)
23	昆明(云南)	0.220	0.156(31)	0.247(20)	0.292(39)
24	徐州(江苏)	0.219	0.182(28)	0.192(25)	0.348(24)
25	宜昌(湖北)	0.217	0.179(29)	0.176(29)	0.373(18)
26	盐城(江苏)	0.210	0.193(23)	0.184(27)	0.297(36)
27	温州(浙江)	0.203	0.15(32)	0.203(24)	0.306(33)
28	孝感(湖北)	0.198	0.129(41)	0.278(17)	0.175(101)
29	淮安(江苏)	0.196	0.249(14)	0.095(41)	0.294(38)
30	台州(浙江)	0.196	0.147(34)	0.184(26)	0.316(31)
31	舟山(浙江)	0.193	0.112(47)	0.144(33)	0.451(12)

续表

一级指标排序	城市	一级指标得分	二级指标		
			科技研发投入	人力资源投入	创新基础投入
32	贵阳(贵州)	0.187	0.118(45)	0.174(30)	0.352(21)
33	南昌(江西)	0.182	0.132(39)	0.149(31)	0.348(23)
34	马鞍山(安徽)	0.180	0.207(19)	0.111(38)	0.266(46)
35	金华(浙江)	0.176	0.176(30)	0.091(43)	0.344(27)
36	蚌埠(安徽)	0.169	0.183(27)	0.123(35)	0.23(58)
37	铜陵(安徽)	0.155	0.196(20)	0.081(46)	0.219(68)
38	鹰潭(江西)	0.155	0.188(26)	0.065(52)	0.27(44)
39	连云港(江苏)	0.152	0.131(40)	0.107(40)	0.281(40)
40	株洲(湖南)	0.149	0.122(44)	0.116(37)	0.266(47)
41	湘潭(湖南)	0.145	0.101(50)	0.138(34)	0.25(51)
42	淮北(安徽)	0.144	0.148(33)	0.12(36)	0.184(95)
43	随州(湖北)	0.140	0.047(82)	0.214(21)	0.179(97)
44	滁州(安徽)	0.139	0.142(36)	0.045(59)	0.324(29)
45	衢州(浙江)	0.138	0.109(49)	0.077(48)	0.316(30)
46	荆门(湖北)	0.138	0.128(43)	0.11(39)	0.214(73)
47	丽水(浙江)	0.137	0.089(53)	0.068(51)	0.371(19)
48	攀枝花(四川)	0.134	0.071(63)	0.092(42)	0.346(25)
49	德阳(四川)	0.130	0.147(35)	0.078(47)	0.2(80)
50	宿迁(江苏)	0.128	0.11(48)	0.084(45)	0.254(49)
51	黄石(湖北)	0.123	0.142(37)	0.074(49)	0.184(94)
52	新余(江西)	0.118	0.085(54)	0.038(62)	0.343(28)
53	岳阳(湖南)	0.118	0.113(46)	0.069(50)	0.224(63)
54	鄂州(湖北)	0.117	0.095(52)	0.049(58)	0.298(35)
55	宣城(安徽)	0.116	0.128(42)	0.05(57)	0.225(61)
56	淮南(安徽)	0.102	0.085(55)	0.089(44)	0.163(108)
57	景德镇(江西)	0.100	0.098(51)	0.025(74)	0.257(48)
58	黄山(安徽)	0.097	0.082(56)	0.057(54)	0.206(77)
59	常德(湖南)	0.094	0.075(60)	0.045(60)	0.229(60)

续表

一级指标排序	城市	一级指标得分	二级指标		
			科技研发投入	人力资源投入	创新基础投入
60	安顺(贵州)	0.093	0.059(68)	0.052(56)	0.239(54)
61	郴州(湖南)	0.092	0.066(65)	0.039(61)	0.248(52)
62	咸宁(湖北)	0.089	0.05(78)	0.058(53)	0.231(57)
63	十堰(湖北)	0.088	0.068(64)	0.037(63)	0.231(56)
64	玉溪(云南)	0.087	0.043(87)	0.035(66)	0.28(41)
65	萍乡(江西)	0.086	0.078(58)	0.012(97)	0.251(50)
66	衡阳(湖南)	0.086	0.05(80)	0.057(55)	0.216(71)
67	宜宾(四川)	0.086	0.075(62)	0.029(69)	0.222(66)
68	安庆(安徽)	0.083	0.077(59)	0.028(70)	0.207(76)
69	赣州(江西)	0.082	0.08(57)	0.01(100)	0.23(59)
70	吉安(江西)	0.082	0.075(61)	0.019(80)	0.222(65)
71	六盘水(贵州)	0.079	0.053(77)	0.007(105)	0.277(42)
72	九江(江西)	0.077	0.046(83)	0.012(95)	0.267(45)
73	铜仁(贵州)	0.076	0.022(100)	0.015(92)	0.304(34)
74	宜春(江西)	0.075	0.06(67)	0.015(90)	0.223(64)
75	自贡(四川)	0.075	0.055(74)	0.036(65)	0.195(86)
76	曲靖(云南)	0.075	0.043(86)	0.036(64)	0.217(69)
77	池州(安徽)	0.073	0.059(69)	0.018(82)	0.213(74)
78	遵义(贵州)	0.073	0.029(95)	0.015(89)	0.276(43)
79	丽江(云南)	0.073	0.033(92)	0.03(68)	0.24(53)
80	益阳(湖南)	0.072	0.054(75)	0.032(67)	0.185(93)
81	抚州(江西)	0.071	0.058(70)	0.016(84)	0.204(79)
82	雅安(四川)	0.071	0.062(66)	0.027(71)	0.178(98)
83	荆州(湖北)	0.070	0.058(71)	0.027(72)	0.18(96)
84	六安(安徽)	0.069	0.056(72)	0.023(75)	0.186(92)
85	泸州(四川)	0.069	0.041(88)	0.018(81)	0.225(62)
86	娄底(湖南)	0.067	0.049(81)	0.022(77)	0.193(87)
87	乐山(四川)	0.067	0.044(85)	0.022(76)	0.205(78)

续表

一级指标排序	城市	一级指标得分	二级指标		
			科技研发投入	人力资源投入	创新基础投入
88	黄冈（湖北）	0.066	0.037(90)	0.022(79)	0.215(72)
89	邵阳（湖南）	0.066	0.056(73)	0.026(73)	0.164(106)
90	永州（湖南）	0.062	0.035(91)	0.022(78)	0.196(84)
91	宿州（安徽）	0.061	0.054(76)	0.018(83)	0.163(107)
92	上饶（江西）	0.061	0.044(84)	0.005(107)	0.207(75)
93	阜阳（安徽）	0.059	0.05(79)	0.016(86)	0.161(109)
94	怀化（湖南）	0.058	0.03(93)	0.016(85)	0.195(85)
95	毕节（贵州）	0.056	0.014(107)	0.008(103)	0.235(55)
96	保山（云南）	0.054	0.016(104)	0.012(98)	0.217(70)
97	广元（四川）	0.053	0.027(96)	0.012(94)	0.187(89)
98	内江（四川）	0.052	0.029(94)	0.016(87)	0.17(104)
99	眉山（四川）	0.052	0.02(102)	0.01(99)	0.2(81)
100	广安（四川）	0.051	0.013(108)	0.004(108)	0.22(67)
101	达州（四川）	0.051	0.024(98)	0.008(104)	0.19(88)
102	南充（四川）	0.050	0.022(101)	0.015(88)	0.178(99)
103	普洱（云南）	0.050	0.023(99)	0.015(91)	0.172(102)
104	亳州（安徽）	0.049	0.038(89)	0.012(96)	0.145(110)
105	张家界（湖南）	0.048	0.015(105)	0.006(106)	0.196(83)
106	遂宁（四川）	0.047	0.025(97)	0.009(101)	0.166(105)
107	临沧（云南）	0.047	0.015(106)	0.013(93)	0.177(100)
108	昭通（云南）	0.045	0.011(110)	0.008(102)	0.187(91)
109	资阳（四川）	0.044	0.013(109)	0.003(109)	0.187(90)
110	巴中（四川）	0.042	0.017(103)	0.003(110)	0.171(103)

注：括号中是二级指标排名。
资料来源：作者根据指标体系计算所得。

（二）科技创新载体指数及城市排名

科技创新载体指数由三个二级指标构成，即科技研发载体、高新产业载体、众创空间载体。长江经济带科技创新载体指数及城市排名见表3。排名前20位的城市分别是：上海、南京、杭州、武汉、苏州、成都、重庆、长沙、合肥、无锡、南通、昆明、宁波、南昌、徐州、芜湖、常州、贵阳、泰州、温州。

表3　2016年长江经济带110个城市科技创新载体指数及城市排名

一级指标排序	城市	一级指标得分	二级指标		
			科技研发载体	高新产业载体	众创空间载体
1	上海	0.727	0.828(1)	0.356(5)	1.000(1)
2	南京(江苏)	0.634	0.781(2)	0.292(7)	0.535(5)
3	杭州(浙江)	0.617	0.658(3)	0.384(4)	0.939(2)
4	武汉(湖北)	0.592	0.631(4)	0.477(2)	0.628(4)
5	苏州(江苏)	0.544	0.386(9)	0.831(1)	0.860(3)
6	成都(四川)	0.410	0.499(5)	0.214(10)	0.326(9)
7	重庆	0.397	0.443(7)	0.295(6)	0.349(7)
8	长沙(湖南)	0.395	0.474(6)	0.243(9)	0.256(11)
9	合肥(安徽)	0.333	0.413(8)	0.185(15)	0.186(16)
10	无锡(江苏)	0.322	0.346(12)	0.202(13)	0.465(6)
11	南通(江苏)	0.314	0.285(15)	0.415(3)	0.256(11)
12	昆明(云南)	0.312	0.363(11)	0.213(11)	0.233(13)
13	宁波(浙江)	0.295	0.38(10)	0.117(28)	0.186(16)
14	南昌(江西)	0.284	0.338(13)	0.175(17)	0.209(14)
15	徐州(江苏)	0.237	0.302(14)	0.078(42)	0.209(14)
16	芜湖(安徽)	0.227	0.262(19)	0.209(12)	0.047(29)
17	常州(江苏)	0.223	0.246(20)	0.113(30)	0.349(7)
18	贵阳(贵州)	0.217	0.276(17)	0.122(27)	0.07(24)
19	泰州(江苏)	0.207	0.232(23)	0.158(21)	0.163(20)
20	温州(浙江)	0.205	0.282(16)	0.069(45)	0.047(29)
21	扬州(江苏)	0.203	0.266(18)	0.063(47)	0.14(21)
22	镇江(江苏)	0.200	0.242(21)	0.095(36)	0.186(16)
23	绍兴(浙江)	0.184	0.196(29)	0.199(14)	0.07(24)
24	盐城(江苏)	0.182	0.196(28)	0.099(34)	0.302(10)
25	淮安(江苏)	0.181	0.221(25)	0.131(24)	0.047(29)
26	蚌埠(安徽)	0.165	0.239(22)	0.028(70)	0.023(39)
27	马鞍山(安徽)	0.163	0.219(26)	0.054(50)	0.07(24)
28	宜昌(湖北)	0.158	0.135(45)	0.254(8)	0.07(24)
29	嘉兴(浙江)	0.153	0.178(31)	0.075(43)	0.186(16)
30	湖州(浙江)	0.150	0.175(32)	0.100(33)	0.116(22)
31	舟山(浙江)	0.149	0.229(24)	0.000(86)	0.000(63)
32	金华(浙江)	0.134	0.148(41)	0.142(22)	0.023(39)
33	岳阳(湖南)	0.133	0.197(27)	0.001(85)	0.047(29)

续表

一级指标排序	城市	一级指标得分	二级指标		
			科技研发载体	高新产业载体	众创空间载体
34	连云港(江苏)	0.132	0.131(47)	0.169(19)	0.047(29)
35	黄石(湖北)	0.129	0.129(49)	0.172(18)	0.023(39)
36	常德(湖南)	0.127	0.172(33)	0.06(49)	0.000(63)
37	滁州(安徽)	0.123	0.165(35)	0.042(58)	0.047(29)
38	台州(浙江)	0.122	0.184(30)	0.000(86)	0.023(39)
39	曲靖(云南)	0.115	0.124(51)	0.129(25)	0.023(39)
40	赣州(江西)	0.114	0.101(61)	0.175(16)	0.047(29)
41	荆门(湖北)	0.112	0.158(38)	0.021(75)	0.047(29)
42	衢州(浙江)	0.111	0.159(37)	0.03(68)	0.000(63)
43	丽水(浙江)	0.111	0.169(34)	0.005(83)	0.000(63)
44	湘潭(湖南)	0.110	0.145(43)	0.053(52)	0.023(39)
45	十堰(湖北)	0.109	0.152(39)	0.03(66)	0.023(39)
46	宿迁(江苏)	0.108	0.098(63)	0.167(20)	0.023(39)
47	孝感(湖北)	0.107	0.136(44)	0.066(46)	0.023(39)
48	衡阳(湖南)	0.107	0.162(36)	0.008(81)	0.000(63)
49	荆州(湖北)	0.102	0.149(40)	0.012(79)	0.023(39)
50	襄阳(湖北)	0.101	0.132(46)	0.034(63)	0.07(24)
51	绵阳(四川)	0.098	0.12(52)	0.061(48)	0.047(29)
52	黄山(安徽)	0.097	0.146(42)	0.000(86)	0.023(39)
53	株洲(湖南)	0.096	0.13(48)	0.029(69)	0.047(29)
54	宣城(安徽)	0.095	0.104(60)	0.111(31)	0.000(63)
55	安庆(安徽)	0.091	0.1(62)	0.097(35)	0.023(39)
56	九江(江西)	0.090	0.129(50)	0.025(72)	0.000(63)
57	铜陵(安徽)	0.088	0.119(53)	0.033(64)	0.023(39)
58	益阳(湖南)	0.086	0.115(55)	0.046(57)	0.000(63)
59	六安(安徽)	0.083	0.117(54)	0.02(76)	0.023(39)
60	黄冈(湖北)	0.083	0.113(56)	0.03(66)	0.023(39)
61	咸宁(湖北)	0.081	0.078(74)	0.122(26)	0.000(63)
62	池州(安徽)	0.081	0.088(69)	0.094(37)	0.000(63)
63	郴州(湖南)	0.073	0.111(57)	0.005(84)	0.000(63)
64	邵阳(湖南)	0.071	0.108(58)	0.000(86)	0.000(63)
65	鄂州(湖北)	0.068	0.092(65)	0.034(61)	0.000(63)
66	永州(湖南)	0.068	0.105(59)	0.000(86)	0.000(63)
67	宜春(江西)	0.066	0.082(72)	0.05(54)	0.000(63)

续表

一级指标排序	城市	一级指标得分	二级指标		
			科技研发载体	高新产业载体	众创空间载体
68	内江(四川)	0.066	0.047(97)	0.139(23)	0.000(63)
69	随州(湖北)	0.065	0.069(80)	0.070(44)	0.023(39)
70	新余(江西)	0.065	0.064(87)	0.082(39)	0.023(39)
71	宜宾(四川)	0.065	0.068(81)	0.081(40)	0.000(63)
72	自贡(四川)	0.065	0.056(93)	0.103(32)	0.023(39)
73	淮南(安徽)	0.063	0.091(67)	0.016(78)	0.000(63)
74	怀化(湖南)	0.063	0.097(64)	0.000(86)	0.000(63)
75	遵义(贵州)	0.062	0.08(73)	0.040(59)	0.000(63)
76	攀枝花(四川)	0.060	0.06(90)	0.037(60)	0.116(22)
77	丽江(云南)	0.059	0.091(66)	0.000(86)	0.000(63)
78	宿州(安徽)	0.058	0.089(68)	0.000(86)	0.000(63)
79	德阳(四川)	0.057	0.076(75)	0.022(74)	0.023(39)
80	玉溪(云南)	0.057	0.083(71)	0.011(80)	0.000(63)
81	上饶(江西)	0.057	0.067(84)	0.054(51)	0.000(63)
82	吉安(江西)	0.056	0.067(83)	0.048(55)	0.000(63)
83	抚州(江西)	0.055	0.068(82)	0.033(64)	0.023(39)
84	阜阳(安徽)	0.055	0.084(70)	0.000(86)	0.000(63)
85	娄底(湖南)	0.052	0.067(86)	0.034(61)	0.000(63)
86	景德镇(江西)	0.050	0.064(88)	0.025(71)	0.023(39)
87	安顺(贵州)	0.050	0.046(99)	0.08(41)	0.000(63)
88	萍乡(江西)	0.049	0.057(92)	0.047(56)	0.000(63)
89	昭通(云南)	0.049	0.075(76)	0.000(86)	0.000(63)
90	泸州(四川)	0.048	0.051(95)	0.051(53)	0.023(39)
91	保山(云南)	0.047	0.072(77)	0.000(86)	0.000(63)
92	普洱(云南)	0.046	0.071(78)	0.000(86)	0.000(63)
93	亳州(安徽)	0.045	0.07(79)	0.000(86)	0.000(63)
94	临沧(云南)	0.044	0.067(85)	0.000(86)	0.000(63)
95	张家界(湖南)	0.041	0.063(89)	0.000(86)	0.000(63)
96	乐山(四川)	0.039	0.05(96)	0.018(77)	0.023(39)
97	六盘水(贵州)	0.038	0.059(91)	0.000(86)	0.000(63)
98	鹰潭(江西)	0.037	0.047(98)	0.025(73)	0.000(63)
99	淮北(安徽)	0.036	0.055(94)	0.000(86)	0.000(63)
100	遂宁(四川)	0.031	0.005(108)	0.113(29)	0.000(63)
101	铜仁(贵州)	0.030	0.043(101)	0.000(86)	0.023(39)

续表

一级指标排序	城市	一级指标得分	二级指标		
			科技研发载体	高新产业载体	众创空间载体
102	南充（四川）	0.030	0.046（100）	0.000（86）	0.000（63）
103	毕节（贵州）	0.027	0.042（102）	0.000（86）	0.000（63）
104	广安（四川）	0.026	0.008（107）	0.084（38）	0.000（63）
105	雅安（四川）	0.015	0.024（103）	0.000（86）	0.000（63）
106	广元（四川）	0.011	0.014（106）	0.008（82）	0.000（63）
107	眉山（四川）	0.011	0.017（104）	0.000（86）	0.000（63）
108	达州（四川）	0.010	0.015（105）	0.000（86）	0.000（63）
109	资阳（四川）	0.002	0.003（109）	0.000（86）	0.000（63）
110	巴中（四川）	0.001	0.001（110）	0.000（86）	0.000（63）

注：括号中是二级指标排名。
资料来源：作者根据指标体系计算所得。

（三）科技创新产出指数排名

科技创新产出指数由两个二级指标构成，即科技研发成果、成果转化与产业化。长江经济带科技创新载体指数及城市排名如表4所示。排名前20位的城市分别是：上海、武汉、苏州、南京、杭州、长沙、合肥、无锡、成都、镇江、宁波、重庆、芜湖、常州、南通、湖州、泰州、扬州、嘉兴、徐州。

表4　2016年长江经济带110个城市科技创新产出指数及城市排名

一级指标排序	城市	一级指标得分	二级指标	
			科技研发成果	成果转化与产业化
1	上海	0.760	0.795（1）	0.724（3）
2	武汉（湖北）	0.601	0.414（5）	0.787（1）
3	苏州（江苏）	0.601	0.452（4）	0.75（2）
4	南京（江苏）	0.596	0.726（2）	0.466（8）
5	杭州（浙江）	0.518	0.543（3）	0.493（5）
6	长沙（湖南）	0.443	0.34（7）	0.546（4）
7	合肥（安徽）	0.41	0.38（6）	0.441（10）

续表

一级指标排序	城市	一级指标得分	二级指标	
			科技研发成果	成果转化与产业化
8	无锡(江苏)	0.397	0.325(8)	0.469(7)
9	成都(四川)	0.388	0.288(11)	0.488(6)
10	镇江(江苏)	0.368	0.298(9)	0.439(12)
11	宁波(浙江)	0.341	0.29(10)	0.393(16)
12	重庆	0.332	0.224(14)	0.44(11)
13	芜湖(安徽)	0.33	0.253(12)	0.408(15)
14	常州(江苏)	0.326	0.202(15)	0.45(9)
15	南通(江苏)	0.285	0.145(17)	0.426(13)
16	湖州(浙江)	0.253	0.248(13)	0.257(22)
17	泰州(江苏)	0.237	0.066(36)	0.408(14)
18	扬州(江苏)	0.214	0.076(31)	0.352(17)
19	嘉兴(浙江)	0.182	0.115(22)	0.249(23)
20	徐州(江苏)	0.181	0.073(33)	0.288(19)
21	湘潭(湖南)	0.173	0.064(38)	0.282(20)
22	襄阳(湖北)	0.162	0.014(69)	0.311(18)
23	马鞍山(安徽)	0.161	0.153(16)	0.168(32)
24	绍兴(浙江)	0.159	0.117(21)	0.201(25)
25	舟山(浙江)	0.159	0.132(18)	0.185(30)
26	宜昌(湖北)	0.151	0.038(45)	0.264(21)
27	南昌(江西)	0.142	0.095(25)	0.189(27)
28	铜陵(安徽)	0.138	0.091(28)	0.185(29)
29	株洲(湖南)	0.135	0.066(37)	0.205(24)
30	蚌埠(安徽)	0.123	0.094(26)	0.153(33)
31	盐城(江苏)	0.119	0.048(40)	0.189(26)
32	攀枝花(四川)	0.109	0.122(20)	0.097(48)
33	滁州(安徽)	0.107	0.089(29)	0.125(38)
34	台州(浙江)	0.105	0.086(30)	0.123(40)
35	连云港(江苏)	0.103	0.035(46)	0.171(31)
36	金华(浙江)	0.102	0.075(32)	0.129(37)
37	温州(浙江)	0.101	0.114(23)	0.089(51)
38	昆明(云南)	0.1	0.104(24)	0.095(50)
39	岳阳(湖南)	0.1	0.012(72)	0.189(28)
40	贵阳(贵州)	0.097	0.093(27)	0.101(46)
41	宣城(安徽)	0.091	0.07(35)	0.112(44)

续表

一级指标排序	城市	一级指标得分	二级指标	
			科技研发成果	成果转化与产业化
42	绵阳(四川)	0.09	0.07(34)	0.11(45)
43	淮安(江苏)	0.087	0.033(48)	0.142(34)
44	衢州(浙江)	0.087	0.051(39)	0.123(39)
45	阜阳(安徽)	0.079	0.127(19)	0.032(86)
46	新余(江西)	0.074	0.018(58)	0.129(36)
47	鹰潭(江西)	0.073	0.016(62)	0.13(35)
48	郴州(湖南)	0.064	0.009(80)	0.119(41)
49	萍乡(江西)	0.064	0.01(79)	0.118(42)
50	荆门(湖北)	0.063	0.011(75)	0.114(43)
51	淮北(安徽)	0.062	0.046(41)	0.078(55)
52	德阳(四川)	0.06	0.03(49)	0.089(52)
53	丽水(浙江)	0.058	0.046(42)	0.069(62)
54	吉安(江西)	0.056	0.015(65)	0.096(49)
55	池州(安徽)	0.055	0.038(44)	0.071(59)
56	九江(江西)	0.053	0.006(92)	0.099(47)
57	衡阳(湖南)	0.05	0.017(60)	0.084(54)
58	益阳(湖南)	0.048	0.01(78)	0.087(53)
59	常德(湖南)	0.044	0.013(70)	0.074(58)
60	自贡(四川)	0.044	0.02(57)	0.069(63)
61	安庆(安徽)	0.043	0.034(47)	0.051(74)
62	孝感(湖北)	0.042	0.014(68)	0.071(60)
63	咸宁(湖北)	0.042	0.008(85)	0.076(56)
64	宿迁(江苏)	0.041	0.011(74)	0.07(61)
65	景德镇(江西)	0.04	0.025(51)	0.055(70)
66	黄石(湖北)	0.038	0.024(52)	0.053(73)
67	宜春(江西)	0.038	0.002(108)	0.075(57)
68	黄山(安徽)	0.037	0.028(50)	0.046(75)
69	鄂州(湖北)	0.037	0.015(63)	0.059(69)
70	邵阳(湖南)	0.035	0.005(96)	0.064(64)
71	娄底(湖南)	0.035	0.008(84)	0.062(67)
72	乐山(四川)	0.035	0.015(64)	0.054(71)
73	赣州(江西)	0.034	0.003(102)	0.064(65)
74	上饶(江西)	0.034	0.004(100)	0.064(66)
75	随州(湖北)	0.033	0.005(99)	0.061(68)

续表

一级指标排序	城市	一级指标得分	二级指标	
			科技研发成果	成果转化与产业化
76	淮南(安徽)	0.033	0.045(43)	0.02(93)
77	黄冈(湖北)	0.031	0.008(83)	0.054(72)
78	抚州(江西)	0.03	0.02(56)	0.041(80)
79	安顺(贵州)	0.028	0.017(59)	0.039(82)
80	十堰(湖北)	0.027	0.016(61)	0.039(83)
81	六安(安徽)	0.027	0.024(53)	0.031(87)
82	永州(湖南)	0.026	0.007(90)	0.045(77)
83	内江(四川)	0.026	0.007(88)	0.045(76)
84	资阳(四川)	0.026	0.008(82)	0.044(78)
85	遂宁(四川)	0.025	0.007(87)	0.042(79)
86	遵义(贵州)	0.022	0.003(103)	0.04(81)
87	眉山(四川)	0.022	0.011(73)	0.034(85)
88	宜宾(四川)	0.02	0.01(77)	0.029(88)
89	雅安(四川)	0.02	0.023(54)	0.017(97)
90	亳州(安徽)	0.019	0.01(76)	0.029(89)
91	广安(四川)	0.019	0.002(106)	0.036(84)
92	荆州(湖北)	0.018	0.015(66)	0.021(91)
93	玉溪(云南)	0.018	0.021(55)	0.014(100)
94	六盘水(贵州)	0.017	0.005(98)	0.028(90)
95	宿州(安徽)	0.016	0.014(67)	0.019(94)
96	泸州(四川)	0.013	0.012(71)	0.015(99)
97	南充(四川)	0.013	0.005(95)	0.021(92)
98	广元(四川)	0.012	0.007(91)	0.017(96)
99	怀化(湖南)	0.01	0.003(105)	0.017(95)
100	铜仁(贵州)	0.01	0.009(81)	0.01(101)
101	毕节(贵州)	0.009	0.002(110)	0.016(98)
102	曲靖(云南)	0.007	0.007(89)	0.008(103)
103	张家界(湖南)	0.007	0.006(93)	0.007(104)
104	达州(四川)	0.007	0.004(101)	0.01(102)
105	丽江(云南)	0.004	0.007(86)	0.001(108)
106	保山(云南)	0.004	0.005(97)	0.003(106)

续表

一级指标排序	城市	一级指标得分	二级指标	
			科技研发成果	成果转化与产业化
107	普洱（云南）	0.004	0.006(94)	0.002(107)
108	巴中（四川）	0.004	0.002(109)	0.006(105)
109	昭通（云南）	0.002	0.003(104)	0.001(109)
110	临沧（云南）	0.001	0.002(107)	0(110)

注：括号中是二级指标排名。
资料来源：作者根据指标体系计算所得。

（四）科技创新绩效指数及城市排名

科技创新绩效指数由两个二级指标构成，即投入产出绩效、驱动转型绩效。长江经济带科技创新绩效指数及城市排名如表 5 所示。排名前 20 位的城市，分别是：武汉、南京、杭州、长沙、苏州、常州、无锡、成都、上海、合肥、镇江、宁波、重庆、南通、扬州、岳阳、泰州、襄阳、株洲、芜湖。

表 5　2016 年长江经济带 110 个城市科技创新绩效指数及城市排名

一级指标排序	城市	一级指标得分	二级指标	
			投入产出绩效	驱动转型绩效
1	武汉（湖北）	0.711	0.267(2)	1.007(1)
2	南京（江苏）	0.653	0.487(1)	0.763(5)
3	杭州（浙江）	0.599	0.255(3)	0.829(2)
4	长沙（湖南）	0.583	0.232(4)	0.817(3)
5	苏州（江苏）	0.531	0.223(5)	0.737(7)
6	常州（江苏）	0.529	0.134(23)	0.793(4)
7	无锡（江苏）	0.51	0.163(13)	0.742(6)
8	成都（四川）	0.509	0.18(9)	0.728(9)
9	上海	0.503	0.200(6)	0.705(15)
10	合肥（安徽）	0.495	0.164(11)	0.715(12)
11	镇江（江苏）	0.489	0.182(8)	0.694(18)
12	宁波（浙江）	0.486	0.131(25)	0.722(10)
13	重庆	0.484	0.167(10)	0.695(17)

续表

一级指标排序	城市	一级指标得分	二级指标	
			投入产出绩效	驱动转型绩效
14	南通(江苏)	0.481	0.151(17)	0.700(16)
15	扬州(江苏)	0.468	0.101(51)	0.712(14)
16	岳阳(湖南)	0.466	0.070(75)	0.730(8)
17	泰州(江苏)	0.462	0.076(67)	0.719(11)
18	襄阳(湖北)	0.452	0.060(84)	0.713(13)
19	株洲(湖南)	0.425	0.086(62)	0.651(19)
20	芜湖(安徽)	0.423	0.111(37)	0.632(20)
21	南昌(江西)	0.405	0.136(22)	0.585(26)
22	郴州(湖南)	0.405	0.098(53)	0.610(22)
23	湘潭(湖南)	0.4	0.116(35)	0.589(24)
24	攀枝花(四川)	0.4	0.116(34)	0.589(25)
25	徐州(江苏)	0.399	0.089(61)	0.606(23)
26	嘉兴(浙江)	0.389	0.056(88)	0.611(21)
27	舟山(浙江)	0.385	0.102(50)	0.573(28)
28	衡阳(湖南)	0.381	0.142(20)	0.54(33)
29	滁州(安徽)	0.372	0.123(31)	0.538(34)
30	马鞍山(安徽)	0.367	0.080(64)	0.558(29)
31	昆明(云南)	0.367	0.084(63)	0.556(30)
32	宜昌(湖北)	0.366	0.044(98)	0.582(27)
33	湖州(浙江)	0.357	0.103(49)	0.526(36)
34	吉安(江西)	0.356	0.132(24)	0.505(41)
35	绵阳(四川)	0.353	0.062(80)	0.547(31)
36	资阳(四川)	0.352	0.193(7)	0.457(57)
37	铜陵(安徽)	0.351	0.077(66)	0.533(35)
38	绍兴(浙江)	0.348	0.052(92)	0.546(32)
39	贵阳(贵州)	0.347	0.092(58)	0.517(37)
40	连云港(江苏)	0.339	0.074(69)	0.516(38)
41	上饶(江西)	0.339	0.119(33)	0.486(47)
42	蚌埠(安徽)	0.338	0.096(54)	0.498(42)
43	乐山(四川)	0.333	0.103(48)	0.486(48)
44	宜春(江西)	0.332	0.110(44)	0.480(49)
45	新余(江西)	0.33	0.056(87)	0.513(39)
46	萍乡(江西)	0.329	0.092(59)	0.487(46)
47	永州(湖南)	0.329	0.11(43)	0.476(50)

续表

一级指标排序	城市	一级指标得分	二级指标	
			投入产出绩效	驱动转型绩效
48	衢州(浙江)	0.326	0.074(70)	0.493(44)
49	安顺(贵州)	0.322	0.062(82)	0.496(43)
50	益阳(湖南)	0.321	0.112(36)	0.461(54)
51	自贡(四川)	0.32	0.108(46)	0.461(55)
52	淮安(江苏)	0.319	0.039(102)	0.506(40)
53	遂宁(四川)	0.319	0.163(12)	0.422(68)
54	淮北(安徽)	0.318	0.127(27)	0.446(61)
55	遵义(贵州)	0.318	0.145(19)	0.433(63)
56	台州(浙江)	0.317	0.057(86)	0.491(45)
57	宣城(安徽)	0.315	0.104(47)	0.455(59)
58	内江(四川)	0.315	0.138(21)	0.433(64)
59	赣州(江西)	0.308	0.069(76)	0.468(52)
60	常德(湖南)	0.303	0.053(91)	0.470(51)
61	盐城(江苏)	0.3	0.057(85)	0.462(53)
62	九江(江西)	0.299	0.152(16)	0.397(74)
63	金华(浙江)	0.296	0.054(89)	0.457(58)
64	邵阳(湖南)	0.293	0.096(55)	0.425(67)
65	眉山(四川)	0.292	0.149(18)	0.388(76)
66	德阳(四川)	0.291	0.04(101)	0.459(56)
67	荆门(湖北)	0.289	0.043(100)	0.453(60)
68	亳州(安徽)	0.289	0.123(32)	0.400(72)
69	黄山(安徽)	0.287	0.072(71)	0.430(65)
70	抚州(江西)	0.284	0.111(39)	0.4(73)
71	娄底(湖南)	0.281	0.094(56)	0.406(71)
72	宿迁(江苏)	0.279	0.036(106)	0.442(62)
73	广安(四川)	0.279	0.153(15)	0.362(82)
74	丽水(浙江)	0.278	0.070(74)	0.416(70)
75	孝感(湖北)	0.277	0.050(96)	0.429(66)
76	随州(湖北)	0.276	0.098(52)	0.395(75)
77	黄冈(湖北)	0.275	0.110(40)	0.385(77)
78	池州(安徽)	0.274	0.124(30)	0.374(81)
79	咸宁(湖北)	0.273	0.109(45)	0.382(79)
80	鹰潭(江西)	0.264	0.03(108)	0.42(69)
81	毕节(贵州)	0.263	0.130(26)	0.351(86)

续表

一级指标排序	城市	一级指标得分	二级指标	
			投入产出绩效	驱动转型绩效
82	安庆(安徽)	0.259	0.110(42)	0.359(84)
83	雅安(四川)	0.253	0.111(38)	0.348(87)
84	六安(安徽)	0.251	0.110(41)	0.346(88)
85	玉溪(云南)	0.251	0.063(79)	0.377(80)
86	阜阳(安徽)	0.244	0.127(29)	0.322(94)
87	鄂州(湖北)	0.242	0.030(107)	0.383(78)
88	广元(四川)	0.242	0.089(60)	0.345(89)
89	铜仁(贵州)	0.241	0.159(14)	0.296(99)
90	南充(四川)	0.239	0.127(28)	0.313(95)
91	淮南(安徽)	0.236	0.076(68)	0.343(90)
92	六盘水(贵州)	0.232	0.044(99)	0.357(85)
93	宜宾(四川)	0.23	0.036(104)	0.36(83)
94	怀化(湖南)	0.226	0.051(94)	0.342(91)
95	景德镇(江西)	0.224	0.051(95)	0.34(92)
96	达州(四川)	0.222	0.053(90)	0.335(93)
97	温州(浙江)	0.211	0.071(72)	0.304(98)
98	宿州(安徽)	0.211	0.094(57)	0.289(100)
99	泸州(四川)	0.21	0.061(83)	0.31(96)
100	荆州(湖北)	0.197	0.064(78)	0.285(101)
101	黄石(湖北)	0.193	0.022(109)	0.307(97)
102	巴中(四川)	0.176	0.062(81)	0.252(103)
103	曲靖(云南)	0.173	0.036(103)	0.264(102)
104	保山(云南)	0.169	0.071(73)	0.234(104)
105	张家界(湖南)	0.163	0.08(65)	0.218(107)
106	昭通(云南)	0.16	0.067(77)	0.221(105)
107	普洱(云南)	0.153	0.051(93)	0.221(106)
108	十堰(湖北)	0.145	0.047(97)	0.211(108)
109	丽江(云南)	0.123	0.036(105)	0.181(110)
110	临沧(云南)	0.122	0.022(110)	0.188(109)

注：括号中是二级指标排名。
资料来源：作者根据指标体系计算所得。

三　长江经济带科技创新驱动力20强城市

基于长江经济带110个城市科技创新的空间分布特征，即从上游至下游逐渐递增以及由省会城市和直辖市形成多核心这两大特征，选择各个省会城市和相对较为发达的城市构成的20个重要城市进行分析。其中，上海进入20个重要城市的第一梯队，南京、武汉、杭州和苏州进入第二梯队，长沙、成都、无锡、合肥、重庆、宁波、常州、镇江、南通、芜湖进入第三梯队，扬州、泰州、南昌、昆明和贵阳位列20个重要城市第四梯队（见图1）。

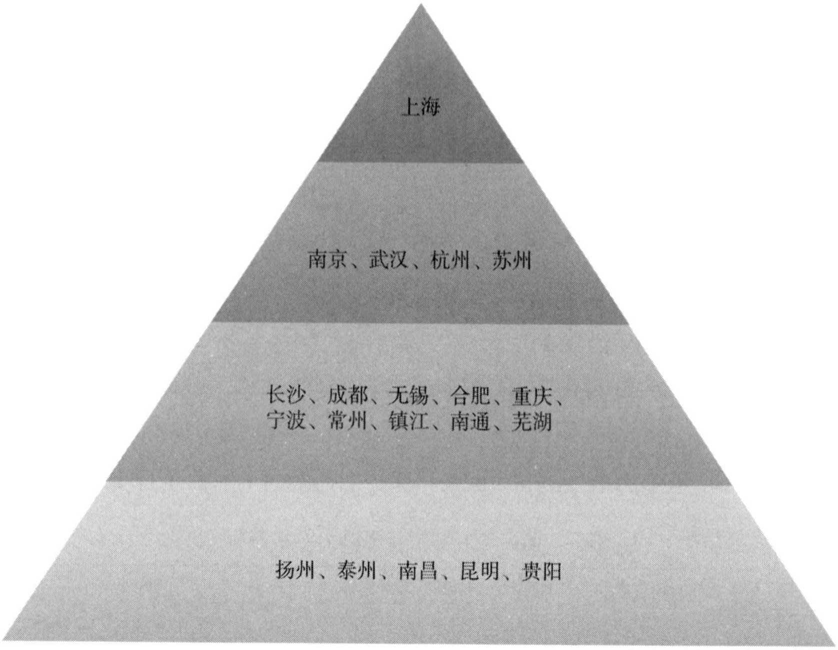

图1　长江经济带20个重要城市科技创新驱动力的梯队

资料来源：作者根据计算结果绘制。

上海在长江经济带110个城市创新驱动力排名中位居榜首，为第一梯队之首，是长江经济带创新驱动发展的重要引擎。从构成创新驱动力综合指数的四个一级指标来看，上海科技创新投入一级指标排在第1位，其指数得分为0.797，明显高于第2名的南京（见表6）。主要是因为上海科技研发投入和创新基础投入表现突出。2016年上海的全社会研发投入高达1049亿元，是26个城市中唯一一个研发投入超过千亿元的城市，比该项指标排名第2的苏州还要高出2.44倍。人力资源投入指数位居第1，虽然上海的研发人员规模总量达到25.48万人，也远高于南京（12.39万人），但每万从业人员中的研发人员数指标及每十万城市人口中的在校研究生数指标却低于南京。科技创新载体一级指标位居第1，其指数得分为0.727，与其后的南京等城市保持了一定的领先水平。这主要得益于上海科技研发载体和众创空间载体优势明显，尤其是国家级大学、国家工程技术中心、国家重点实验室、国家级大学科技园及国家级科技孵化器等在上海都表现出高集聚的特点。但在高新产业载体上，上海排名第5，落后于苏州等。科技创新产出排名第1，其指数得分为0.760，与排名第2的苏州等其他重要城市也都保持了一定的领先。主要是由于上海的科技研发成果和成果转化与产业化两个二级指标均排名第1，尤其是2016年上海的国内授权发明专利20086件、科技论文发表47365篇、技术合同交易额822.86亿元，均位居几个城市之首。科技创新绩效排名第九，落后于武汉、南京、杭州、长沙、无锡、成都、常州，主要是由于上海的人口基数、投入规模都远大于其他城市。2016年上海创新驱动力二级指标得分及排名见表7。

表6　2016年上海创新驱动力一级指标

指标	上海		南京	
	得分	排名	得分	排名
科技创新投入	0.797	1	0.562	2
科技创新载体	0.727	1	0.634	2
科技创新产出	0.760	1	0.596	4
科技创新绩效	0.503	9	0.653	2

资料来源：作者根据计算结果整理。

表 7　2016 年上海创新驱动力二级指标得分及排名

指标		得分	排名
科技创新投入	科技研发投入	0.738	1
	人力资源投入	0.787	1
	创新基础投入	0.934	1
科技创新载体	科技研发载体	0.828	1
	高新产业载体	0.356	5
	众创空间载体	1.000	1
科技创新产出	科技研发成果	0.795	1
	成果转化与产业化	0.724	3
科技创新绩效	投入产出绩效	0.200	6
	驱动转型绩效	0.705	15

资料来源：作者根据计算结果整理。

南京、武汉、杭州、苏州进入长江经济带 20 个重要城市的第二梯队，位列长江经济带科技创新驱动力综合排名的第 2 至第 5 名。除苏州之外，其余三个城市均为经济发达省份的省会城市。

从表 8、表 9 中可以看出，南京作为经济发达省份——江苏省的省会，综合排名第 2，综合得分 0.605，这得益于其在科技创新绩效一级指标上排在 110 个城市的第 2 名，仅低于武汉，但高于上海等，尤其是南京的投入产出绩效和驱动转型绩效分别位居第 1 和第 5。2016 年南京的科技论文与科技经费比值位居第 1。此外，科技创新投入一级指标排名第 2，其中南京的人力资源投入二级指标表现突出，位居第 2，仅次于上海。2016 年南京每万从业人员中的研发人员数高达 251 人，每十万常住人口中的在校研究生人数高达 1334 人，均位居前列。但南京在创新基础投入上相对较弱，排名第 5，科研研发投入排第 4。南京科技创新载体排名第 2，其指数得分为 0.634。主要得益于南京的科技研发载体众多，科技研发载体数量位居第 2，仅次于上海，国家级大学和研发机构比较集中。如 2016 年底南京拥有大学 47 所，国家重点实验室和国家实验室 31 个。但南京的高新产业载体和众创空间载体均略有逊色，分别位居第 7 名和第 5 名。南京科技创新产出一级指标排名第4，其指数得分为0.596。尤其是南京的科技研发成果排名第2，成果转化与产业化均位居第8名。2016年南京的科技研发成果表现优异，人均科技论文41篇，人均国内授权发明专利11项，均超越上海而位居第1名，科技论文发表总量和技术合同交易额总量均仅次于上海。

武汉作为湖北省省会，科技创新驱动力排名第3。武汉科技创新综合实力较强主要得益于其科技创新绩效一级指标表现突出。2016年，武汉排名第1，超过上海和南京等城市，其驱动转型绩效和投入产出绩效均非常突出，在长江经济带110个城市中分别位居第1和第2。科技创新投入一级指标位居第5。其中，武汉的科技研发投入二级指标表现较好，位居第3名，如2016年武汉的研发投入370亿元，仅次于上海和苏州。科技创新载体一级指标位居第4。其中，其高新产业载体表现较好，仅次于苏州，位居第2。科技创新产出一级指标位居第3，成果转化与产业化二级指标表现十分亮眼，位居第1，主要得益于2016年武汉技术合同交易额高达432.16亿元，仅次于上海和成都。

杭州是经济强省——浙江的省会，在长江经济带110个城市的科技创新驱动力中综合排名第3。从四个一级指标来看，杭州总体而言较为均衡，尤其是杭州这些年加强产学研合作，由企业参与的企业科技研发载体步入快车道，如阿里巴巴创建的国家数据智能技术创新中心、阿里巴巴参建的西湖大学、子江实验室等促使杭州在科技创新载体方面表现突出，其科技研发载体、高新产业载体和众创空间载体均位居前列。此外，杭州在科技创新投入的三要素排名中表现均衡，均处于前沿方阵。2016年杭州研发投入346.36亿元，在110个城市中位居第2；研发强度3.06%，位居第3；科技经费占比5.33%，位居第5；研发人员94696人，位居第6。科技创新产出方面，杭州的科技研发成果和成果转化与产业化表现较好，分别位居第3名和第4名。2016年杭州的科技论文总量和技术合同交易额总量均表现良好，分别位居第3名和第5名。科技创新绩效方面，杭州的驱动转型绩效突出，仅次于武汉。杭州的科技论文与科技经费比，位居第3名，但高新技术产值占工业总产值的比重排名相对较低。

苏州是进入长江经济带20个重要城市科技创新驱动力第二梯队的唯一一个非省会城市，这和苏州近年来的飞速发展密不可分。从四个一级指标来看，其科技创新产出一级指标表现最为突出，排名第2（见表8），仅次于上海，主要得益于苏州的成果转化与产业化二级指标。其中，2016年苏州的高新产业产值高达14470.32亿元，超过上海位居第1。此外，苏州科技创新投入一级指标排名第4，主要得益于苏州的科技研发投入表现出色，排名第6，尤其是2016年苏州科技研发投入429.56亿元，位居第6（见表9），研发人员119272人，位居第4。科技创新载体一级指标排名第5，主要得益于苏州的高新产业载体和众创空间载体表现突出，分别位居第1名和第3名。2016年苏州规上工业企业有研发活动的企业占比达45.4%，位居第3。科技创新绩效排名第5，主要得益于苏州的投入产出绩效表现较好。

表8　2016年南京、武汉、杭州、苏州科技创新驱动力一级指标

指标	南京		武汉		杭州		苏州	
	得分	排名	得分	排名	得分	排名	得分	排名
科技创新投入	0.562	2	0.441	5	0.458	3	0.456	4
科技创新载体	0.634	2	0.592	4	0.617	3	0.544	5
科技创新产出	0.596	4	0.601	3	0.518	5	0.635	2
科技创新绩效	0.653	2	0.711	1	0.599	3	0.531	5

资料来源：作者根据计算结果绘制。

表9　2016年南京等4个城市创新驱动力二级指标得分及排名

指标		南京		苏州		杭州		武汉	
		得分	排名	得分	排名	得分	排名	得分	排名
科技创新投入	科技研发投入	0.404	4	0.367	6	0.449	2	0.441	3
	人力资源投入	0.731	2	0.467	4	0.411	5	0.368	6
	创新基础投入	0.542	5	0.611	2	0.569	4	0.590	3
科技创新载体	科技研发载体	0.781	2	0.386	9	0.658	3	0.631	4
	高新产业载体	0.292	7	0.831	1	0.384	4	0.477	2
	众创空间载体	0.535	5	0.860	3	0.939	2	0.628	4

续表

指标		南京		苏州		杭州		武汉	
		得分	排名	得分	排名	得分	排名	得分	排名
科技创新产出	科技研发成果	0.726	2	0.452	4	0.543	3	0.414	5
	成果转化与产业化	0.466	8	0.750	2	0.493	5	0.787	1
科技创新绩效	投入产出绩效	0.487	1	0.223	5	0.255	3	0.267	2
	驱动转型绩效	0.763	5	0.737	7	0.829	2	1.000	1

资料来源：作者根据计算结果整理。

长沙等10个城市进入长江经济带20个重要城市科技创新驱动力的第三梯队。由表10、表11可以看出，这10个城市可以分为两类。一类是沿江各省的省会或直辖市，包括长沙、成都、合肥、重庆，这些省会城市和直辖市和其他城市相比存在以下突出优势：第一，科技创新投入充足，尤其是科技研发投入，如重庆、成都、长沙、合肥的研发投入分别为302亿元、289亿元、270亿元、194亿元，仅次于第一梯队和第二梯队的各个城市；第二，大学和科研院所等科技创新载体丰富，尤其是科技研发载体，如成都、重庆、长沙、合肥的国家级大学的数量分别是35、29、23、23所，在长江经济带110个城市中位居前十；第三，科技创新产出充足，尤其是科技研发成果，凭借丰富的载体建设，长沙、成都、合肥、重庆这四个省会城市或直辖市的国内授权发明专利和科技论文这两大具体指标在110个城市中排名非常靠前。

表10　2016年长沙等10个城市一级指标排名

地区＼指标	科技创新投入	科技创新载体	科技创新产出	科技创新绩效
长沙	6	8	6	4
成都	11	6	9	8
无锡	7	10	8	7
合肥	10	9	7	10
重庆	9	7	12	13
宁波	8	13	11	12

续表

地区 \ 指标	科技创新投入	科技创新载体	科技创新产出	科技创新绩效
常州	12	17	14	6
镇江	15	22	10	11
南通	13	11	15	14
芜湖	14	16	13	20

来源：作者根据计算结果整理。

表 11　2016 年长沙等省会城市和直辖市二级指标排名

指标 \ 地区		长沙	成都	合肥	重庆
科技创新投入	科技研发投入	8	9	10	13
	人力资源投入	3	12	10	8
	创新基础投入	9	17	13	8
科技创新载体	科技研发载体	6	5	8	7
	高新产业载体	9	10	15	6
	众创空间载体	11	9	16	7
科技创新产出	科技研发成果	7	11	6	14
	成果转化与产业化	4	6	10	11
科技创新绩效	投入产出绩效	4	9	11	10
	驱动转型绩效	3	9	12	17

资料来源：作者根据计算结果整理。

10 个城市中除了省会城市和直辖市，还包括 6 个江浙皖经济发达的地级市，即无锡、宁波、常州、镇江、南通和芜湖。这些地级市凭借雄厚的经济基础，在科技创新驱动力方面具有以下优势：第一，科技创新投入规模巨大，仅次于甚至超过沿江省会城市，如无锡和宁波的研发投入分别高达 260 亿元和 206 亿元，远超过合肥；第二，科技创新载体建设中，企业主体意识突出，尤其是科技研发载体二级指标中，这些活跃的地级市在国家级重点大学和重点实验室等载体建设上较为欠缺，但是其规上企业有研发活动的企业占比这项指标表现十分突出，无锡宁波的该项指标高达 40% 甚至 50%，而内陆省会城市成都等则仅为20%，体现出东部发达地级市在企业创新主体意识方面的领先优势；第三，科技创新产出表现较为突出，尤其是成果转化与产业化指标，其中，南通2016年的高新产值高达7072亿元，甚至高于南京和杭州。2016年无锡等6个地级市二级指标排名见表12。

表12　2016年无锡等6个地级市二级指标排名

指标	地区	无锡	宁波	常州	镇江	南通	芜湖
科技创新投入	科技研发投入	7	11	18	24	15	12
	人力资源投入	7	11	9	14	15	13
	创新基础投入	6	7	10	11	14	32
科技创新载体	科技研发载体	12	10	20	21	15	19
	高新产业载体	13	28	30	36	3	12
	众创空间载体	6	16	7	16	11	29
科技创新产出	科技研发成果	8	10	15	9	17	12
	成果转化与产业化	7	16	9	12	13	15
科技创新绩效	投入产出绩效	13	25	23	8	17	37
	驱动转型绩效	6	10	4	18	16	20

资料来源：作者根据计算结果整理。

扬州、泰州以及赣云贵三省的省会进入长江经济带110个城市科技创新驱动力20个重要城市的第四梯队。其中，扬州和泰州是东部沿海较为发达的地级市，GDP排名基本位于江苏省的中上游，而南昌、贵阳和昆明则为内陆省会城市。凭借发达的经济，扬州和泰州在科技创新投入方面表现相对较好，尤其是科技研发投入指标，如2016年扬州和泰州研发投入分别高达106亿元和100亿元，超过不足100亿元的南昌、贵阳和昆明这三个省会城市。在研发强度方面，扬州和泰州均在2%以上，而南昌、贵阳和昆明均不足2%。然而，科技经费占比方面，贵阳较为突出，高达3.28%，高于其他四个城市。人力资源投入方面，省会城市优势明显，尤其是在校研究生人数指标。科技创新载体方面，东部发达地级市和内陆省会城市各有千秋，扬州和泰州的高新产业载体较为发达，而南昌、昆明和贵阳的科技研发载体相对更完备，尤其是国家级大学和重点实验等基础研究载体。科技创新产出方面，扬州和泰州在成果转化与产业化二级指标上表现相对较好，尤其是高新产值指标，均在5000亿元左右，而南昌、贵阳和昆明则仅为2000亿元左右。但是，南昌、贵阳和昆明在科技研发成果方面的相对较好。科技创新绩效方面，扬州和泰州在驱动转型绩效上表现相对较好，而南昌、贵阳和昆明在投入产出绩效上表现较好。2016年扬州等5个城市一级指标排名见表13，2016年扬州等5个城市二级指标排名见表14。

表13　2016年扬州等5个城市一级指标排名

地区	科技创新投入	科技创新载体	科技创新产出	科技创新绩效
扬州	17	21	18	15
泰州	22	19	17	17
南昌	33	14	27	21
昆明	23	12	39	31
贵阳	32	18	40	39

资料来源：作者根据计算结果整理。

表14　2016年扬州等5个城市二级指标排名

指标		扬州	泰州	南昌	昆明	贵阳
科技创新投入	科技研发投入	21	22	39	31	45
	人力资源投入	19	28	31	20	30
	创新基础投入	16	22	23	39	21
科技创新载体	科技研发载体	18	23	13	11	17
	高新产业载体	47	21	17	11	27
	众创空间载体	21	20	14	13	24
科技创新产出	科技研发成果	31	36	25	24	27
	成果转化与产业化	17	14	27	50	46
科技创新绩效	投入产出绩效	51	67	22	63	58
	驱动转型绩效	14	11	26	30	37

资料来源：作者根据计算结果整理。

附录：创新驱动力评价方法和数据

根据黄亮、王振和范斐（2017）的研究，本报告构建并优化指标体系（见附表1），使用层次分析法和熵值法对各级指标进行加权得出综合权重。首先，需要确定各级指标的具体权重，通过运用层次分析法（AHP）和熵值法（EVM）对各子系统进行了综合权重分析。该研究方法的主要目的是为了尽可能避免出现指标权重的不确定性。

附表1　科技创新驱动力指标评价体系

一级指标	二级指标	三级指标(统计单位)
科技创新投入	科技研发投入	研发投入(亿元)
		研发强度(%)
		科技经费占比(%)
	人力资源投入	研发人员数(人)
		每万从业人口中研发人员数(人/万人)
		每十万城市人口中的在校研究生数量(人/十万人)
	创新基础投入	人均 GDP(元/人)
		地方财政支出(亿元)
		人均教育投入(元/人)
科技创新载体	科技研发载体	大学数量(所)
		国家工程技术中心、国家级企业技术中心(家)
		国家级重点实验室(家)
		规上工业企业中设立研发机构企业占比(%)
	高新产业载体	国家级园区面积(平方公里)
		国家级大学科技园区(家)
	创新孵化载体	国家级科技企业孵化器(家)
科技创新产出	科技研发成果	国内授权发明专利总量(件)
		人均国内授权发明专利(件/万人)
		科技论文发表总量(篇)
		人均科技论文发表(篇/万人)
	成果转化与产业化	技术合同交易额总量(亿元)
		人均技术合同交易额(元/人)
		高新技术产业产值总量(亿元)
		人均高新技术产业产值(元/人)

续表

一级指标	二级指标	三级指标(统计单位)
科技创新绩效	投入产出绩效	每亿元研发投入产生的国内授权发明专利数(件/亿) 每亿元科技经费产生的科技论文数(篇/亿元) 每亿元研发投入形成的高新技术产业产值(亿元)
	驱动转型绩效	高新技术产业产值占工业总产值比重(%) 从业人员人均规上工业增加值(元/人) 生产性服务业占服务业比重(%)

参考文献

王振等：《长江经济带创新驱动发展的协同战略研究》，上海人民出版社，2018。

方大春、孙明月：《长江经济带核心城市影响力研究》，《经济地理》2015 年第 1 期。

葛丰：《长江经济带升级须先破行政藩篱》，《中国经济周刊》2013 年第 40 期。

孔伟明、常梅：《统筹城乡区域发展　共建长江经济带升级版》，《宏观经济管理》2013 年第 8 期。

陈修颖：《长江经济带空间结构演化及重组》，《地理学报》2007 年第 12 期。

黄庆华、周志波、刘晗：《长江经济带产业结构演变及政策取向》，《经济理论与经济管理》2014 年第 6 期。

赵琳、徐廷廷、徐长乐：《长江经济带经济演进的时空分析》，《长江流域资源与环境》2013 年第 7 期。

向云波、彭秀芬、徐长乐：《上海与长江经济带经济联系研究》，《长江流域资源与环境》2009 年第 6 期。

孙威、李文会、林晓娜、王志强：《长江经济带分地市承接产业转移能力研究》，《地理科学进展》2015 年第 11 期。

郑德高、陈勇、季辰晔：《长江经济带区域经济空间重塑研究》，《城市规划学刊》2015 年第 3 期。

B.4
长江经济带产业转型升级指数报告（2018）

李　妍*

摘　要： 本报告在本蓝皮书系列《长江经济带发展报告（2016～2017）》的《长江经济带产业转型升级指数报告》的基础上，结合中央最新提出的创新驱动、高质量发展的要求，对评价指标体系进行了优化，将样本扩大为长江经济带11个省市全部110个地级市（不含民族自治州），以求更为全面地对长江经济带城市产业转型升级情况做出分析判断。从评价结果中可看出：长江经济带总体产业转型升级势头良好，各等级城市分布及布局较为合理，上中下游产业转型升级各有特色，其中下游体系合理全面领先，环境友好还需提升；中游结构完整稳步提升，产业创新亟待加强；上游虽成长初期落后较多，但投入产出比高，创新增长快，机遇挑战风险并存。

关键词： 长江经济带　产业转型升级　城市发展

本蓝皮书系列《长江经济带发展报告（2016～2017）》的《长江经济带产业转型升级指数报告》，通过对相关文献的梳理，在对比研究国内外已有的城市产业转型升级评价指标体系的基础上，我们构建了1个目标层、3个领域层、6个二级指标和17个三级指标的长江经济带产业转型升级评价指

---

* 李妍，上海社会科学院博士研究生，上海福睿智库顾问有限公司，研究方向为产业与区域经济。

标体系 1.0 版，并依此对长江经济带 50 个主要城市进行了评分及排名。本年度报告，在改进指标评价体系的基础上，我们把评价的区域范围扩大到长江经济带的 110 个城市。

一 长江经济带产业转型升级评价方法

（一）指标评价体系

对长江经济带产业转型升级进行的第二轮评价，结合国家最新提出的创新驱动、高质量发展要求，我们对评价指标体系进行了优化，将原产业升级领域的两个二级指标创新能力和质量效率升级为产业创新和质量提升两个一级指标，分别对应创新投入、创新产出、创新转化、生产效率、投资效益 5 个二级指标，并对几个三级指标进行了优化，最终形成了 1 个目标层、4 个领域层、9 个二级指标和 23 个三级指标的长江经济带产业转型升级指标评价体系的 2.0 版。

（二）计算方法

本次评价将样本扩大为长江经济带 11 个省市全部 110 个地级市（不含民族自治州），以求更为全面地对长江经济带城市产业转型升级情况做出分析判断。

数据计算的具体处理过程如下。

第一，采用 0 ~ 1 标准化法对原始数据进行标准化处理。

第二，逆向指标处理。由于单位产出能耗和单位产出三废排放量属于逆向指标，将其取倒数转变为正向指标，然后再对其标准化处理。

第三，采用主客观综合法确定指标权重。本报告首先使用因子分析法、独立性权系数法、信息量权数法三种可观赋权法计算指标权重，鉴于客观赋权法多是考虑评价指标在个体和总体间的差异性，并未考虑其经济和社会意义。因此本次评估参考三种客观赋权法计算出的权重结果，并结合指标的经济、社会、环境重要性，最终确定出各项指标的权重。

第四，计算各城市得分。使用标准化后的各项指标数值乘以权重，得到该项指标得分，全部相加后得到总得分。

长江经济带产业转型升级指标评价体系见表 1。

表 1　长江经济带产业转型升级指标评价体系

领域层	主题层	指标层
结构优化 0.28	产业结构	非农增加值占 GDP 比重(%)
		先进制造业占制造业比重(%)
		生产性服务业占服务业比重(%)
	就业结构	非农就业人员占就业总数比重(%)
产业创新 0.36	创新投入	R&D 投入占 GDP 比例(研发强度)(%)
		城镇就业中科技研发服务业从业人数占比(%)
		国家工程/企业技术中心(个)
	创新产出	国内授权专利数(件)
		人均授权专利数(件/万人)
		国内授权发明专利数(件)
		人均授权发明专利数(件/万人)
	成果转化	技术合同交易额(亿元)
		人均技术合同交易额(元/人)
		新产品产值占比(%)
质量提升 0.2	生产效率	二产劳动生产率(万元/人)
		三产劳动生产率(万元/人)
	投资效益	二产投资效益
		三产投资效益
环境友好 0.16	资源利用	单位用电量工业增加值(万元/千瓦时)
		一般工业固体废物综合利用率(%)
	环境保护	单位废水排放量工业增加值(万元/吨)
		单位二氧化硫排放量工业增加值(万元/吨)
		单位烟粉尘排放工业增加值(万元/吨)

二　长江经济带110个城市产业转型升级指数评价结果

（一）综合排名及分级

采用上述指标评价体系，对 2016 年长江经济带 11 省市 110 个地级市产业转型升级指数进行了计算，得分及排名结果见表2。其中，上海、南京、杭州、武汉、苏州、长沙、成都、合肥、无锡、宁波排名榜单前十位；荆州、怀化、铜仁、孝感、巴中、曲靖、昭通、普洱、保山、临沧为列榜单末十位。总体来看，江浙沪城市产业转型升级水平明显高于其他地区。

结果显示，110个城市的得分差异很大，排名第一的上海比排名末尾的临沧市分数高出66分。为更好地对110个城市产业转型升级指数的评价结果进行分析，我们结合自然断裂点及有序聚类法和现实得分数据，将110个城市分为领军城市、引领城市、先行城市、良好城市、一般城市和落后城市六个等级。

第一等级为上海市，综合得分73.93分，高出排名第二的南京市15.62分，遥遥领先，当仁不让地成为长江经济带城市产业转型升级的领军者。第二等级为南京、杭州、苏州、武汉、长沙、合肥、无锡、宁波、成都9个城市，得分区间为49～59分，平均得分为54.92分，其中下游城市6个、中游2个、上游1个。9个城市除苏州、无锡、宁波外，均为省会城市，这些城市在长江经济带产业转型升级中起到了很好的区域带动作用。第三等级包括镇江、常州、台州、芜湖、重庆等16座城市，得分区间为37～46分，平均得分40.85分，虽与前两个等级的城市有不小差距，但与后面城市相比仍有一定优势，且在部分二、三级指标中排位非常靠前，产业转型升级在长江经济带城市中表现突出。第四等级包括贵阳、南昌、金华、株洲、昆明等27个城市，得分区间为27～37分（含37），平均得分为30.98分，总排名仍处在110个城市的前50%，产业转型升级在长江经济带城市中表现良好。第五等级包括连云港、淮北、池州、盐城、衡阳、乐山等46个城市，得分区间为17～27分，平均得分21.64分，在不到10分的区间中集中了46个城市，各城市间分差很小，产业转型升级表现一般。第六等级为临沧、保山、普洱、昭通、曲靖等11座排名末尾的城市，得分区间为7～17分（含17），平均得分14.33分，全部为中上游城市，各项指标排名均较为靠后，产业转型升级水平明显落后于长江经济带其他城市（见表3）。

表 2　长江经济带 110 个城市产业转型升级指数综合得分排名

城市名	得分	排名	分级	城市名	得分	排名	分级	城市名	得分	排名	分级
上海市	73.93	1	领军城市	宜昌市	30.92	38	良好城市	张家界市	21.58	75	一般城市
南京市	58.31	2	引领城市	萍乡市	30.88	39	良好城市	安顺市	21.34	76	一般城市
杭州市	58.31	3	引领城市	丽水市	30.86	40	良好城市	南充市	21.31	77	一般城市
武汉市	58.28	4	引领城市	德阳市	30.68	41	良好城市	亳州市	21.26	78	一般城市
苏州市	57.25	5	引领城市	蚌埠市	30.08	42	良好城市	阜阳市	20.62	79	一般城市
长沙市	57.24	6	引领城市	淮安市	29.35	43	良好城市	咸宁市	20.32	80	一般城市
成都市	52.61	7	引领城市	衢州市	29.06	44	良好城市	六安市	20.12	81	一般城市
合肥市	52.02	8	引领城市	湘潭市	29.02	45	良好城市	毕节市	19.96	82	一般城市
无锡市	50.69	9	引领城市	黄石市	28.96	46	良好城市	赣州市	19.93	83	一般城市
宁波市	49.68	10	引领城市	铜陵市	28.75	47	良好城市	宜宾市	19.80	84	一般城市
镇江市	45.20	11	先行城市	新余市	28.44	48	良好城市	益阳市	19.58	85	一般城市
常州市	44.26	12	先行城市	常德市	28.41	49	良好城市	黄冈市	19.28	86	一般城市
台州市	44.00	13	先行城市	内江市	28.37	50	良好城市	娄底市	19.07	87	一般城市
芜湖市	42.92	14	先行城市	滁州市	28.34	51	良好城市	宿州市	18.86	88	一般城市
重庆市	42.38	15	先行城市	黄山市	27.54	52	良好城市	玉溪市	18.73	89	一般城市
嘉兴市	42.20	16	先行城市	随州市	27.49	53	良好城市	泸州市	18.59	90	一般城市
襄阳市	40.76	17	先行城市	连云港市	26.67	54	一般城市	广元市	18.38	91	一般城市
扬州市	40.69	18	先行城市	淮北市	26.50	55	一般城市	雅安市	18.37	92	一般城市
舟山市	40.14	19	先行城市	池州市	26.38	56	一般城市	荆门市	18.07	93	一般城市
绵阳市	39.63	20	先行城市	衡阳市	26.22	57	一般城市	广安市	17.61	94	一般城市
湖州市	39.54	21	先行城市	盐城市	26.03	58	一般城市	邵阳市	17.57	95	一般城市
泰州市	39.18	22	先行城市	鹰潭市	25.96	59	一般城市	上饶市	17.49	96	一般城市
绍兴市	38.69	23	先行城市	乐山市	25.94	60	一般城市	达州市	17.42	97	一般城市
攀枝花市	38.46	24	先行城市	六盘水市	25.71	61	一般城市	丽江市	17.33	98	一般城市
南通市	38.01	25	先行城市	郴州市	25.57	62	一般城市	永州市	17.17	99	一般城市
温州市	37.54	26	先行城市	宿迁市	25.01	63	一般城市	抚州市	16.87	100	落后城市
贵阳市	36.18	27	良好城市	吉安市	24.68	64	一般城市	荆州市	16.71	101	落后城市
南昌市	36.02	28	良好城市	鄂州市	24.34	65	一般城市	怀化市	16.07	102	落后城市
金华市	36.01	29	良好城市	宜春市	24.21	66	一般城市	铜仁市	15.65	103	落后城市
株洲市	35.60	30	良好城市	资阳市	23.48	67	一般城市	孝感市	15.22	104	落后城市
昆明市	33.90	31	良好城市	九江市	23.46	68	一般城市	巴中市	14.77	105	落后城市
十堰市	33.45	32	良好城市	淮南市	23.04	69	一般城市	曲靖市	14.31	106	落后城市
马鞍山市	33.19	33	良好城市	宣城市	22.96	70	一般城市	昭通市	13.94	107	落后城市
徐州市	31.43	34	良好城市	遵义市	22.75	71	一般城市	普洱市	13.59	108	落后城市
自贡市	31.24	35	良好城市	遂宁市	22.55	72	一般城市	保山市	12.62	109	落后城市
景德镇市	31.14	36	良好城市	眉山市	22.01	73	一般城市	临沧市	7.93	110	落后城市
岳阳市	31.07	37	良好城市	安庆市	22.00	74	一般城市				

表3　长江经济带110个城市各等级综合得分及分布

省市	领军城市	引领城市	先行城市	良好城市	一般城市	落后城市
数量	1	9	16	27	46	11
得分区间	—	49～59	37～46	27～37（含37）	17～27	7～17（含17）
平均得分	73.92	54.92	40.85	30.98	21.64	14.33
平均分差	—	-19.01	-14.07	-9.87	-9.34	-7.31
上海	上海	—	—	—	—	—
江苏	—	南京、苏州、无锡	镇江、常州、扬州、泰州、南通	徐州、淮安	连云港、盐城、宿迁	—
浙江	—	杭州、宁波	台州、嘉兴、舟山、湖州、绍兴、温州	金华、丽水、衢州	—	—
安徽	—	合肥	芜湖	马鞍山、蚌埠、铜陵、滁州、黄山	淮北、池州、淮南、宣城、安庆、亳州、阜阳、六安、宿州	—
江西	—	—	—	南昌、景德镇、萍乡、新余	鹰潭、吉安、宜春、九江、赣州、上饶	抚州
湖北	—	武汉	襄阳	十堰、宜昌、黄石、随州	鄂州、咸宁、黄冈、荆门	荆州、孝感
湖南	—	长沙	—	株洲、岳阳、湘潭、常德	衡阳、郴州、张家界、益阳、娄底、邵阳、永州	怀化
重庆	—	—	重庆	—	—	—
四川	—	成都	绵阳、攀枝花	自贡、德阳、内江	乐山、资阳、遂宁、眉山、南充、宜宾、泸州、广元、雅安、广安、达州	巴中
贵州	—	—	—	贵阳	六盘水、遵义、安顺、毕节	铜仁
云南	—	—	—	昆明	玉溪、丽江	曲靖、昭通、普洱、保山、临沧

（二）分项排名及分析

分别计算110个城市在结构优化、创新发展、质量提升和环境友好四个领域层的子指数得分，各子指数排名前十位的城市见表4。

表4　长江经济带110个城市产业转型升级指数四大子指数排名前十位的城市

排名	结构优化	得分	创新发展	得分	质量提升	得分	环境友好	得分	转型升级	得分
1	上海市	26.63	上海市	25.55	上海市	15.58	长沙市	13.61	上海市	73.93
2	苏州市	25.36	杭州市	19.40	苏州市	11.94	襄阳市	11.52	南京市	58.31
3	武汉市	25.08	南京市	17.29	无锡市	10.48	成都市	9.58	杭州市	58.31
4	南京市	24.86	武汉市	16.05	南京市	10.23	随州市	9.18	武汉市	58.28
5	杭州市	24.05	合肥市	15.85	常州市	9.26	常德市	8.56	苏州市	57.25
6	合肥市	23.12	成都市	15.72	杭州市	9.11	合肥市	8.47	长沙市	57.24
7	宁波市	22.95	绵阳市	15.04	武汉市	9.05	武汉市	8.09	成都市	52.61
8	芜湖市	22.84	苏州市	14.95	长沙市	8.86	张家界市	7.88	合肥市	52.02
9	无锡市	22.56	长沙市	13.40	攀枝花市	8.66	株洲市	7.47	无锡市	50.69
10	常州市	22.45	宁波市	13.22	镇江市	7.95	南昌市	7.38	宁波市	49.68

可以看出，权重较高的结构优化、创新发展和质量提升三大领域中排名前十位的城市高度重合，且与最终的转型升级得分排名一致度很高。其中，上海、南京、杭州、武汉、苏州5个城市在三大领域均排名前十，而这5个也正是转型升级得分排名前五的城市。合肥、宁波、无锡、长沙、常州5个城市在三大领域中有两个领域中跻身前十。其中，除常州外的4个城市在转型升级得分排名也正处于6~10位，而转型升级排名前十位的城市中，仅有成都市在创新发展一个领域中排名前十位。而环境友好领域排名前十位的城市中，部分城市在其他三个领域中表现一般，总体转型升级得分排名不高，同时总得分排名前十的城市中仅有长沙、武汉、成都、合肥4个城市综合排名进入前十，可见长江经济带城市在产业转型升级与绿色发展方面尚未形成良好的协同机制。

具体来看，在结构优化领域，上海、苏州、武汉、南京、杭州、合肥、宁波、芜湖、无锡、常州位列前十，各城市间分差较小，总体水平较高。可以看出，这些城市在结构优化二级指标中表现较为均衡，仅有宁波、无锡、常州在产业结构，合肥、芜湖在就业结构二级指标中排名不在前十。值得注意的是，在这些城市中，除上海、武汉、南京、杭州、合肥、宁波几座规模体量及综合实力排名靠前的城市外，苏州、芜湖、无锡、常州四个规模相对较小的城市，凭借在三级指标上的突出表现，排名跻身前十（见表5）。

表5　长江经济带110个城市结构优化子指数排名前十位的城市

城市名	结构优化	排名	产业结构	排名	就业结构	排名
上海市	26.63	1	19.63	1	7.00	1
苏州市	25.36	2	18.37	4	6.99	2
武汉市	25.08	3	18.72	2	6.36	6
南京市	24.86	4	18.62	3	6.24	8
杭州市	24.05	5	17.78	7	6.27	7
合肥市	23.12	6	17.48	9	5.64	15
宁波市	22.95	7	15.97	15	6.98	3
芜湖市	22.84	8	18.04	6	4.80	26
无锡市	22.56	9	15.68	16	6.88	4
常州市	22.45	10	16.28	14	6.17	9

在产业创新领域，上海、杭州、南京、武汉、合肥、成都、绵阳、苏州、长沙、宁波位列前十。其中，上海得分领先第2名的杭州6.15分，优势明显。绵阳凭借在研发强度和研发人员占比指标中的突出表现，在创新投入方面排名第1，但其在创新产出和创新转化方面排名均较为靠后，创新绩效还有较大的提升空间。除绵阳外，上海、南京、杭州、武汉、合肥、长沙、成都创新投入排名分列2～8位，是长江经济带创新资源集聚的核心。创新产出方面，苏州凭借在人均指标上的突出表现，超过了在总量上排名第1的上海，居榜首。同时，我们还应该看到，苏州在创新投入方面只排在第14位，创新效率令人惊叹，类似的还有宁波，在创新投入排名21位的情况下，创新产出排名第4；上海、杭州、南京、成都仍表现突出，高投入切实换来了高产出，而武汉、合肥、长沙排名则十名开外，创新效率有待进一步提高。创新转化方面，各城市排名参差不齐，上海、成都凭借在技术合同交易额两个指标上的优异表现，排名前两位，但这两个城市在新产品产值占比指标上表现不够突出（分别为第20位和21位），这与两个城市制造业体量较大且新增工业用地空间较为有限有关；杭州、合肥、武汉、长沙排第十名左右，

在产业创新的三个二级指标上表现较为均衡，创新链各环节无短板；苏州、南京在创新转化方面排名稍微落后，如何更好地发挥创新的带动性还需研究。总体来看，作为长江经济带创新核心的上海、南京、杭州、武汉、合肥、长沙、成都市都较好地起到了资源集聚、成果产出及产业转化的作用（见表6）。

表6 长江经济带110个城市创新发展子指数排名前十位的城市

城市名	创新发展	排名	创新投入	排名	创新产出	排名	创新转化	排名
上海市	25.55	1	12.11	2	6.45	2	6.99	1
杭州市	19.40	2	8.98	4	5.07	3	5.35	9
南京市	17.29	3	9.06	3	4.55	5	3.69	30
武汉市	16.05	4	8.25	5	2.86	12	4.94	13
合肥市	15.85	5	7.86	6	2.67	14	5.32	10
成都市	15.72	6	6.08	8	3.37	8	6.26	2
绵阳市	15.04	7	12.74	1	0.80	37	1.49	67
苏州市	14.95	8	4.09	14	6.99	1	3.87	23
长沙市	13.40	9	6.36	7	2.26	17	4.78	14
宁波市	13.22	10	3.32	21	4.73	4	5.16	12

在质量提升领域，上海、苏州、无锡、南京、常州、杭州、武汉、长沙、攀枝花、镇江位列前十。上海得分优势明显，尽管在生产效率方面受行业结构影响（部分高技术制造业及公共服务业劳动生产率不高），但在投资效益方面得分是第2名苏州的2倍，充分体现了上海出色的建设及经营管理能力，在追求卓越的道路上大步迈进。苏州、无锡、南京、常州、杭州、武汉在该领域及两个二级指标排名中均排名靠前，成为长江经济带城市中质量提升的标杆。可以看到，前七位城市在质量提升领域的二级指标生产效率和投资效益上均表现出色，且其一致性较高，可见一个城市发展质量的提升往往是一种全面的提升，而非某一单个指标的提升。长沙、攀枝花、镇江三市凭借在生产效率方面的优异表现在质量提升领域排名跻身前十，但在投资效益方面还有较大提升空间（见表7）。

在环境友好领域，长沙、襄阳、成都、随州、常德、合肥、武汉、张家界、株洲、南昌位列前十。该领域排名前十的城市与综合排名及其他三个领

表 7　长江经济带 110 个城市质量提升子指数排名前十位的城市

城市名	质量提升	排名	生产效率	排名	投资效益	排名
上海市	15.58	1	5.58	11	10.00	1
苏州市	11.94	2	6.93	2	5.01	2
无锡市	10.48	3	7.14	1	3.34	6
南京市	10.23	4	6.89	3	3.34	5
常州市	9.26	5	6.34	6	2.92	11
杭州市	9.11	6	4.70	15	4.41	3
武汉市	9.05	7	6.22	7	2.84	12
长沙市	8.86	8	6.66	4	2.20	27
攀枝花市	8.66	9	6.48	5	2.18	29
镇江市	7.95	10	5.76	9	2.19	28

域相比有较大差异。一方面是由于各城市在生态环保方面的重视程度及投入力度不同，另一方面是由于部分城市轻工业占比较高，工业用电及固废排放量较少，指标排名靠前。长沙、成都、合肥、武汉作为工业体系完整，先进制造业占比排名前列的城市，在环境友好领域排名进入前十，得益于城市近年在先进技术研发、生产工艺改造及节能环保监管方面的不懈努力；襄阳、随州、常德、株洲几座城市在环境友好领域也有不俗的表现。需要注意的是，部分在转型升级综合得分及其他三个领域排名非常靠前的城市，在环境友好领域表现不佳，如苏州仅排名 71 位，重庆排名 61 位，作为上游发展核心的贵阳、昆明，更是排名倒数后十位，如何处理好经济产业发展与生态环境保护之间的关系是这些城市亟待解决的问题（见表 8）。

表 8　长江经济带 110 个城市环境友好子指数排名前十位的城市

城市名	环境友好	排名	资源利用	排名	环境保护	排名
长沙市	13.61	1	7.74	1	5.87	1
襄阳市	11.52	2	6.56	3	4.96	2
成都市	9.58	3	6.29	6	3.29	4
随州市	9.18	4	5.10	28	4.08	3
常德市	8.56	5	7.32	2	1.24	34
合肥市	8.47	6	5.57	16	2.90	5

续表

城市名	环境友好	排名	资源利用	排名	环境保护	排名
武汉市	8.09	7	6.26	7	1.83	17
张家界市	7.88	8	5.66	15	2.23	9
株洲市	7.47	9	6.25	8	1.21	36
南昌市	7.38	10	6.42	4	0.96	50

三　长江经济带110个城市产业转型升级分层特征分析

（一）城市分层特征

1. 领军城市

上海市在综合得分中高居榜首，得分超出排名第2的南京市15.62分，其结构优化、产业创新、质量提升三个一级指标领域均排名榜首，是长江经济带城市产业转型升级的龙头所在。

进一步分析四个领域各项指标得分，在结构优化领域，上海市得分为排名第2的苏州市的1.05倍，为全部110个城市平均得分的2.01倍，在产业结构和就业结构两个二级指标中也均排名第1。结构优化领域各项指标的全面领先主要是由于上海市产业化及城市化的进程领先于长江经济带其他城市，但近几年随着整个区域尤其是长三角城市的快速发展，上海市在结构优化方面的先发优势逐渐缩小（见表9、图1）。

表9　上海市一、二级指标得分及排名

上海市	得分	排名	对比城市	得分	排名	分差	倍数
总分	73.93	1	南京市	58.31	2	15.62	1.27
结构优化	26.63	1	苏州市	25.36	2	1.27	1.05
产业结构	19.63	1	武汉市	18.72	2	0.91	1.05
就业结构	7.00	1	苏州市	6.99	2	0.01	1.00
产业创新	25.55	1	杭州市	19.40	2	6.14	1.32
创新投入	12.11	2	绵阳市	12.74	2	-0.63	0.95

续表

上海市	得分	排名	对比城市	得分	排名	分差	倍数
创新产出	6.45	2	苏州市	6.99	1	-0.54	0.92
创新转化	6.99	1	成都市	6.26	1	0.73	1.12
质量提升	15.58	1	苏州市	11.94	2	3.64	1.30
生产效率	5.58	11	无锡市	7.14	1	-1.57	0.78
投资效益	10.00	1	苏州市	5.01	2	4.99	2.00
环境友好	6.17	32	长沙市	13.61	1	-7.44	0.45
资源利用	4.97	32	舟山市	7.74	1	-2.77	0.64
环境保护	1.20	38	合肥市	5.87	1	-4.67	0.20

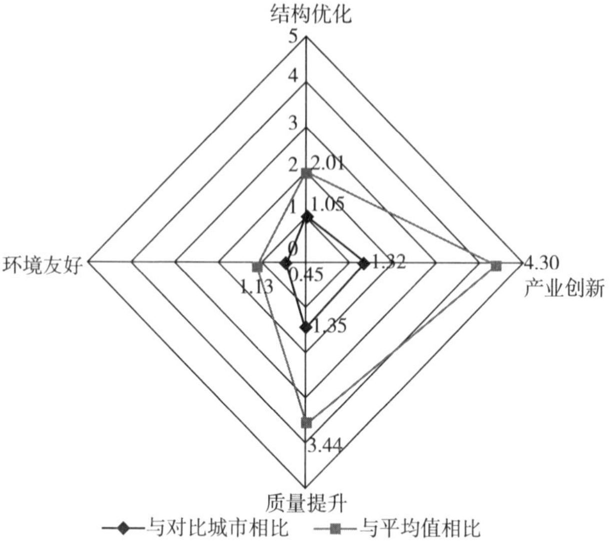

图1　上海市四大领域对比得分

在产业创新领域，上海市得分为排名第2位的杭州市的1.32倍，为全部110个城市平均得分的4.30倍，二级指标中创新投入和创新产出排名第2位，创新转化排名第1位，充分体现了上海建设全球科技创新中心的决心与成效，上海也确实为长江经济带的创新龙头。三级指标中总量指标遥遥领先，人均指标稍落后于部分创新型中小城市但仍排名前十位，唯有在新产品产值占比指标上，一方面由于上海制造业基础雄厚，体量庞大；另一方面受制于工业发展空间，部分创新成果未在上海进行就地转化，使得上海市在该项指标上得分较低。但考虑到上海市在区域创新网络中更多地承担原始创新的角色，同时，紧邻上海市的嘉兴、湖州市成果转化表现优异，可以认为上海市很好地行使了创新驱动核心的作用，带动了周边城市的产业升级。

在质量提升领域，上海市得分为排名第2的苏州市的1.30倍，为全部110个城市平均得分的3.44倍，领军地位非常显著，这主要得益于突出的投资效益。作为我国改革开放的前沿和长江经济带的龙头，上海市在投资吸引力方面一直处于优势地位，大批优质、收益率高的项目集聚上海，使得上海在二、三产业投资效益方面大幅度领先其他城市。但在生产效率方面，上海市表现不够出色，得分排名第11位，低于排名第1的无锡市1.56分，尤其是二产劳动生产率仅排名第19位，大体量带来的规模经济问题及可能存在的低端落后产业须得到进一步重视。

环境友好是上海市唯一排名不是第1的领域，仅排名第32位，得分为排名第一的长沙市的45%，是110个城市平均值的13%，两个二级指标资源利用和环境保护分别排名第32位和第38位。尽管环境友好领域排名靠后与上海市工业结构中化工、钢铁及重型装备产业占比较高有较大关系，但这不应成为上海市在节能减排、绿色生态发展方面的借口，尤其是与2014年相比，单位工业增加值电耗出现上升，须引起高度重视。

上海市各具体指标数值及排名见表10。

表10　上海市各具体指标数值及排名

指标	具体值	排名
非农增加值占GDP比重(%)	0.996	1
先进制造业占制造业比重(%)	0.618	3
生产性服务业占服务业比重(%)	0.523	2
非农就业人员占就业总数比重(%)	0.967	1
R&D投入占GDP比例(研发强度)(%)	3.720	2
城镇就业中科技研发服务业从业人数占比(%)	0.037	7

续表

指标	具体值	排名
国家工程/企业技术中心(个)	81	1
国内授权专利数(件)	64230	1
人均授权专利数(件/万人)	44.419	10
国内授权发明专利数(件)	20086	1
人均授权发明专利数(件/万人)	8.30	7
技术合同交易额(亿元)	822.86	1
人均技术合同交易额(元/人)	3400.67	3
新产品产值占比(%)	0.250	20
二产劳动生产率(万元/人)	18.743	19
三产劳动生产率(万元/人)	22.568	5
二产投资效益	8.554	1
三产投资效益	3.408	1
单位用电量工业增加值(万元/千瓦时)	9.466	50
一般工业固体废物综合利用率(%)	95.70	21
单位废水排放量工业增加值(万元/吨)	0.206	54
单位二氧化硫排放量工业增加值(万元/吨)	0.112	16
单位烟粉尘排放工业增加值(万元/吨)	0.104	37

2. 引领城市

南京、杭州、武汉、苏州、长沙、成都、合肥、无锡、宁波等分列第2～10位，为引领城市。尽管与领军城市上海相比，得分有较大差距，但这9个城市得分明显高于其他城市，且在四大领域中均有较好表现，在长江经济带城市转型升级中起到了很好的引领作用（见表11）。

表11　各引领城市一、二级指标得分排名

指标	南京市	杭州市	武汉市	苏州市	长沙市	成都市	合肥市	无锡市	宁波市
转型升级	58.31	58.31	58.28	57.25	57.24	52.61	52.02	50.69	49.68
结构优化	24.86	24.05	25.08	25.36	21.37	21.35	23.12	22.56	22.95
排名	4	5	3	2	15	16	6	9	7
倍数	1.87	1.81	1.89	1.91	1.61	1.61	1.74	1.70	1.73

续表

指标	南京市	杭州市	武汉市	苏州市	长沙市	成都市	合肥市	无锡市	宁波市
产业结构	3	7	2	4	12	5	9	16	15
就业结构	8	7	6	2	23	67	15	4	3
产业创新	17.29	19.40	16.05	14.95	13.40	15.72	15.85	12.12	13.22
排名	3	2	4	8	9	6	5	11	10
倍数	2.91	3.26	2.70	2.51	2.25	2.64	2.67	2.04	2.22
创新投入	3	4	5	14	7	8	6	17	21
创新产出	5	3	12	1	17	8	14	6	4
创新转化	30	9	13	23	14	2	10	25	12
质量提升	10.23	9.11	9.05	11.94	8.86	5.96	4.59	10.48	7.30
排名	4	6	7	2	8	21	46	3	12
倍数	2.26	2.01	2.00	2.63	1.95	1.32	1.01	2.31	1.61
环境友好	5.93	5.75	8.09	4.99	13.61	9.58	8.47	5.53	6.22
排名	35	42	7	71	1	3	6	51	30
倍数	1.09	1.06	1.49	0.92	2.50	1.76	1.56	1.02	1.14
生产效率	3	15	7	2	4	30	35	1	20
投资效益	5	3	12	2	27	16	69	6	8
资源利用	37	58	7	66	1	6	16	48	44
环境保护	45	33	17	56	1	4	5	62	23

进一步观察可发现，引领城市可大致分为两个梯队，第一梯队为南京、杭州、武汉、苏州、长沙五个城市，得分在 57～59 分，城市间分差很小，第 2 名南京和第 3 名杭州分差甚至在百分位之后。位于下游的南京、杭州、苏州三市在四大领域中表现非常相似，均表现为前三个领域排名非常靠前。其中，南京均排名前五，杭州在产业创新上仅次于上海排名第 2，苏州在结构优化和质量提升领域均排名第 2，很好地实现了创新驱动产业转型升级、推动经济高质量发展的目标。但这三个城市在环境友好指标排名落后明显，分别只列在第 35、第 42 和第 71 名，在经济产业高质量发展的同时如何实现绿色发展方面是这些城市急需解决的问题。位于中游的武汉、长沙两市在四大领域中表现均衡。其中武汉四大领域排名均在前七，长沙也全部进入了前 15 位，环境友好领域更是位居榜首。可见武汉及长沙一直在大力开展的两型社会建设取得了相当显著的成效。

第二梯队为成都、合肥、无锡、宁波四个城市，得分在 49 ~ 53 分，与第一梯队有 5 分左右的分差。具体到一、二级指标可发现，这四个城市在四大领域中总体表现优异，至少有两个领域排名进入前十，三个领域排名进入前 16，但各有短板。如成都、合肥在质量提升领域分别只排第 21、第 46 位，无锡、宁波在环境友好领域分别只排第 51、第 30 位，若想要进一步拉近与第一梯队城市的分差，尽快补足短板成为关键。

此外，9 个引领城市中下游 6 个、中游 2 个、上游 1 个，区域分布并不均衡，引领城市数量的多少和实力的强弱很大程度上影响着区域城市产业转型升级的整体进程。长江经济带下游城市在 6 个引领城市的带领下，整体产业转型升级水平明显领先于中上游；中游城市在武汉、长沙的双核带动下，产业转型升级大步迈进，且在环境友好方面表现突出，很好地贯彻了长江经济带绿色发展的理念；上游仅成都跻身引领城市行列，而上游省市土地面积广，城市数量多，且受天然地形制约布局分散，产业转型升级进程明显滞后。9 个引领城市的四大子指数见图 2。

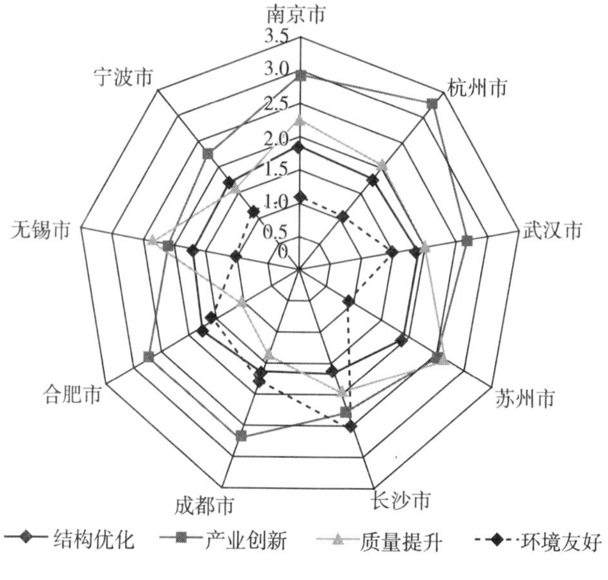

图 2　9 个引领城市的四大子指数

3. 先行城市

把排名第 11～26 位的城市，包括镇江、常州、台州等 16 座城市，界定为先行城市。虽与前两个等级的城市有不小差距，但与后面城市相比仍有一定优势，且在部分二、三级指标中排位非常靠前，产业转型升级在长江经济带城市中表现突出，尤其是在中上游地区，先行城市很大程度上行使着带动区域转型升级的重任。

各先行城市一、二级指标得分排名见表 12。

表 12　各先行城市一、二级指标得分排名

地区	总分	产业结构	就业结构	结构优化	创新投入	创新产出	创新转化	产业创新	生产效率	投资效益	质量提升	资源利用	环境保护	环境友好
镇江市	45.20	20	11	17	27	7	22	15	9	28	10	39	52	39
常州市	44.26	14	9	10	24	11	85	30	6	11	5	47	61	50
台州市	44.00	10	16	11	37	19	7	16	48	13	30	45	22	29
芜湖市	42.92	6	26	8	12	18	37	17	21	75	33	30	97	58
重庆市	42.38	8	35	14	10	23	24	14	34	65	44	59	58	61
嘉兴市	42.20	24	5	19	32	13	3	12	39	33	34	68	47	66
襄阳市	40.76	22	53	27	49	73	34	43	10	109	19	3	2	2
扬州市	40.69	11	17	13	40	21	104	60	13	32	13	18	19	12
舟山市	40.14	13	14	12	67	36	33	42	18	74	26	9	102	25
绵阳市	39.63	47	39	44	1	37	67	7	93	23	67	11	37	14
湖州市	39.54	32	12	25	44	9	6	13	31	30	27	52	78	67
泰州市	39.18	18	25	18	60	22	57	47	16	17	15	27	20	19
绍兴市	38.69	35	13	28	33	10	38	19	23	14	17	53	49	54
攀枝花市	38.46	26	45	31	41	27	17	23	5	29	9	46	85	63
南通市	38.01	21	21	21	51	16	98	49	14	24	14	31	32	27
温州市	37.54	27	10	22	69	15	21	21	58	22	47	84	6	34

具体的，我们也可以把先行城市分为两类。一类为在整体排名中表现优异，但周边有更高等级及表现更为出色的城市。该类主要是针对长三角城市，如镇江、嘉兴等，由于紧邻上海、南京、杭州等龙头领军城市，这些城市尽管并不具备很强的资源集聚及产业基础优势，但可充分发挥自身的比较优势，依托龙头领军城市实现产业的转型升级，如嘉兴通过承接上海及杭州的研发成果转化，新产品产值占比排名居榜首，镇江依托南京加快产业结构

调整，提高生产效率，在对应的指标中取得了不错的排名，从而最终在110个城市中排名第11位。另一类为在整体排名中表现优异，且在区域中为高排位城市，该类主要是针对非长三角城市，如芜湖、重庆、襄阳、攀枝花等，这些城市不仅需要在转型升级中继续发挥自身优势，向引领城市迈进，同时还承担着带动周边城市转型升级的重要任务，在一、二级指标中的表现主要体现在资源集聚度较高基础较好，但效率、效益方面表现较为一般。

4. 良好城市

把排名第27～53位的城市，包括贵阳、南昌、金华等27座城市，界定为良好城市，由于总排名仍处在110个城市的前50%，可以认为这些城市产业转型升级在长江经济带城市中表现良好。

进一步观察发现，良好城市中亦有不少城市在一、二级指标中有亮眼的表现。如随州、常德、株洲在环境友好领域排名分别为第4、第5和第9位，这主要得益于湖南湖北两型社会建设；新余、宜昌在质量提升领域排名分别为第11位、第16位，金华在产业创新和质量提升两个领域排名均为第18位，可见中小城市在创新驱动及质量提升方面可以有不输大城市的优异表现（见表13）。

此外，贵阳、南昌、昆明三座中上游省会城市排名仅达到了这一等级，很明显与其余省会城市相比有较大差距，实力上的不足也造成了这些城市对各自省内城市的带动力有限，云南、贵州、江西三省的城市产业转型升级水平在长江经济带中排末尾。

表13　各良好城市一、二级指标得分排名

地区	总分	排名	结构优化	产业创新	质量提升	环境友好
贵阳市	36.18	27	20	24	20	105
南昌市	36.02	28	30	32	36	10
金华市	36.01	29	36	18	18	46
株洲市	35.60	30	34	25	31	9
昆明市	33.90	31	24	22	22	107
十堰市	33.45	32	23	44	56	52
马鞍山市	33.19	33	26	31	52	88
徐州市	31.43	34	33	58	23	48

续表

地区	总分	排名	结构优化	产业创新	质量提升	环境友好
自贡市	31.24	35	64	28	25	22
景德镇市	31.14	36	39	34	54	43
岳阳市	31.07	37	50	29	55	20
宜昌市	30.92	38	52	36	16	79
萍乡市	30.88	39	29	72	58	36
丽水市	30.86	40	62	20	32	69
德阳市	30.68	41	37	46	45	37
蚌埠市	30.08	42	43	33	81	21
淮安市	29.35	43	40	66	28	60
衢州市	29.06	44	67	39	29	33
湘潭市	29.02	45	61	35	60	24
黄石市	28.96	46	35	45	64	72
铜陵市	28.75	47	32	55	66	73
新余市	28.44	48	70	51	11	75
常德市	28.41	49	69	69	42	5
内江市	28.37	50	59	48	59	15
滁州市	28.34	51	38	26	103	80
黄山市	27.54	52	49	73	70	13
随州市	27.49	53	65	86	65	4

5. 一般城市

在本次评价中排名第 54 ~ 99 位的城市被划为一般城市，包括连云港、淮北、池州、盐城、衡阳、乐山等 46 座城市，该级别各城市间分差很小，各项指标排名中后，鲜有突出表现，产业转型升级表现一般。

从区域分布来看，除苏北的连云港、盐城、宿迁落入该级别外，江浙沪其余城市全部排在此之前，产业转型升级进程明显领先于长江经济带其他省市。而除云南外，其他省市均有大量城市被划入该级别，水平相差不多。

尽管总体排名一般，但仍有个别城市在个别指标上有较好的表现，尤其是不少城市在环境友好领域表现突出，如张家界、遂宁、咸宁、宜宾、广元排名均进入前 20 位；资阳、乐山在产业创新领域分别排名第 27、第 37 位，如何在共抓大保护、不搞大开发的同时，通过创新驱动产业转型升级，发展对生态环境影响小的、高附加值的、优化带动效应好的产业，是这些中上游城市亟须面对的难题（见表14）。

表14　各一般城市的一级指标得分排名

地区	总分	排名	结构优化	产业创新	质量提升	环境友好
连云港市	26.67	54	56	56	48	70
淮北市	26.50	55	41	75	79	47
池州市	26.38	56	47	62	85	38
衡阳市	26.22	57	72	52	38	40
盐城市	26.03	58	46	99	41	49
鹰潭市	25.96	59	74	64	43	26
乐山市	25.94	60	73	37	39	85
六盘水市	25.71	61	54	68	24	102
郴州市	25.57	62	42	67	82	82
宿迁市	25.01	63	53	95	51	59
吉安市	24.68	64	51	70	95	55
鄂州市	24.34	65	55	81	40	97
宜春市	24.21	66	45	53	87	100
资阳市	23.48	67	85	27	63	91
九江市	23.46	68	58	84	57	95
淮南市	23.04	69	48	82	100	86
宣城市	22.96	70	60	57	97	92
遵义市	22.75	71	66	103	35	89
遂宁市	22.55	72	92	50	74	11
眉山市	22.01	73	81	63	77	56
安庆市	22.00	74	76	85	92	31
张家界市	21.58	75	95	100	37	8
安顺市	21.34	76	71	88	102	53
南充市	21.31	77	84	54	61	84
亳州市	21.26	78	68	104	106	23
阜阳市	20.62	79	80	74	109	28
咸宁市	20.32	80	89	83	89	16
六安市	20.12	81	78	80	107	62
毕节市	19.96	82	75	101	73	83

续表

地区	总分	排名	结构优化	产业创新	质量提升	环境友好
赣州市	19.93	83	63	97	105	90
宜宾市	19.80	84	99	77	78	17
益阳市	19.58	85	94	89	50	57
黄冈市	19.28	86	77	91	104	77
娄底市	19.07	87	90	76	76	68
宿州市	18.86	88	83	96	98	41
玉溪市	18.73	89	79	98	53	106
泸州市	18.59	90	82	94	96	65
广元市	18.38	91	96	92	94	18
雅安市	18.37	92	93	61	75	93
荆门市	18.07	93	103	78	49	81
广安市	17.61	94	102	65	84	74
邵阳市	17.57	95	108	40	86	78
上饶市	17.49	96	57	108	99	110
达州市	17.42	97	107	41	91	76
丽江市	17.33	98	86	87	80	96
永州市	17.17	99	97	90	101	45

6. 落后城市

临沧、保山、普洱、昭通、曲靖等11座排名末尾的城市，被划入落后城市等级。各项指标排名均较为靠后，且全部为中上游城市，产业转型升级水平明显落后于长江经济带其他城市。

排名末尾的临沧，得分仅为7.93分，与排名第1的上海市相比分差达到66分，与倒数第2名城市也有近5分的差距。具体分析各项指标，临沧在结构优化及产业创新的一、二、三级指标中几乎全部排名倒数，尽管在质量提升和环境友好领域中表现稍好，但总体得分仍与其他城市有较大差距（见表15）。

从区域分布来看，云南落后城市数量最多，占据了排行榜末五位。湖北也有荆州、孝感两市成为落后城市，其余江西、湖南、四川、贵州各有一个城市。

表 15　各落后城市一、二级指标得分排名

地区	总分	产业结构	就业结构	结构优化	创新投入	创新产出	创新转化	产业创新	生产效率	投资效益	质量提升	资源利用	环境保护	环境友好
抚州市	16.87	102	74	98	102	59	91	102	78	73	83	24	87	44
荆州市	16.71	103	34	91	30	51	45	38	107	106	108	108	86	108
怀化市	16.07	91	82	87	90	105	110	109	77	45	68	99	65	98
铜仁市	15.65	76	106	88	62	102	90	93	69	108	93	106	35	101
孝感市	15.22	109	75	109	55	79	47	59	50	105	72	103	53	99
巴中市	14.77	105	85	104	109	106	43	79	105	110	110	78	26	64
曲靖市	14.31	93	99	100	96	103	103	107	61	71	69	93	110	103
昭通市	13.94	94	100	101	72	108	108	106	85	40	71	95	105	104
普洱市	13.59	100	106	106	28	104	94	71	85	20	62	109	106	109
保山市	12.62	99	106	105	93	101	101	105	85	90	90	79	108	94
临沧市	7.93	110	109	110	105	107	109	110	85	77	88	65	107	87

（二）区域分层特征

1. 下游：一极引领、六核带动的“火箭形”格局，体系合理全面领先，环境友好还需提升

长江经济带下游的上海、江苏、浙江、安徽三省一市共41个城市，在本次长江经济带城市产业转型升级排名中表现出色，展现出强劲的实力和明显的领先优势。下游城市平均得分36.02分，高出全部城市平均6.83分，四大领域平均分除环境友好领域落后全部城市平均分0.03分外，全部排名第1且大幅度领先于中上游（见表16）。

从城市分级来看，下游城市产业转型升级呈现出以上海为领军，六个引领城市为核心，先行城市和良好城市为支撑，一般城市为节点的“火箭形”发展态势。省级层面，浙江、江苏、安徽分列第1、第2和第4位，其中，江浙两省平均分非常接近，且大幅度领先其他省份，安徽在长三角中稍显落后。市级层面，下游41个城市中，有领军城市1个（上海）、引领城市6个（南京、杭州、苏州、合肥、无锡、宁波）、先行城市12个、良好城市10个、一般城市12个，无落后城市，结构层次体系完整，分布合理，转型升级水平领先（见表17）。

表 16　下游地区各城市一、二级指标平均分

地区	平均分	产业结构	就业结构	结构优化	创新投入	创新产出	创新转化	产业创新	生产效率	投资效益	质量提升	资源节约	环境保护	环境友好
下游	36.02	12.36	4.74	17.10	3.01	1.96	2.75	7.73	3.28	2.17	5.45	4.66	1.07	5.74
全部	29.19	9.71	3.56	13.27	2.51	0.97	2.46	5.95	2.76	1.77	4.53	4.35	1.10	5.45
分差	6.82	2.65	1.18	3.83	0.50	0.99	0.29	1.78	0.52	0.40	0.92	0.32	-0.03	0.29
倍数	1.23	1.27	1.33	1.29	1.20	2.02	1.12	1.30	1.19	1.23	1.20	1.07	0.98	1.05

表 17　下游地区各等级城市分布

地区	领军城市	引领城市	先行城市	良好城市	一般城市	落后城市	平均分
上海	上海	—	—	—	—	—	73.93
江苏	—	南京、苏州、无锡	镇江、常州、扬州、泰州、南通	徐州、淮安	连云港、盐城、宿迁	—	39.39
浙江	—	杭州、宁波	台州、嘉兴、舟山、湖州、绍兴、温州	金华、丽水、衢州	—	—	40.55
安徽	—	合肥	芜湖	马鞍山、蚌埠、铜陵、滁州、黄山	淮北、池州、淮南、宣城、安庆、亳州、阜阳、六安、宿州	—	27.79
合计	1	6	12	10	12	—	—

具体来看，在下游城市中，上海综合实力超强且各项指标表现突出，无论在发展阶段、发展理念还是具体的产业发展方面都引领着下游长三角地区城市的转型升级。

浙江城市平均分排名九省第 1，从城市得分和等级分布来看，呈现出“多点带动，全域提升”的局面。作为省会的杭州市，工业基础好、市场经济繁荣，良好的人文生态环境和多种优惠政策吸引着各类人才集聚杭州。近年来，政府对创新创业高度重视，并不断加大财政及政策支持力度，产业转型升级成效显著。同样进入引领城市等级的还有宁波市。宁波市在四个一级指标领域表现较为均衡，但在产业结构尤其是先进制造业和生产性服务业占比、创新投入及资源利用几项指标中排名较为靠后，想要在产业转型升级中更进一步，加大创新投入、加快推进制造业及服务业结构优化并注重资源的节约集约利用成为关键。除杭甬两市外，创新发展领域排名稍落后主要是由于研发投入不足，R&D 占比和科技研发从业人数占比指标分别只列在第 27 位和第 34 位，但创新产出和成果转化指标表现不错，创新绩效突出。除杭甬两市外，台州得分 44 分，排名第 13 位，虽差两个位次未能跻身引领城市行列，但在四个一级指标领域表现均衡，均进入前 30 位。其中结构优化排名第 11 位、产业创新排名第 16 位。从空间上来看，杭州、宁波、台州三市构成了一个大三角，成为全省城市产业转型升级的动力支点，带动了各自周边的城市，使得其余 8 个城市排名位列第 16 ~ 44 位。其中先行城市 5 个、良好城市 3 个，无一般及落后城市。全省城市整体转型升级水平高出其他省份一筹，但在环境友好方面还有较大的提升空间。

江苏城市平均分紧随浙江，排名第 2，领先第三名的湖北 12 分之多，基本与浙江为同一等级，但在转型升级的体系合理性方面稍逊于浙江。从空间格局上看，江苏呈现出明显的“南—中—北”三级布局。苏南城市产业转型升级水平领先较多。其中，南京作为省会，是我国传统的工业强市，科教资源集中，因而在结构优化、产业创新和质量提升三个领域都有突出的表现，分别排名第 4 位、第 3 位、第 4 位，综合得分在 110 座城市中排名第 2 位；苏州、无锡两个地级市也有不俗表现，排名分列第 5 位和第 9 位，其中，苏州在质量提升、结构优化领域及创新产出指标中表现出色，无锡则在质量提升领域和就业结构指标中排名靠前；镇江、常州紧随其后排名分别为第 11 和 12 位。苏中的扬州、泰州、南通也进入了先行城市等级，但与苏南城市相比稍有差距，三者在综合排名中位分列第 18、第 22、第 25 位。仔细观察各项指标得分情况，可发现苏南与苏中城市间的特征差异。其中，苏南各项指标均衡发展、环境友好方面稍微落后，而苏中城市环境友好表现突出但创新发展能力较弱。由此可见，苏南自主创新区的建设对城市创新资源的集聚和创新能力的提升成效显著，但其辐射带动作用还需进一步加强。苏北五市排名省内末五位。其中，徐州、淮安跻身良好城市，但连云港、盐城、宿迁则只进入了一般城市行列，省内南北差异仍然很大。如何更好地发挥南部城市的引领作用，利用好其辐射效应，带动苏北城市更快实现产业转型升级，仍是江苏省需要面对的重要问题。

安徽省 16 个城市平均分为 27.79 分，与苏浙相比有较大差距，但与其他省份相比，仅稍微落后于湖北省，排名第 4。其中，合肥作为省会，科教资源集聚，高新技术制造业发达，同时，近几年全市大力治理巢湖，修复生态环境，提出要以创新为第一动力，实现绿色高质量发展。基础的优势加上后天的努力，使得合肥市在产业转型升级综合得分中获得 52.02 分，排名第 8 位。依托中国科学技术大学、国家重点实验室等高校及科研机构，合肥产业创新排名第 5 位，成为综合性国家科学中心。结构优化和环境友好领域均排名第 6 位。其中，环境友好领域排名为长三角城市之首，污染物排放控制卓有成效。但在质量提升领域合肥表现不佳，仅列第 46 位，生产效率及投资效益均排名较后，如何让创新作为发展的新动能，在实现结构优化和产品升级的同时，在发展质量效益上也得到提升，实现更高质量的增长，成为合肥市未来要解决的问题。除省会合肥外，芜湖市凭借在结构优化领域的出色表现，综合得分 42.92 分，排名第 14 位，与合肥共同构成了安徽“一主一副”的两大产业转型升级核心。但仍有投资效益、环境保护等指标排名第 70 开外，与省内的龙头合肥相比，仍有较大差距，但要真正成为带动周边城市实现转型升级的龙头，还需进一步努力。除合肥、芜湖外，安徽省其余城市得分排名均处于中游，其中，良好城市 5 个，一般城市 9 个。总体而言，由于龙头带动城市数量少，安徽省城市产业转型升级进程落后于江浙沪，未来如何增强本省引领城市自身的实力及辐射带动能力，并充分借力长三角其他先发城市，带动全省城市尽快跟上整个长三角产业转型升级的步伐，并择机实现赶超成为关键。

2. 中游：双城带动、先进支撑的“纺锤形”格局，结构完整稳步提升，产业创新亟待加强

长江经济带中游的江西、湖北、湖南三省共 36 个城市，在本次长江经济带城市产业转型升级排名中表现尚可，稍领先于上游城市，但并未达到全

部城市平均水平，与下游城市相比更是有很大差距。中游城市转型升级平均得分26.58分，低于全部城市平均分2.61分，四大领域平均分中环境友好领域排名第1，结构优化和质量提升领域排名第2，而产业创新领域排名末尾（见表18）。

从城市分级来看，中游城市产业转型升级呈现出武汉、长沙双核带动，突出和良好城市为支撑，一般城市为节点及少量落后城市的“纺锤形”发展态势。省级层面，湖北、湖南、江西分列第3、第5位和第7位。市级层面，中游36座城市中，有引领城市2个（武汉、长沙）、先行城市1个（襄阳）、良好城市12个、一般城市17个、落后城市4个，结构层次体系基本完整，纺锤形分布符合区域城市总体处于由成长迈向成熟阶段的特征，但先行城市等级城市缺失，仅靠两个核心城市要带动中游36座城市的转型升级难度较大。

表18　中游地区城市一、二级指标平均分

项目	总分	产业结构	就业结构	结构优化	创新投入	创新产出	创新转化	产业创新	生产效率	投资效益	质量提升	资源节约	环境保护	环境友好
中游	26.58	8.44	3.41	11.86	2.20	0.40	2.22	4.82	2.69	1.45	4.13	4.55	1.22	5.77
全部	29.19	9.71	3.56	13.27	2.51	0.97	2.46	5.95	2.76	1.77	4.53	4.35	1.10	5.45
分差	-2.61	-1.27	-0.15	-1.41	-0.31	-0.57	-0.24	-1.13	-0.07	-0.32	-0.40	0.20	0.12	0.32
倍数	0.91	0.87	0.96	0.89	0.88	0.42	0.90	0.81	0.97	0.82	0.91	1.05	1.11	1.06

表19　中游地区各等级城市得分及分布

省市	领军城市	引领城市	先行城市	良好城市	一般城市	落后城市	平均分
江西				南昌、景德镇、萍乡、新余	鹰潭、吉安、宜春、九江、赣州、上饶	抚州	25.37
湖北		武汉	襄阳	十堰、宜昌、黄石、随州	鄂州、咸宁、黄冈、荆门	荆州、孝感	27.82
湖南		长沙		株洲、岳阳、湘潭、常德	衡阳、郴州、张家界、益阳、娄底、邵阳、永州	怀化	26.47
合计		2	1	12	17	4	

湖北省城市平均得分27.82分，排名9省第3位，仅次于苏沪，为第二集团之首。若仅从城市分级体系方面来看，湖北省拥有引领城市和先行城市各1个、良好城市和一般城市各4个、落后城市2个，呈现出较为合理且成熟的分布格局。但若结合空间，则可发现，武汉都市圈极化现象非常明显，要实现全域提升均衡发展还需时日。作为中游的核心城市，武汉得分58.28分，排名高居第4位，虽与第2、第3名的南京、杭州有0.03分的微弱差距，但武汉在全部四个一级指标领域中均排名前七，结构优化程度高、产业创新能力强、质量提升效果好、环境友好表现佳，这点甚至是排名榜首的上海市也未能做到，可谓创新驱动产业转型升级实现高质量发展的最佳典范。取得这样的成绩得益于武汉拥有武汉大学、华中科技大学等知名研究型大学与国家级工程技术中心与企业技术中心、国家级重点实验室等众多高层次研发创新载体，创新资源集聚。同时，武汉在汽车、装备、电子等行业基础雄厚，东湖国家自主创新示范区为武汉大量科研成果的产业化转化提供了良好的条件。此外，“两型社会”改革试验区的建设使武汉在经济发展的同时也非常重视资源节约和环境保护，因此在环境友好指标方面也有不俗的表现。但必须要看到的是，武汉周边的孝感、荆州排在100名开外，被划入落后城市等级，黄冈、咸宁也排在80名之后，在一般城市中排名靠后。武汉市这种对周边城市巨大的虹吸效应，与武汉都市圈协同发展的初衷严重不符，须尽快引起重视。相反，湖北省西部的襄阳、十堰、宜昌，依靠自身的努力，凭借在部分领域中的出色表现，取得了不错的排名。

湖南省城市平均得分26.47分，排名9省第5位。从城市分级体系方面来看，湖南省拥有引领城市1个、良好城市4个、一般城市7个、落后城市1个，稍落后于湖北省；从空间格局看，湖南省呈现出较为明显的以引领城市为核心向外辐射的圈层布局，这点较湖北省更为合理。长沙转型升级综合排名第6位，稍落后于武汉，是中游城市群的又一核心带动城市。与武汉类似，长沙在4个一级指标领域表现均衡，除结构优化稍微落后，排名第15位之外，均进入前十位，尤其是环境友好领域，长沙排名110个城市之首，两型社会建设成效卓著。虽然相较于同一层级的南京、武汉、成都等城市，长沙由于产业基础和产业结构原因导致在结构优化方面稍微落后，但在产业创新、质量提升尤其是转化能力方面表现非常突出。创新投入排名第7位、创新转化排名第14位、生产效率排名第4位，表现出较为明显的产业创新驱动质量效率提升趋势。长沙周边的株洲、岳阳、湘潭、常德列在第30～50位，未有城市进入先行城市等级稍显遗憾，在依托长沙核心城市带动的同时，良好城市也需自身更加努力，早日跻身先行城市行列，在增强自身竞争力的同时更好地发挥对外圈城市的辐射带动作用。

江西省城市平均得分25.37分，排名9省第7位。与排名前六位的省份相比，江西省最大的差距在于领头城市实力不强。作为省会的南昌，得分36.02分，排名第28位，仅属于良好城市等级。除环境友好排名第10位外，其余三个一级指标领域排名均在第30位开外，除要作为全省城市产业转型升级的引擎，南昌还需在多方面进行加强，提升自身实力以更好地带动省内其他城市转型升级。除南昌外，景德镇、萍乡分列第36位和39位，其余城市排名在第48～100位，普遍较为靠后。

3. 上游：中心集聚，节点分散的“金字塔”格局，成长初期落后较多，机遇挑战风险并存

长江经济带上游的重庆、四川、贵州、云南三省一市共33个城市，在本次长江经济带城市产业转型升级排名中表现不够理想，各项指标全面落后，与先进地区城市相比有较大差距。上游城市转型升级平均得分23.56分，低于全部城市平均分5.63分，四大领域平均分中除产业创新领域稍高于中游0.14分，低于全部城市平均水平近1分，其他三大领域均排名末尾（见表20）。

从城市分级来看，上游城市产业转型升级呈现出成都单核引领、三个先行城市积极带动、一批良好城市为支撑、一批一般城市为节点及较多落后城市的“金字塔”形发展态势。省级层面，重庆、四川、贵州、云南分列第4、第8、第10位和第11位。市级层面，上游36座城市中，有引领城市1

个（成都）、先行城市3个（重庆、绵阳、攀枝花）、良好城市5个、一般城市17个、落后城市7个。结构层次体系框架形成，金字塔形分布符合区域城市总体处于由成长初期阶段的特征，要赶上中下游的步伐还有很长的路要走（见表21）。

表20　上游地区各城市一、二级指标平均分

项目	总分	产业结构	就业结构	结构优化	创新投入	创新产出	创新转化	产业创新	生产效率	投资效益	质量提升	资源节约	环境保护	环境友好
上游	23.56	7.80	2.25	10.05	2.24	0.36	2.37	4.96	2.19	1.63	3.82	3.73	1.00	4.73
全部	29.19	9.71	3.56	13.27	2.51	0.97	2.46	5.95	2.76	1.77	4.53	4.35	1.10	5.45
分差	-5.63	-1.91	-1.31	-3.22	-0.28	-0.61	-0.09	-0.99	-0.57	-0.14	-0.71	-0.62	-0.10	-0.71
倍数	0.81	0.80	0.63	0.76	0.89	0.37	0.96	0.83	0.79	0.92	0.84	0.86	0.91	0.87

表21　上游地区各等级城市得分及分布

省市	领军城市	引领城市	先行城市	良好城市	一般城市	落后城市	平均分
重庆			重庆				42.38
四川		成都	绵阳、攀枝花	自贡、德阳、内江	乐山、资阳、遂宁、眉山、南充、宜宾、泸州、广元、雅安、广安、达州	巴中	25.62
贵州				贵阳	六盘水、遵义、安顺、毕节	铜仁	23.60
云南				昆明	玉溪、丽江	曲靖、昭通、普洱、保山、临沧	16.54
合计		1	3	5	17	7	

重庆作为长江经济带上除上海外的另一个直辖市，本应与上海形成首尾呼应之势，引领整个长江经济带城市的转型升级。但遗憾的是，受制于自然、历史、人文等多重因素，重庆在转型升级排名中表现并不尽如人意，总得分42.38分，排名第15位，仅进入了先行城市等级，落后于下游不少表现突出的中小城市。尤其是在环境友好和质量提升两个领域，分别只排名第61、第44位，作为长江经济带上游的核心城市，在国家目前最为重视的高

质量发展、绿色发展方面并没有起到表率作用。但也应该看到，重庆在产业结构和创新投入方面排名较前，尤其是高技术制造业占比、生产性服务业占比、国家工程技术和企业技术中心、技术合同交易额等几个指标在110座城市中均排前5位，充分体现了重庆市产业基础雄厚，同时作为直辖市创新载体众多、开放及合作交流程度高的优势。未来如能在质量效益及环境友好方面进一步提升，将可与成都一同成为上游地区的双引擎。

四川省城市平均得分25.62分，排名9省第6位。从城市分级体系方面来看，四川省拥有引领城市1个、先行城市2个、良好城市3个、一般城市11个、落后城市1个，体系完整但中低位城市数量较多；从空间格局看，也呈现出较为明显的以引领城市为核心向外辐射的圈层格局。成都得分52.61分，排名第7位，是长江经济带上游地区排名最高的城市，且在四个指标一级领域中表现较为均衡，确实成为上游地区城市产业转型升级的龙头。作为西南地区的经济、科技、教育中心，成都产业体系完善且能级较高，科技研发载体集中、高水平院校集聚，科技研发成果众多，产业化基础条件良好，产业创新领域排名第6位。此外，近年来，成都在资源节约、环境保护方面加大工作力度，取得了显著成效，环境友好领域排名第3位，很好地平衡了经济发展与环境保护。围绕成都这一高等级中心，绵阳、德阳等16座城市基本呈现出梯度递减的格局。其中，绵阳凭借在创新投入指标中的优异表现，产业创新排名第7位，综合排名第20位，跻身先行城市行列；自贡、德阳、内江分列第35、第41、第50位，也进入了良好城市行列；但也有乐山、资阳等众多一般城市，及排名第105位属于落后城市的巴中。可见成都市虽自身实力较强，转型升级水平高，但由于其周边城市众多，基础薄弱，要更好地带动全省城市转型升级，成都市还需进一步加强自身实力，并与周边城市建立起更紧密的协同关系，更好地发挥辐射带动作用。

贵州省城市平均得分23.60分，位列9省第8位，但基本仍属于第二集团。省会贵阳得分36.18分，排名第27位，未能进入先行城市行列。四个一级指标领域中，结构优化、产业创新、质量提升分列第20、第24、第20

位，表现尚可但亮点不多。六盘水、遵义、安顺、毕节位于第 61 ~ 82 位，属于一般城市；铜仁排名第 103 位，被划入落后城市。

云南省城市平均得分 16.54 分，位列 9 省末尾，且得分与前面城市差距较大。省会昆明得分 33.90 分，排名第 31 位，较贵阳更为靠后。虽总体表现不佳，但昆明在部分指标领域上颇有亮点，表现出了较好的发展潜力，如昆明生产性服务业占比较高，服务经济发达，创新投入增长快，投入产出比高，拥有较明显的后发优势，未来增长潜力大等。但除昆明外，云南省其余城市排名非常靠后，位列第 89 ~ 110 位，在落后城市中占据半数。其中临沧更是几乎各项指标排名末尾，最终仅得到 7.93 分，落后倒数第 2 位城市近 5 分。云南省若要尽快赶上整个长江经济带城市产业转型升级的步伐，除加强中心城市昆明的实力和带动能力外，可能还需要与经济带上其他发达省份及城市进行合作，借力发展，追赶超越。

参考文献

程惠芳、唐辉亮、陈超：《开放条件下区域经济转型升级综合能力评价研究——中国 31 个省市转型升级评价指标体系》，《管理世界》2011 年第 8 期。

蒋玉涛、招富刚：《创新驱动过程视角下的创新型区域评价指标体系研究》，《科技管理研究》2009 年第 7 期。

高铁梅：《计量经济分析方法与建模——EViews 应用及实例》，清华大学出版社，2009。

B.5
长江经济带社会发展指数报告（2018）

刘玉博*

摘　要： 本报告着重评价长江经济带主要城市在社会事业、社会保障、社会均衡和社会活力等方面的综合表现，形成包括4项一级指标、9项二级指标和15项三级指标在内的综合评价体系，建立长江经济带社会发展指数。指数得分情况表明，长江经济带50个重要城市中，舟山社会领域发展情况最优，其次为湖州和杭州。基于指数得分，报告着重分析了长江经济带14个重要节点城市社会发展情况、上中下游板块城市社会综合指数得分差异，以及各城市在社会发展领域的长短板。研究发现，相对于其他社会领域，14个重要节点城市在社会均衡发展方面的表现存在欠缺，且中游城市已出现成为长江经济带社会领域发展洼地的趋势。未来长江经济带应重视社会领域发展规划的引领性，同时弥补长江中游城市社会发展领域出现的缺位现象，有的放矢，抓长板、补短板，进一步推动长江经济带社会领域稳定可持续发展。

关键词： 社会发展指数　社会事业　社会民生　长江经济带

---

* 刘玉博，博士，上海社会科学院城市与人口发展研究所助理研究员，研究方向为城市产业经济。

社会发展是小康社会建设的重要内容，是经济发展过程中体现社会公平、维护社会稳定的重要手段。党的十九大报告提出，从现在到2020年，是全面建成小康社会决胜期，即在这一时期要建成经济更加发展、民主更加健全、科教更加进步、文化更加繁荣、社会更加和谐、人民生活更加殷实的小康社会。长江经济带人口和生产总值超过全国的40%，长江经济带社会发展水平的高低直接影响全国小康社会建设质量。本报告主要建立了包括社会事业、社会保障、社会均衡和社会活力四个一级指标在内的“社会发展指数”，对长江经济带50个重要城市社会领域发展状况进行综合对比和分析，并对长江经济带11省市2017年教育、卫生、社保等社会事业主要领域发展情况和趋势进行观察，在此基础上形成推动长江经济带社会发展的政策建议。

一　国内外代表性机构评价社会领域发展水平的概述

以美、日、德以及OECD为代表的国家和组织对社会领域发展情况的评价由来已久。20世纪30年代美国出版的《社会趋势报告》是介绍社会发展理论的先驱之作，后以美国商务部和人口普查局编制的《美国社会指标》为代表，标志着西方国家机构开启了社会领域发展情况的综合评价。各经济体对社会领域发展情况的评价见表1。

表1　代表性经济体对社会领域发展情况的评价

经济体	评价内容
美国	人口与家庭、健康与影响、住房与环境、交通运输、公共安全、工作、社会治安与福利、收入与生产率、社会参与和社会活动、文化、闲暇与时间利用
日本	生活领域：健康、环境与安全、经济稳定、家庭生活、劳动与工作、学校生活、地区与社会活动、学习与文化活动；关心领域：国际化与生活、信息化与生活、高龄化与生活、城市化与生活、国民生活的差距、家庭与社会病理；主观意识：民意测验或舆论调查
德国	人口、社会地位和变动、就业和工作条件、收入和收入分配、消费、交通、住宅、健康、教育、公众参与

续表

经济体	评价内容
欧盟	社会经济保障方面：金融资源、住房与环境、健康与照顾、就业、教育；社会凝聚方面：信任、规范与价值、社会网络、认同；社会包容方面：公民权、劳动力市场、服务、社会网络；社会赋权方面：知识基础、工作和生活、制度开放性和支持性、公共空间、人际关系
OECD	社会背景指标：家庭收入、生育率、移民、家庭、老年人支持率；自给自足指标：就业、学生表现、收入均衡、贫困；公平指标：收入不均等、贫困、收入困难、就业、失业、学生表现；卫生指标：寿命、婴儿死亡率、生活经历、水与空气质量；社会凝聚力指标：信任、信心、反社会、选举、包容度、收入不均等

资料来源：作者整理。

国内代表性研究机构也关注了我国社会领域的发展情况。国务院发展研究中心、中国社会科学院和国家统计局分别在2004年、2008年和2009年就“全面建设小康社会”发布监测指标，并分别设定社会发展的经济和社会结构、科学教育、环境质量等几大方面的目标定量值，是国内较早开始评价社会领域发展状况的机构。另外，北京、深圳、广东等地方政府从社会发展的角度也提出了社会建设评价指标体系，评价内容见表2。

表2　北京、深圳、广东等地对社会领域发展情况的评价

评价主体	评价内容
北京市社会工作委员会	社会服务：人均可支配收入、失业率、保险参保率、保障性住房、教育、寿命、养老床位、执业医师、人均体育场面积、公共文化设施覆盖；社会管理：规范化建设、网格服务覆盖率、管理信息网络覆盖率；社会参与：社会组织、社会工作从业人员、志愿者、居民选举参与率；社会环境：文明指数、安全事故、食品和药品安全、群众安全感；社会关系：和谐社区创建、和谐企业创建、社会矛盾、信访办理
广东省社会工作委员会	社会事业：幼儿园达标率、失业率、可支配收入、保险覆盖率、收养性床位数、住房保障、残疾服务、医师、绿化、生育、公共文化设施、体育工作达标、公交事业、城镇化、社会服务设施、基本公共服务支出；社会安全：应急管理、治安刑事、食品安全、药品安全、生产安全、事故发生率、群体事件、人民调解、法律援助；社会公平：收入增速、收入差距、务工人员子女教育、民族事业、案件办理；社会参与：社会组织、社区参与、社工人数、志愿者、工会协商

续表

评价主体	评价内容
深圳市政府	市民生活:人口增长、预期寿命、教育年限、可支配收入、恩格尔系数、保障住房;公共服务:高中入学率、高等教育毛入学率、万人病床和医师数、人均图书藏书、公交分担率、社会组织、养老床位、保险参与、社会事业和公共服务财政支出;社区服务:社工人数、服务设施、居委会直选率;社会管理:失业率、残疾人就业、工资标准、农产品质量、食品和药品安全、安全事故、暴力案件、出租屋登记率、案件执行、治安覆盖;社会服务:社会服务产业增加值比重

资料来源：作者整理。

国内外学者对社会领域发展情况的评价也进行了探索，这些探索对本报告社会发展指数的建立具有重要的参考意义。埃斯蒂斯（Estes）于 1988 年提出加权社会进步指数（Weighted Index of Social Progress，WISP）评价社会发展水平，相较于社会进步指数的综合性，更多学者偏好于评价社会发展的某个子领域或特定板块，如谭玮和郑方辉建立了法治社会评价体系，李旭辉和朱启贵则评价了生态功能区的经济社会发展绩效。总体来看，目前国内鲜有机构或学者利用一致性指标对长江经济带社会领域的发展情况进行综合评价与分析。

基于国内外研究机构和学者的研究成果，结合长江经济带各城市社会发展实际情况，基于社会发展指标的代表性与可获得性，本报告最终从社会事业、社会保障、社会均衡和社会活力四个方面构建“社会发展指数”，以期对长江经济带社会事业进行评价和对比分析。

二　长江经济带社会发展指数指标评价体系

（一）指标选取

本指标体系旨在评价长江经济带主要城市的社会领域发展现状，重点关注各城市在社会事业、社会保障、社会均衡和社会活力等方面的综合表现，形成包括 4 项一级指标、9 项二级指标和 15 项三级指标在内的综合评价体系（见表 3）。

表3　长江经济带社会发展指数指标评价体系

一级指标	二级指标	三级指标	权重
社会事业(30)	教育事业	人均教育支出(元)	4.0
		中学师/生比	3.0
		小学师/生比	3.0
	卫生事业	万人医院、卫生院床位数(张)	5.0
		万人(执业)医师数(人)	5.0
	文化事业	万人文化事业单位从业人员数(人)	10.0
社会保障(25)	就业保障	城镇登记失业率(%)	6.0
	社会保险	城镇职工基本养老保险覆盖率(%)	7.0
		城镇职工基本医疗保险覆盖率(%)	7.0
		最低工资标准(元)	5.0
社会均衡(25)	收入增长	人均可支配收入增长率(%)	12.5
	城乡差距	城乡居民人均可支配收入比	12.5
社会活力(20)	人力资源	常住人口/户籍人口比	10.0
	经济基础	人均 GDP(元)	5.0
		GDP 增长率(%)	5.0

（二）数据统计

长江经济带九省二市共110个地级市，根据经济体量和辐射能力，可将长江经济带沿线主要城市划分为对全国具有重要辐射和带动作用的一级中心城市，即上海；对长江经济带某地域板块具有重要带动作用的二级中心城市，包括苏州、南京、无锡、重庆、武汉、宁波、杭州、合肥、长沙、成都、南昌。以上12个中心城市加上云南和贵州省的省会昆明和贵阳，构成长江经济带14个重要节点城市。本报告在14个城市之外，依据经济体量排名，又选取常州、南通、扬州、镇江、泰州、盐城、徐州、连云港、嘉兴、湖州、台州、绍兴、舟山、温州、金华、芜湖、安庆、马鞍山、蚌埠、赣州、九江、上饶、襄阳、宜昌、黄冈、荆州、岳阳、常德、株洲、湘潭、绵阳、德阳、宜宾、泸州、遵义、曲靖等36座城市，构成本报告的评价对象，共计50个城市，相关指标统计特征见表4。

表 4　长江经济带 50 个城市三级指标统计特征

指标	观测值	均值	标准差	最小值	最大值
人均教育支出(元)	50.00	1752.38	470.77	975.81	3477.48
万人中学生教师数(人)	50.00	852.15	120.55	589.23	1118.47
万人小学生教师数(人)	50.00	560.77	69.81	431.23	709.20
万人医院、卫生院床位数(张)	50.00	53.14	10.72	35.08	81.84
万人(执业)医师数(人)	50.00	25.10	6.95	12.97	54.17
万人文化事业单位从业人员数(人)	50.00	12.84	11.65	2.20	53.35
城镇登记失业率(%)	50.00	2.82	0.86	1.70	4.50
城镇职工基本养老保险覆盖率(%)	50.00	41.74	19.26	14.32	99.00
城镇职工基本医疗保险覆盖率(%)	50.00	37.38	19.44	13.99	99.00
最低工资标准(元)	50.00	1640.20	241.68	1250.00	2300.00
人均可支配收入增长率(%)	50.00	9.07	0.45	8.00	9.80
城乡居民人均可支配收入比	50.00	0.48	0.06	0.33	0.59
常住人口/户籍人口比	50.00	1.05	0.20	0.78	1.67
人均 GDP(元)	50.00	73460.84	32866.11	25761.00	145556.00
GDP 增长率(%)	50.00	8.60	1.18	5.52	12.40

注：统计资料来源于《中国城市统计年鉴（2017）》、2017 年各城市国民经济和社会发展统计公报、2017 年各城市政府工作报告、各城市社会保障等职能部门公开发布的数据。其中，城镇职工基本养老保险覆盖率为参保城镇职工人数与城镇常住人口比值。

（三）指数计算

对各项指标运用极值化方法对变量数据进行标准化处理，即通过变量取最大值和最小值，将原始数据转换为界于［0，1］的数值，以消除指标计量单位和数量级对指标得分的影响。具体为：

$$x'_{ij} = \frac{x_{ij} - \min\{x_{ij}\}}{\max\{x_{ij}\} - \min\{x_{ij}\}}$$

其中，x_{ij}代表二级指标 x 第 i 项三级指标中第 j 个城市的统计性原始数据；min $\{x_{ij}\}$ 为三级指标 x_i 的最小值，max $\{x_{ij}\}$ 为三级指标 x_i 的最大值；x'_{ij}为标准化后的数据，且 x'_{ij}于［0，1］。

对各项三级指标得分加权平均得到二级指数得分，计算公式为：

$$I_x = \sum_{i=1}^{m} x_i w_i$$

其中，l_x 代表二级指数的综合得分，x_i 为 x 的第 i 项三级指标，w_i 为三级指标 x_i 的权重。共计算得出 9 个二级指数，分别是教育事业、卫生事业、文化事业、就业保障、社会保险、收入增长、城乡差距、人力资源和经济基础。

对“城镇登记失业率”等逆向指标，标准化公式需要调整为：

$$x'_{ij} = \frac{\max\{x_{ij}\} - x_{ij}}{\max\{x_{ij}\} - \min\{x_{ij}\}}$$

将相应二级指数得分加总后分别可得 4 项一级指标指数得分，即社会资源指数、社会活力指数、社会公平指数和社会稳定指数。各项指数得分加总后即最终得到社会发展指数。

三　长江经济带50个城市社会发展指数分析

（一）50个城市社会发展指数综合排名

根据 50 个城市社会发展指数综合得分对城市进行排名。从表 5 得知，舟山市社会发展指数得分最高为 65.07 分，其次为湖州市，综合得分 59.78 分。从结构上来看，排名前 10 位的城市中，有 5 个是省会城市，分别是杭州、南京、成都、武汉、长沙（上海除外）。排名前 20 位的城市中，17 个城市来自下游地区，比重为 85%，上游城市成都排名第 8 位，中游城市武汉和长沙分别排名第 9 位和第 10 位。重庆排名相对靠后，仅为第 32 位。其他省会城市合肥排名第 20 位，贵阳排名第 21 位，南昌排名第 28 位，昆明排名第 31 位。

表 5　50 个城市社会发展指数得分及排名

排名	城市	社会发展指数得分	排名	城市	社会发展指数得分
1	舟山市	65.07	6	上海市	55.24
2	湖州市	59.78	7	无锡市	52.84
3	杭州市	59.45	8	成都市	52.64
4	南京市	56.10	9	武汉市	52.53
5	苏州市	55.35	10	长沙市	51.88

续表

排名	城市	社会发展指数得分	排名	城市	社会发展指数得分
11	常州市	50.21	31	昆明市	36.33
12	镇江市	49.68	32	重庆市	36.12
13	绍兴市	49.01	33	湘潭市	35.38
14	南通市	48.92	34	常德市	33.84
15	扬州市	48.70	35	襄阳市	32.85
16	宁波市	47.85	36	岳阳市	32.82
17	嘉兴市	46.78	37	宜宾市	32.10
18	泰州市	46.74	38	泸州市	31.83
19	徐州市	44.94	39	遵义市	31.15
20	合肥市	44.02	40	绵阳市	30.90
21	贵阳市	43.81	41	德阳市	30.68
22	盐城市	43.74	42	蚌埠市	27.94
23	宜昌市	43.32	43	黄冈市	27.34
24	金华市	42.22	44	株洲市	26.61
25	台州市	42.20	45	九江市	26.52
26	温州市	41.42	46	安庆市	25.94
27	连云港市	40.84	47	荆州市	23.51
28	南昌市	39.01	48	上饶市	22.24
29	芜湖市	37.24	49	曲靖市	19.71
30	马鞍山市	36.51	50	赣州市	17.24

（二）14个重要节点城市社会发展指数分析

14个重要节点城市包括上游的成都、贵阳、重庆和昆明，中游的武汉、长沙和南昌，以及下游的上海、杭州、南京、苏州、无锡、宁波以及合肥。由表6和图1可知各重要节点城市在社会发展领域的长短板。其中，杭州在社会事业、社会保障和社会活力领域领先，排名第2位和第3位，社会均衡领域相对落后，排名第42位；南京与杭州类似，社会事业、社会保障和社会活力领域领先，社会均衡领域排名滞后为第30位；苏州社会活力和社会保障领域领先，分别排名第 1 位和第 3 位，社会均衡领域发展滞后，排名第 34 位；上海社会活力、社会事业和社会保障领域领先，社会均衡领域排名仅第 46 位；无锡社会四大领域发展相对均衡，其中，社会活力和社会保障排名靠前，分别为第 4 位和第 5 位，社会均衡领域发展相对不足，处于中游偏下水平，排名第 28 位；成都社会事业领域发展较好，排名第 2 位，社会保障领域发展相对不足，排名第 26 位；武汉社会发展相对较好，社会事业领域排名第 6 位，社会活力领域排名第 9 位，社会保障和社会均衡处于中游偏上水平，排名第 21 位；长沙社会四大领域发展相对充分，社会事业领域发展较好，排名第 7 位，社会保障领域发展相对薄弱，排名第 27 位；宁波社会保障和社会活力领域发展较好，分别排名第 4 位和第 8 位，社会均衡领域发展滞后，排名第 44 位；合肥社会均衡领域发展领先，排名第 6 位，社会保障领域发展相对滞后，排名第 30 位。

表 6　14 个重要节点城市社会发展指数排名

城市	综合排名	社会发展指数	二级指数排名			
			社会事业排名	社会保障排名	社会均衡排名	社会活力排名
杭州市	3	59.45	3	2	42	3
南京市	4	56.10	4	6	30	7
苏州市	5	55.35	15	3	34	1
上海市	6	55.24	5	7	46	2
无锡市	7	52.84	13	5	28	4
成都市	8	52.64	2	26	16	18
武汉市	9	52.53	6	21	21	9
长沙市	10	51.88	7	27	12	11
宁波市	16	47.85	20	4	44	8
合肥市	20	44.02	25	30	6	14
贵阳市	21	43.81	10	24	36	12
南昌市	28	39.01	11	32	38	19
昆明市	31	36.33	9	28	50	15
重庆市	32	36.12	28	31	27	28
均值	14	48.80	11	18	31	11

贵阳社会领域发展相对平衡，社会事业和社会活力领域排名靠前，分别为第10位和第12位，社会均衡领域排名位于中下游水平，排名第36位。南昌社会事业指数排名第11位，社会活力指数排名第19位，社会保障和社会均衡领域排名相对靠后。昆明社会事业领域和社会活力领域发展相对较好，排名分别为第9位和第15位，社会均衡领域排名则为50座城市倒数第一。重庆社会发展的四个领域排名均处于中下游水平。

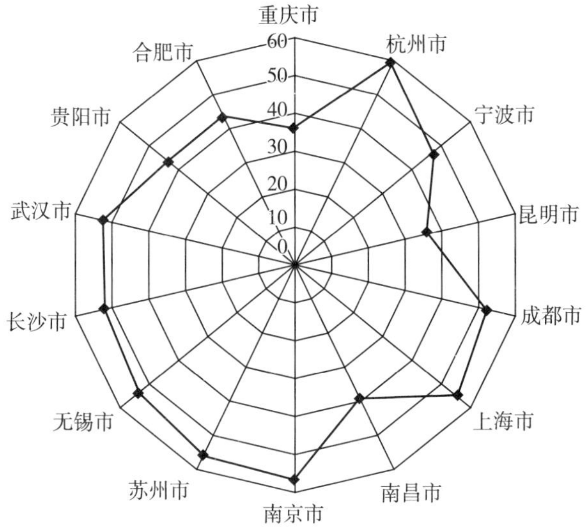

图1 14个重要节点城市社会发展指数

从四个社会领域综合排名来看，14个重要节点城市社会事业和社会活力领域发展情况较好，指数排名均值均为第11位，社会保障指数排名均值为第18位，而社会均衡指数排名相对靠后，为第31位。以上数据意味着14个重要节点城市在社会均衡领域的发展中仍存在不足。

（三）上中下游板块综合指数分析

根据表5，社会发展指数排名前20位城市中，17个城市来自下游地区，比重为85%，表明长江经济带社会领域的发展出现明显的地区差异。从50

个城市发展情况看，由图 2 可知，下游地区城市社会发展指数综合得分均值为 46. 88，高于上游地区 35. 77%，高于中游地区 41. 12%。另从图 2 可明显看出，中游地区无论是指数综合得分，还是社会事业、社会保障、社会均衡和社会活力等二级指标得分，均低于平均水平，且综合指数、社会事业指数、社会均衡指数均低于上游城市，形成长江经济带社会领域发展的洼地。

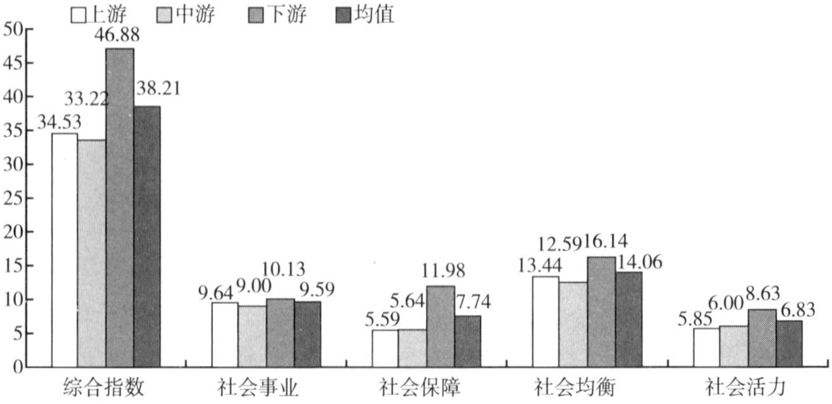

图 2　长江经济带上中下游社会发展指数平均得分

资料来源：作者绘制。

四　长江经济带社会发展四项子指数分析

1. 社会事业子指数

表 7 和表 8 分别为长江经济带 50 个城市中社会事业领域排名前 10 位的城市和排名后 10 位的城市。排名前 10 位的城市依次是舟山、成都、杭州、南京、上海、武汉、长沙、宜昌、昆明和贵阳。本报告以人均教育支出、中小学师生比、万人医院（卫生院）床位数、万人（执业）医师数、万人文体娱乐单位从业人员综合测量社会事业指数，社会事业指数排名反映城市教育事业、卫生事业和文化事业等社会领域的发展情况。

表 7　社会事业子指数排名前 10 位城市

城市	综合排名	是否重要节点城市	社会发展指数得分	二级指数得分			
				社会事业	社会保障	社会均衡	社会活力
舟山市	1	0	65.07	23.18	12.39	17.07	12.43
成都市	8	1	52.64	20.15	8.55	16.08	7.86
杭州市	3	1	59.45	17.88	18.07	10.71	12.79
南京市	4	1	56.10	17.16	13.97	13.55	11.42
上海市	6	1	55.24	17.01	13.78	9.66	14.79
武汉市	9	1	52.53	16.42	9.32	15.63	11.16
长沙市	10	1	51.88	15.49	7.84	17.59	10.96
宜昌市	23	0	43.32	15.29	8.96	10.96	8.11
昆明市	31	1	36.33	15.12	6.97	5.60	8.63
贵阳市	21	1	43.81	12.84	8.82	12.37	9.79

注：1 代表是重要节点城市，反之为 0。下同。

长江经济带社会事业子指数排名后 10 位的城市依次为：上饶、曲靖、赣州、九江、泸州、马鞍山、蚌埠、荆州、岳阳和台州，包含 2 个上游城市、5 个中游城市以及 3 个下游城市。

表 8　社会事业子指数排名后 10 位城市

城市	综合排名	是否重要节点城市	社会发展指数得分	二级指数得分			
				社会事业	社会保障	社会均衡	社会活力
上饶市	48	0	22.24	3.08	6.10	9.48	3.57
曲靖市	49	0	19.71	3.27	2.86	8.57	5.01
赣州市	50	0	17.24	3.59	2.88	6.94	3.82
九江市	45	0	26.52	4.86	5.64	10.71	5.31
泸州市	38	0	31.83	5.18	5.08	17.52	4.05
马鞍山市	30	0	36.51	5.54	8.62	15.61	6.75
蚌埠市	42	0	27.94	5.62	5.28	12.31	4.72
荆州市	47	0	23.51	6.01	2.52	12.44	2.54
岳阳市	36	0	32.82	6.31	3.74	17.37	5.40
台州市	25	0	42.20	6.33	11.65	18.24	5.97

2. 社会保障子指数

表9和表10分别为长江经济带50个城市中社会保障领域排名前10位的城市和排名后10位的城市，排名前10位的城市依次是湖州、杭州、苏州、宁波、无锡、南京、上海、绍兴、常州和嘉兴。本报告以城镇登记失业率、城镇职工基本养老保险和医疗保险覆盖率、最低工资标准综合测量社会保障指数，社会保障指数排名反映城市就业保障和社会保险领域的发展情况。

表9　社会保障子指数排名前10位城市

城市	综合排名	是否重要节点城市	社会发展指数得分	二级指数得分			
				社会事业	社会保障	社会均衡	社会活力
湖州市	2	0	59.78	8.97	21.50	21.67	7.63
杭州市	3	1	59.45	17.88	18.07	10.71	12.79
苏州市	5	1	55.35	10.28	16.92	12.75	15.40
宁波市	16	1	47.85	9.51	16.47	10.71	11.17
无锡市	7	1	52.84	10.54	15.52	14.11	12.66
南京市	4	1	56.10	17.16	13.97	13.55	11.42
上海市	6	1	55.24	17.01	13.78	9.66	14.79
绍兴市	13	0	49.01	9.62	13.39	19.16	6.84
常州市	11	0	50.21	9.60	13.14	15.88	11.60
嘉兴市	17	0	46.78	9.01	12.83	15.28	9.66

长江经济带社会保障领域排名后10位的城市依次为：荆州、曲靖、赣州、宜宾、株洲、遵义、岳阳、湘潭、绵阳和襄阳，包含4个上游城市和6个中游城市。

表10　社会保障子指数排名后10位城市

城市	综合排名	是否重要节点城市	社会发展指数得分	二级指数得分			
				社会事业	社会保障	社会均衡	社会活力
荆州市	47	0	23.51	6.01	2.52	12.44	2.54
曲靖市	49	0	19.71	3.27	2.86	8.57	5.01
赣州市	50	0	17.24	3.59	2.88	6.94	3.82
宜宾市	37	0	32.10	7.18	3.52	18.54	2.87

续表

城市	综合排名	是否重要节点城市	社会发展指数得分	二级指数得分			
				社会事业	社会保障	社会均衡	社会活力
株洲市	44	0	26.61	6.90	3.63	10.43	5.64
遵义市	39	0	31.15	7.86	3.72	14.04	5.54
岳阳市	36	0	32.82	6.31	3.74	17.37	5.40
湘潭市	33	0	35.38	11.44	4.48	13.40	6.07
绵阳市	40	0	30.90	9.03	4.77	13.34	3.76
襄阳市	35	0	32.85	9.23	5.01	12.81	5.80

3. 社会均衡子指数

表 11 和表 12 分别为长江经济带 50 个城市中社会均衡领域排名前 10 位的城市和排名后 10 位的城市。排名前 10 位的城市依次是徐州、湖州、连云港、盐城、扬州、合肥、绍兴、南通、宜宾和台州。本报告以人均可支配收入增长率和城乡人均可支配收入比值综合测量社会均衡指数，社会均衡指数排名反映城市收入增长和城乡差距领域的发展情况。

表 11　社会均衡子指数排名前 10 位城市

城市	综合排名	是否重要节点城市	社会发展指数得分	二级指数得分			
				社会事业	社会保障	社会均衡	社会活力
徐州市	19	0	44.94	8.24	9.88	22.46	4.37
湖州市	2	0	59.78	8.97	21.50	21.67	7.63
连云港市	27	0	40.84	7.15	9.33	20.82	3.55
盐城市	22	0	43.74	9.54	8.91	20.23	5.06
扬州市	15	0	48.70	8.86	12.18	19.57	8.10
合肥市	20	1	44.02	9.00	6.70	19.43	8.89
绍兴市	13	0	49.01	9.62	13.39	19.16	6.84
南通市	14	0	48.92	9.99	12.52	18.92	7.49
宜宾市	37	0	32.10	7.18	3.52	18.54	2.87
台州市	25	0	42.20	6.33	11.65	18.24	5.97

长江经济带 50 个城市中社会均衡领域排名后 10 位的城市依次为昆明、赣州、曲靖、上饶、上海、株洲、宁波、九江、杭州和安庆，包含 2 个上游城市、4 个中游城市以及 4 个下游城市。

表 12　社会均衡子指数排名后 10 位城市

城市	综合排名	是否重要节点城市	社会发展指数得分	二级指数得分			
				社会事业	社会保障	社会均衡	社会活力
昆明市	31	1	36. 33	15. 12	6. 97	5. 60	8. 63
赣州市	50	0	17. 24	3. 59	2. 88	6. 94	3. 82
曲靖市	49	0	19. 71	3. 27	2. 86	8. 57	5. 01
上饶市	48	0	22. 24	3. 08	6. 10	9. 48	3. 57
上海市	6	1	55. 24	17. 01	13. 78	9. 66	14. 79
株洲市	44	0	26. 61	6. 90	3. 63	10. 43	5. 64
宁波市	16	1	47. 85	9. 51	16. 47	10. 71	11. 17
九江市	45	0	26. 52	4. 86	5. 64	10. 71	5. 31
杭州市	3	1	59. 45	17. 88	18. 07	10. 71	12. 79
安庆市	46	0	25. 94	6. 74	5. 08	10. 89	3. 23

4. 社会活力子指数

表 13 和表 14 分别为长江经济带 50 个城市中社会活力领域排名前 10 位的城市和排名后 10 位的城市。排名前 10 位的城市依次是苏州、上海、杭州、无锡、舟山、常州、南京、宁波、武汉和镇江。本报告以常住人口与户籍人口比值、人均 GDP 和 GDP 增长率综合测量社会活力指数，社会活力指数排名反映城市人力资源和经济基础领域的发展情况。

表 13　社会活力子指数排名前 10 位城市

城市	综合排名	是否重要节点城市	社会发展指数得分	二级指数得分			
				社会事业	社会保障	社会均衡	社会活力
苏州市	5	1	55. 35	10. 28	16. 92	12. 75	15. 40
上海市	6	1	55. 24	17. 01	13. 78	9. 66	14. 79
杭州市	3	1	59. 45	17. 88	18. 07	10. 71	12. 79
无锡市	7	1	52. 84	10. 54	15. 52	14. 11	12. 66
舟山市	1	0	65. 07	23. 18	12. 39	17. 07	12. 43
常州市	11	0	50. 21	9. 60	13. 14	15. 88	11. 60
南京市	4	1	56. 10	17. 16	13. 97	13. 55	11. 42
宁波市	16	1	47. 85	9. 51	16. 47	10. 71	11. 17
武汉市	9	1	52. 53	16. 42	9. 32	15. 63	11. 16
镇江市	12	0	49. 68	10. 42	12. 36	15. 79	11. 12

长江经济带50个城市中社会活力领域排名后10位的城市依次为：黄冈、荆州、宜宾、安庆、连云港、上饶、绵阳、赣州、泸州和徐州，包含3个上游城市、4个中游城市以及3个下游城市。

表14　社会活力子指数排名后10位城市

城市	综合排名	是否重要节点城市	社会发展指数得分	二级指数得分			
				社会事业	社会保障	社会均衡	社会活力
黄冈市	43	0	27.34	6.54	6.83	11.61	2.36
荆州市	47	0	23.51	6.01	2.52	12.44	2.54
宜宾市	37	0	32.10	7.18	3.52	18.54	2.87
安庆市	46	0	25.94	6.74	5.08	10.89	3.23
连云港市	27	0	40.84	7.15	9.33	20.82	3.55
上饶市	48	0	22.24	3.08	6.10	9.48	3.57
绵阳市	40	0	30.90	9.03	4.77	13.34	3.76
赣州市	50	0	17.24	3.59	2.88	6.94	3.82
泸州市	38	0	31.83	5.18	5.08	17.52	4.05
徐州市	19	0	44.94	8.24	9.88	22.46	4.37

五　推进长江经济带社会发展的对策建议

1. 规划引领，制定长江经济带社会发展规划

推动长江经济带发展是国家一项重大区域发展战略，量大面广，需以规划引领，统筹协调发展问题。目前，长江经济带社会领域专项发展规划仍然缺位。虽然2016年9月印发了《长江经济带发展规划纲要》，但纲要主要对长江经济带大发展格局、核心城市、运输通道等内容进行了规定，社会领域方面的引领性还相对不足。2018年习近平总书记主持召开的第二次“深入推动长江经济带发展座谈会”，是对第一次座谈会的深入推进和成果检验，主要聚焦“共抓大保护”格局的形成。长江经济带社会领域中长期规划是巩固发展成果，发展成果由人民共享的重要举措，也是解决“人民日益增长的美好生活需要和不平衡不充分的发展之间的矛盾”的重要支撑。

一是结合11省（市）社会领域发展特点，拉长板、补短板，寻找社会领域发展的重要领域、主要内容、关键点和突破口；二是探索形成《长江经济带社会领域发展规划》、《长江经济带社会领域发展行动计划》和《长江经济带社会领域发展目标体系》等系列纲领性指导文件；三是依托“推动长江经济带发展领导小组”，以年为单位出版《长江经济带社会领域白皮书》发展报告，切实督促评估11省（市）社会领域合作发展。

2. 突出重点，推动长江中游城市群发展壮大

中游城市社会领域支撑引领性不足可能带来未来长江经济带经济社会发展的隐忧。根据本报告分析结论，表5和图2均表明中游城市是长江经济带社会领域发展的短板城市。通过图2还可以进一步看出，中游城市在社会事业、社会保障、社会均衡和社会活力四个方面的社会领域发展指标得分均低于50个城市的平均水平，且综合指数、社会事业指数、社会均衡指数低于上游平均水平。此外，通过四大领域短板城市分析，在40个短板城市中共包含11个上游城市、19个中游城市和10个下游城市，中游城市比重最高为47.5%。以上数据显示，中游城市已具有成为长江经济带社会领域发展洼地的趋势，未来长江经济带社会领域的发展需着重针对中游城市，突出重点，破解难题。

一是促进社会领域的发展与经济改革同步。在2017年印发的长江经济带产业发展配套实施指导性文件中，突出强调了长江经济带中游产业转型集聚发展的目标。在此基础上，社会领域的发展应与经济领域的改革同步进行，避免积重难返。二是以城市群为空间载体，促进社会事业领域调整和一体化发展。释放武汉、长沙等核心城市在医疗、教育、文化等领域的优势资源，打破行政区划界线，以制度创新打破樊篱，扩大服务供给，拓展社会发展一体化的路径，丰富服务功能。

3. 有的放矢促进各城市补社会发展短板

针对社会事业、社会保障、社会均衡和社会活力四个方面的短板城市，分别出台整改措施。如社会均衡领域的短板城市包含3个重要节点城市，分

别是上海、宁波和杭州，说明这3个重要节点城市在人均收入增长和城乡收入差距方面的发展情况不尽如人意。

在40个存在短板的城市中，有11个城市在多项社会发展领域存在短板，比重为27.5%。其中，上饶市分别在社会事业、社会均衡、社会活力领域存在短板；曲靖市在社会事业、社会保障、社会均衡领域存在短板；赣州市在社会事业、社会保障、社会均衡和社会活力领域均存在短板；九江市在社会事业和社会均衡领域存在短板；泸州市在社会事业和社会活力领域存在短板；荆州市在社会事业和社会活力领域存在短板；岳阳市在社会事业和社会保障领域存在短板；宜宾市在社会保障和社会活力领域存在短板；株洲市在社会保障和社会均衡领域存在短板；绵阳市在社会保障和社会活力领域存在短板（见表15）。

表15　存在多项社会领域发展短板的城市

地区	社会事业	社会保障	社会均衡	社会活力
上饶市	√		√	√
曲靖市	√	√	√	
赣州市	√	√	√	√
九江市	√		√	
泸州市	√			√
荆州市	√			√
岳阳市	√	√		
宜宾市		√		√
株洲市		√	√	
绵阳市		√		√
安庆市			√	√

注："√"表示该社会发展领域存在短板。

为了更好地发挥长江经济带重要城市的辐射和引领作用，需对上述存在短板的城市进行综合调研，排摸社会领域发展短板，并通过结构调整、空间布局，促进存量优化，为社会事业的发展起引导、示范和带动作用。

4. 动态调整，积极配合“一带一路”建设

长江经济带是连接丝绸之路经济带和21世纪海上丝绸之路的重要纽带，必须融入国家整体发展格局中。二者互为前提、互相依赖、共同发展。一方面，长江经济带作为我国经济最活跃、发展基础最好的地区，是助力“一带一路”倡议有效实施的重要支撑；另一方面，“一带一路”倡议是长江经济带实现经济、社会双转型的重要契机。首先，把握“一带一路”投资先机，为长江经济带社会领域高质量发展以及人文交流开辟新空间、提供新资源。截至2018年4月，已有100多个国家和地区加入中国“一带一路”倡议，参与国与中国在投资共建领域的合作，有利于促进长江经济带社会资源供给侧结构性改革。“一带一路”建设参与国际劳动力流入将改善长江经济带人口结构，同时为长江经济带教育资源、医疗资源、文化资源“走出去”提供新的需求空间，有利于长江经济带与“一带一路”形成密切的民生人文交流新局面。其次，在社会领域投资上，应选择“五通”领域发展较好的“一带一路”节点城市，作为长江经济带投资先行区域，同时应结合实地调研防范潜在的金融和政治风险。

参考文献

Richard J. Estes.，“Global Change and Indicators of Social Development，” http：//caster. ssw. upenn. edu/-restes/praxis/world3. html，2004.

国务院发展研究中心信息网，http：//www. drc. gov. cn/。

国家统计局统计科学研究所全面建设小康社会统计监测课题组：《2007年中国全面建设小康社会进程统计监测报告》，《统计研究》2009年第1期。

经济合作与发展组织：《社会概览2011：经济合作与发展组织社会指标》，国家行政学院出版社，2012。

吴小节、谌跃龙、汪秀琼、黄山：《中国31个省级行政区环境友好型社会发展状况综合评价与空间分异》，《干旱区资源与环境》2015年第4期。

谭玮、郑方辉：《法治社会指数：评价主体与指标体系》，《理论探索》2017年第5期。

唐子来、顾姝：《再议上海市中心城区公共绿地分布的社会绩效评价：从社会公平到社会正义》，《城市规划学刊》2016 年第 1 期。

李旭辉、朱启贵：《生态主体功能区经济社会发展绩效动态综合评价》，《中央财经大学学报》2017 年第 7 期。

郭平、刘贵芬：《基于协同视角下我国区域内社会事业发展差异的衡量——以三大区域内有代表性的省份为例》，《湖湘论坛》2014 年第 1 期。

张胜利、丁娟、平和光：《城乡义务教育高位均衡发展模式探析——上海市城乡义务教育一体化发展的路径及启示》，《教育理论与实践》2016 年第 34 期。

城市与社会篇

City and Social Reports

B.6
长江经济带三大城市比较报告

薛艳杰*

摘　要： 长三角城市群、长江中游城市群和成渝城市群是长江经济带人口和资源要素集聚度最高、发展最活跃、综合实力最强的地区，是支撑和引领长江经济带发展的重要增长极。本报告对长江经济带三大城市群基本概况及2017年发展情况进行比较分析，发现三大城市群的基本概况、发展阶段、发展水平、结构特征等存在较明显的地区差异，城市群之间及城市群内部城市间发展不平衡不充分的矛盾和问题还比较突出。同时，三大城市群的实际功能区范围均小于规

* 薛艳杰，上海社会科学院城市与人口研究所副研究员，主要研究方向为区域经济、农业农村发展等。

划区范围。因此，促进城市群内部城市协同发展，加强各城市群自身功能培育，是近期长江经济带三大城市群的发展重心，在此基础上加强三大城市群之间的发展联系，将三大城市群培育成引领带动长江经济带乃至我国经济发展升级的重要引擎。

关键词： 长江经济带　长三角城市群　长江中游城市群　成渝城市群

长江经济带地区自西向东依次分布着成渝城市群、长江中游城市群和长江三角洲城市群三大城市群。2015～2016年，三大城市群发展规划相继获批。其中，《长江中游城市群发展规划》于2015年3月26日获国务院批复，2015年4月13日国家发改委印发；《成渝城市群发展规划》于2016年4月12日获国务院批复，2016年4月27日国家发改委、住房和城乡建设部联合印发；《长江三角洲城市群发展规划》于2016年5月22日获国务院批复，2016年6月1日国家发改委、住房和城乡建设部联合印发。三大城市群的规划范围跨越长江经济带9个省市约73个地级及以上城市，规划区域总面积占长江经济带的1/3强，总人口占长江经济带的近2/3，经济总量占长江经济带的3/4以上，是长江经济带经济社会发展的核心区，引领带动长江经济带转型升级发展的重要引擎，在长江经济带乃至我国区域发展战略格局中具有举足轻重的战略地位。

一　三大城市群的基本情况比较

长江经济带三大城市群的区域范围、发展基础和战略定位等存在一定差异，基本概况比较如下。

（一）三大城市群的区域范围比较

长江经济带三大城市群均为跨越省级行政区的超大型城市群。其中，长江三角洲城市群跨越上海、江苏、浙江和安徽四省市，规划范围包括上海市，江苏省南京、苏州等9市，浙江省杭州、宁波等8市，安徽省合肥、芜湖等8市，共26市。长江中游城市群的区域范围涉及湖北、湖南和江西三个省，规划区域范围包括湖北省的武汉、黄石等13市，湖南省的长沙、株洲等8市，江西省的南昌、九江等9市，以及吉安市的部分县（区），共约31市。成渝城市群跨越四川和重庆两省市，规划范围包括重庆市的渝中、万州等27个区（县），以及开县、云阳县的部分地区，四川省的成都、自贡等15市，其中绵阳、达州、雅安等市的部分地区划入，共约16市。三大城市群包括了长江经济带约73个地级及以上城市，分布于长江经济带9个省市（见表1）。

表1　长江经济带三大城市群规划区域范围比较

城市群	省级行政区	规划范围
长江三角洲城市群(26市)	上海市	上海
	江苏省(9市)	南京、苏州、无锡、常州、南通、扬州、镇江、泰州、盐城
	浙江省(8市)	杭州、宁波、嘉兴、湖州、台州、绍兴、金华、舟山
	安徽省(8市)	合肥、芜湖、马鞍山、安庆、铜陵、滁州、池州、宣城
长江中游城市群(约31市)	湖北省(13市)	武汉、黄石、鄂州、孝感、黄冈、咸宁、仙桃、潜江、天门、襄阳、宜昌、荆州、荆门
	湖南省(8市)	长沙、岳阳、株洲、湘潭、益阳、常德、衡阳、娄底
	江西省(9市+1市的部分地区)	南昌、景德镇、九江、鹰潭、新余、宜春、萍乡、上饶、抚州、吉安市的部分县(区)
成渝城市群(约16市)	重庆市[27个区(县)+两县的部分地区]	渝中、万州、黔江、涪陵、大渡口、江北、沙坪坝、九龙坡、南岸、北碚、綦江、大足、渝北、巴南、长寿、江津、合川、永川、南川、潼南、铜梁、荣昌、璧山、梁平、丰都、垫江、忠县等27个区(县)以及开县、云阳县的部分地区
	四川省(12市+3市的部分地区)	成都、泸州、自贡、德阳、绵阳(除北川县、平武县)、遂宁、内江、乐山、南充、眉山、宜宾、广安、达州(除万源市)、雅安(除天全县、宝兴县)、资阳

资料来源：分别来自表中各城市群规划；其中重庆市开县2016年6月经国务院同意撤销，设立开州区。

（二）三大城市群的面积、人口和经济基础比较

从规划区域范围来看，长三角城市群26市整建制纳入，对应完整的城市行政区，长江中游城市群和成渝城市群包括了一些市、县的部分地区，不对应完整的行政区。基于数据可获得及基础数据可比等原因，本部分采用三大城市群规划数据进行基本概况比较（见表2）。

表2　长江经济带三大城市群规划区域面积、人口和GDP比较

地区	总量规模			占长江经济带比重（%）			占全国比重（%）		
	面积（万平方公里）	总人口（亿人）	地区GDP（万亿元）	面积占比	总人口占比	地区GDP占比	面积占比	总人口占比	地区GDP占比
长三角城市群	21.17	1.5	12.67	10.3	25.9	44.5	2.2	11.0	18.5
长江中游城市群	31.7	1.21	6.0	15.5	20.8	21.1	3.3	8.8	8.8
成渝城市群	18.5	0.91	3.76	9.0	15.7	13.1	1.9	6.7	5.5
合计	71.37	3.62	22.34	34.8	62.4	78.7	7.4	26.5	32.8

资料来源：三大城市群面积、人口、经济及占全国比重分别来自三大城市群规划，占长江经济带比重根据《中国统计年鉴（2015）》中长江经济带总量数据计算。

就区域面积来看，长江中游城市群规划区域范围最大，总面积达31.7万平方公里；长三角城市群规划区域面积第2，约21.2万平方公里；成渝城市群规划区域面积相对最小，为18.5万平方公里。区域人口比较，长三角城市群人口数量最多，密度最大。2014年，长三角城市群总人口约1.5亿人，人口密度约709人/平方公里。长江中游城市群总人口约1.21亿人，人口总量居第2位，人口密度最小，约382人/平方公里。成渝城市群总人口约0.91亿人，总量规模最小，人口密度第2，约492人/平方公里。经济实力比较，长三角城市群最强，2014年，长三角城市群地区生产总值约12.67万亿元，人均生产总值约8.5万元，均明显高于其他两大城市群。长江中游城市群经济总量第2，约6.0万亿元，人均生产

总值约5.0万元。成渝城市群经济总量最小，约3.76万亿元，人均生产总值约4.1万元，居第三位。长江经济带三大城市群的面积、人口和经济发展概况存在较明显的地区差距。长三角城市群以占长江经济带10.3%的土地面积，集聚了长江经济带25.9%的常住人口，产出了长江经济带44.5%的经济总量。

长江经济带三大城市群土地总面积约71.37万平方公里，约占长江经济带区域面积的34.8%，约占我国国土面积的7.4%。2014年三大城市群总人口约3.6亿人，约占长江经济带总人口的62.4%，约占全国总人口的26.5%。2014年三大城市群经济总量约22.3万亿元，约占长江经济带经济总量的78.7%，约占全国经济总量的32.8%。

（三）三大城市群的战略定位比较

根据三大城市群发展规划，长三角城市群、长江中游城市群和成渝城市群的战略定位存在一定差异。其中，长三角城市群的战略定位主要聚焦于世界维度，总体定位是建设具有全球影响力的世界级城市群，到2030年的愿景目标是建成全球一流品质的世界级城市群。长江中游城市群的战略定位以聚焦国内维度为主，兼顾国际，以建设中国经济新增长极和具有一定国际影响力的城市群为远期目标。成渝城市群的战略定位体现了从区域向全国和世界逐渐升级的发展方向，总体定位是引领西部开发开放的国家级城市群，远期目标是到2030年实现由国家级城市群向世界级城市群的历史跨越。

二　三大城市群2017年发展情况比较

2017年，长江经济带三大城市群总体实现了平稳较快发展。73市中，65市经济增速高于全国，2市经济增速与全国持平，6市经济增速低于全国。三大城市群城乡居民收入稳步增长，城镇化水平逐步提升，主要指标比较如下。

（一）三大城市群人口概况比较

1. 人口规模结构

长江经济带三大城市群地级及以上城市人口规模及结构特征等存在一定差异。2017 年末，三大城市群常住人口规模排名前 20 位的城市，有一半位于长三角城市群；三大城市群共有 5 个城市的人口规模达到 1000 万人以上，其中，长三角城市群 2 个，成渝城市群 2 个，长江中游城市群 1 个。

从城市规模结构体系来看，2017 年末，长三角城市群常住人口规模 1000 万人以上的城市有 2 个，500 万 ~ 1000 万人的城市有 10 个，100 万 ~ 500 万人的城市有 14 个。长江中游城市群中，常住人口规模 1000 万人以上的城市有 1 个，500 万 ~ 1000 万人的城市有 10 个，100 万 ~ 500 万人的城市有 19 个，50 万 ~ 100 万人的城市有 1 个。成渝城市群中，常住人口规模 1000 万人以上的城市有 2 个，500 万 ~ 1000 万人的城市有 2 个，100 万 ~ 500 万人的城市有 12 个。长三角城市群地级及以上城市的人口规模结构体系呈现金字塔形。长江中游城市群不同规模等级的城市数量结构呈纺锤形，超大城市和中等城市少，大城市和特大城市数量多。成渝城市群中的大城市数量占 3/4，特大城市和超大城市数量相同（见表 3）。

表 3　长江经济带三大城市群地级及以上城市 2017 年末常住人口比较

单位：万人

城市群	>1000	500 ~ 1000	100 ~ 500	50 ~ 100
长三角城市群	上海(2418) 苏州(1068)	杭州(947)、南京(834) 宁波(801)、合肥(797) 南通(731)、盐城(724) 无锡(655)、台州(612) 金华(556)、绍兴(501)	常州、嘉兴、泰州 安庆、扬州、滁州 芜湖、镇江、湖州 宣城、马鞍山、铜陵 池州、舟山	—
长江中游城市群	武汉(1089)	长沙(792)、衡阳(721) 上饶(678)、黄冈(634) 常德(585)、岳阳(573) 襄阳(565)、荆州(564) 宜春(555)、南昌(546)	吉安、孝感、九江 益阳、宜昌、抚州 株洲、娄底、荆门 湘潭、黄石、咸宁 萍乡、景德镇、仙桃 天门、新余、鹰潭、鄂州	潜江

续表

城市群	>1000	500～1000	100～500	50～100
成渝城市群	重庆(3075) 成都(1605)	南充(642) 达州(569)	绵阳、宜宾、泸州 内江、德阳、乐山 广安、遂宁、眉山 自贡、资阳、雅安	—

注：①由于城区数据及城市群规划区域数据可获得性原因，本表所有数据均为各市的全域数据，本篇后文数据范围相同；

②每个区间数据包括下限值不包括上限值，本篇后文相同。

资料来源：三大城市群中各市2017年国民经济和社会发展统计公报、2017年12月统计月报或2017年经济运行分析，本篇后文数据若无特殊注明，来源相同。

从人口分布变化格局来看，长三角城市群人口以净流入为主，长江中游城市群和成渝城市群人口以净流出为主。2017年，长三角城市群中3/5以上城市的常住人口多于户籍人口，城市对人口的吸引力较强，人口净流入。长江中游城市群仅武汉、长沙、南昌等几大核心城市及宜昌等少量城市的常住人口大于户籍人口，绝大部分城市人口净流出。成渝城市群中，仅成都市的常住人口大于户籍人口，人口以净流入为主，其他各市常住人口均小于户籍人口，人口净流出。

2. 人口密度

长三角城市群人口密度明显高于其他两大城市群。2017年长三角城市群每平方公里常住人口超过700人，成渝城市群超过400人，长江中游城市群不足400人。①

长三角城市群中，人口密度超过3000人/平方公里的城市有1个，超过1000人/平方公里的城市有6个，500～1000人/平方公里的城市有14个，100～500人/平方公里的城市有5个。长江中游城市群中，人口密度1000人/平方公里以上的城市仅有1个，500～1000人/平方公里的城市有8个，100～500人/平方公里的城市有22个。成渝城市群中，人口密度超过1000

① 由于数据可获得原因，长江中游城市群数据和成渝城市群数据均采用各市全域数据，与各城市群规划范围的实际情况存在偏差，但总体发展特征基本一致。

人/平方公里的城市只有1个，500～1000人/平方公里的城市有6个，100～500人/平方公里的城市有9个（见表4）。

表4　长江经济带三大城市群地级及以上城市2017年末人口密度比较

单位：人/平方公里

城市群	>3000	>1000	500～1000	100～500
长三角城市群	上海(3814)	无锡（1416）、铜陵(1339)、南京(1265)苏州（1234）、嘉兴(1103)、常州(1079)	镇江、宁波、泰州、舟山合肥、南通、扬州、台州芜湖、绍兴、杭州马鞍山、湖州、金华	盐城、安庆、滁州、宣城、池州
长江中游城市群	—	武汉(1271)	南昌、鄂州、长沙、仙桃黄石、湘潭、孝感、萍乡	天门、娄底、潜江衡阳、荆州、岳阳新余、黄冈、益阳株洲、鹰潭、常德景德镇、上饶、宜春、襄阳、九江咸宁、荆门、抚州宜昌、吉安
成渝城市群	—	成都(1119)	内江、自贡、遂宁德阳、南充、广安	资阳、眉山、重庆泸州、达州、宜宾乐山、绵阳、雅安

（二）三大城市群经济发展比较

长江经济带三大城市群的经济发展水平存在比较明显的梯度差距。其中，长三角城市群除一级核心城市综合经济实力明显领先外，区域性中心城市及其他一些城市发展实力也较强，部分经济指标甚至超越核心城市，城市群整体发展水平较高。长江中游城市群和成渝城市群内部发展不平衡问题比较突出，核心城市发展水平较高，其他城市与核心城市发展差距较大，城市群整体发展水平较低。

1. 经济总量规模

经济总量规模方面长三角城市群明显领先。2017 年长江经济带三大城市群地区生产总值排名前 20 位的城市中，长三角城市群有 15 个，长江中游城市群和成渝城市群仅一级核心城市位列其中。2017 年，长江经济带三大城市群共有 9 个城市的地区生产总值超过 1 万亿元，其中长三角城市群 5 个，占半数以上。

2017 年，长三角城市群地区生产总值过万亿元的城市 5 个。其中，上海市超过 3 万亿元；5000 亿～10000 亿元的城市 7 个，1000 亿～5000 亿元的城市 13 个，低于 1000 亿元的城市 1 个。长江中游城市群地区生产总值过万亿元的城市 2 个，5000 亿～10000 亿元的城市 1 个，1000 亿～5000 亿元的城市 22 个，低于 1000 亿元的城市 6 个。成渝城市群地区生产总值过万亿元的城市 2 个，1000 亿～5000 亿元的城市 13 个，低于 1000 亿元的城市 1 个（见表 5）。

表 5　长江经济带三大城市群地级及以上城市 2017 年地区生产总值比较

单位：亿元

城市群	>10000	5000～10000	1000～5000	<1000
长三角城市群	上海(30134) 苏州(17320) 杭州(12556) 南京(11715) 无锡(10512)	宁波、南通、合肥 常州、绍兴、盐城、扬州	泰州、泰州、嘉兴、镇江 金华、芜湖、湖州 马鞍山、安庆、滁州 舟山、宣城、铜陵	池州
长江中游城市群	武汉(13410) 长沙(10536)	南昌	襄阳、宜昌、岳阳、常德 衡阳、株洲、九江、湘潭 上饶、宜春、荆州、黄冈 孝感、益阳、荆门、吉安 娄底、黄石、抚州、咸宁 新余、萍乡	鄂州、景德镇 鹰潭、仙桃 潜门、天门
成渝城市群	重庆(19500) 成都(13889)	/	绵阳、德阳、宜宾、南充 泸州、达州、乐山、内江 自贡、眉山、广安、遂宁 资阳	雅安

2. 人均生产总值

长江经济带三大城市群的人均生产总值呈现较明显的梯度差距。其中，长三角城市群人均地区生产总值最高，约10万元，长江中游城市群其次，约6万元，成渝城市群最低，约5万元。2017年，长江经济带三大城市群人均生产总值排名前20位的城市中，15个位于长三角城市群。与全国比较，2017年长三角城市群26市中，22市的人均生产总值高于全国平均水平（约5.97万元）；长江中游城市群31市中，13市的人均生产总值高于全国；成渝城市群16市中，仅2市的人均生产总值高于全国。

2017年，长三角城市群人均生产总值超过2万美元的城市4个，1.5万~2万美元的城市9个，1万~1.5万美元的城市9个，0.5万~1万美元的城市4个；长江中游城市群人均生产总值超过2万美元的城市1个，1.5~2万美元的城市1个，1万~1.5万美元的城市8个，0.5万~1万美元的城市18个，0.5万美元以下的城市3个；成渝城市群人均生产总值1万~1.5万美元的城市1个，0.5万~1万美元的城市13个，0.5万美元以下的城市2个（见表6）。

表6 长江经济带三大城市群地级及以上城市2017年人均生产总值比较

单位：美元

城市群	>20000	15000~20000	10000~15000	5000~10000	<5000
长三角城市群	苏州 无锡 南京 常州	杭州、镇江 上海、宁波 扬州、南通 舟山、绍兴 泰州	嘉兴、合肥 芜湖、湖州 马鞍山、台州 铜陵、盐城 金华	宣城、池州 滁州、安庆	—
长江中游城市群	长沙	武汉	新余、宜昌 南昌、鄂州 湘潭、襄阳 潜江、鹰潭	株洲、仙桃、黄石 荆门、岳阳、萍乡 常德、景德镇、九江 咸宁、衡阳、天门 娄底、益阳、宜春 孝感、荆州、抚州	吉安、上饶 黄冈

续表

城市群	>20000	15000~20000	10000~15000	5000~10000	<5000
成渝城市群	—	—	成都	重庆、德阳、自贡 乐山、绵阳、宜宾 资阳、眉山、雅安 泸州、广安、内江 遂宁	南充、达州

注：根据各市人均地区生产总值数据，以2017年人民币兑美元平均汇率计算而得。

3. 地方财政收入

长江经济带三大城市群地方财政收入存在较明显的地区差距，长三角城市群最高，长江中游城市群居中，成渝城市群最低。2017年，长江经济带三大城市群地方财政收入排名前20位的城市中，15个位于长三角城市群，长江中游城市群和成渝城市群仅几大核心城市位列其中。三大城市群中地方财政收入超过1000亿元的城市8个，其中5个位于长三角城市群。

2017年，长三角城市群地方财政收入超过1000亿元的城市5个，500亿~1000亿元的城市4个，100亿~500亿元的城市15个，低于100亿元的城市2个；长江中游城市群地方财政收入超过1000亿元的城市1个，500亿~1000亿元的城市1个，100亿~500亿元的城市19个，100亿元以下的城市10个；成渝城市群地方财政收入超过1000亿元的城市2个，100亿~150亿元的城市6个，低于100亿元的城市8个（见表7）。

表7　长江经济带三大城市群地级及以上城市2017年地方财政收入比较

单位：亿元

城市群	>1000	500~1000	100~500	<100
长三角城市群	上海(6642) 苏州(1908) 杭州(1567) 南京(1272) 宁波(1245)	无锡、合肥 南通、常州	嘉兴、绍兴、台州 盐城、金华、泰州 扬州、芜湖、镇江 马鞍山、湖州、滁州 宣城、舟山、安庆	铜陵、池州

续表

城市群	>1000	500~1000	100~500	<100
长江中游城市群	武汉(1403)	长沙	南昌、岳阳、襄阳、九江、宜昌、宜春、株洲、上饶、常德、衡阳、吉安、黄冈、孝感、湘潭、荆州、抚州、黄石、萍乡、荆门	新余、咸宁、景德镇、鹰潭、娄底、益阳、鄂州、仙桃、潜江、天门
成渝城市群	重庆(2252) 成都(1276)	—	泸州、宜宾、绵阳、德阳、南充、遂宁	乐山、眉山、达州、广安、内江、自贡、资阳、雅安

4. 城乡居民收入

长江经济带三大城市群城镇居民收入水平存在明显的梯度差距。2017年，长江经济带三大城市群城镇居民人均可支配收入排名前10位的城市全部位于长三角城市群，排名前20位的城市，有17个位于长三角城市群，3个位于长江中游城市群。长三角城市群26个市中，有19个市的城镇居民收入高于全国平均水平（36396元）；长江中游城市群31个市中，仅4个市的城镇居民人均可支配收入高于全国平均水平；成渝城市群16个市中，仅1个市的城镇居民人均可支配收入高于全国平均水平。

2017年，长三角城市群城镇居民人均可支配收入超过6万元的城市1个，5万~6万元的城市10个，4万~5万元的城市6个，3万~4万元的城市6个，2万~3万元的城市3个，近2/3城市的城镇居民收入达到4万元以上。长江中游城市群中，城镇居民人均可支配收入介于4万~5万元的城市2个，3万~4万元的城市17个，2万~3万元的城市12个，4/5以上城市的城镇居民收入低于4万元。成渝城市群中，城镇居民人均可支配收入介于3万~4万元的城市共12个，2万~3万元的城市4个，16个市的城镇居民人均可支配收入尚未达到4万元（见表8）。

表 8　长江经济带三大城市群 2017 年城镇居民人均可支配收入比较

单位：元

城市群	>60000	50000~60000	40000~50000	30000~40000	20000~30000
长三角城市群	上海	苏州、杭州 宁波、南京 绍兴、嘉兴 无锡、舟山 台州、金华	常州、湖州 镇江、南通 马鞍山、泰州	扬州、合肥 芜湖、宣城 铜陵、盐城	安庆、滁州 池州
长江中游城市群	—	—	长沙、武汉	株洲、南昌、新余 景德镇、湘潭 萍乡、九江、黄石 宜昌、吉安、上饶 鹰潭、荆门、襄阳 衡阳、孝感、岳阳	荆州、宜春 抚州、鄂州 潜江、仙桃 常德、咸宁 益阳、黄冈 天门、娄底
成渝城市群	—	—	—	成都、重庆、绵阳 德阳、泸州、眉山 乐山、自贡、资阳 宜宾、广安、内江	雅安、遂宁 达州、南充

长江经济带三大城市群的农村居民人均可支配收入存在较大差距，但农民收入差距总体小于城镇居民收入差距。2017 年，长江经济带三大城市群 73 市中，农村居民人均可支配收入排名前 20 位的城市中，有 17 个位于长三角城市群，仅 2 个位于长江中游城市群，仅 1 个位于成渝城市群。长三角城市群 26 市中，23 个市的农村居民人均可支配收入高于全国平均水平（13432 元）；长江中游城市群 31 市中，26 个市的农村居民人均可支配收入高于全国；成渝城市群 16 市中，12 个市的农村居民人均可支配收入高于全国。

2017 年，长三角城市群 26 市中，农村居民人均可支配收入超过 3 万元的城市 5 个，2.5 万~3 万元的城市 6 个，2 万~2.5 万元的城市 4 个，1.5 万~2 万元的城市 6 个，1 万~1.5 万元的城市 5 个。长江中游城市群中，农村居民人均可支配收入 2.5 万~3 万元的城市 1 个，2 万~2.5 万元的城市 1 个，1.5 万~2 万元的城市 15 个，1 万~1.5 万元的城市 14 个。成渝城市群中，农村居民人均可支配收入 2 万～2.5 万元的城市 1 个，1.5 万～2 万元的城市 2 个，1 万～1.5 万元的城市 13 个（见表9）。

表 9　长江经济带三大城市群 2017 年农村居民人均可支配收入比较

单位：元

城市群	>30000	25000～30000	20000～25000	15000～20000	10000～15000
长三角城市群	嘉兴、宁波 舟山、杭州 绍兴	苏州、湖州 无锡、上海 常州、台州	金华、南京 镇江、南通	扬州、泰州 马鞍山、芜湖 盐城、合肥	宣城、池州、铜陵 滁州、安庆
长江中游城市群	—	长沙	武汉	株洲、湘潭、荆门 衡阳、仙桃、萍乡 新余、潜江、南昌 鄂州、襄阳、荆州 天门、宜昌、景德镇	孝感、鹰潭、益阳 岳阳、黄石、咸宁 常德、宜春、抚州 九江、吉安、上饶 黄冈、娄底
成渝城市群	—	—	成都	德阳、眉山	绵阳、资阳、自贡 宜宾、乐山、泸州 广安、内江、遂宁 达州、重庆、南充 雅安

（三）三大城市群城镇化水平比较

长江经济带三大城市群的城镇化水平存在比较明显的差距。2017 年，三大城市群城镇化率排名前 20 位的城市中，长三角城市群有 14 个，长江中游城市群有 5 个，成渝城市群仅有 1 个。长三角城市群的 26 个市中，有 21 个市的城镇化率高于全国平均水平（58.52%）；长江中游城市群 31 个市中，13 个市的城镇化率高于全国；成渝城市群 16 个市中，仅两大核心城市的城镇化率高于全国。

2017 年，长三角城市群的 26 个市中，有 21 个市的城镇化率超过 60%。其中，杭州、苏州等 7 个市的城镇化率超过 70%，上海、南京 2 市的城镇化率超过 80%，达到高度城镇化发展阶段。长江中游城市群的 31 个市中，有 10 个市的城镇化率超过 60%。其中，长沙、南昌、新余三市城镇化率超过 70%，武汉市城镇化率超过 80%，半数以上城市城镇化率低于全国平均水平，部分城市城镇化率低于50%。成渝城市群的16个市中，仅重庆、成都两个核心城市的城镇化率分别为60%以上和70%以上，大部分城市的城镇化率还较低，半数以上城市城镇化率尚处于50%以下（见表10）。

表10　长江经济带三大城市群地级及以上城市2017年城镇化率比较

单位：%

城市群	>80	70~80	60~70	50~60	40~50
长三角城市群	上海(87.9) 南京(82.3)	杭州(76.8) 苏州(76.1) 无锡(76.0) 合肥(73.8) 宁波(72.4) 常州(71.8) 镇江(70.5)	舟山、马鞍山 金华、扬州 南通、绍兴 芜湖、泰州 嘉兴、盐城 台州、湖州	铜陵、池州、宣城 滁州、安庆	—
长江中游城市群	武汉(80.0)	长沙(77.6) 南昌(73.3) 新余(70.0)	萍乡、景德镇 株洲、鄂州 湘潭、黄石	宜昌、襄阳、鹰潭 荆门、仙桃、岳阳 孝感、潜江、荆州 九江、天门、咸宁 衡阳、常德、上饶 益阳	吉安、抚州 宜春、娄底 黄冈
成渝城市群	—	成都(71.9)	重庆	绵阳、德阳 自贡、乐山	泸州、遂宁 宜宾、内江 南充、雅安 眉山、达州 资阳、广安

注：上海市和黄石市城镇化率为2016年数据。

资料来源：上海市数据来自《中国统计年鉴（2017）》，黄石市数据来自《黄石市2016年国民经济和社会发展统计公报》。

三　主要结论与建议

通过前述分析可以看出，长江经济带三大城市群发展的阶段水平、结构特征等还存在较明显的地区差异，城市群之间及城市群内部城市之间发展不平衡的问题还比较突出。

1. 三大城市群发展阶段不同

从城市群的发展阶段来看，长三角城市群已具备了城市群的基本功能结构特征，尤其是长三角城市群核心区，在一定的地理空间内，城市密集分布，结构体系比较合理，城际现代交通网络体系比较完善，城市间形成了比较紧密的经济社会发展联系和一定的职能分工体系。长三角地区已经建立了决策层、协调层、执行层“三级运作”的合作机制，组建了长三角区域合作办公室。长三角城市经济协调会已将长三角城市群26市全部纳入，以城市群为整体的政府间制度化合作机制比较健全，并逐步完善。非政府层面的经济社会合作主体、平台、领域、形式等均不断拓展。

长江中游城市群和成渝城市群还处于城市群形成的早期阶段，主要表现为一定地域空间内城市分布比较密集，初具城市群的形态特征，但核心城市扩散带动效应不强，城市之间的经济社会发展联系尚不紧密，城际现代交通网络体系还不完善，以城市群为整体的常态化、制度化合作机制还未健全。

2. 三大城市群结构体系存在较大差异

从各城市群的城市规模结构体系来看，长三角城市群拥有明显的一级核心城市上海以及南京、杭州、合肥、苏州、宁波等综合实力和影响力较强的区域性中心城市，还有若干不同规模等级的节点城市。城市群整体结构体系比较合理。

长江中游城市群的规划范围包括武汉城市圈、环长株潭城市群和环鄱阳湖城市群，现阶段还是几个城市圈（群）的集合体，呈现以武汉、长沙、南昌为中心的多中心结构特征。但是每个中心城市的影响范围主要还限于其城市圈（群）内部，缺少在整个长江中游城市群具有较明显引领带动效应的龙头城市，三个城市圈（群）之间的联系尚不紧密。每个城市圈（群）仍处于一级核心城市极化效应占支配地位的发展阶段，扩散效应较弱，核心城市一城独大，区域性中心城市欠培育，城市间规模结构体系、能级水平等差距较大，城市群整体结构体系尚未发展完善。

成渝城市群呈现较典型的双中心结构特征。成都和重庆是成渝城市群的两个一级核心城市，但整个城市群仍处于强中心发展阶段，核心城市对其他地区的人口、资源要素呈现较强的虹吸效应，辐射带动效应较弱，缺乏具有较强吸引力或辐射带动作用的次级中心城市。其他城市与核心城市规模体系、能级水平等差距较大，城市群的整体结构体系还未发育完善。

3. 三大城市群发展水平存在梯度差距

长江经济带三大城市群的综合发展水平存在较明显的东中西部地区差距。其中，长三角城市群的整体发展水平明显领先，长江中游城市群的整体发展水平略高于成渝城市群。长三角城市群整体发展水平较高，除核心城市经济实力较强外，还包括较多综合发展实力较强的区域性中心城市和其他节点城市。一些城市的部分发展指标甚至超过一级核心城市，城际发展差距相对较小。长江中游城市群和成渝城市群核心城市发展水平较高，核心城市“一城独大”的特征比较明显，城市群内部发展不平衡的问题比较突出，城市群整体发展水平较低。

从表 11 中可以看出如下内容。

从经济总量来看，长三角城市群以占长江经济带约 1/10 的土地面积产出了长江经济带 4/5 以上的经济总量，整个城市群的经济总量规模和贡献率最大。同时，经济总量规模较大的城市明显多于其他两大城市群。2017 年长江经济带三大城市群 73 市中，地区生产总值过万亿元的城市 9 个，其中，长三角城市群 5 个，长江中游城市群 2 个，成渝城市群 2 个；地区生产总值 5000 万元～10000 亿元的城市 8 个，其中，长三角城市群 7 个，长江中游城市群 1 个。

从人均经济水平来看，2017 年长江经济带三大城市群 73 市中，人均生产总值超过 2 万美元的城市 5 个，其中，长三角城市群 4 个，长江中游城市群 1 个；人均生产总值 1.5 万～2 万美元的城市 10 个，其中，长三角城市群 9 个，长江中游城市群 1 个；人均生产总值 1 万～1.5 万美元的城市 18 个，其中，长三角城市群 9 个，长江中游城市群 8 个，成渝城市群 1 个。与全国比较，2017 年，长三角城市群的 26 个城市中，有 22 个市的人均生产总值高于全国；长江中游城市群的 31 个市中，有 13 个市的人均生产总值高于全国；成渝城市群16个市中，仅2个市的人均生产总值高于全国。

从地方财政收入来看，2017年长江经济带73市中，地方财政收入超过5000亿元的1个，位于长三角城市群；超过1000亿元的7个，4个位于长三角城市群，1个位于长江中游城市群，2个位于成渝城市群。人均财政收入大于2万元的城市1个，位于长三角城市群，1万~2万元的城市10个，8个位于长三角城市群，2个位于长江中游城市群。

从城乡居民收入水平来看，2017年长江经济带73市中，城镇居民人均可支配收入5万元以上的城市11个，全部位于长三角城市群；4万~5万元的城市8个，6个位于长三角城市群，2个位于长江中游城市群。城镇居民收入与全国比较，长三角城市群中，有19个市的城镇居民收入高于全国，长江中游城市群中，有4个市的城镇居民收入高于全国，成渝城市群中，1个市的城镇居民收入高于全国。三大城市群73个城市中，农村居民人均可支配收入超过3万元的城市5个，全部位于长三角城市群；2万~3万元的城市13个，10个位于长三角城市群，2个位于长江中游城市群，1个位于成渝城市群。农村居民收入与全国比较，长三角城市群26市中，有23个市的农村居民收入高于全国，长江中游城市群31市中，有26个市的农村居民收入高于全国，成渝城市群16市中，有12个市的农村居民收入高于全国。长江中游城市群和成渝城市群均有半数以上城市的城镇居民人均可支配收入低于长三角城市群中的最高农村居民人均可支配收入。

从城镇化水平来看，2017年长江经济带73市中，城镇化率80%以上的城市3个，其中，长三角城市群2个，长江中游城市群1个；城镇化率70%~80%的城市11个，其中，长三角城市群7个，长江中游城市群3个，成渝城市群1个；城镇化率60%~70%的城市19个，其中，长三角城市群12个，长江中游城市群6个，成渝城市群1个。与全国比较，长三角城市群26个市中，有21个市的城镇化率高于全国，长江中游城市群31个市中，有13个市的城镇化率高于全国，成渝城市群16个市中，有2个市的城镇化率高于全国。

表 11　长江经济带三大城市群 2017 年主要发展指标比较

主要指标		总计(个)	分布		
			长三角城市群	长江中游城市群	成渝城市群
经济总量	>1 万亿元	9	5	2	2
	0.5 万～1 万亿元	8	7	1	0
人均经济水平	>2 万美元	5	4	1	0
	1.5 万～2 万美元	10	9	1	0
	1 万～1.5 万美元	18	9	8	1
地方财政收入	>5000 亿元	1	1	0	0
	>1000 亿元	7	4	1	2
人均财政收入	>2 万元	1	1	0	0
	1 万～2 万元	10	8	2	0
城镇居民人均可支配收入	>5 万元	11	11	0	0
	4 万～5 万元	8	6	2	0
农村居民人均可支配收入	>3 万元	5	5	0	0
	2 万～3 万元	13	10	2	1
城镇化率	>80%	3	2	1	0
	70%～80%	11	7	3	1
	60%～70%	19	12	6	1

4. 三大城市群核心城市发展差距较大

核心城市是引领带动城市群发展的重要引擎，长江经济带三大城市群核心城市发展阶段能级存在较大差距，直接影响到城市群的发展水平。三大城市群 6 个一级核心城市上海、武汉、长沙、南昌、成都、重庆①的主要指标比较如下。

从城市人口规模来看，重庆市超过 3000 万人，上海市超过 2000 万人，成都、武汉介于 1000 万～2000 万人，长沙、南昌介于 500 万～1000 万人，人口规模差距较大。从人口密度来看，上海市超过 3000 人/平方公里，武汉、成都超过 1000 人/平方公里，其他 3 市不足 1000 人/平方公里（见图 1）。

从经济总量来看，上海市地区生产总值超过 3 万亿元，重庆、成都、武

① 《长江中游城市群发展规划》确定的规划区域中，重庆市 27 个区县及 2 个县部分地区纳入，由于数据可获得性原因，本报告采用重庆市全市口径数据，相对于规划区域数据存在偏差，总量规模偏大，平均指标偏小。

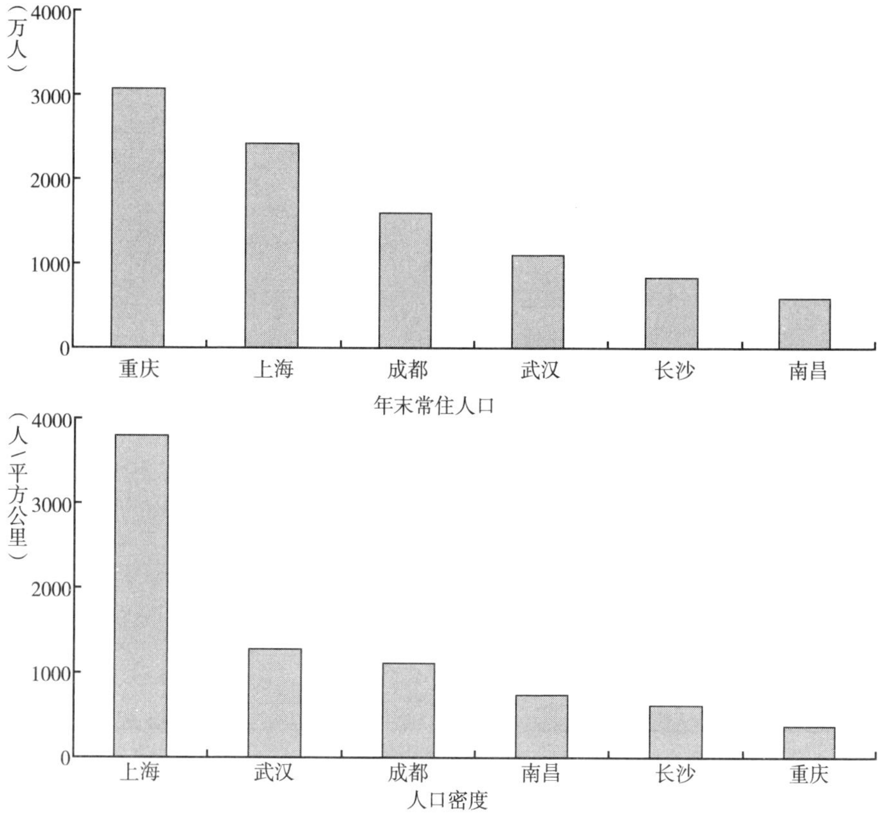

图1　长江经济带三大城市群一级核心城市2017年末人口比较

汉、长沙介于1万亿～2万亿元，南昌刚刚突破5000亿元。人均地区生产总值，长沙超过13万元，上海、武汉超过12万元，其他3市低于10万元（见图2）。地均生产总值，上海市超过4.7亿元/平方公里，武汉市超过1.5亿元/平方公里，其他4市低于1亿元/平方公里。

从地方财政收入来看，上海市超过6000亿元，重庆市超过2000亿元，武汉、成都介于1000亿～1500亿元，长沙、南昌不足1000亿元。人均地方财政收入，上海市超过2.5万元，其他城市低于1万元（见图3）。

从城乡居民收入来看，6市发展差距较大。其中，城镇居民人均可支配收入，上海市超过6万元，长沙、武汉超过4万元，成都、南昌、重庆低于4万元，最高收入和最低收入相差3万元以上。农村居民人均可支配收入差

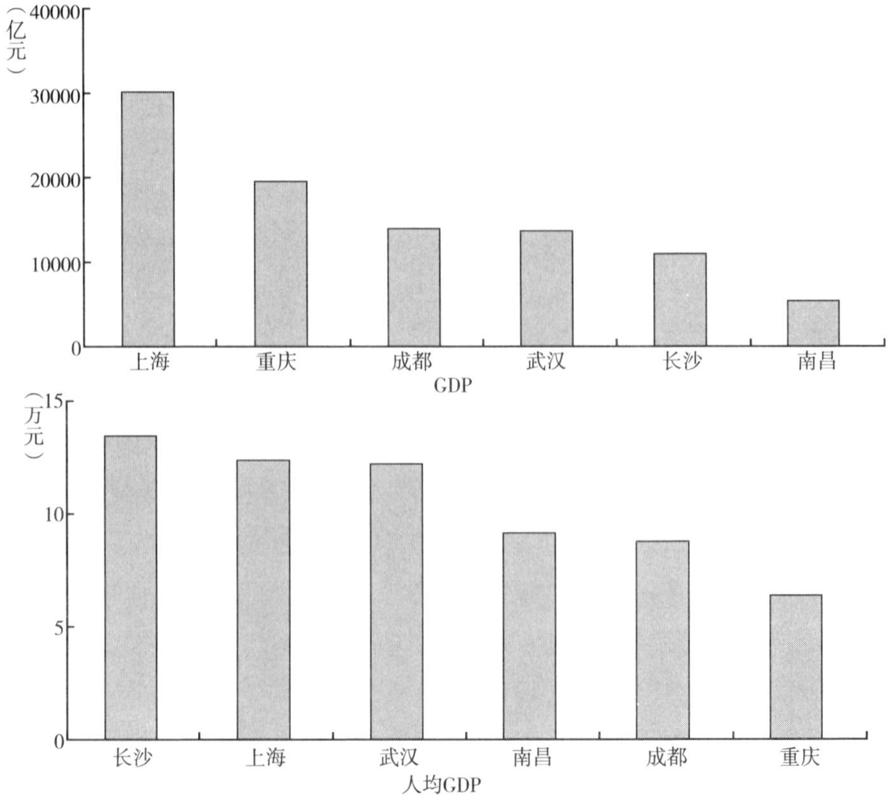

图2　长江经济带三大城市群一级核心城市2017年GDP情况比较

距略小，上海、长沙高于2.5万元，武汉、成都高于2万元，南昌、重庆低于2万元，最高收入额和最低收入额的差值超过1.5万元（见图4）。

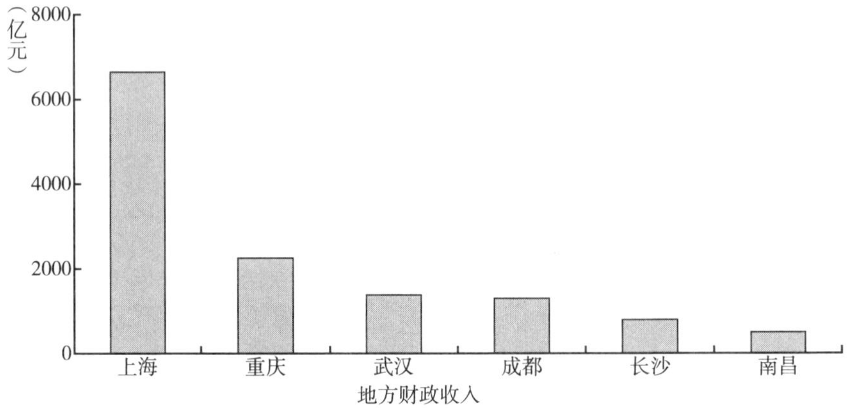

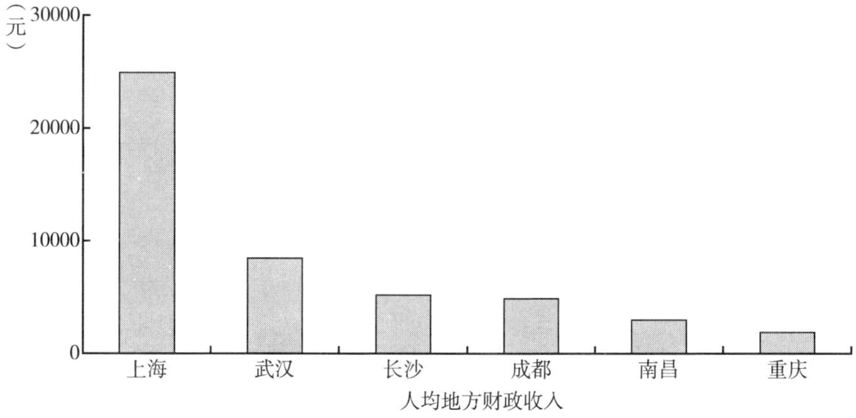

图3　长江经济带三大城市群一级核心城市2017年地方财政收入比较

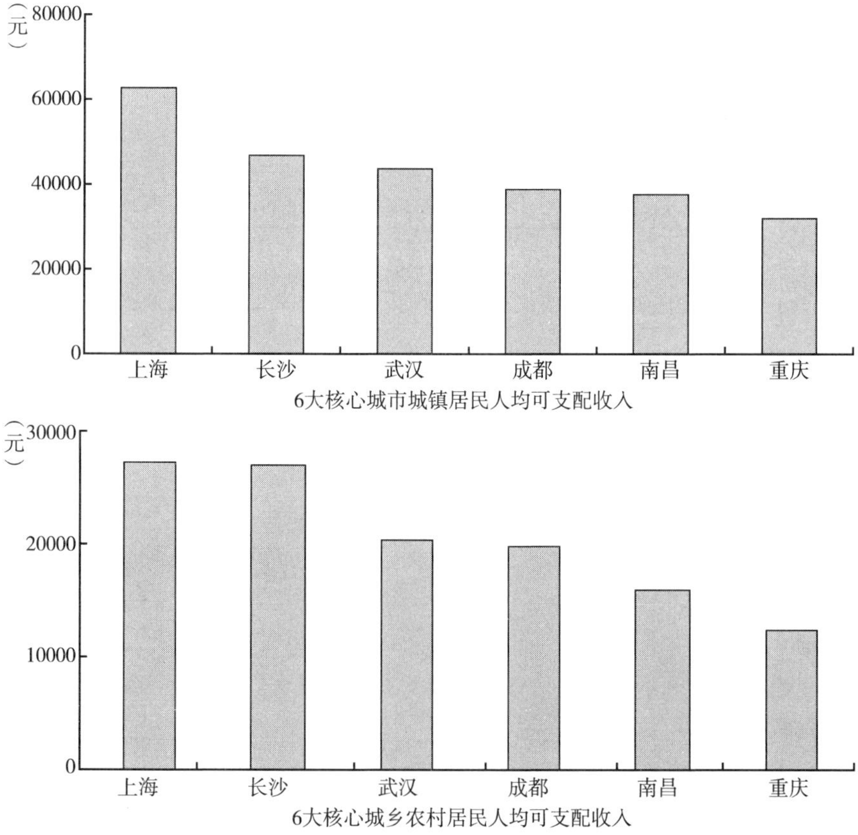

图4　2017年长江经济带三大城市群一级核心城市的城乡收入比较

从城镇化率来看，6 个核心城市处于三大发展区间。其中，武汉、上海 2 市人口城镇化率超过 80%，长沙、南昌、成都 3 市城镇化率介于70% ~80%，重庆市城镇化率介于 60% ~70% （见图 5）。

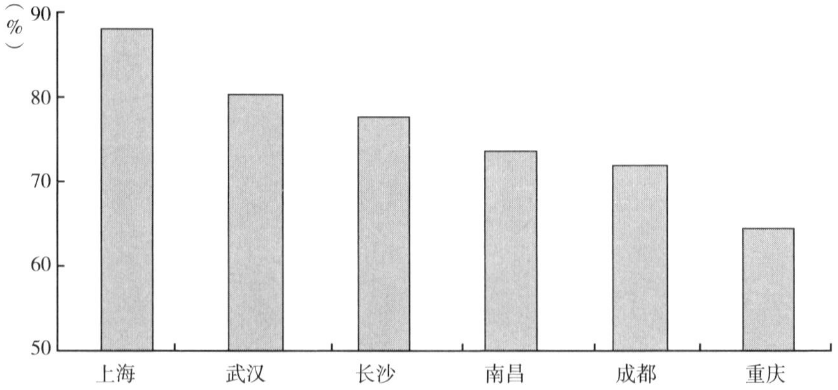

图 5　2017 年长江经济带三大城市群一级核心城市的城镇化率比较

在三大城市群 73 市中，上海市综合发展实力水平领先，大部分指标居于首位，少量指标排位略微靠后。武汉、长沙、成都、重庆、南昌等市部分指标排名比较靠前，但较多指标尤其是平均指标和相对指标排名在前 10 位以外，甚至居于后列。核心城市发展水平、带动力和影响力的不同，很大程度上决定了城市群整体能级水平的差距（见表 12）。

表 12　长江经济带三大城市群一级核心城市主要指标在 73 市中的排名

主要指标		排名(位)
总量指标	常住人口规模	重庆 1　上海 2　成都 3　武汉 4　长沙 10　南昌 26
	地区生产总值	上海 1　重庆 2　成都 4　武汉 5　长沙 8　南昌 17
	地方财政收入	上海 1　重庆 2　武汉 5　成都 6　长沙 10　南昌 16
平均指标	人口密度	上海 1　武汉 4　成都 7　南昌 14　长沙 20　重庆 47
	人均生产总值	长沙 5　上海 8　武汉 10　南昌 19　成都 21　重庆 35
	地均生产总值	上海 1　武汉 5　成都 11　长沙 12　南昌 17　重庆 37
	人均财政收入	上海 1　武汉 7　长沙 11　成都 18　南昌 21　重庆 23

续表

主要指标		排名(位)
平均指标	人均财政收入	上海 1　武汉 7　长沙 11　成都 18　南昌 21　重庆 23
	城镇化率	上海 1　武汉 3　长沙 4　南昌 9　成都 11　重庆 28
	城镇居民人均可支配收入	上海 1　长沙 14　武汉 16　成都 21　南昌 24　重庆 36
	农村居民人均可支配收入	上海 9　长沙 10　武汉 16　成都 18　南昌 33　重庆 65

5. 城市群自身功能培育是近期发展重心

目前长江经济带三大城市群实际形成的功能区范围，都还小于规划确定的区域范围。城市群的发展水平、功能作用等与规划目标均存在较明显的差距，都处于规划引导培育为主的发展阶段。

参考文献

姚士谋等：《中国城市群新论》，科学出版社，2016。

秦尊文主编《长江中游城市群发展报告（2017）》，社会科学文献出版社，2017。

方创琳：《长江经济带城市群建设需有一体化统筹机制》，《经济参考报》2015 年 10 月 15 日，第 008 版。

郁鸿胜：《长江经济带城市群怎样联动发展》，《解放日报》2017 年 10 月 24 日，第 10 版。

李嫒、宁越敏等：《长江经济带沿江城市群空间分布格局与联动机理研究》，《长江流域资源与环境》2016 年第 12 期。

B.7

长江经济带社会结构协调发展报告：2017~2018*

周海旺**

摘　要： 本报告主要包含四个方面的内容：一是长江经济带11省市人口、家庭、婚姻、教育、就业等社会结构演变的趋势和特点；二是上海社会结构演变趋势、现状和问题；三是长江经济带社会结构演变走向对上海社会结构的影响，包括来沪人口变动对上海常住人口数量、年龄结构、婚姻市场、人口素质、劳动力供给、社会经济发展等方面的影响；四是提出促进上海社会结构良性发展和长江经济带协调发展的一些思路和对策建议，如在区域协调发展中解决社会结构矛盾，发挥长江经济带各省市的比较优势，化解各省市发展中存在的不足，促进上海和长江经济带社会结构的优化等。

关键词： 长江经济带　社会结构　协调发展

一　引言

长江经济带包含11个省市，总面积206万平方公里，约占全国的

* 本报告是2017年上海市哲社系列课题“上海对接引领长江经济带发展研究系列”的子课题“长江经济带社会结构变化走向及对上海影响研究”的部分成果。课题批准号：2017XAE004。

** 周海旺，上海社会科学院城市与人口发展研究所副所长，研究员，主要研究方向为人口与社会发展问题。

21.35%。2017年长江经济带人口和经济总量均超过全国的40%，生态地位重要，综合实力较强，发展潜力巨大。但同时由于长江经济带贯穿中国东、中、西三大地带，自然地理和人文环境差异巨大，长江经济带上、中、下游存在人口结构、婚姻结构、家庭结构、就业结构、收入分配、教育水平等社会结构方面的巨大差距，这种差距和问题，不但影响各省市自身的社会经济发展，也对作为长江经济带最大城市的上海造成了巨大的影响。如何加强区域协调发展力度，发挥长江经济带各省市的比较优势，化解各省市发展中存在的不足，促进上海和长江经济带社会结构的优化，是关系上海、长江经济带乃至全国社会经济可持续发展的重大问题，需要深入开展研究。

（一）国内外研究现状述评

1. 对社会结构及其转型的研究

已有的对社会结构的研究，主要涉及社会结构概念、社会结构转型、社会结构演变、社会结构政策等方面。

（1）社会结构概念。一般认为，社会结构包含一个社会的人口结构、家庭结构、社会组织结构、城乡结构、就业结构、收入分配结构、消费结构、社会阶层结构等。

（2）社会结构转型。1978年改革开放后，中国进入快速的社会结构转型期。20世纪80年代末期的一些研究认为，我国社会结构从传统型向现代型转变，从封闭型向开放型转变。

（3）社会结构变迁及趋势的研究。我国社会学界关于社会结构变迁及趋势的研究主要有三种观点：一是断裂型，以孙立平为代表；二是丁字形，以李强为代表；三是橄榄形，以陆学艺为代表。

（4）社会结构优化对策研究。对于我国社会结构演变中出现的结构失衡问题，学者们从收入分配制度改革、社会保障制度完善、城乡一体化发展、户籍制度改革等很多方面提出了优化社会结构的一系列对策建议。

2. 研究的不足和需要进一步研究的问题

国内外对社会结构的概念内涵、社会结构的变化趋势及其影响因素、如何优化社会结构等方面开展了全面深入的研究，有非常丰富的研究成果，这些已有的研究为本研究提供了很好的借鉴材料。但是我国与西方国家的国情不同，国外的理论和学说在分析和解决中国问题时有比较大的局限性。特别是近年来国内对长江经济带的研究存在“重经济轻社会”的现象，经济问题研究得多，社会问题研究得少，研究的深度也不够，提出的对策建议应用价值不是很大。因此，迫切需要运用人口学、社会学、经济学等学科理论，结合我国实际，运用现代分析技术手段，深入剖析长江经济带在社会结构演变方面的发展趋势和主要问题，提出促进区域内部协调发展治标与治本相结合的解决办法，化解长江经济带社会结构演变给上海带来的负面影响，促进上海的和谐社会建设，为2020年全面建成高水平的小康社会创造良好的外部环境条件。

（二）本研究的理论借鉴

1. 公共服务方面——帕累托最优化理论

帕累托理论是指在资源配置过程中，要让经济活动的各个方面，没有任何一方受到损害，社会福利要尽可能实现最大化，社会发展要达到最佳状态。

2. 城市化方面——二元结构理论

根据刘易斯的二元结构理论，在欠发达国家或地区，劳动力将从生产效率低的农业部门转向生产率高的工业部门，在空间上从农村转入城市，这也是城市化的过程。

3. 人口迁移流动方面——推拉理论

西方古典推拉理论提出，迁入地以及迁出地的工资差异引起了人口的方向移动。随着时间的推移，现代推拉理论指出，迁移的推拉因素除了更高的收入外，还包括更好的职业、更好的生活条件、为下一代获得更好的受教育的机会及更好的生活环境。

（三）本报告研究的主要问题

1. 长江经济带社会结构演变的趋势和特点

最近十多年来，长江经济带社会结构正在经历急剧的变革。本报告将利用人口普查和人口统计的有关数据，从六个方面进行深入分析。比如，在人口结构方面，人口老龄化程度迅速提高，少年儿童人口比重下降，性别结构失衡；在家庭结构方面，核心家庭比例下降、单人户比例显著上升；在婚姻结构方面，未婚人群性别比失衡情况严重；在人口素质方面，虽然都在提高，但区域内各省市间差异大；在就业结构方面，一产下降，二产还在提高，三次产就业的省市差异大。

2. 上海社会结构演变趋势、现状和问题

上海作为长江经济带的龙头，近年来在经济结构转型升级过程中，社会结构也在经历快速的转型，本研究将深入研究上海社会结构的演变趋势、发展现状和存在的主要问题。这些问题涉及常住人口来源地构成、人口年龄结构、劳动力总量和年龄结构、劳动力来源地构成、家庭结构、婚姻结构、文化素质结构、收入结构等方面。

3. 长江经济带社会结构演变对上海的影响

在国家长江经济带发展战略指引下，上海与长江经济带内其他省市之间的联系越来越密切，经济和社会交往越来越频繁，这种社会经济交融发展现象对上海社会结构演变带来了正反两方面的影响，是本报告深入研究的问题。

4. 促进长江经济带和上海社会结构协调优化的对策研究

通过深入研究长江经济带各省市社会结构的演变趋势和规律，以及对上海社会结构演变的正反两方面影响的探讨，有针对性地提出趋利避害，促进上海和整个长江经济带社会和谐发展的一些对策建议。

二　长江经济带社会结构演变特点分析

本报告中主要以人口结构、家庭结构、婚姻结构、素质结构、就业结构等为代表，分析长江经济带社会结构的演变趋势和特点。

（一）人口结构

1. 人口老龄化水平持续提高

人口老龄化是指总人口中60岁及以上老年人口数量占比持续增长的过程。一般来说，60岁及以上老年人口比重大于等于10%，或者65岁及以上老年人口比重大于等于7%，这个国家或地区就进入人口老龄化行列。2000年我国60岁老年人口达到人口总数的10%，开始进入人口老龄化阶段。到2017年底我国60岁及以上人口超过2.4亿人，占全国总人口的比重达到17.3%。其中65岁及以上老年人口1.58亿人，占总人口的11.4%。从长江经济带人口老龄化情况来看，总体上一直高于全国平均水平，并且与全国人口老龄化水平的差距在拉大，但各省市之间也存在显著差距，据2016年的抽样调查数据，下游的江苏、上海两省市人口老龄化情况最高，上游的重庆和四川人口老龄化程度更高，而云南、贵州、江西人口老龄化程度最低。人口的迁移流动对不同省市的人口老龄化水平有显著的影响，见表1。

与城市地区相比，我国农村的人口老龄化形势更为严峻。由于农村的大量年轻劳动力外出打工，农村人口老龄化水平和老龄化的速度都要高于城市。同时由于农村的社会养老保障体系不完善，导致老龄化养老问题更为突出。

表1　长江经济带老年人口数及比重变化趋势

单位：万人，%

地区	总人口		65岁及以上人数		占比		
	2000年	2010年	2000年	2010年	2000年	2010年	2016年
全国	126583	133972	8811	11883	6.96	8.87	10.85
上海	1674	2302	193	233	11.53	10.12	12.96
江苏	7438	7866	651	857	8.75	10.89	13.50
浙江	4677	5443	414	508	8.85	9.33	11.64
安徽	6093	5950	446	606	7.32	10.18	11.47
湖北	6028	5724	380	520	6.30	9.08	11.57
湖南	6440	6568	469	642	7.28	9.77	11.89

续表

地区	总人口		65 岁及以上人数		占比		
	2000 年	2010 年	2000 年	2010 年	2000 年	2010 年	2016 年
江西	4140	4457	253	339	6.11	7.61	9.60
重庆	3090	2885	244	333	7.90	11.54	13.97
四川	8329	8042	620	881	7.44	10.95	13.70
云南	4288	4597	257	351	5.99	7.64	8.38
贵州	3525	3475	204	298	5.79	8.58	9.62
长江经济带合计	55722	57309	4131	5568	7.41	9.72	11.81

资料来源：根据中国统计年鉴及各省市统计年鉴整理、计算所得，2016 年为抽样调查数据，抽样比为 0.0837‰。

2. 少儿人口比重过低问题突出

在人口老龄化水平快速提高的同时，我国还面临着少儿人口比重过低的问题。按照人口学界的一般标准，0～14 岁少儿人口比例保持在 20%～23% 为正常水平，低于 20% 就表示少儿人口比重进入失衡阶段，越低失衡情况越严重。2000～2016 年，我国少儿人口比重从 22.89% 下降到 16.67%。从长江经济带 11 省市少儿人口占比来看，少子化水平有且在持续下降，从 2000 年的 22.74% 下降到 2010 年的 16.79%，2016 年进一步下降到 16.55%，与全国少子化的水平接近。2010 年时中游、上游的情况要好于下游四省市，除湖北外，中上游 6 省市少儿人口占比均在 16% 以上，江西、云南和贵州则在 20% 以上，处于正常水平。而下游四省市，除安徽（17.98%）少儿人口占比高于 15%，其他三省市均低于 15%，为超少子化，上海少儿人口占比最低，仅为 8.64%。2016 年的抽样调查结果比 2010 年又有了显著变化，上游四省市少子化水平降低，而下游的上海、江苏和中游地区的湖北、湖南都有所提高。长江经济带各省市之间的少子化水平差距在缩小，见表 2。

从 0～14 岁少年儿童的绝对数量来看，2000～2010 年，长江经济带从 12671 万人减少到 9622 万人，总体上减少了 3049 万人，减少比例是 24.06%，也就是说 10 年中，长江经济带的少年儿童数量减少了近

1/4。少年儿童数量的减少，预示着未来的劳动力供给也将呈减少的趋势。

表 2　长江经济带少儿人口数及比重变化趋势

单位：万人，%

地区	总人口		0～14 岁及以上人数		占比		
	2000 年	2010 年	2000 年	2010 年	2000 年	2010 年	2016 年
全国	126583	133972	28979	22246	22.89	16.60	16.67
上海	1674	2302	204	199	12.19	8.64	9.67
江苏	7438	7866	1462	1023	19.66	13.01	13.73
浙江	4677	5443	845	719	18.07	13.21	12.95
安徽	6093	5950	1528	1070	25.08	17.98	17.53
湖北	6028	5724	1379	796	22.88	13.91	15.48
湖南	6440	6568	1428	1157	22.17	17.62	18.20
江西	4140	4457	1076	975	25.99	21.88	21.22
重庆	3090	2885	678	490	21.94	16.98	15.45
四川	8329	8042	1887	1364	22.66	16.96	15.96
云南	4288	4597	1116	953	26.03	20.73	19.53
贵州	3525	3475	1068	876	30.30	25.21	22.27
长江经济带合计	55722	57309	12671	9622	22.74	16.79	16.55

资料来源：同表 1。

3. 性别结构失衡

中国统计年鉴的数据显示，2016 年中国总人口中男性比女性多 3364 万人，人口性别比为 104.98。我国人口性别比失衡起源于 20 世纪 80 年代，由于推行独生子女政策，造成出生性别比长期持续偏高。长江经济带 11 省市中，除上海以外，2010 年人口性别比均较 2000 年有所下降；在 11 省市人口性别比中，重庆（102.6）最低，贵州（108.6）最高，重庆、江苏和四川人口性别比均低于全国平均水平。2016 年抽样调查显示，全国的性别比已经低于 105，与 2010 年相比，浙江、江西、重庆的性别比有所提高，其他省份均有所降低，其中四川最低，只有 99.37，见表 3。

表 3　长江经济带人口性别比变化趋势（女性 =100）

地区	2000 年	2010 年	2016 年
全国	106. 7	105. 2	104. 98
上海	105. 7	106. 2	105. 87
江苏	103. 9	103. 0	101. 44
浙江	106. 0	105. 7	108. 56
安徽	107. 9	107. 9	105. 52
湖北	108. 6	107. 4	105. 49
湖南	109. 0	107. 9	104. 51
江西	108. 3	107. 5	108. 45
重庆	108. 9	102. 6	103. 37
四川	107. 7	103. 1	99. 73
云南	110. 1	107. 9	102. 16
贵州	110. 1	108. 6	106. 65

资料来源：同表 1。

（二）家庭结构

家庭结构演变是社会经济发展的产物，不同的经济发展水平下有不同的家庭结构。在经济发展水平较低阶段，受经济条件、社会保障水平和住房条件的限制，几代人住在一起的大家庭比较多，主要靠家庭内部的互助来扶老携幼，共享家庭收入。随着社会经济的发展，住房条件改善，社会保障水平不断提高，家庭内部的互助供养功能逐步弱化，大家庭逐渐解体，核心家庭、空巢家庭、独居老人、青年单身独居等家庭形式越来越普遍。

一般来说，社会学上根据家庭成员的构成，把家庭分为核心家庭、直系家庭、复合家庭、单人家庭等不同的家庭形式。从全国来看，1990 ~ 2010 年，核心家庭、直系家庭和单人家庭是我国家庭的三种主要类型，98% 以上的家庭可归入其中。细分来看，核心家庭比例在显著降低，从 70. 61% 降低到 60. 89%；直系家庭比例略有提高，从 21. 33% 提高到 22. 99%；单人家庭比重大幅度提高，从 6. 34% 提高到 13. 67%（见表 4）。

总之，从 1990 年以来我国历次人口普查的数据中可以看出，中国家庭结构呈现核心家庭水平降低、直系家庭稳中有升、单人家庭比例提高的格局。

表 4　1990～2010 年部分年份我国家庭结构及其变动

单位：%

家庭类型	1990 年	2000 年	2010 年
核心家庭	70. 61	68. 18	60. 89
直系家庭	21. 33	21. 72	22. 99
复合家庭	1. 08	0. 56	0. 58
单人家庭	6. 34	8. 57	13. 67
残缺家庭	0. 57	0. 71	0. 93
其他	0. 08	0. 26	0. 93
合计	100. 0	100. 0	100. 0

注：因没有找全长江经济带各省市的家庭结构演变数据，这里用的是全国数据显示我国家庭结构的演变趋势。

资料来源：同表 1。

（三）婚姻结构

由于我国性别比例失衡，特别是适婚年龄段性别比例失衡，男性人口数量远远多于女性，造成全国的婚姻年龄人口性别失衡问题，很多男性寻找配偶困难。根据我国 20 世纪 80 年代以来 30 多年的出生人口性别构成来看，到目前为止，我国累计的出生人口中男性比女性多 3000 多万人，男多女少带来的婚姻人群失衡问题日益严重。

从长江经济带来看，2016 年抽样调查结果显示，全国 15 岁以上未婚人群的性别比为 144. 78，长江经济带为 148. 12，长江经济带的未婚人群性别比失衡情况比全国还要严重。分省市来看，浙江、江西为 165 左右，江苏、上海较低，为 130 左右，见表 5。

表 5　2016 年长江经济带 15 岁以上未婚人群抽样调查性别比（女性为 100）

地区	男性样本数	女性样本数	性别比
全国	107984	74584	144. 78
上海	1761	1343	131. 12
江苏	5070	3993	126. 97
浙江	4361	2620	166. 45
安徽	4603	2966	155. 19

续表

地区	男性样本数	女性样本数	性别比
湖北	4886	2999	162.92
湖南	5002	3150	158.79
江西	3626	2203	164.59
重庆	2205	1494	147.59
四川	6132	4451	137.77
云南	4071	2992	136.06
贵州	3084	2036	151.47
长江经济带合计	44801	30247	148.12

资料来源：2016 年全国人口变动抽样调查。

（四）素质结构

人口受教育水平是衡量一个国家或地区社会经济发展水平的重要指标。一般用受教育程度的构成、平均受教育年限、从业人员的平均受教育年限等来表示。

从长江经济带 11 省市 6 岁以上人口受教育构成来看，除上海普通高中占比（14.73%）比小学（13.12%）高之外，其余省市占比依次为初中、小学和普通高中。在未上过学方面，贵州占比最大（11.47%），而上海（3.38%）、湖南（3.74%）占比最小。在高等教育方面，大学本科、研究生学历人口所占比重较小，最高的上海为 17.99%，最低的贵州只有 3.11%，长江经济带总体上来看人才优势不突出。如果把人才的受教育水平扩展到大专以上，上海的人才比例为 30.04%，最低的贵州为 7.01%，区域内的差异更大。总体来看，长江经济带上游省市的受教育水平低于中下游省市，见表 6。

表 6　长江经济带 2010 年 6 岁及以上人口受教育构成

单位：%

地区	未上过学	小学	初中	高中	中职	大学专科	大学本科	研究生	大专及以上
全国	5.70	25.61	38.84	12.75	4.15	6.90	5.50	0.54	12.94
上海	3.38	13.12	32.16	14.73	6.56	12.05	15.12	2.87	30.04
江苏	6.21	22.26	35.80	13.55	5.57	9.21	6.66	0.75	16.62
浙江	6.61	27.36	35.23	12.00	3.61	7.47	7.22	0.51	15.20

续表

地区	未上过学	小学	初中	高中	中职	大学专科	大学本科	研究生	大专及以上
安徽	7.37	27.17	43.17	10.25	2.67	5.47	3.68	0.23	9.38
湖北	5.85	23.66	37.96	13.79	4.82	4.03	2.72	0.58	7.33
湖南	3.74	25.08	38.42	17.08	4.03	6.09	5.47	0.34	11.90
江西	5.17	30.73	38.15	13.65	3.33	10.74	6.22	0.20	17.16
重庆	4.44	31.47	33.68	14.03	3.77	7.62	4.71	0.28	12.61
四川	8.44	32.62	36.22	10.46	3.27	5.38	3.44	0.18	9.00
云南	8.72	38.74	32.86	7.72	3.28	4.24	4.28	0.17	8.69
贵州	11.47	33.98	36.62	8.10	2.82	3.90	3.03	0.08	7.01

资料来源：同表1。

（五）就业结构

就业结构一般指就业人员在不同行业和不同职业的分布，通过对一个国家或地区就业人口的行业、职业构成情况的分析，可以显示经济发展的水平和质量。1978年至今，我国三大产业发生了巨大变化，其变动趋势基本符合经济发展的规律。

2010年，在第一产业就业占比方面，11省市均呈现不同程度的下降，下游省市下降幅度较大，中上游省市下降幅度较小，最高的云南为59.4%，最低的上海为3.9%，省市之间差异悬殊。在第二产业方面，除上海和贵州外，其余省市第二产业就业结构占比均有所上升，最高的浙江为48%，工业化阶段的特征明显，最低的贵州只有11.9%。在第三产业方面，除江西外，其余省市就业结构占比均有所上升，最高的上海达到58.5%，呈现后工业化的特征，最低的云南为27.0%。劳动力从农业、制造业向服务业转移，符合了现代科技和社会经济发展的必然趋势。从全国范围来看，就业结构为“一三二”格局，第三产就业上升快，见表7。

表 7 长江经济带就业结构变化情况

单位：%

地区	第一产业		第二产业		第三产业	
	2000 年	2010 年	2000 年	2010 年	2000 年	2010 年
全国	50.0	36.7	22.5	28.7	27.5	34.6
上海	13.1	3.9	42.8	37.6	44.1	58.5
江苏	42.2	18.7	29.7	45.3	28.1	36.1
浙江	37.8	15.9	30.9	48.0	31.3	36.1
安徽	59.8	40.0	15.8	29.4	24.4	30.6
湖北	48.0	29.5	18.3	29.1	33.6	41.3
湖南	60.8	46.7	14.7	21.5	24.6	31.8
江西	51.9	37.6	14.4	29.7	33.7	32.7
重庆	56.5	33.1	15.3	29.1	28.1	37.8
四川	59.6	42.9	14.5	23.1	25.9	34.1
云南	73.9	59.4	9.2	13.6	17.0	27.0
贵州	59.7	49.6	13.8	11.9	26.5	38.5

资料来源：同表 1。

三 上海社会结构演变趋势与特点

本研究中我们从反映上海社会结构的人口结构、家庭结构、婚姻结构、素质结构、就业结构和收入分配结构等六个指标来分析上海社会结构的特点及其演变趋势。

（一）人口结构

1. 户籍人口持续增加，外来人口先增后减

在人口来源地构成方面，上海作为我国的经济中心与长江经济带的核心城市，拥有着大量的人口。如表 8 所示，2010 ~ 2016 年，上海户籍人口一直呈增加状态，由 2010 年末的 1412.32 万人增加到 2016 年的 1450.00 万人。同时，上海常住人口也在不断增加，但在 2015 年相较于上年减少了 10.41 万人，这主要是由于上海的人口调控政策发挥了作用。上海户籍人口

与常住人口的增加，主要是由于外来人口大量进入。2010～2016年，上海常住人口中的外来人口比重由39.00%持续增长到40.51%。其中，2015年伴随着常住人口的减少，外来人口比重也相应减少。

表8　2010～2016年上海常住人口与外来人口及其占比

单位：万人，%

年份	年末户籍人口	年末常住人口	其中外来人口	常住人口中外来人口比重
2010	1412.32	2302.66	897.95	39.00
2011	1419.36	2347.46	935.36	39.85
2012	1426.93	2380.43	960.24	40.34
2013	1432.34	2415.15	990.01	40.99
2014	1438.69	2425.68	996.42	41.08
2015	1442.97	2415.27	981.65	40.64
2016	1450.00	2419.70	980.20	40.51

资料来源：上海统计年鉴。

2. 外来就业人口占将近一半比重，近年来出现减少趋势

作为国家经济中心与对外开放区，伴随着经济的发展与转型，上海吸引了大量劳动力与人才进入。2010～2015年，上海的就业人口中外来人口从672.87万人增长到673.25万人，略有增长。但是，外来从业人员占比最近几年略有减少，2010～2015年，占比从52.6%减少到49.5%，但仍然占将近一半的比重。上海外来人口最近几年占比的减少与上海产业结构转型升级，以及实行宏观的人口调控政策措施有密切的联系。如表9所示。

表9　上海就业人口的来源构成

单位：万人，%

项目	2010年六普	比重	2015年1%人口抽样	比重
外来就业人口	672.87	52.6	673.25	49.5
户籍就业人口	606.35	47.4	688.26	50.5
合计	1279.22	100.0	1361.51	100.0

资料来源：2010年数据为人口普查绝对数；2015年数据为1%人口抽样调查样本按抽样比推算数。

3. 少儿人口和老年人口呈增加趋势，劳动年龄人口比重下降

如表 10 所示，在人口年龄结构方面，由于计划生育政策和人们生育观念的改变，上海 0～14 岁少儿占总人口比重近年来一直较低，2010 年为 8.6%，由于 2014 年开始实施“单独两孩”政策，出生人口数量有所提高，2015 年略微增加到 9.3%，但是仍然未超过 10%，保持很低的比重。自 2016 年 1 月 1 日开始，我国实行了全面两孩政策，所有家庭都可以生育两个孩子。但是生育政策调整以后，上海的出生人口数量只是在短期内有所增加，2017 年的出生人口数量又开始减少了。2016 年比 2015 年出生减少了，当时的解释是 2016 年是阴历的羊年，所以出生的少了，但是 2017 年上海常住人口的出生数量进一步减少为 19.70 万人，比 2016 年减少了 2.14 万人。这就不能用属相原因解释了，最根本的原因还是人们的生育意愿低了，并且生育旺盛期的育龄妇女人数也减少了，全面二孩政策的效果打了很大折扣。

与此同时，上海老年人口规模和比例上升很快，常住人口中 60 岁及以上老年人口比重从 2010 年的 15.1% 提高到 2010 年的 19.9%，呈现稳定上升的趋势。上海比全国提前 21 年进入老龄化阶段。目前上海已经进入了“深度老龄化阶段”。据上海市民政局统计，2017 年底上海户籍人口中 60 岁以上老年人口占比已经提高到 33.2%，户籍人口中 1/3 都是老年人口。外来人口中年轻人口比重比较高，稀释了上海户籍人口老龄化的严重程度。

此外，上海劳动年龄人口绝对数和占比都在下降。自 2008 年以来，上海 18～59 岁户籍劳动年龄人口开始进入持续减少阶段，2015 年已经减少到 844.97 万人，比 2008 年净减少 98.35 万人，平均每年减少 14.05 万人。从 2010 年到 2015 年，常住人口中劳动年龄人口占总人口比重从 76.3% 下降到 70.8%，下降了 5.5 个百分点。劳动力比重下降，与我国人口红利正在逐渐消失和上海较为严格的人口调控政策有关。今后上海经济社会跨越式发展迫切需要增加劳动力的供给。

表 10　上海人口年龄结构

单位：人，%

年份	总人数	各年龄阶段人口数			各年龄阶段人口占比		
		0～14 岁	15～59 岁	60 岁及以上	0～14 岁	15～59 岁	60 岁及以上
2010(六普)	23019196	1982859	17566682	3469655	8.6	76.3	15.1
2015(1%人口抽样调查)	679987	63524	481470	134993	9.3	70.8	19.9

资料来源：2010 年人口普查总数与 2015 年 1%人口抽样调查样本数。

4. 育龄妇女平均年龄提高，高龄产妇人数增加

由于上海大都市快节奏生活与较大的职业竞争压力的特点，加之妇女职业观与受教育程度的提高，上海育龄妇女中的生育年龄逐渐向 25 岁以后甚至 30 岁以后转移。如表 11 所示，2010 年六次人口普查中，25～34 岁的育龄妇女共 219336 人，占总数的 33%；2015 年上海 1%人口抽样调查中，25～34 岁的育龄妇女共 73302 人，占总数的 40%，占比有所增加。同时，在这一生育年龄阶段对应的出生人数最多。2010 年 25～34 岁育龄妇女阶段对应出生人数总计 10629 人，占比 65%；2015 年 25～34 岁育龄妇女阶段对应出生人数总计，占比 72%，也相对应后移。与此同时，35 岁以后生育的育龄妇女比例增加，从 2010 年的 8.64%提高到 2010 年的 13.7%。

表 11　上海 2015 年 1%人口抽样调查育龄妇女数与出生人数

单位：人，%

2010 年人口普查 10%样本数（2009 年 11 月 1 日～2010 年 10 月 31 日）					2015 年人口抽样调查 3%样本数（2014 年 11 月 1 日～2015 年 10 月 31 日）				
年龄	平均育龄妇女人数	占比	出生人数	占比	年龄	平均育龄妇女人数	占比	出生人数	占比
15～19 岁	61454	9.29	251	1.54	15～19 岁	7459	4.14	54	1.23
20～24 岁	123760	18.71	4022	24.66	20～24 岁	23349	12.95	592	13.45
25～29 岁	121958	18.43	6976	42.77	25～29 岁	39413	21.86	1867	42.43
30～34 岁	97378	14.72	3653	22.40	30～34 岁	33889	18.80	1284	29.18
35～39 岁	89066	13.46	1049	6.43	35～39 岁	26976	14.96	440	10.00

续表

2010 年人口普查 10% 样本数（2009 年 11 月 1 日 ~2010 年 10 月 31 日）					2015 年人口抽样调查 3% 样本数（2014 年 11 月 1 日 ~2015 年 10 月 31 日）				
年龄	平均育龄妇女人数	占比	出生人数	占比	年龄	平均育龄妇女人数	占比	出生人数	占比
40 ~44 岁	84451	12.76	257	1.58	40 ~44 岁	25081	13.91	108	2.45
45 ~49 岁	83536	12.63	102	0.63	45 ~49 岁	24124	13.38	55	1.25
总计	661603	100	16310	100	总计	180291	100	4400	100

资料来源：2010 年人口普查与 2015 年 1% 人口抽样调查。

（二）家庭结构

受计划生育政策和经济社会发展的影响，上海的家庭结构与全国类似，同样呈现出家庭规模小型化、代际年龄差距拉大、代际人口规模越来越少的状况。如表 12、表 13、表 14 所示，2016 年上海家庭中一代户共 4119972 户，二代户共 3265718 户，总计 7385690 户，占总数的 89.49%；上海家庭中一人户共 1641920 户，二人户共 2805535 户，三人户共 2549205 户，总计 6996660 户，占总数的 84. 77%。可以说三人以下的小型家庭代表了上海家庭类型的绝大多数。

表 12　2016 年上海家庭户代数构成

单位：户，%

项目	一代户	二代户	三代户	四代户	五代及以上户	总计
户数	4119972	3265718	843621	23916	30	8253257
占比	49.92	39.57	10.22	0.29	0.00	100

资料来源：《上海统计年鉴（2017）》。

表 13　2016 年上海家庭户人数构成

单位：户，%

项目	户数	占比
一人户	1641920	19.89
二人户	2805535	33.99
三人户	2549205	30.89
四人户	732700	8.88

续表

项目	户数	占比
五人户	424518	5.14
六人户	72296	0.88
七人户	17988	0.22
八人户	6091	0.07
九人户	1739	0.02
十人及以上户	1265	0.02
总数	8253257	100.00

资料来源：《上海统计年鉴（2017）》。

表 14　2016 上海家庭户数和代数的交叉构成情况

项目	小计	一代户	二代户	三代户	四代户	五代及以上户
一人户	1641920	1641920				
二人户	2805535	2362360	443175			
三人户	2549205	78399	2410422	60384		
四人户	732700	25444	348378	358159	719	
五人户	424518	7917	49716	360658	6227	
六人户	72296	2382	10214	47039	12657	4
七人户	17988	748	2446	11288	3494	12
八人户	6091	370	790	4371	547	13
九人户	1739	174	301	1063	200	1
十人及以上户	1265	258	276	659	72	
总计	8253257	4119972	3265718	843621	23916	30

资料来源：《上海统计年鉴（2017）》。

（三）婚姻结构

上海的婚姻状况呈现未婚人群规模大，占比高的现状。如表 15 所示，2010 年六普中 15 岁及以上未婚样本人数为 439304 人，占当年被调查的 15 岁以上人口数（2052771 人）的 21.4%；2015 年人口抽样调查中未婚样本人数为 104973 人，占当年被调查的 15 岁及以上人口数（613316 人）的 17.1%，未婚人群比例略有下降。由于现代人尤其是青年婚姻观念的开放与青年生活压力的增大等原因，许多未婚青年呈现被动的未婚状态。其中，上海大龄未婚女青年现象尤为突出。虽然这一情况由于人口性别比总数等因素在表格统计数据中得不到体现，但是确实存在于现实社会之中。此外，上海的离婚率也呈现上升的趋势，如图 1 所示，由 2010 年的 4. 67 万件增长到 2016 年的 8. 26 万件，增加了近一倍。离婚率的上升，除了确实有一些夫妻因为感情破裂而离婚以外，更多的可能是因为购房或者卖房而出现的假离婚促进了离婚比例的快速上升。购房因素扭曲了上海的婚姻状况。

表 15　上海未婚人数

单位：人

项目	2010 六普			2015 年 1% 人口抽样调查		
	小计	男	女	小计	男	女
总计	439304	246813	192491	104973	61326	43647
15 ~ 19 岁	104660	53627	51033	13915	7903	6012
20 ~ 24 岁	194587	104458	90129	35629	19810	15819
25 ~ 29 岁	88263	52691	35572	34854	20734	14120
30 ~ 34 岁	23048	14400	8648	10816	6279	4537
35 ~ 39 岁	8885	5999	2886	3733	2154	1579
40 ~ 44 岁	4995	3786	1209	1711	1088	623
45 ~ 49 岁	4729	3995	734	1121	829	292
50 ~ 54 岁	4326	3708	618	1069	900	169
55 ~ 59 岁	2798	2125	673	919	784	135
60 ~ 64 岁	1485	1012	473	619	486	133
65 岁及以上	1528	1012	516	587	359	228

资料来源：2010 年人口普查与 2015 年 1% 人口抽样调查。

（四）素质结构

虽然近年来由于上海经济社会发展的需要，上海吸引了大量海内外优秀人才进入，常住人口的受教育水平在稳步提高，但是上海的总体人口素质仍需提高，6 岁及以上常住总人口中仍然超过 50% 是初中及以下文化程度，这与上海社会经济转型的需要不一致。如图 2 所示，从具体数据来看，从 2010 年六普到 2015 年人口小普查，上海 6 岁及以上常住人口中，研究生比

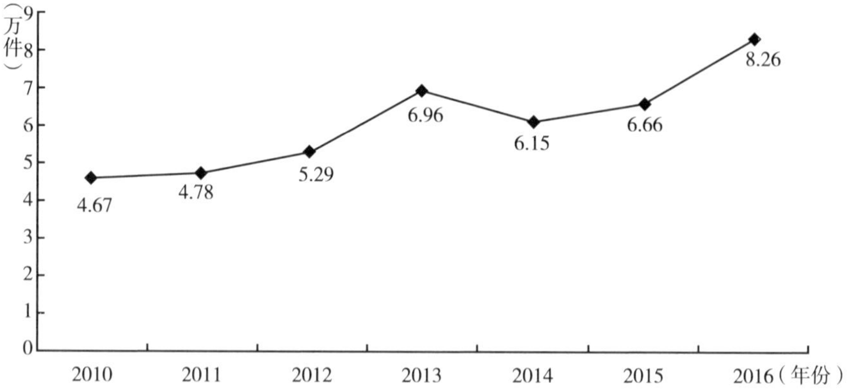

图1　2010～2016上海离婚情况

资料来源：历年上海统计年鉴。

例从1.91%提高到2.72%；大学本科从10.87%提高到14.33%；大学专科从10.04%提高到11.65%；而高中比例从21.84%下降到14.69%；初中比例从38.06%下降到33.82%；小学比例从14.13%下降到13.09%。

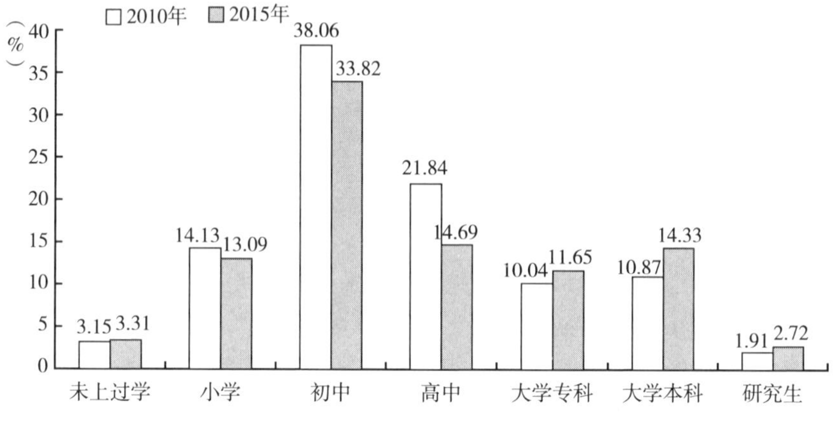

图2　2010年六普与2015年1%人口抽样调查中上海6岁及以上人口教育程度构成

资料来源：2010年人口普查与2015年1%人口抽样调查。

（五）就业结构

“十二五”期间，上海产业结构持续调整，以服务业为主的经济结构逐步形成，高新技术产业的地位不断提高。如图 3 所示，2010 ~2016 年，上海第一产业就业人数平稳维持在较低数量，第二产业就业人数在 2014 年开始逐渐下降，由 2014 年的 476.87 万人减少至 2016 年的 448.50 万人，第三产业的就业人数在此七年间一直呈上升趋势，2013 ~2014 年有大幅提高，由 644.90 万人增长至 843.95 万人，体现了上海都市型产业的发展。从 2014 年开始，上海就业人数最多的制造业就业人数大幅下降，由 2014 年的 366.14 万人下降至 2016 年的 341.82 万人。与此同时，2014 年批发和零售业与租赁和商务服务业达到了一个较高增长点，分别由 2013 年的 186.69 万人与 65.74 万人增长到 2014 年的 235.52 万人与 125.88 万人，如表 16 所示。

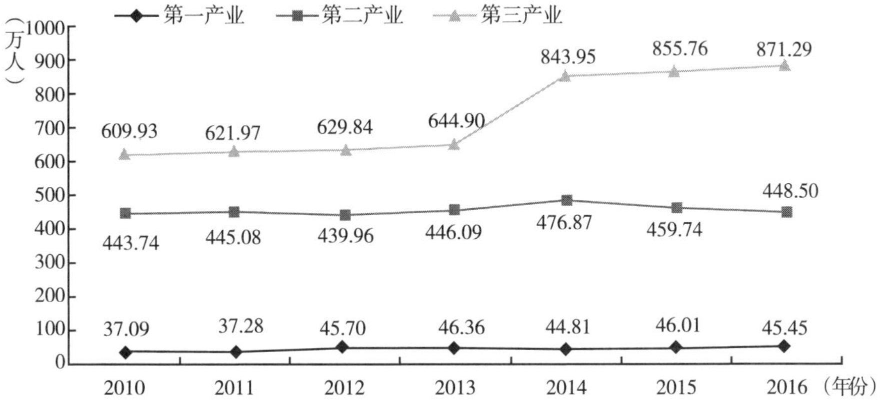

图 3　2010 ~2016 年上海三次产业就业人数变化

资料来源：历年上海统计年鉴。

表 16　2010 ~2016 年上海各行业就业人数变化

单位：万人

产业	2010 年	2011 年	2012 年	2013 年	2014 年	2015 年	2016 年
第一产业	37.09	37.28	45.7	46.36	44.81	46.01	45.45
第二产业	443.74	445.08	439.96	446.09	476.87	459.74	448.5
第三产业	609.93	621.97	629.84	644.9	843.95	855.76	871.29
农、林、牧、渔业	37.09	37.28	45.7	49.3	48.25	49.03	48.3

续表

产业	2010年	2011年	2012年	2013年	2014年	2015年	2016年
采矿业	0.09	0.05	0.05	0.05	0.04	0.04	0.04
制造业	341.42	341.41	336.86	341.71	366.14	351.03	341.82
电力、热力、燃气及水的生产和供应业	6.14	6.27	5.99	5.41	4.32	4.76	4.83
建筑业	96.09	97.35	97.06	101.33	110.09	108.33	106.36
批发和零售业	180.69	181.66	185.81	186.69	235.52	238.31	239.06
交通运输、仓储和邮政业	54.97	58.14	60.11	59.88	87.55	88.2	89.73
住宿和餐饮业	47.52	47.23	48.89	48.04	51.47	51.91	52.22
信息传输、软件和信息技术服务业	20.03	27.57	28.12	27.68	45.72	46.26	48.6
金融业	24.11	28.41	30.05	30.86	34.42	35.07	36.42
房地产业	35.94	35.59	33.36	33.07	48.64	49.84	50.01
租赁和商务服务业	58.86	62.31	64.64	65.74	125.88	130.65	133.18
科学研究和技术服务业	33.11	29.99	29.02	28.16	43.92	44.97	45.75
水利、环境和公共设施管理业	11.94	11.2	11.6	15.82	20.08	20.16	20.82
居民服务、修理和其他服务业	62.75	58.86	57.93	58.09	34.92	34.98	36.06
教育	29.02	30.31	30.11	29.63	36.92	36.13	37.41
卫生和社会工作	20.41	20.65	20.13	24.09	27.53	27.71	28.7
文化、体育和娱乐业	11.91	10.65	9.58	8.59	10.77	10.67	11.42
公共管理、社会保障和社会组织	18.67	19.4	20.49	23.21	33.45	33.46	34.51

资料来源：历年上海统计年鉴。

（六）收入分配结构

由于社会经济的发展与国家分配政策的不断优化，上海的职工工资呈现出较大增长，养老金替代率也不断提升。如图4所示，上海职工工资总额由2010年的3018.55亿元持续增长至2016年的9140.45亿元。如图5所示，职工月平均工资由2010年的46757元持续增长至2016年的78045元，月平均养老金替代率由2010年的42.8%升到2016年的58.9%。但与此同时，上海也存在城乡收入差距较大的问题。如图6所示，上海的城乡居民人均可支配收入差距随着社会经济水平的增长在不断拉大，且工资性增长总体来说较为缓慢。

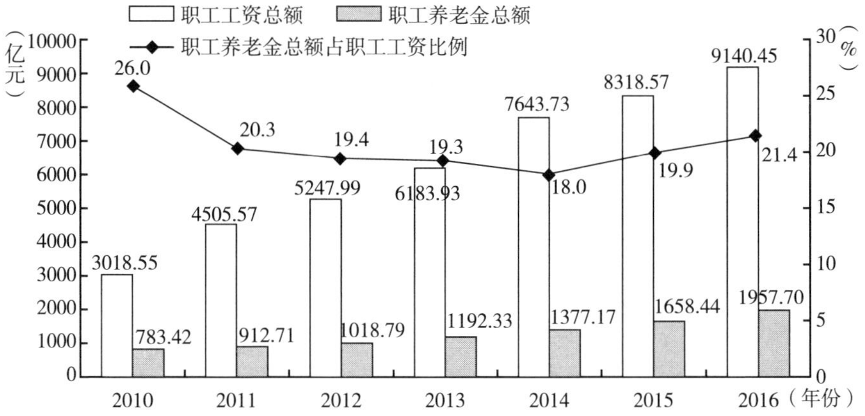

图 4　上海职工工资总额与职工养老金总额及占比

资料来源：历年上海统计年鉴。

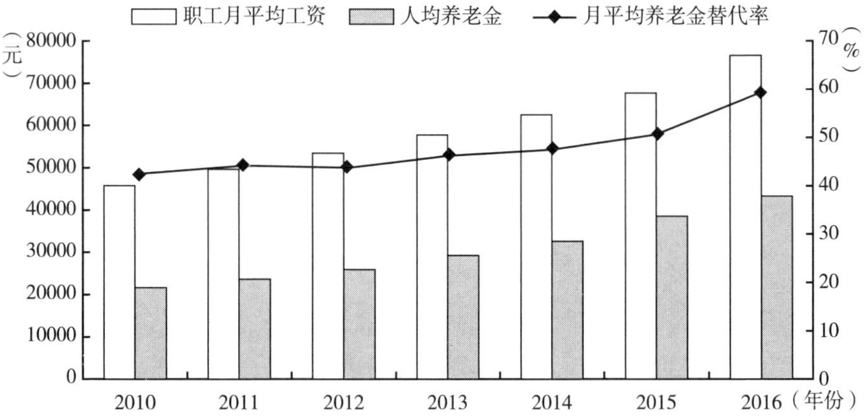

图 5　上海职工月平均工资和离退休人员月平均养老金变化情况

资料来源：历年上海统计年鉴。

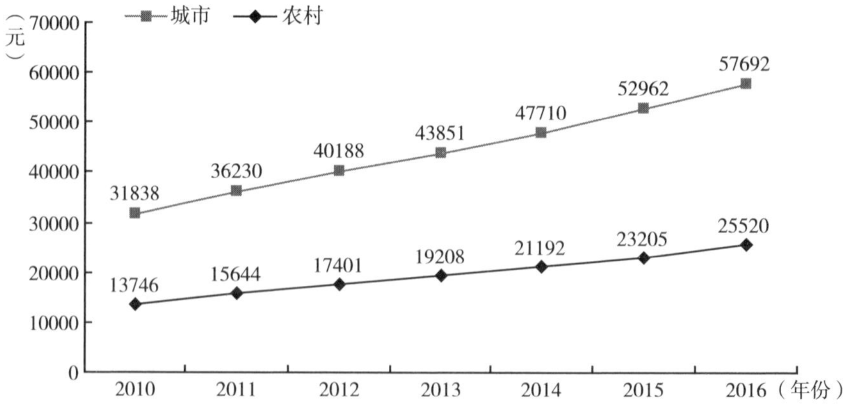

图6　2010～2016年上海城乡人均可支配收入变化情况

资料来源：历年上海统计年鉴。

四　长江经济带社会结构演变对上海的影响

（一）长江经济带来沪人口数量变动直接影响上海常住人口的数量

在上海外来常住人口中，来自长江经济带各省份的外来人口最多，2000～2010年，总数从3324952人增长到6749978万人。分省份来看，来自邻近的江苏、安徽最多，2010年分别为1503522人和2602273人。但是，在长江经济带各省市来沪人口规模增加的同时，比重却在下降，长江经济带各省市合计来沪人口占比从2000年的85.89%下降到2010年的75.19%，2015年进一步下降到72.94%。2000年江苏和安徽两省来沪人口占全部来沪人口比重分别为24.00和32.2%；2010年分别下降到16.75%与28.99%；2015年进一步下降到16.62%与27.85%。可见，来自长江经济带的外来人口的相对比重在下降，外来人口的来源地在分散化（见表17）。

表 17　长江经济带来沪人口的来源地构成

单位：人，%

地区	2000 年		2010 年		2015 年
	人数	占比	人数	占比	占比
江苏	929045	24. 00	1503522	16. 75	16. 62
浙江	383000	9. 89	450506	5. 02	4. 72
安徽	1247248	32. 22	2602273	28. 99	27. 85
江西	233617	6. 03	487192	5. 43	5. 12
湖北	104393	2. 70	407747	4. 54	4. 98
湖南	53855	1. 39	228544	2. 55	2. 86
重庆	40473	1. 05	227653	2. 54	2. 16
四川	282169	7. 29	624465	6. 96	5. 72
贵州	41294	1. 07	148084	1. 65	1. 82
云南	9858	0. 25	69992	0. 78	1. 09
长江经济带各省市合计	3324952	85. 89	6749978	75. 19	72. 94
全部外省市来沪人口	3871075	100. 00	8977000	100. 00	100. 00

注：2000 年和 2010 年为人口普查数据，2015 年为 1% 人口抽样调查数据。

我国从 2012 年就进入劳动年龄人数持续下降阶段，最近几年全国劳动年龄人口已经减少了 2000 多万人。长江经济带各省劳动年龄人数减少到一定程度，可能会减少人口流出的数量，上海的人口增长压力可能会减轻，最近几年已经出现了长江经济带来沪人口比例持续下降的现象。但是，上海外来人口增速下降会导致上海人口年龄结构的加速深度老化，老年供养负担加重，劳动力供给不足，直接影响上海的社会经济活力，影响上海的产业结构转型升级，影响上海建设创新型城市。

（二）长江经济带来沪人口家庭结构变动影响上海的人口结构

长江经济带各省市都在经历家庭规模小型化、家庭结构简单化的过程，这可能会导致家庭式人口迁移流动现象的增多，一些少年儿童或者老年人可能会随青壮年劳动力一起进入上海，增加上海的人口总抚养系数，上海的婴幼儿照护、学龄儿童教育、老年人口医疗和照护服务需求会进一步增加。

从老年人口情况来看。2010～2015年，短短5年间，上海的外来老年人口数量从23万多人增长到47万多人，短短5年时间实现了倍增。虽然上海的外来老年人口不都来自长江经济带各省市，但是由于整个外来人口中超过70%来自长江经济带各省市，就按照70%的老年人口比例推算，在上海的来自长江经济带的老年人口数量也达到了33万人。虽然大量来沪老人是帮子女照顾孙辈、料理家务、解除了子女的后顾之忧，促进了上海的社会经济发展，但是也确实有一些外省市的高龄或者身体健康状况比较差的老人在上海接受医疗、护理和照料，对上海的养老资源造成一定压力。现在来上海的外来青壮年人口中不少人可能会在上海定居，他们的父母也可能会一起在上海生活，因此，在制定未来上海养老服务发展规划时，也要考虑这部分老人的需要。

从青少年人口情况来看。最近几年，每年在上海出生的总人口中，45%左右是外省市人口生育的，很多外省市人口在上海出生后就在上海长大，需要上海提供相应的教育资源。据上海市教委统计：2014年，20万人左右外省市随迁子女在幼儿园就读，比2010年增加了近8万人；53.86万在上海的中小学就读，比2010年增加了6.81万人，占全市义务教育阶段学生数的比例超过40%；3万人左右在中职校就读，比2010年增加了2.2万人。这些外省市在上海就读的子女中，70%以上都来自长江经济带各省市，需要上海的教育资源做出相应的增加。

从劳动年龄人口情况来看。根据上海市实有人口统计数据，2015年10月上海外来人口的年龄分布主要集中在18～54岁，高峰年龄段在25～35岁，明显低于户籍人口。户籍人口主要分布在30～65岁，高峰年龄段为55～65岁。大量年轻外来人口的进入，增加了上海的劳动力供给，有效缓解了上海户籍人口年龄结构老龄化问题，促进了上海的人口年龄结构均衡（见图7）。

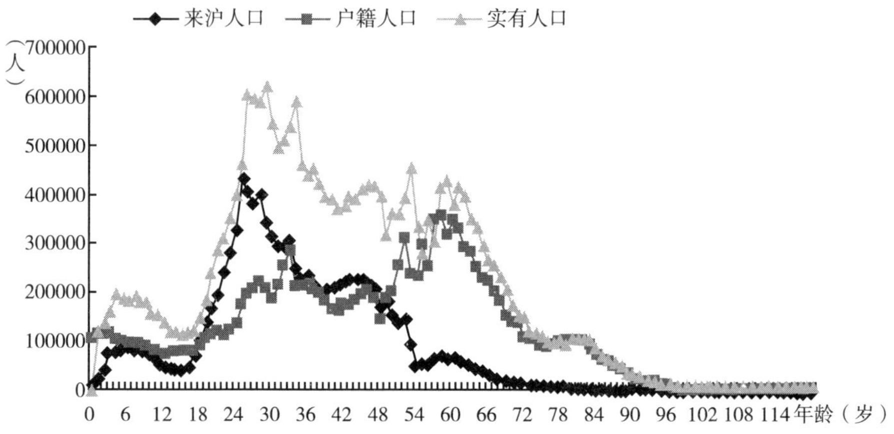

图7　上海外来人口和户籍人口年龄分布情况（2015年10月）

资料来源：上海市人口办。

（三）长江经济带来沪人口婚姻结构变动影响上海的婚姻市场

以上海为代表的大城市户籍大龄剩女多，婚姻迁移对上海婚姻市场的影响非常大，这种状况未来还将长期存在。

我国城乡婚配市场失衡，各地都存在婚配难的问题，大量农村地区，特别是中西部农村地区，比如长江经济带的贵州、云南、四川的山区，有大量男青年找不到配偶，被迫成为“光棍”，而大城市地区，特别是上海这样的特大城市却恰恰相反，存在大量的“剩女”问题，一度成为新闻热点的“人民广场婚介墙”“万人相亲大会”等，都是为了解决这一问题而产生的。

上海女性择偶难的一个主要原因是“两地婚姻”的大量存在。根据我们的统计，在1991～2015年这25年间中，上海两地婚姻共有781843对，大部分年份两地婚姻中本地男性与外地女性结婚的比例都超过75%。如果我们按照75%的本地男外地女的比例可以大致推算出这25年中本地男和外地女结婚的共有586382对，本地女和外地男结婚的有195461对，两者的差额为390922对。也就是说，通过两地婚姻，过去25年中有390922个外地女性净迁入上海的婚姻市场，和上海本地女性争夺配偶，并且这种情况还在进一步发展。据我们的推算，未来上海户籍女性中因为两地婚姻的竞争而不能结婚的比例将达到15%左右。

根据部分年份的数据，上海两地婚姻中外省市女方主要来自长江经济带地区。其中，最多的来自江苏，其次是浙江、安徽。地域临近，文化差异小，是两地婚姻的主要区域特点。

两地婚姻的增多，不但造成上海本市户籍女性找配偶难，也直接影响了上海出生人口数量。按照我国的国情，结婚后生育的孩子才能申报户口，而上海由于大量外来女性的进入，婚姻市场上本地户籍女性婚姻出现了很大的困难，很多人被迫终身不婚，也就没法生育孩子。

因此，建议政府部门要采取切实措施，为青年提供优质的公益性的婚介服务，帮助他们寻找到合适的配偶。要通过宣传，让城市本地户籍女性改变男性一定要比自己强的观念，嫁给学历和收入情况一般但人品好勤劳持家的男性。要鼓励城市本地女性与优秀的外省市男性结婚，减少女性不婚人群比例。

（四）长江经济带来沪人口的素质状况影响上海的人口素质

由于大量来沪人口的受教育程度较低，影响了上海常住人口总体的受教育程度。如图8所示，外来常住人口受教育水平明显低于常住人口总体受教育水平。在人口教育程度方面，在2000～2010年的两次人口普查中，上海户籍人口中受教育程度一直远远超过外来人口，大量文化程度较低的外来人口的进入，拉低了上海整体的受教育水平。以2010年六普为例，上海常住人口中大学专科及以上占比为22.8%，外来人口只占14.1%；而受教育程度水平不高的高中及以下人数占比常住人口为77.2%，外来人口为85.9%。未来亟待提高其他省市进入上海的外来人口受教育水平，以提高上海的整体人口素质，促进上海社会经济发展。

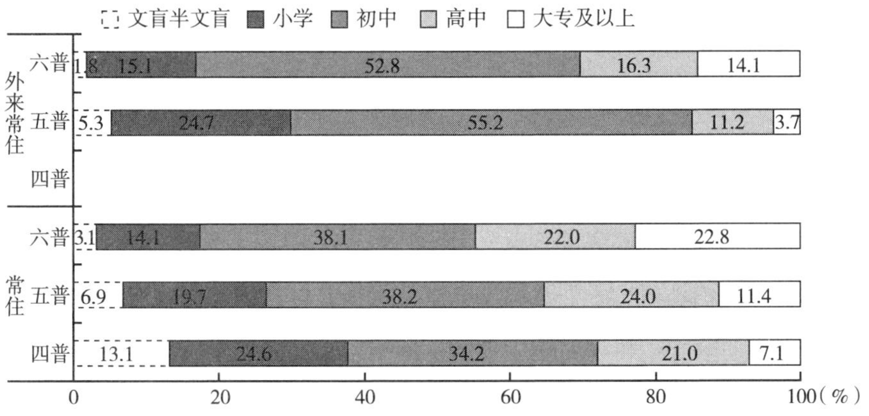

图 8　上海常住人口与外来常住人口文化构成

资料来源：1990 年、2000 年、2010 年人口普查。

（五）长江经济带来沪就业人口比例降低，影响上海从业人员数量增长

我国正逐步由工业化阶段向后工业化阶段转变，来自长江经济带其他省市正在经历二、三产业快速发展阶段，就地提供了大量就业机会，比如成都富士康就能提供 30 万就业岗位，这有利于就地解决一部分农业转移人口的就业问题，相应减少上海的人口压力。2000～2010 年，来自长江经济带各省市的在沪从业人数占比从 87. 42% 下降到了 75. 50%。这还只是比重的变化，预期未来来自长江经济带的从业人口绝对数量也将减少（见表 18）。

长江经济带各省市来沪的从业人员数量减少对上海带来的影响主要表现在：一是上海劳动力的供给减少，特别是年轻劳动力和人才的减少，影响上海的经济活力；二是可能带来劳动力价格的提高，增加企业用工成本，削减上海的竞争力；三是直接带来上海社会保险缴费人数的减少，影响上海养老保险基金的可持续运行。

表 18　长江经济带各省市来沪从业人员数量和构成

单位：人，%

地区	2000 年 全部人数	2010 年 10% 抽样	2000 年 比例	2010 年 比例
江苏	699007	113867	24.59	17.28
浙江	263565	30682	9.27	4.66
安徽	959012	191382	33.73	29.05
江西	165875	35371	5.83	5.37
湖北	79005	31170	2.78	4.73
湖南	39023	17013	1.37	2.58
重庆	30672	16665	1.08	2.53
四川	217967	46371	7.67	7.04
贵州	26561	9836	0.93	1.49
云南	4646	5051	0.16	0.77
长江经济带合计	2485333	497408	87.42	75.50
上海全市外来就业人员	2842823	658820	100.00	100.00

（六）长江经济带来沪人口收入构成变化影响上海的社会经济发展

长江经济带各省市间的收入差距缩小有利于减轻上海的人口流入压力。长江经济带其他省市最近几年 GDP 增速普遍高于上海，特别是上游的重庆、贵州等省市，是我国经济增速最高的地区。随着这些省市的发展，提供了大量收入较高的就业机会，很多当地劳动力留下来就业，减轻了人口向上海的迁移流动的压力。最近几年上海常住人口已经趋于稳定。

随着长江经济带各省市收入分配制度改革的深化，中等收入人群规模和所占比重都在增加，有利于社会的和谐稳定。党的十八大报告中提出，要充分发挥市场在资源配置中的决定性作用，市场化有利于打破行业垄断和部门垄断，提高整个社会的资源配置效率，缩小不合理的收入分配差距。

在上海的来自长江经济带的外来人口的受教育水平也在持续提高。他们中间还有大量没有获得上海户口的大学毕业生，受教育程度与职业等级和收入有正相关的关系，外来人员受教育程度提高，意味着上海全市人口平均受教育程度的提高，有利于全市居民的平均收入的提高。外来人口受教育程度提高以后，购买能力也会提高，有利于上海的商业和服务业发展，促进产业结构向第三产业转型。

五　简要结论和对策建议

本报告中对长江经济带社会结构演变的趋势进行了分析描述，并且分析了长江经济带社会结构演变对上海可能带来的正反两方面的影响，接下来我们将本研究的发现做简要总结，并提出借助长江经济带的力量，优化上海社会结构的一些对策建议，主要目的是发挥上海的龙头示范和引领作用，为长江经济带社会结构良性转变提供参考和借鉴，实现整个长江经济带社会结构的优化提升。

（一）简要结论

1. 长江经济带社会结构演变的趋势及其原因具有中国特色和时代特点

长江经济带正在经历深刻和快速的社会转型。既表现出省市之间的差异，也表现出城乡二元结构的差异；既受宏观的经济发展的影响，也受微观的家庭结构和观念改变的影响；既受我国特殊的人口生育政策和迁移流动政策的影响，也与社会经济转型期不同类型人群的利益分配格局有关。国外经典的社会结构演变理论，并不能完全适用于分析和解释长江经济带社会结构转变的原因和未来走向。对长江经济带社会结构演变的研究，既要参考国外的理论和实践经验，更要根据长江经济带的特点开展有针对性的研究，寻找解决的办法。

2. 长江经济带社会结构演变对上海社会发展有正反两方面的影响

长江经济带社会结构演变既有对上海社会结构良性影响的一面，也可能带来上海社会结构的矛盾进一步激化，要结合上海的市情和其他省市的条件，提出阶段性的有针对性的综合应对策略。比如，来自长江经济带各省市的外来人口，为上海提供了充足的劳动力资源，促进了上海的社会经济发展，但是如果增长过快，超过了一定时期的人口容量，就会带来教育需求压力、劳动力过量供给、资源环境压力、公共服务压力等问题。但是，如果长期严格控制外来人口的增长，又会造成劳动力的短缺带来劳动力成本大涨从而削弱上海的发展活力和城市竞争力。最近两年杭州、武汉、南京、成都等长三角大城市都出台了大量吸引大学生的人才政策，而上海对大学生控制得很严，只想引进高端人才，长此以往，上海与这些城市之间的人才优势的差距将会缩小，上海的城市竞争力会相对削弱，不利于上海的长远发展。在婚姻市场上，上海引进了大量外来女性解决本地中低收入男性的择偶难问题，每年都有4万人左右外来女性嫁到上海，但是大量外来女性的婚嫁，对上海本地户籍女性带来了婚姻压力，出现了大量大龄剩女择偶难问题，估计当前这个规模已经有30万人左右，既影响她们的个人幸福，又影响了上海生育水平。因此，要探索如何出台适度、有效的社会发展政策，从宏观上前瞻性地引导长江经济带社会结构演变对上海带来正面影响，减缓负面影响。

3. 长江经济带不同省市间的社会结构失衡问题是社会经济发展的结果

长江经济带不同省市之间经济发展水平和阶段的巨大差异是造成社会结构差异的主要原因。因此，社会结构失衡问题要在区域经济协同发展中解决。要从区域经济社会可协调发展的角度来寻求共赢的解决办法，缩小区域社会经济发展差距，有利于整个长江经济带的社会结构优化。比如，在婚姻市场上，云南、贵州、四川的山区长期贫困落后，大量女性人口外迁，造成当地男性择偶难，而这些迁出的女性大多留在发达地区和大中城市寻找配偶，又造成了城市女性择偶难，在解决了一个社会问题的同时，带来了其他更严重的社会问题。此外，长江经济带上中下游的社会经济发展水平差异大，劳动力人口为了获得更多的就业机会和更高的收入，出现了从西向东、从农村向城市、从小城市向大城市的流动，大量农村地区或者贫困落后地区年轻劳动力外出，大量老人留在本地，造成了农村的养老问题更为突出。因此，要解决劳动力和婚姻人口无序流动带来的对流出地和流入地的负面影响，需要推进区域协调发展战略，上中下游之间要加强合作交流，发挥各自优势，促进区域内社会经济的持续发展，在经济发展中缩小地区差距，促进社会和谐进步。

4. 有序的人口迁移和流动是改变长江经济带社会结构不均衡问题的有效手段

长江经济带社会结构发展中存在一些共同的问题。比如生育水平下降带来的青少年人口比例过低，老年人口比例快速提高，人口老龄化和养老问题日益严重，未来劳动力后备不足，家庭内部结构失衡，家庭发展能力和自我保障能力削弱，等等。因此，需要协调各省市的社会发展政策，共同探讨应对社会结构失衡问题的方法。对于上海来说，可以充分利用社会经济发展水平与长江经济带其他省市之间的落差，采用积极有效的手段，引导人口和劳动力有序流动，解决社会结构失衡问题。比如，要缓解上海本地户籍人口年龄结构失衡问题，降低人口总抚养比，需要适时动态调整人口迁移和流动政策，要走在趋势前面，早调、微调、适度、有力。长江经济带上中游地区，可以依托土地资源、水资源、劳动力资源、环境资源等方面的优势，发展第二、三产业，在产业发展中增加就业机会，避免劳动力的过度外流，加速地方经济发展。有些自然环境条件恶劣的地区，可以通过移民彻底改变对资源环境的压力，通过对移民的异地就业安置，改变他们的发展条件，早日实现脱贫奔小康的目标。

5. 长江经济带收入分配方面存在地区、城乡、所有制、行业、人群之间的巨大差距

长江经济带收入分配方面呈现以下特点：一是人均可支配收入逐年增加，高于全国平均水平；二是城镇居民和农村居民人均可支配收入差距进一步缩小，城乡收入差距低于全国；三是城镇职工收入的所有制差异明显，国有企业职工平均工资高于其他所有制企业；四是各省市城镇职工养老金替代率较低，大体呈现持续下降的趋势；五是不同行业间的收入差距大，形成两极分化趋势；六是不同省市之间收入差距大，省市内部发展不平衡。总体来看，收入分配方面的不平衡、不充分发展问题比较突出，这既有发展条件、

经济区位的影响问题，也有收入分配制度长期不合理的问题，还有不同行业的发展比较优势不同的问题等等。长江经济带的政府部门需要加快收入分配制度改革，逐步改变不合理的制度带来的不合理的收入分配格局。

（二）对策建议

1. 加快实施与生育政策相配套的福利制度，减缓人口年龄结构失衡问题

上海市卫计委在2015年的报告中指出，根据各方面的预测，近几年上海将出现出生人口高峰，2016～2018年上海出生人口总量将达到26万～27万人，至2019年才开始回落。但是最近几年上海出生人口数量远远低于这个预期。事实上，2016年以来，上海的出生人口数量就开始减少了。反映生育水平的总和生育率，2012年以前的10年平均不到0.85，最近几年由于生育政策调整略有反弹，2016年为1.1，2017年又回落到1.0，在全世界都属于极低的生育水平。

因此，我们需要对生育政策做出更大的改变。一是要研究全面放开生育限制政策的可能性；二是要研究出台个人所得税、生育津贴、养育津贴等财政补贴制度；三是要完善就业政策，支持和鼓励女性就业；四是要加快发展婴幼儿照护服务体系，解决0～3岁婴幼儿托育难题。只有采取这些综合性的应对策略，才能缓解上海生育水平下降的态势，缓解出生人口减少的趋势，缓解未来人口年龄结构的过度失衡问题，缓解养老问题。

2. 合理调整人口流动和迁移的条件，实现人口有序流动

上海市最近几年出台了多项人才引进政策，但是一直到2018年，最新出台的人才政策主要目的都是吸引高端人才，而对于一般的大学生、研究生没有足够的吸引政策，甚至还有很多的限制，复旦大学、上海交通大学的本科毕业生也不能获得上海的户口。尽管他们在上海工作可以办居住证，但在很多方面居住证与户口还是不一样的。比如单身持有居住证的外来人才不能购房。而长江经济带和其他地区最近几年均在大力吸引人才，比如武汉提出了5年留住100万大学生的计划。长此以往，必将削弱上海的人才优势，不利于上海的经济社会发展。人才是个生态系统，少量的高端人才需要大量低

端人才甚至一般的劳动力配合和服务。因此，上海应致力于创造吸引各类人才的良好的人才生态系统，而不是只关注人才金字塔顶尖的一少部分人才。

从上海的户籍劳动力供给来看，从2008年以来已经进入持续的快速减少阶段。未来上海劳动力的补充主要应该是吸引外省市的年轻人口，特别是来自长江经济带内部的年轻人才，如果能放松人才管控政策，有序引进大学生人才，可以有效弥补上海劳动力资源的不足，提高上海劳动力中的人才比重。

很多人认为上海的土地资源紧张，因此要严格控制人口，包括各类一般的人才。但是国家2018年3月已经出台了建设用地指标异地置换的政策，其中特别提到为了解决一些特大城市建设用地指标不足的问题。上海可以用足这个政策，解决人口增长与建设用地之间的矛盾。上海要深入研究人口、人才、劳动力与城市社会经济发展之间的关系，从战略高度明确发展的方向，避免人口、人才政策的短视削弱城市的长远竞争力。

3. 调整婚配政策，缓解不同地区的婚姻市场矛盾

2016年由上海市妇女儿童指导服务中心（巾帼园）、上海市婚介机构管理协会携手青年报社《生活周刊》等共同开展的调查《上海单身青年的婚恋调查》出炉。其中提到“剩女”是个伪命题。依据2016年3月上海市人口数据，上海市18～40岁未婚男女比例为53.24∶46.76，单身男性明显高于单身女性，第六次人口普查的结果也支持这一数据。其实这是个错误的结论。不能看全部上海实有人口里面的性别结构，也不能看人口普查的常住人口相关数据，因为里面有大量外省市人口。在婚姻市场上，本地与外地人口之间、不同职业、不同收入水平、不同家庭背景之间的结构性矛盾影响更大。

从2015年底上海实有人口统计数据来看，20～49岁适婚人群中，男性人数为276.27万人，女性为274.70万人，两者相差只有1.57万人，平均到每个年龄相差只有524人，基本是均衡的；在25～34岁年龄段，男性略微多于女性，35～44岁年龄段女性略多于男性（见表19）。

表 19　2015 年底上海户籍分性别的 20～49 岁实有人口数量

单位：万人

年龄	男	女	相差
20～24 岁	29.48	29.97	-0.49
25～29 岁	49.82	48.27	1.55
30～34 岁	58.12	56.28	1.84
35～39 岁	51.24	51.55	-0.31
40～44 岁	41.98	43.05	-1.07
45～49 岁	45.63	45.58	0.05
20～49 岁合计	276.27	274.70	1.57

资料来源：上海市实有人口统计数据。

但是由于每年有大量外来媳妇进入，已经造成上海 30 万人左右的女青年找不到对象，并且这个数字还在持续快速增加。婚配问题已经成为影响上海社会和谐稳定的大问题，给女青年和她们的家长都带来了极大的困扰，也影响了上海的生育水平。要解决这个问题，需要综合措施。比如，鼓励本地男性找本地女性，双方都是本地结合的，政府给予一定的奖励引导；政府支持开办一些公益婚介所，为本地男女青年提供免费的可靠的婚介服务；加强舆论引导，鼓励大龄女性与比自己小的男性结婚；鼓励本地女性与外来男性结婚；改变现有的生育医学辅助技术限制政策，允许单身女性冷冻卵子，未婚生孩子。

4. 加强长江经济带社会政策的协调发展，促进社会融合发展

长江经济带社会发展存在很多的不平衡，有些方面可以通过协调社会政策缩小区域差异，共同面对社会发展问题，逐步解决发展的不平衡、不充分问题。

比如，人口老龄化和养老服务问题是长江经济带普遍面临的问题。如果加强区域之间的协调，可以发挥各自优势，共同应对人口老龄化的挑战，提高老年人口的生活质量。在长江经济带要加强政府和民间的合作，建议成立长江经济带养老服务业发展联盟，各省市政府部门和行业协会、养老机构共同参加，各地政府可以共同研究和协调养老服务业发展政策，在养老服务业

发展规划、服务人员培训、服务标准制定、养老机构管理、养老产业规划、养老产业发展基金等方面加强合作，把发达地区的资金、人才、管理、技术等优势与相对欠发达地区的劳动力资源、土地、环境等优势结合起来，促进养老资源和需要供养的老人在区域内的流动，更好地为老年人提供养老服务。

还有，人口流动带来大量学龄儿童异地就读问题，各地政府部门之间也可以通过教育政策的协调解决异地就读中存在的问题。比如，可以探索建立学龄儿童义务教育券制度，学龄儿童在区域内各地流动读书可以使用教育券，避免教育经费投入与学龄儿童读书之间的不匹配问题，让教育经费随学龄儿童走。在职业教育和高等教育方面，长江经济带也应该加强合作，把丰富的劳动力资源，通过教育培训，提高素质，促进区域内的经济发展。

5.加快收入分配制度改革，减少城乡、地区和不同人群的差异，逐步形成和谐稳定的社会结构

收入分配制度改革牵涉到社会各阶层的利益分配，改革开放走到今天，已经到了不改不行的阶段。收入分配制度改革既要保持社会相对稳定，又要积极有序稳妥推进。既要体现初次分配中按劳分配的原则，又要增大二次分配、三次分配的比重，还要增加中等收入人群的比重，构筑社会稳定器。要逐步降低行政力量在资源和财富分配中的比重，充分利用市场配置资源，缩小城乡、地区、人群差异形成的制度缺陷。

对于流动就业的劳动力，要保护他们的合法权益，在就业机会、社会保障、薪酬福利、劳动保护等方面要提供一体化服务，逐步实现劳动力市场的跨省市一体化，充分发挥劳动力在不同地区发展中的积极作用。

在缩小区域收入差距方面，要继续发挥对口支援制度的优势。比如上海对口支援云南普洱、文山、红河、迪庆的发展，已经产生了良好的效果，促进了当地教育、卫生、养老等事业的发展，造福了当地人民，同时通过产业扶贫，带动了当地经济发展，培育了优质的农产品，并把当地的优质农产品带入上海销售，增加了当地居民收入，丰富了上海市民的选择。对口扶贫，不但促进了当地经济发展，也促进人员交流和干部培训，促进地区之间发展

信息的对接，随着互联网经济的发展，未来区域对口合作发展的形式和内容可以进一步深化拓展。

参考文献

孙立平：《断裂：20世纪90年代以来的中国社会》，社会科学文献出版社，2007。

陆学艺：《中国社会结构与社会建设》，中国社会科学出版社，2013。

韩建雨：《收入分配与经济增长关系问题研究综述》，《经济纵横》2011年第1期。

迟魏、叶欣：《收入差距研究的中外比》，《经济学动态》2007年第9期。

宁越敏、李健：《泛长三角地区城镇化的机制、模式与战略》，《南京社会科学》2009年第5期。

朱农：《长江地区城镇化发展的区域差异及其决定因素分析》，《长江流域资源与环境》2000年第5期。

王振：《长江经济带发展报告（2011～2015）》，社会科学文献出版社，2016。

乔晓春、黄衍华：《中国跨省流动人口状况》，《人口与发展》2013年第1期。

张岩：《世博效应对长三角一体化制度合作影响研究》，《世界地理研究》2012年第2期。

吕炜、王伟彤：《我国基本公共服务提供均等化问题研究——基于公共需求与政府能力视角的分析》，《经济研究参考》2008年第5期。

中国财政学会课题组：《公共服务均等化问题研究》，《经济参考报》2007年第5期。

田发、周琛影：《基本公共服务均等化：一个财政体制变迁的分析框架》，《社会科学》2010年第2期。

王桂新：《改革与发展：中国改革开放以来的实证》，北京科学出版社，2005。

杜小敏、陈建宝：《人口迁移与流动对我国各地区经济影响的实证分析》，《人口研究》2010年第31期。

王小鲁：《我国收入分配现状、趋势及改革思考》，《中国市场》2010年第2期。

方创琳、周成虎、王振：《长江经济带城市群可持续发展战略问题与分级梯度发展重点》，《地理科学进展》2015年第11期。

产 业 篇

Industry Development Reports

B.8
长江经济带工业发展报告：2017～2018

樊福卓*

摘　要： 2017年，长江经济带工业经济运行稳中有进、稳中向好、好于预期，工业生产止稳回升，工业投资增速回升，经济效益大幅提升。分行业看，长江经济带计算机、通信和其他电子设备制造业发展态势平稳向好，化学原料和化学制品制造业发展差异较大，电气机械和器材制造业发展总体较快，汽车制造业保持较快增长。2018年是实施“十三五”规划承上启下的关键之年，长江经济带要在改造提升传统产业、激发企业投资活力、推进区域协调发展等方面积极努力，保持工业

* 樊福卓，博士，上海社会科学院应用经济研究所副研究员，研究方向为区域经济理论与政策。

经济健康平稳发展。

关键词： 长江经济带 工业 平稳发展

2017 年是推进供给侧结构性改革的深化之年，在错综复杂的国内外形势下，长江经济带工业生产止稳回升，工业投资增速回升，经济效益大幅提升。2018 年是党的十九大的开局之年，也是改革开放 40 周年，长江经济带工业发展既面临世界经济延续复苏向好态势等方面的积极因素影响，也面临保护主义威胁世界经济复苏进程等方面的不利因素的影响。预计长江经济带工业保持平稳发展，中上游地区工业发展相对较快，下游地区相对较慢。

一 2017年长江经济带工业经济运行概况

（一）工业生产增速回升

长江经济带经济平稳发展。从表 1 中可以看出，2017 年，长江经济带实现地区生产总值 373806 亿元，比上年增长 8.0%，较上年减少 0.1 个百分点，比全国平均水平高出 1.1 个百分点；从全国的层面看，长江经济带地区生产总值占全国的份额为 45.2%，比上年增加 0.5 个百分点。分三大区域看，上游地区增速领先；下游地区实现地区生产总值 195321 亿元，比上年增长 7.5%，较上年减少 0.2 个百分点，比长江经济带平均水平低了 0.5 个百分点；中游地区实现地区生产总值 91932 亿元，比上年增长 8.1%，较上年略增 0.1 个百分点，比长江经济带平均水平略高 0.1 个百分点；上游地区实现地区生产总值 86553 亿元，比上年增长 9.0%，与上年持平，比长江经济带平均水平高出 1.0 个百分点。分成员地区看，贵州、云南和重庆增长较快：贵州实现地区生产总值 13541 亿元，比上年增长 10.2%；云南实现地区生产总值 16531 亿元，比上年增长 9.5%；重庆实现地区生产总值 19500 亿元，比上年增长 9.3%。

长江经济带工业生产在平稳发展中有所回升。2017 年，长江经济带实现工业增加值 127819 亿元，比上年增长 7.9%，较上年增加 0.7 个百分点，比全国平均水平高出 1.5 个百分点。分三大区域看，上游地区保持领先；下游地区实现工业增加值 67652 亿元，比上年增长 7.7%，较上年增加 1.1 个百分点，比长江经济带平均水平略低 0.2 个百分点；中游地区实现工业增加值 33869 亿元，比上年增长 7.5%，较上年略降低 0.1 个百分点，比长江经济带平均水平低了 0.4 个百分点；上游地区实现工业增加值 26297 亿元，比上年增长 9.0%，较上年增加 0.7 个百分点，比长江经济带平均水平高出 1.1 个百分点。分成员地区看，云南增速领跑，上海增长最慢：云南实现工业增加值 4265 亿元，比上年增长 10.3%；上海实现工业增加值 8304 亿元，比上年增长 6.4%；两个地区增速相差 3.9 个百分点。

表 1　2015～2017 年长江经济带地区生产总值及工业增加值情况

地　区	地区生产总值				工业			
	规模(亿元)	增速(%)			规模(亿元)	增速(%)		
	2017 年	2015 年	2016 年	2017 年	2017 年	2015 年	2016 年	2017 年
全国	827122	6.9	6.7	6.9	279997	5.9	6.0	6.4
长江经济带	373806	8.5	8.1	8.0	127819	7.2	7.2	7.9
下游地区	195321	8.1	7.7	7.5	67652	6.3	6.6	7.7
中游地区	91932	8.8	8.2	8.1	33869	8.2	7.6	7.5
上游地区	86553	9.1	9.0	9.0	26297	8.4	8.3	9.0
上海	30134	6.9	6.8	6.9	8304	0.5	1.0	6.4
江苏	85901	8.5	7.8	7.2	29307	8.0	7.5	7.3
浙江	51768	8.0	7.5	7.8	18527	4.9	6.2	8.3
安徽	27519	8.7	8.7	8.5	11515	8.5	8.7	8.9
江西	20819	9.1	9.0	8.9	8119	9.0	8.7	8.8
湖北	36523	8.9	8.1	7.8	13874	8.5	7.8	7.2
湖南	34591	8.5	7.9	8.0	11876	7.5	6.6	7.0
重庆	19500	11.0	10.7	9.3	6587	10.5	10.2	9.4
四川	36980	7.9	7.7	8.1	11517	7.6	7.6	8.3
贵州	13541	10.7	10.5	10.2	3928	9.8	9.8	9.4
云南	16531	8.7	8.7	9.5	4265	6.7	6.5	10.3

资料来源：相关年份全国及长江经济带成员地区统计公报。

（二）工业投资增速回升

长江经济带固定资产投资增速持续下滑。从表2中可知，2017年，长江经济带完成固定资产投资287969亿元，比上年增长11.0%，增速比上年减少1.3个百分点，比全国平均水平高出3.8个百分点；长江经济带固定资产投资占全国的份额为45.6%，较上年增加1.5个百分点。分三大区域看，上游地区增速领先；下游地区完成固定资产投资120559亿元，比上年增长8.6%，增速比上年减少0.7个百分点，低于长江经济带平均水平2.4个百分点；中游地区完成固定资产投资84971亿元，比上年增长12.1%，增速比上年减少1.5个百分点，高出长江经济带平均水平1.1个百分点；上游地区完成固定资产投资82439亿元，比上年增长13.6%，增速比上年减少2.0个百分点，高出长江经济带平均水平2.6个百分点。分成员地区看，贵州增速领跑，上海增速最低：贵州完成固定资产投资15288亿元，比上年增长20.1%，比长江经济带平均水平高出9.1个百分点；上海完成固定资产投资7247亿元，比上年增长7.3%，低于平均水平3.7个百分点；增速最高的贵州和最低的上海相差12.8个百分点。

长江经济带工业投资增速有所回升。2017年，长江经济带完成工业投资首次突破万亿元大关，为105707亿元，比上年同期增长9.2%，增速比上年增加0.8个百分点，比全国平均水平高出5.6个百分点；工业投资占固定资产投资的比重为36.7%，比上年减少0.6个百分点。分三大区域看，中游地区增速领先；下游地区完成工业投资49458亿元，比上年增长8.1%，增速比上年增加0.7个百分点，低于长江经济带平均水平1.1个百分点；中游地区完成工业投资35803亿元，比上年增长11.3%，增速比上年增加1.6个百分点，高于长江经济带平均水平2.1个百分点；上游地区完成工业投资20446亿元，比上年增长8.5%，增速比上年略增0.2个百分点，低于长江经济带平均水平0.7个百分点。分成员地区看，除了云南工业投资略微下降0.1%，其他地区均或多或少呈正增长趋势，四个成员地区工业投资增速超过10.0%：江西完成工业投资11783亿元，比上年增长14.6%；

安徽完成工业投资12944亿元，比上年增长12.7%；四川完成工业投资9181亿元，比上年增长12.5%；湖北完成工业投资12712亿元，比上年增长11.9%。把工业投资与固定资产投资增速予以比较，不难发现：在长江经济带11个成员地区中，有4个成员地区工业投资增速较快，即江西、四川、安徽和湖北工业投资增速分别高出固定资产投资2.3个、1.9个、1.7个和0.9个百分点；有7个成员地区工业投资增速较慢，其中，云南、贵州和湖南工业投资增速分别低于固定资产投资18.1个、14.9个和5.7个百分点。从工业投资占固定资产投资的比重看，不同成员地区之间差异悬殊：江西、江苏和安徽工业投资所占比重较高，分别为54.1%、49.4%和44.4%；上海、云南和贵州工业投资所占份额较低，分别为14.2%、15.4%和16.6%。

表2 2015~2017年长江经济带固定资产投资及工业投资

地区	固定资产投资				工业投资			
	规模(亿元)	增速(%)			规模(亿元)	增速(%)		
	2017年	2015年	2016年	2017年	2017年	2015年	2016年	2017年
全国	631684	10.0	8.1	7.2	232619	7.8	3.6	3.6
长江经济带	287969	14.0	12.3	11.0	105707	12.3	8.4	9.2
下游地区	120559	11.4	9.3	8.6	49458	11.6	7.4	8.1
中游地区	84971	16.9	13.6	12.1	35803	14.1	9.7	11.3
上游地区	82439	15.1	15.6	13.6	20446	10.8	8.3	8.5
上海	7247	5.6	6.3	7.3	1032	-17.2	2.3	5.3
江苏	53000	10.5	7.5	7.5	26181	12.4	7.9	6.7
浙江	31126	13.2	10.9	8.6	9302	11.0	4.0	6.1
安徽	29186	12.7	11.7	11.0	12944	14.1	9.6	12.7
江西	21770	16.0	14.0	12.3	11783	12.8	15.3	14.6
湖北	31873	16.2	13.1	11.0	12712	12.8	7.4	11.9
湖南	31328	18.2	13.8	13.1	11308	16.8	7.6	7.4
重庆	17441	17.1	12.1	9.5	5881	19.8	13.5	8.9
四川	31236	10.2	13.1	10.6	9181	2.7	10.9	12.5
贵州	15288	21.6	21.1	20.1	2537	17.5	12.0	5.2
云南	18475	18.0	19.8	18.0	2846	12.8	-9.4	-0.1

资料来源：相关年份全国及长江经济带成员地区统计公报。

（三）经济效益大幅提升

长江经济带工业企业经济效益显著提升，利润总额增速大幅提高。2017年，长江经济带规模以上工业企业实现利润总额33057亿元，同比增长17.9%，较上年大幅增加8.3个百分点，比全国平均水平低了3.1个百分点。分三大区域看，上游地区增速领先，下游地区规模以上工业企业实现利润总额20426亿元，同比增长13.8%，较上年增加2.4个百分点，比长江经济带平均水平低了4.1个百分点；中游地区规模以上工业企业实现利润总额6877亿元，同比增长16.6%，较上年增加7.5个百分点，比长江经济带平均水平低了1.3个百分点；上游地区规模以上工业企业实现利润总额5754亿元，同比增长37.2%，较上年大幅增加33.8个百分点，比长江经济带平均水平高出19.3个百分点。分成员地区看，不同地区之间差异悬殊。从实现利润总额的规模看，江苏、浙江和上海居前，分别实现利润总额10360亿元、4570亿元和3211亿元；云南、贵州和重庆居后，分别实现利润总额772亿元、873亿元和1498亿元。从利润总额增速看，云南、贵州和四川居前，增速分别为145.9%、46.8%和29.0%；湖北、上海和江苏增速居后，分别为10.0%、10.6%和12.4%。云南2017年规模以上工业企业实现利润总额大幅提升，主要与2016年经济效益大幅下滑，2017年企业亏损总额巨幅下降有关（见表3）。2017年，云南规模以上工业企业亏损总额同比大幅度增长50.2%，从而导致利润总额大幅减少；2018年，亏损企业亏损总额为177亿元，同比大幅度降低59.2%。

表3　2015～2017年长江经济带规模以上工业企业实现利润总额及其增长速度

地区	规模（亿元）	增速（%）		
	2017年	2015年	2016年	2017年
全国	75187	-2.3	8.5	21.0
长江经济带	33057	4.6	9.6	17.9
下游地区	20426	6.1	11.4	13.8
中游地区	6877	1.7	9.1	16.6

续表

地区	规模(亿元)	增速(%)		
	2017年	2015年	2016年	2017年
上游地区	5754	2.3	3.4	37.2
上海	3211	-1.0	9.0	10.6
江苏	10360	9.1	10.0	12.4
浙江	4570	5.0	16.1	16.6
安徽	2285	4.2	12.3	19.7
江西	2476	2.4	11.9	18.0
湖北	2471	2.1	9.6	10.0
湖南	1931	0.3	4.5	24.3
重庆	1498	17.3	12.2	18.8
四川	2611	-5.3	5.4	29.0
贵州	873	10.7	5.4	46.8
云南	772	-9.5	-34.2	145.9

资料来源：中华人民共和国国家统计局，http://www.stats.gov.cn/。

二 2017年长江经济带重要行业发展态势

（一）计算机、通信和其他电子设备制造业

在长江经济带工业发展中，计算机、通信和其他电子设备制造业占据非常重要的地位。从表4中可以看出2016年长江经济带计算机、通信和其他电子设备制造业完成产值45008.1亿元，占规模以上工业的比重为8.8%，与上年持平；实现利润总额2193.6亿元，占规模以上工业的比重为6.8%，较上年提高0.8个百分点。分三大区域看，下游地区计算机、通信和其他电子设备制造业比较优势明显：下游地区完成总产值29959.8亿元，占长江经济带该行业的份额为68.6%，高出规模以上工业平均水平9.9个百分点；实现利润总额1522.8亿元，占长江经济带该行业的份额为69.4%，高出规模以上工业平均水平7.1个百分点。分成员地区看，四川、上海和江苏计算机、通信和其他电子设备制造业在工业中地位尤为突出：分别完成产值

4079.8亿元、5082.0亿元和19199.8亿元，分别实现利润214.1亿元、132.5亿元和964.6亿元。

2017年，中国计算机、通信和其他电子设备制造业实现增加值比上年增长13.8%，高于规模以上工业7.2个百分点；完成主营业务收入105525亿元，比上年增长13.2%，高于规模以上工业2.1个百分点；实现利润总额5440亿元，比上年增长22.9%，高于规模以上工业1.9个百分点。

2017年，长江经济带计算机、通信和其他电子设备制造业发展发展态势平稳向好。在下游地区，上海计算机、通信和其他电子设备制造业完成产值5446.9亿元，比上年增长8.6%，高出规模以上工业1.8个百分点；完成主营业务收入5846.6亿元，比上年增长7.9%，低于规模以上工业2.5个百分点；实现利润180.2亿元，比上年增长36.9%，高出规模以上工业26.4个百分点。江苏计算机、通信和其他电子设备制造业增加值增长11.9%；完成智能手机6296万部，比上年增长26.4%；完成集成电路518亿个，比上年增长13.3%；3D打印设备比上年增长高达77.8%。浙江完成集成电路79.9亿个，比上年增长12.9%；完成电子元件1044.7亿个，比上年增长4.9%；完成微型计算机设备186.4万台，比上年增长2.0%；完成移动通信手持机（手机）5495.7万部，比上年增长6.0%。安徽计算机、通信和其他电子设备制造业增加值增长15.1%，高于规模以上工业6.1个百分点。在中游地区，江西计算机、通信和其他电子设备制造业增加值增长19.0%，高于规模以上工业平均水平9.9个百分点；主营业务收入增长19.5%，高于规模以上工业平均水平8.4个百分点。湖北计算机、通信和其他电子设备制造业增加值增长16.1%，高于规模以上工业平均水平8.7个百分点；1～11月实现利润54.0亿元，比上年同期下降31.5%。在上游地区，重庆计算机、通信和其他电子设备制造业增加值增长33.2%，高于规模以上工业23.6个百分点；完成笔记本计算机6095万台，比上年增长9.9%；完成打印机1451万台，比上年增长5.4%；完成集成电路46323万个，比上年增长38.5%；完成液晶显示屏9128万个，比上年大幅度增长131.2%。四川计算机、通信和其他电子设备制造业增加值增长19.2%，高于规模以上工业10.7个百分点；完成电子计算机整机6981.7万台，比上年增长17.6%；完成移动通信手持机（手机）3178.0万部，比上年下降29.2%。贵州计算机、通信和其他电子设备制造业增加值增长13.8%，高于规模以上工业7.2个百分点。

表4　2014～2016年长江经济带计算机、通信和其他电子设备制造业发展指标

单位：亿元

地区	总产值			利润总额		
	2014年	2015年	2016年	2014年	2015年	2016年
长江经济带	39112.8	42473.0	45008.1	1944.0	1759.6	2193.6
下游地区	27172.5	29154.5	29959.8	1408.4	1399.3	1522.8
中游地区	4772.5	5512.5	6332.2	183.1	220.7	309.1
上游地区	7167.8	7806.0	8716.0	352.5	139.6	361.7
上海	5319.1	5323.4	5082.0	155.4	121.3	132.5
江苏	17508.9	18896.9	19199.8	886.8	882.2	964.6
浙江	2705.3	2896.4	3291.9	259.1	279.2	301.2
安徽	1639.1	2037.8	2386.2	107.1	116.6	124.6
江西	1250.0	1465.7	1925.1	73.8	77.6	108.7
湖北	1836.5	2172.9	2333.6	41.3	60.7	105.1
湖南	1686.0	1873.9	2073.5	68.0	82.5	95.3
重庆	2887.6	3323.8	4023.9	62.0	96.7	127.9
四川	4122.0	4142.5	4079.8	280.2	34.2	214.1
云南	27.8	30.1	101.9	3.1	2.9	11.5
贵州	130.4	309.6	510.5	7.0	5.8	8.1

资料来源：2015～2017年长江经济带成员地区统计年鉴。

（二）化学原料和化学制品制造业

化学原料和化学制品制造业是长江经济带比较重要的工业行业之一。2016年长江经济带化学原料和化学制品制造业完成产值43936.3亿元，占规模以上工业的比重为8.6%，与上年持平；实现利润总额2617.9亿元，占规模以上工业的比重为8.1%，较上年提高0.1个百分点。分三大区域看，下游地区化学原料和化学制品制造业比较优势明显：下游地区完成总产值28186.5亿元，占长江经济带该行业的份额为64.5%，高出规模以上工业平均水平5.8个百分点；实现利润总额2032.6亿元，占长江经济带该行业的份额为77.6%，高出规模以上工业平均水平15.3个百分点。分成员地区看：江苏、浙江和湖北化学原料和化学制品制造业在工业中地位相对突出，分别完成产值17850.1亿元、5381.7亿元和4404.7亿元，分别实现利润1303.2亿元、358.2亿元和175.4亿元（见表5）。在长江经济带化学原料和化学制品制造业利润总额中，江苏占的份额高达49.8%，高于其产值所占份额9.2个百分点。

2017年，中国规模以上化学原料和化学制品制造业实现增加值比上年增长3.8%，低于规模以上工业2.8个百分点；完成主营业务收入87109亿元，比上年增长13.9%，高于规模以上工业2.8个百分点；实现利润总额6046亿元，比上年增长40.9%，大幅度高于规模以上工业19.9个百分点。

2017年，长江经济带不同成员地区化学原料和化学制品制造业发展差异较大。在下游地区，上海化学原料和化学制品制造业完成产值2898.0亿元，比上年增长2.1%，低于规模以上工业4.7个百分点；完成主营业务收入3193.2亿元，比上年增长18.9%，高出规模以上工业8.5个百分点；实现利润406.7亿元，比上年增长81.6%，高出规模以上工业71.1个百分点。江苏完成硫酸383万吨，比上年增长15.4%；完成纯碱357万吨，比上年增长14.8%；完成乙烯145万吨，比上年下降10.6%；完成化肥（折100%）162万吨，比上年下降10.3%。安徽化学原料和化学制品制造业增加值比上年增长10.4%，高于规模以上工业平均水平1.4个百分点；完成硫酸583.1万吨，比上年下降10.7%；完成纯碱86.6万吨，比上年下降2.4%；完成合成氨316.1万吨，比上年下降3.2%；完成化肥233.3万吨，比上年下降4.2%；完成合成洗涤剂88.8万吨，比上年增长5.6%。在中游地区，江西完成农用化学肥料22.7万吨，比上年下降22.6%；完成化学农药3.5万吨，比上年下降25.3%。湖北化学原料和化学制品制造业增加值比上年增长

4.0%，低于规模以上工业平均水平3.4个百分点；1~11月实现利润146.3亿元，比上年同期增长30.7%。湖南化学原料和化学制品制造业实现利润162.1亿元，比上年增长34.0%，高于规模以上工业9.7个百分点。在上游地区，重庆化学原料和化学制品制造业增加值增长比上年增长14.0%，高于规模以上工业平均水平4.4个百分点。四川化学原料和化学制品制造业增加值增长比上年增长4.1%，低于规模以上工业平均水平4.4个百分点；完成农用氮磷钾化学肥料（折纯）414.9万吨，比上年略降0.2%。贵州四川化学原料和化学制品制造业增加值增长比上年增长3.8%，低于规模以上工业平均水平2.8个百分点。云南重庆化学原料和化学制品制造业实现增加值151.7亿元，比上年增长3.6%，低于规模以上工业平均水平7.0个百分点；完成化肥272万吨，比上年略增0.1%；完成硫酸1373万吨，比上年增长5.7%。

表5　2014~2016年长江经济带化学原料和化学制品制造业发展指标

单位：亿元

地区	总产值			利润总额		
	2014年	2015年	2016年	2014年	2015年	2016年
长江经济带	40982.6	41807.7	43936.3	2171.1	2363.0	2617.9
下游地区	26910.4	26960.9	28186.5	1548.7	1691.4	2032.6
中游地区	9218.4	9665.8	10203.7	514.5	536.5	528.7
上游地区	4853.8	5181.0	5546.1	107.9	135.2	56.5
上海	2665.7	2467.1	2463.5	135.5	178.1	223.9
江苏	16195.2	16810.3	17850.1	962.7	1101.3	1303.2
浙江	5887.1	5398.3	5381.7	324.3	282.9	358.2
安徽	2162.3	2285.1	2491.2	126.2	129.2	147.4
江西	2384.9	2453.2	2705.8	170.2	183.4	210.1
湖北	3923.9	4220.9	4404.7	196.8	196.4	175.4
湖南	2909.5	2991.7	3093.2	147.5	156.7	143.2
重庆	835.9	923.3	955.2	17.0	16.4	23.3
四川	2492.8	2619.0	2909.8	79.8	93.1	169.5
云南	840.1	861.7	849.6	-7.0	-9.8	-180.4
贵州	685.0	777.1	831.5	18.1	35.6	44.0

资料来源：2015~2017年长江经济带成员地区统计年鉴。

（三）电气机械和器材制造业

2016 年，长江经济带电气机械和器材制造业完成产值 41151.8 亿元，占规模以上工业的比重为 8.0%，较上年提高 0.1 个百分点；实现利润总额 2730.1 亿元，占规模以上工业的比重为 8.4%，较上年提高 0.1 个百分点。分三大区域看，下游地区电气机械和器材制造业比较显著：下游地区完成总产值 31491.3 亿元，占长江经济带该行业的份额为 77.4%，高出规模以上工业平均水平 18.7 个百分点；实现利润总额 2135.4 亿元，占长江经济带该行业的份额为 78.2%，高出规模以上工业平均水平 15.9 个百分点。分成员地区看，安徽、江苏和浙江电气机械和器材制造业在工业中地位相对突出，分别完成产值 5313.2 亿元、17420.2 亿元和 6725.9 亿元，占规模以上工业的份额分别为 12.2%、11.1% 和 9.8%；分别实现利润 321.1 亿元、1223.7 亿元和 421.6 亿元，占规模以上工业的份额分别为 14.3%、11.6% 和 9.4%。在长江经济带电气机械和器材制造业利润总额中，江苏占的份额高达 44.8%，高于其产值所占份额 2.5 个百分点（见表 6）。

2017 年，中国电气机械和器材制造业实现增加值比上年增长 10.6%，高于规模以上工业 4.0 个百分点；完成主营业务收入 73291 亿元，比上年增长 12.2%，高于规模以上工业 1.1 个百分点；实现利润总额 4675 亿元，比上年增长 5.2%，大幅度低于规模以上工业 15.8 个百分点。

2017 年，长江经济带电气机械和器材制造业发展总体较快。在下游地区，上海电气机械和器材制造业完成产值 2147.9 亿元，比上年增长 6.2%，低于规模以上工业 0.2 个百分点；完成主营业务收入 2266.7 亿元，比上年增长 4.0%，低于规模以上工业 6.4 个百分点；实现利润 163.8 亿元，比上年增长下降 1.9%，低于规模以上工业 12.4 个百分点。江苏电气机械及器材制造业增加值增长 11.7%；完成智能电视 935 万台，比上年增长 2.9%；完成房间空调器 425 万台，比上年增长 12.3%；完成家用电冰箱 895 万台，比上年增长 5.5%。浙江完成房间空调器 1485 万台，比上年大幅度增长 55.7%。安徽电气机械和器材制造业增加值增长 13.5%，高于规模以上工业4.5个百分点；完成房间空调器3781.2万台，比上年增长21.8%；完成家用电冰箱3338.3万台，比上年增长10.4%；完成家用洗衣机2056.0万台，比上年增长2.3%；完成彩色电视机1399.6万台，比上年增长34.3%。在中游地区，江西电气机械和器材制造业增加值增长14.2%，高于规模以上工业5.1个百分点；主营业务收入增长12.8%，高于规模以上工业平均水平1.7个百分点。湖北电气机械和器材制造业增加值增长18.1%，高于规模以上工业10.7个百分点；1~11月实现利润85.8亿元，比上年同期增长23.9%。在上游地区，重庆电气机械和器材制造业增加值增长8.3%，低于规模以上工业平均水平1.3个百分点。四川完成房间空调器316.1万台，比上年增长55.4%；完成家用电冰箱83.2万台，比上年下降2.8%；完成彩色电视机1051.3万台，比上年下降5.4%。贵州电气机械和器材制造业增加值增长10.6%，高出规模以上工业平均水平4.0个百分点。

表6 2014~2016年长江经济带电气机械和器材制造业发展指标

单位：亿元

地区	总产值			利润总额		
	2014年	2015年	2016年	2014年	2015年	2016年
长江经济带	36117.6	38147.9	41151.8	2217.3	2427.7	2730.1
下游地区	28467.3	29513.1	31491.3	1772.8	1900.9	2135.4
中游地区	5217.3	5848.8	6566.1	317.2	374.1	413.5
上游地区	2433.1	2785.9	3094.4	127.4	152.7	181.3
上海	2288.2	2150.8	2032.1	182.7	151.8	169.1
江苏	15694.4	16266.3	17420.2	1003.1	1095.8	1223.7
浙江	6018.5	6302.9	6725.9	323.5	361.0	421.6
安徽	4466.2	4793.1	5313.2	263.4	292.3	321.1
江西	1947.1	2207.2	2566.7	172.1	192.9	226.5
湖北	1786.1	1901.6	2078.9	88.7	102.2	96.3
湖南	1484.1	1740.1	1920.5	56.4	79.1	90.6
重庆	967.3	1116.7	1191.3	64.9	81.9	96.4
四川	1169.6	1338.9	1491.8	52.8	60.2	65.4
云南	117.2	120.1	129.2	4.2	2.8	5.2
贵州	179.0	210.3	282.1	5.5	7.9	14.3

资料来源：2015~2017年长江经济带成员地区统计年鉴。

（四）汽车制造业

长江经济带是中国汽车制造业发展的重要区域，占据六大汽车产业集群区中的三个，也就是长三角汽车产业集群区、中部汽车产业集群区和西南汽车产业集群区。2016 年长江经济带汽车制造业完成产值 40133.3 亿元，占规模以上工业的比重为 7.8%，较上年提高 0.7 个百分点；实现利润总额 3809.0 亿元，占规模以上工业的比重为 11.7%，较上年提高 0.1 个百分点。

分三大区域看，长江经济带三大汽车产业集群区分别位于下游、中游和上游地区，比较而言，中上游地区仅仅在汽车制造业生产中占据比较微弱的比较优势：中游地区完成总产值 9968.8 亿元，占长江经济带该行业的份额为 24.8%，高出规模以上工业平均水平 1.0 个百分点；实现利润总额 755.5 亿元，占长江经济带该行业的份额为 19.8%，低于规模以上工业平均水平 2.0 个百分点；上游地区完成总产值 8705.7 亿元，占长江经济带该行业的份额为 21.8%，高出规模以上工业平均水平 4.3 个百分点；实现利润总额 834.1 亿元，占长江经济带该行业的份额为 21.9%，高出规模以上工业平均水平 6.0 个百分点。分成员地区看，江苏、上海和湖北汽车制造业在工业中地位十分突出，分别完成产值 7910.6 亿元、5849.9 亿元和 6760.1 亿元，分别实现利润 589.9 亿元、1082.0 亿元和 592.0 亿元（见表 7）。

2017 年，中国汽车制造业实现增加值比上年增长 12.2%，高于规模以上工业 5.6 个百分点；完成主营业务收入 85333 亿元，比上年增长 10.8%，略低于规模以上工业 0.3 个百分点；实现利润总额 6833 亿元，比上年增长 5.8%，大幅度低于规模以上工业 15.2 个百分点。

2017 年，长江经济带汽车制造业保持较快增长。在下游地区，上海汽车制造业完成产值 6774.3 亿元，比上年增长 19.1%，高出规模以上工业 12.3 个百分点；完成主营业务收入 8185.2 亿元，比上年增长 13.4%，高出规模以上工业 3.0 个百分点；实现利润 1087.3 亿元，比上年增长 0.9%，低于规模以上工业 9.6 个百分点。江苏完成汽车产量 125.5 万辆，比上年下降

11.3%；其中，完成轿车产量62.5万辆，比上年下降15.3%，完成新能源汽车5.1万辆，比上年大幅度增长56.6%。浙江完成汽车产量84.5万辆，比上年增长20.7%；其中，完成新能源汽车3.3万辆，比上年大幅度增长57.6%。安徽汽车制造业增加值增长9.8%，高于规模以上工业0.8个百分点；完成汽车产量133.5万辆，比上年下降28.0%。在中游地区，江西汽车制造业增加值增长16.6%，高于规模以上工业7.5个百分点；主营业务收入增长18.4%，高于规模以上工业平均水平7.3个百分点。湖北汽车制造业增加值增长14.5%，高于规模以上工业7.1个百分点；1~11月实现利润562.0亿元，比上年同期增长21.3%。湖南完成汽车产量67.1万辆，比上年下降5.5%；其中，完成轿车产量31.2万辆，比上年增长8.2%，完成运动型多用途乘用车（SUV）产量29.2万辆，比上年下降3.2%。在上游地区，重庆汽车制造业增加值增长6.2%，低于规模以上工业3.4个百分点；完成汽车产量299.8万辆，比上年增长4.4%；其中，完成轿车产量84.9万辆，比上年下降13.3%，完成运动型多用途乘用车（SUV）产量132.8万辆，比上年增长15.3%。四川汽车制造业增加值增长12.1%，高于规模以上工业4.4个百分点；完成汽车产量150.8万辆，比上年增长15.0%。云南完成汽车生产16.0万辆，比上年增长5.7%。贵州汽车制造业增加值增长12.2%，高出规模以上工业5.6个百分点。

表7　2014~2016年长江经济带汽车制造业发展情况

单位：亿元

地区	总产值			利润总额		
	2014年	2015年	2016年	2014年	2015年	2016年
长江经济带	30857.8	34330.5	40133.3	3088.1	3405.4	3809.0
下游地区	16882.8	18338.1	21458.8	1920.1	2060.9	2219.5
中游地区	7586.0	8507.4	9968.8	562.1	633.2	755.5
上游地区	6389.0	7485.1	8705.7	605.9	711.3	834.1
上海	5365.0	5223.8	5849.9	1062.3	1078.1	1082.0
江苏	6440.2	6948.7	7910.6	554.2	595.4	589.9

续表

地区	总产值			利润总额		
	2014 年	2015 年	2016 年	2014 年	2015 年	2016 年
浙江	2964.0	3681.8	4588.3	210.2	282.5	421.7
安徽	2113.7	2483.7	3109.9	93.4	104.8	125.9
江西	1001.0	1120.1	1363.9	74.7	78.2	83.7
湖北	5414.4	5974.9	6760.1	441.2	504.8	592.0
湖南	1170.6	1412.4	1844.8	46.1	50.3	79.8
重庆	3776.2	4600.1	5340.1	379.5	487.9	567.8
四川	2252.5	2449.4	2840.6	210.8	202.1	242.7
云南	187.9	206.8	266.2	10.1	9.6	12.6
贵州	172.5	228.9	258.8	5.4	11.8	10.9

资料来源：2015～2017 年长江经济带成员地区统计年鉴。

三　2018年长江经济带工业发展展望

2018 年是实施“十三五”规划承上启下的关键之年，长江经济带工业发展既面临诸多战略机遇，也面临较多困难与挑战。

（一）有利因素

一是从国际方面看，世界经济延续复苏向好态势。2017 年，在工业生产回升、投资及贸易的拉动下，世界经济呈现近年以来最好的表现，复苏的步伐明显加快，覆盖的范围更加广泛。根据国际货币基金组织（IMF）发布的《世界经济展望（2018 年 4 月）——周期性上升，结构性变化》，2017 年全球增长率高达 3.8%；在仍旧有利的金融环境下，基于基础广泛的增长态势和美国实施大幅扩张财政政策的预期，2018 年及 2019 年的全球增长率将调升到 3.9%。

二是从国内方面看，经济运行仍将保持在合理区间。2017 年，中国国民经济运行的四大宏观指标均稳中向好、好于预期，经济发展呈现出增长与质量、结构、效益互为协调的良好格局。在中国经济发展从“数量追赶”

向“质量追赶”发展阶段转变的历史进程中，推动经济持续健康发展的信心得到了增强，市场预期获得了有效改善，中国转向高质量发展的有利条件和因素得以进一步积累。

三是从区域方面看，工业发展颇受重视。例如，上海要通过促进创新链与产业链深度融合，引导企业加大创新和技改投入，率先走出制造业高端发展、创新发展、转型发展之路。① 湖北要推动汽车、装备制造、电子信息、生物医药等产业内涵式发展，引导化工、建材、冶金、纺织等产业提档升级。② 重庆要围绕集成电路、液晶面板、智能机器人等领域，加大品牌商和制造商引进力度，推进智能终端产品延伸价值链。③

（二）不利因素

一是从国际方面看，保护主义威胁世界经济复苏进程。目前而言，WTO 机制的根基并不牢靠，容易引起各成员国相互之间的贸易乱战。美国在特朗普推行税改以来，财政赤字增加，贸易逆差扩大，从而在贸易政策上采取单边贸易保护政策以缓解这一境况。从中美贸易冲突看，美国一方面通过发起“301 条款”调查，对中国实施贸易制裁，巩固和强化其在国际竞争中的优势地位；另一方面美联储连续加息，以加速推动资本回流美国，从而引致全球流动性缩水和金融风险上升等。无疑，这有悖于全球化发展趋势，从而必将阻碍世界经济复苏进程。

二是从国内方面看，经济增速面临小幅回调压力。从三大需求看，消费保持相对稳定，出口增长压力较大，投资面临增速回落。在消费方面，建材、家电等消费增速放慢，汽车市场扩张减缓，不利于消费的增长，而智能化产品、个性化产品等消费扩张在一定程度上抵消了消费的下行压力。在出

---

① 应勇：《政府工作报告——2018 年 1 月 23 日在上海市第十五届人民代表大会第一次会议上》，《解放日报》2018 年 1 月 31 日。

② 王晓东：《政府工作报告——2018 年 1 月 24 日在湖北省第十三届人民代表大会第一次会议上》，《湖北日报》2018 年 2 月 5 日。

③ 唐良智：《重庆市人民政府工作报告——二〇一八年一月二十六日在重庆市第五届人民代表大会第一次会议上》，《重庆日报》2018 年 2 月 7 日。

口方面，受美国对华政策不确定性因素等方面的影响，出口提升压力明显。在投资方面，2017 年固定资产投资增长 7.2%，比上年下滑 0.9 个百分点，2018 年将继续小幅回落。

三是从区域方面看，实体经济依然面临困难。尽管长江经济带工业经济盈利水平明显改善，但整体而言，投资效益不高、营商成本高、企业活力偏低的矛盾依然较为突出，振兴实体经济的任务依旧艰巨。

总体预计，2018 年在较为复杂的国内外大环境下，长江经济带工业经济面临回落的压力。长江经济带要在改造提升传统产业、激发企业投资活力、推进区域协调发展等方面积极努力，保持工业经济健康平稳发展。

B.9 长江经济带地区农业发展报告：2017 ~2018

戴伟娟 *

摘　要： 长江经济带保有我国近27%的农业用地，以及约1/3的耕地，承载了全国超过1/2的农业从业人口，投入了超过全国三成的农业投资，2017年产出了全国43%的农业增加值。与种植业相比，长江经济带林业和渔业在全国占比更高，是稻谷、薯类、橡胶、生漆、油茶籽、烟叶、茶叶、柑橘、猪肉、蜂蜜、淡水产品的主产区，产量均占全国的一半以上。从土地单产来看，长江经济带地区的谷物和油菜籽的土地产出率明显高于全国平均水平。从农业现代化水平来看，长江经济带的农业科技进步贡献率普遍较高，大多高于全国平均水平，中下游地区的农业劳动生产率、土地产出率、机械化和设施化程度相对较高。从发展趋势来看，近年来耕地面积呈下降趋势，粮食产量相对稳定，第一产业就业比重逐年下降，农业就业人口占全国的比重有所下降，农业投资占全国的比重逐年提高，对全国农业经济的贡献度逐年上升。2018年，长江经济带各省市将积极落实乡村振兴战略，紧紧围绕农业供给侧结构性改革，继续优化供给、提质增效，坚持绿色生态导向，推动农业农村可持续发展。

关键词： 长江经济带　农业　现代农业

* 戴伟娟，博士，上海社会科学院城市与人口发展研究所助理研究员，研究方向为三农问题研究、土地管理制度研究。

长江经济带在我国农业发展总格局中具有重要战略地位。从发展现状来看，长江经济带11个省市以占我国约1/5的土地面积，保有我国27%的农业用地，以及约1/3的耕地，承载了全国超过1/2的农业从业人口，2017年产出了全国43%的农业增加值。11个省市中，包括了我国多个农业强省和农业大省，是我国农业产业重要功能区。按照《全国农业可持续发展规划（2015～2030年）》，长江经济带11省市涉及我国农业可持续发展规划的三大类区域，[①] 在我国农业发展战略格局中承担着不同的功能定位和发展要求，根据《国务院关于依托黄金水道推动长江经济带发展的指导意见》（国发〔2014〕39号）的要求，长江经济带要大力发展现代农业和特色农业，要保护和利用好长江流域的宝贵农业资源，推进农产品主产区特别是农业优势产业带和特色产业带建设，建设一批高水平现代农业示范区，推进国家有机食品生产基地建设，着力打造现代农业发展先行区。因此，长江经济带农业对我国农业乃至“三农”发展的重要性并不亚于区域经济的重要性，在我国粮食及主要农产品供给安全、农业现代化、农业经济效益及产业竞争力提升、农业生态安全与可持续发展、农民就业与增收等多个方面具有重要的支撑和引领作用。

一　长江经济带地区农业发展总体概况

（一）农业资源条件

长江经济带横贯我国东中西三大自然和经济区域，跨越我国南北方分界线，覆盖多个温度带，地形地貌、土壤水文、气象气候、动植物资源等存在明显的地域差异，农业资源条件丰富而多样。仅从农业最基础的两大资源要素，土地和从业人口来看，长江经济带具有总量规模较大，占全国比重较高等特征。

1. 耕地面积呈下降趋势

2016年，长江经济带11个省市的农业用地总面积约为17178.3万公

① 长江经济带11个省市中，江西、浙江、上海、江苏、安徽、湖北和湖南大部属于优化发展区，贵州、重庆、云南大部、湖北和湖南西部属于适度发展区；四川西部、云南西北部属于保护发展区。

顷，占全国农用地总面积的26.6%。与2007年相比，长江经济带区域的农业用地资源有所增加，占全国总面积比重也显著增加，从17.9%上升到26.6%，提高8.7个百分点（见表1）。与上年相比，长江经济带农业用地面积下降15.7万公顷。长江经济带占全国约21%的土地面积，保有全国约27%的农业用地和33%的耕地面积，是我国重要的农业产区。

表1　长江经济带地区农业用地面积变化及全国比较

单位：万公顷，%

年份	农用地		长江经济带在全国占比
	全国	长江经济带	
2007	95069.3	17010.1	17.9
2013	64616.8	17231.1	26.7
2015	64545.7	17194.0	26.6
2016	64512.7	17178.3	26.6

资料来源：《中国统计年鉴（2008）》《中国统计年鉴（2015）》《中国统计年鉴（2016）》《中国统计年鉴（2017）》；下文关于农业用地的数据若无特殊注明，来源相同。

从农用地结构来看，2016年，长江经济带地区耕地面积、园地面积和牧草地面积分别约为4493.4万公顷、550.2万公顷和1123.9万公顷，占全国总面积的比重分别为33.3%、38.6%和5.1%，与第二次土地调查时期（2009年）相比，耕地和园地面积的比重变化不大，牧草地面积占全国的比重有所下降（见图1）。① 关于林地，根据第八次全国森林资源清查数据的结果，长江经济带地区林地面积10559.4万公顷，占全国林地面积比重为39%，与2009年持平。与2015年相比，三类农业用地均有所减少，减少幅度分别为0.17%、0.48%和0.02%。

从耕地资源来看，至2016年底，长江经济带11个省市耕地总面积约4493.4万公顷（折合6.74亿亩），约占全国耕地总面积的33%；第一产

① 根据第二次土地调查结果，至2009年底，长江经济带11个省市共有园地约569.9万公顷，占全国园地面积的38.5%；林地约9923.8万公顷，占全国的39.1%；草地约1854.4万公顷，占全国的6.5%。

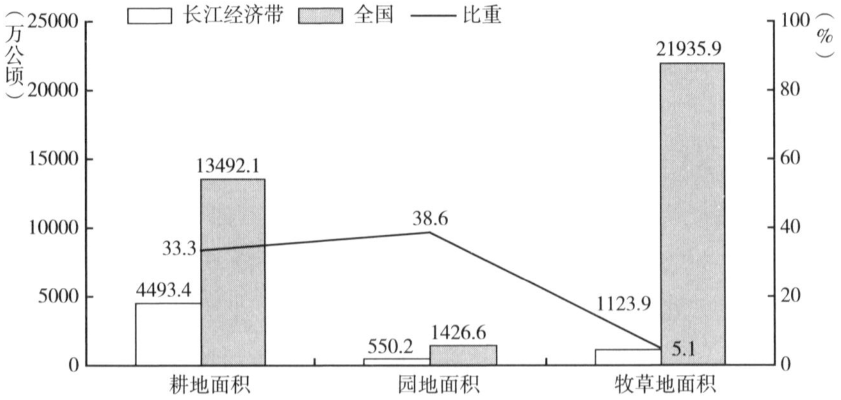

图1　2016年长江经济带地区各类农地面积及全国比较

资料来源：《中国统计年鉴（2017）》，下文关于农业用地的分类数据，若无特殊注明，来源相同。

业从业人员人均耕地面积约5.9亩，比全国人均面积低约3.5亩。与1996年农业普查时点比较，到2016年长江经济带地区耕地面积减少了约93万公顷（折合1395万亩），占全国耕地面积的比重下降约2个百分点（见图2）。

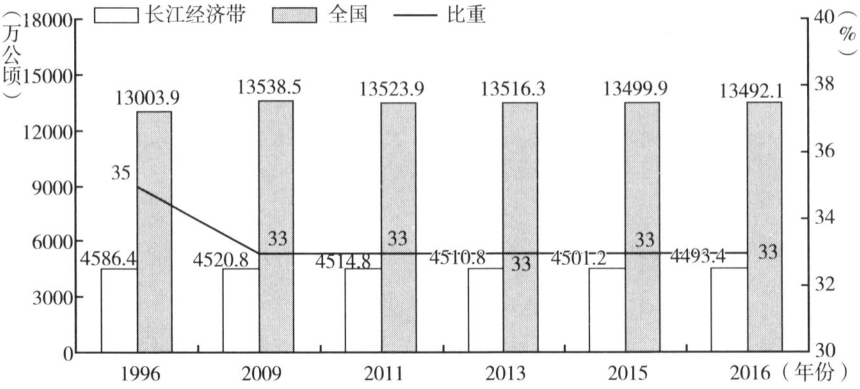

图2　长江经济带地区耕地面积及全国比较

资料来源：1996年数据来自《中国统计年鉴（2001）》，其中耕地数据为1996年10月31日时点数；2009～2015年的数据来自《中国统计年鉴（2016）》，2016年数据来自《中国统计年鉴（2017）》；下文关于耕地面积的数据，若无特殊注明，来源相同。

2. 承载农业就业人口比重有所回落

长江经济带地区承载了全国一半以上的农业就业人口。从2011年开始比重逐年上升，2016年有所回落。近年来长江经济带地区的农业从业人口逐年减少，但目前总量规模仍然较大，且占我国农业从业总人口的比重呈现逐年上升趋势。2016年末，长江经济带11省市共有第一产业从业人员约11484万人，较2010年减少了1634万，但占全国农业从业人口的比重仍高达53.4%，较2010年提高6.4个百分点，是我国农业从业人口的主要分布区。与上年相比，长江经济带地区承载的农业就业人口比重有所下降，下降了0.2个百分点（见图3）。

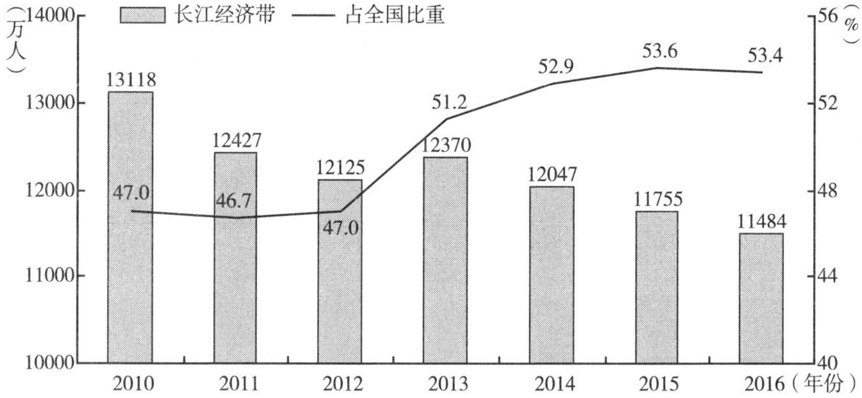

图3　2010～2016年长江经济带地区第一产业从业人口及占全国比重变化

资料来源：全国及长江经济带各省市2012、2014、2015、2016和2017年统计年鉴；下文关于农业从业人口的数据，若无特殊注明，来源相同。

长江经济带第一产业就业人口占全部就业人口的比重较高，超过全国平均水平。从三次产业就业结构来看，近年来，长江经济带地区第一产业从业人口比重逐年下降，但目前比重仍然较高。2016年底，11个省市第一产业从业人口比重为31.9%，较全国水平高4.2个百分点（见图4）。其中，中上游8个省市第一产业从业人口占总从业人口的比重全部高于全国，最高比重接近60%，农业仍是这些地区支撑农民就业和收入的重要产业载体。

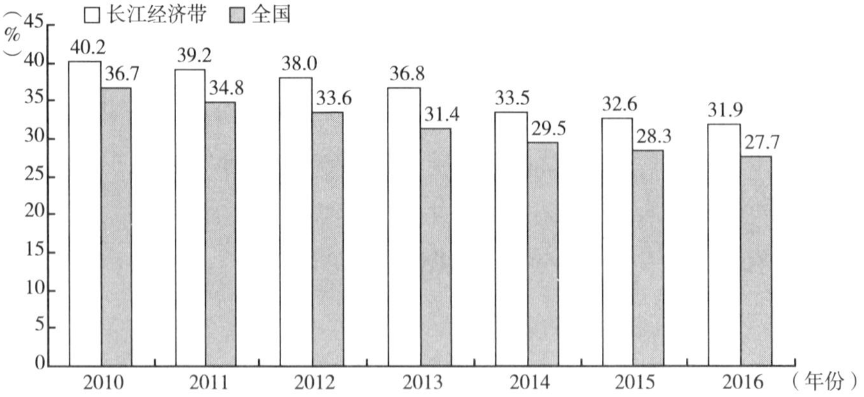

图4　2010～2016年长江经济带地区及全国第一产业从业人口比重比较

3. 对农业的投资仍低于平均水平

近5年来，长江经济带地区对农业的投入逐年提高。2016年，农林牧渔业固定资产投资额为7936亿元，是2011年的3.1倍，占全国对农林牧渔业固定资产投资总额的32%，比2011年多3个百分点。2011～2015年，长江经济带地区每年的平均农林牧渔业固定资产投资额为5281亿元，占全国比重为30%（见图5）。

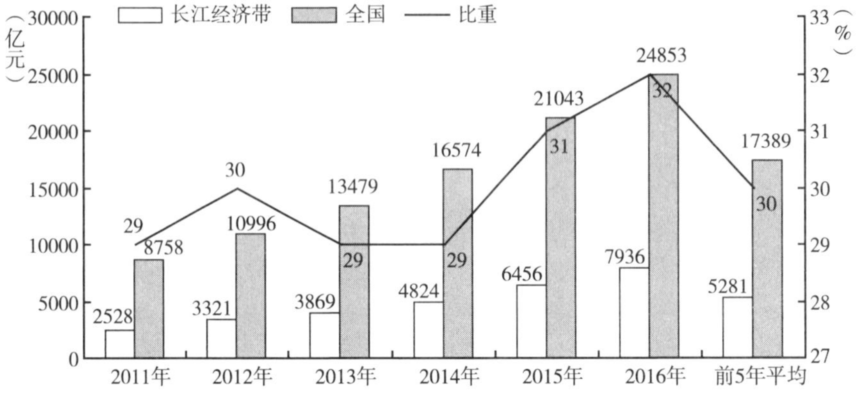

图5　2011～2016年长江经济带地区农林牧渔业固定资产投资额

资料来源：各省市数据来自国家统计局网站的“地区数据/分省年度数据”，全国数据来自国家统计局网站的“年度数据”，下文关于农林牧渔业固定资产投资的数据，若无特殊注明，来源相同。

从农业投资在总投资中的地位来看，2016 年长江经济带地区对农林牧渔业的固定资产投资占总投资额的比重为 3.0%，比全国平均水平低 1.1 个百分点。与 2015 年相比，长江经济带地区对农业的投资有所增加，但与全国平均水平的差距在拉大。从近 5 年的情况来看，2011 ~ 2015 年，长江经济带地区对农林牧渔业的投入比重逐年增加，5 年的投入比重平均为 2.5%，比全国平均水平低 1.0 个百分点（见图 6）。

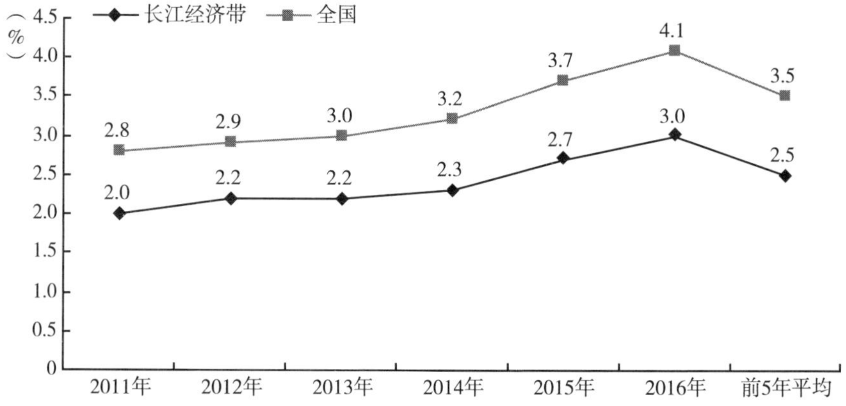

图 6　长江经济带地区农林牧渔业固定资产投资额占总投资比重

（二）农业生产情况

长江经济带地区是我国重要的农业产区，覆盖我国粮、棉、油等大宗农产品的生产，也是我国茶叶、水产品、蚕桑、水果、中药材等多种特色农产品的主要产区，在我国主要农产品的生产供给保障中发挥着重要作用。

1. 粮食播种面积有所下降，占全国比重稳中有升

粮食安全是国家安全的重要基础，我国政府高度重视粮食自给能力，把粮食安全放在首要位置，坚持“米袋子”省长负责制，不断加大粮食生产补贴及粮田基础设施建设等支持，至 2015 年已经实现了粮食产量的“十二连增”。自 2010 年来，长江经济带地区粮食播种面积呈先逐渐扩大，于 2014 年达到顶峰后逐渐减少的趋势。2017 年 11 省市粮食播种总面积约 4262.9 公顷，

较上年减少15.6万公顷。但与2010年相比，增加了79.9万公顷。从占全国的比重来看，2017年长江经济带粮食播种面积占全国的38.0%，比上年有所提高，总体上占全国的比重基本稳定，2010年来保持在38%左右（见图7）。

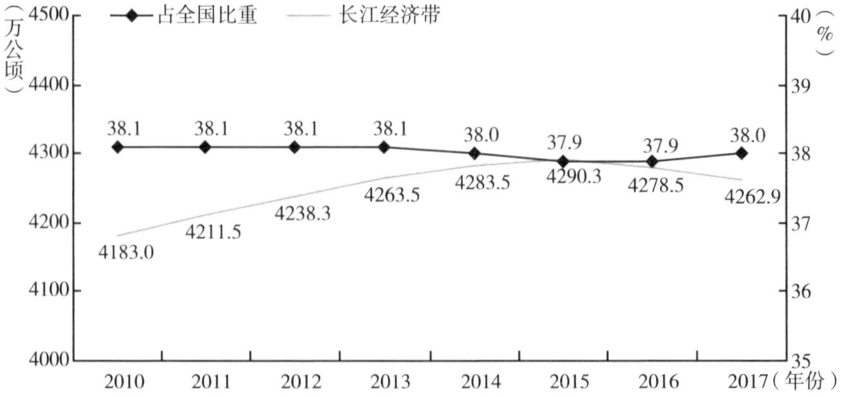

图7 2010～2017年长江经济带地区粮食播种面积及占全国比重变化

资料来源：2010年数据来自《中国统计年鉴（2011）》；2011～2014年、2016～2017年数据来自2011～2014年各年度国家统计局关于各年度粮食产量的公告，2015年数据来自《中国统计年鉴（2016）》；下文关于粮食播种面积、总产量和单产的数据，若无特殊注明，来源相同。

近年来，长江经济带地区粮食总产量持续增长，到2015年和全国一样实现12年连续增长。2016年长江经济带11省市粮食总产量有所下降，2017年有所增加，约23358万吨，但仍未超过2015年的总产量；2010年，占我国粮食总产量的比重为39.1%，以后7年来一直在37%～38%波动。2017年，长江经济带占全国粮食总产量的37.8%；长江经济带的粮食产量占全国的比重与粮食播种面积比重基本持平（见图8）。从粮食作物种类来看，长江经济带地区稻谷和薯类生产规模较大，产量均占全国的一半以上，2017年，稻谷占全国总产量的65%，薯类占52%。

除粮食外，长江经济带地区也是我国棉花、油菜等其他大宗农作物，以及麻、茶叶、烟叶、柑橘等特色农产品的重要产区。从棉花产量来看，虽然长江经济带地区棉花总产量占全国的比重较低，2016年为12.6%，但部分省

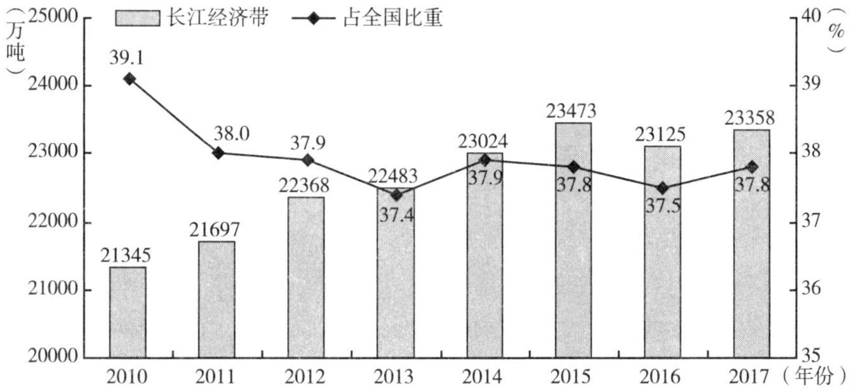

图 8　2010～2017 年长江经济带地区粮食总产量及占全国比重变化

市棉花产量居我国前列，如湖北省棉花产量居全国第 4 位，安徽、湖南、江苏、江西均处于前 8 位。2016 年，长江经济带地区油料产量为 1617.3 万吨，占全国的 44.6%。其中，全国大部分的油菜籽产自长江经济带地区，除上海和浙江外，其他 9 省市是我国油菜籽的主要产区。此外，长江经济带地区烟叶、茶叶等产量占全国的比重均达到 60% 以上。长江经济带的甘蔗产量虽然占全国比重不高，但云南、贵州、湖南、江西、浙江、四川 6 省的甘蔗产量居全国前 10 位，其中云南产量在全国仅次于广西。与 2015 年相比，2016 年长江经济带的麻类、棉花和油料分别比 2015 年降低了 15.7 个、4.2 个、1.9 个百分点。甘蔗、烟叶、蚕茧的比重有所提高，茶叶和水果的比重与上年持平（见表 2）。

与该地区农业用地比重相比，占全国产量的比重较高的种植业产品有烟叶、茶叶、麻、油料和蚕茧。

表 2　2016 年长江经济带地区主要农产品产量及占全国比重

单位：万吨，%

地区	棉花	油料	麻	甘蔗	烟叶	蚕茧	茶叶	水果
上海	0.0	0.9	0.0	0.6	0.0	0.0	0.0	62
江苏	7.4	131.9	0.1	9.0	0.0	4.0	1.4	893
浙江	1.7	29.1	0.0	62.1	0.1	3.3	17.2	724
安徽	18.5	214.8	2.2	20.2	2.9	2.9	11.2	1044

续表

地区	棉花	油料	麻	甘蔗	烟叶	蚕茧	茶叶	水果
江西	7.3	122	0.6	65.8	6.4	0.7	5.8	617
湖北	18.8	329.8	2.1	37.3	9.0	0.6	29.6	1010
湖南	12.3	242.9	1.4	66.2	23.1	0.1	18.6	1048
重庆	0.0	62.7	0.7	9.7	8.4	1.6	3.7	409
四川	0.9	311.3	5.2	49.5	21.8	11.1	26.8	979
贵州	0.1	103.4	0.1	117.8	29.8	0.1	14.1	244
云南	0.0	68.5	0.0	1738.4	90.7	3.5	38.4	759
长江经济带	67.0	1617.3	12.4	2176.6	192.2	27.9	166.8	7789
全国	529.9	3629.5	26.2	11382.5	272.6	88.3	240.5	28351
比重	12.6	44.6	47.3	19.1	70.5	31.6	69.4	27

资料来源：《中国统计年鉴（2017）》。

2. 林产品以生漆、油茶籽和橡胶为主

长江经济带也是我国重要的林业产区，各类主要林产品产量占我国总量的比重均比较高。其中，橡胶产量占我国的一半以上，生漆和油茶籽产量均占我国的 7 成以上。

从表 3 中可以看出，2016 年，长江经济带地区木材产量 2220 万立方米，占全国的 28.5%，主要产区是安徽、云南、湖南、江西、四川五省，各省木材产量均居全国前列。与 2015 年相比，2016 年长江经济带的木材产量有所提高，但占全国的比重下降了 1.8 个百分点。

2016 年，长江经济带地区橡胶产量 448615.0 吨，占全国的 55.0%，长江经济带地区生产橡胶的产区只有云南省，且在我国生产橡胶的 4 个省中，云南省产量最高，超过全国总产量的一半。与 2015 年相比，2016 年长江经济带的橡胶产量和占全国的比重均有所提高，其中占比提高了 1.2 个百分点。

2016 年，长江经济带地区松脂产量 351302 吨，占全国的 26.3%。长江经济带地区有 9 个省市生产松脂，主要产区是云南省和江西省，分别占全国总产量的 8.9% 和 8.3%。与 2015 年相比，2016 年长江经济带的松脂产量和占比均有所下降。

表 3　2016 年长江经济带地区主要林产品产量及占全国比重

地区	木材		橡胶		松脂		生漆		油桐籽		油茶籽	
	总产量（万立方米）	全国占比（%）	产量（吨）	全国占比（%）	产量（吨）	全国占比（%）	总产量（吨）	全国占比（%）	产量（吨）	全国占比（%）	产量（吨）	全国占比（%）
上海	0	0.0	0	0.0	0	0.0	0	0.0	0	0.0	0	0.0
江苏	156	2.0	0	0.0	0	0.0	0	0.0	0	0.0	263	0.0
浙江	108	1.4	0	0.0	309	0.0	20	0.1	161	0.0	51421	2.4
安徽	447	5.8	0	0.0	13842	1.0	161	0.7	1977	0.5	81735	3.8
江西	228	2.9	0	0.0	110392	8.3	813	3.6	22299	5.4	366135	16.9
湖北	193	2.5	0	0.0	43237	3.3	3568	15.6	22066	5.4	142498	6.6
湖南	274	3.5	0	0.0	46566	3.5	1060	4.6	35287	8.6	874642	40.4
重庆	55	0.7	0	0.0	20	0.0	2246	9.8	5024	1.2	8779	0.4
四川	202	2.6	0	0.0	370	0.0	431	1.9	14490	3.5	17254	0.8
贵州	165	2.1	0	0.0	17904	1.3	7649	33.5	66031	16.0	73980	3.4
云南	392	5.0	448615.0	55.0	118662	8.9	385	1.7	17144	4.2	18058	0.8
长江经济带	2220	28.5	448615.0	55.0	351302	26.3	16333	71.6	184479	44.8	1634765	75.6
全国	7776	100.0	816103.0	100.0	1326292	100.0	22806	100.0	412042	100.0	2163492	100.0

资料来源：《中国统计年鉴（2017）》。

2016 年，长江经济带地区生漆产量 16333 吨，占全国的 71.6%，长江经济带地区生产生漆的产区有 9 个，且在我国生产橡胶的十多个省市中，2016 年贵州省和湖北省产量最高，两省之和占全国总产量的近一半。与 2015 年相比，2016 年长江经济带的生漆产量和占全国的比重均有所上升，其中，比重上升了 0.8 个百分点。

2016 年，长江经济带地区油桐籽产量 184479 吨，占全国的 44.8%，长江经济带地区生产油桐籽的产区有 9 个，且在我国生产油桐籽的十多个省市中，贵州省产量较高，排第 3 位，占全国总产量的 16.0%。与 2015 年相比，2016 年长江经济带的油桐籽产量和占全国总产量的比重均有所下降，下降幅度为 1.3 个百分点。

2016 年，长江经济带地区油茶籽产量 1634765 吨，占全国的 75.6%，长江经济带地区生产油桐籽的产区有 9 个，且在我国生产油茶籽的十多个省市中，湖南省和江西省产量排在前两位，两省产量占全国总产量的 57.3%。与 2015 年相比，2016 年长江经济带的油茶籽产量和占比均有所下降，降幅为 0.6 个百分点。

总体来看，长江经济带地区是我国重要的林业产区，油茶籽、生漆都占全国总产量的 70% 以上，橡胶占全国总产量的 55.0%，油桐籽占比也比较高，为 44.8%，木材和松脂产量都占全国总产量的 26% 以上。与 2015 年相比，2016 年该地区的橡胶和生漆产量有所上升，木材、松脂、油桐籽、油茶籽的产量均有所下降。

3. 是猪肉和蜂蜜的主产区

长江经济带地区也是我国畜禽产品的重要产区，主要生产肉类、奶类、禽蛋和蜂蜜，除奶类占全国产量的比重较小（8.3%）外，其他三类畜产品占全国的比重均超过 30%，其中蜂蜜产量占全国一半以上。2016 年，长江经济带地区肉类、奶类、禽蛋和蜂蜜的产量分别为 2705.8 万吨、307.2 万吨、926.2 万吨和 25.0 万吨。与 2015 年相比，2016 年长江经济带畜产品产量下降的有肉类和奶类，产量提高的有禽蛋和蜂蜜。

其中，长江经济带地区的肉类以猪肉为主，占该地区肉类产量的 73%，占全国猪肉产量的半数以上，是我国最重要的猪肉生产供应基地。近年来，长江经济带地区的猪肉产量总体保持稳步上升态势，2014 年猪肉产量达到高点，随后 2015 年和 2016 年均有所回落。长江经济带猪肉产量占全国的比重稳定在 50% 以上，2016 年的比重提高到了 51.1% （见图 9）。11 个省市中，四川、湖南、湖北、云南、安徽、江西和江苏 7 省是重要的猪肉产区。其中，四川省、湖南省和湖北省分别居全国产量第 1 位、第 3 位和第 5 位。

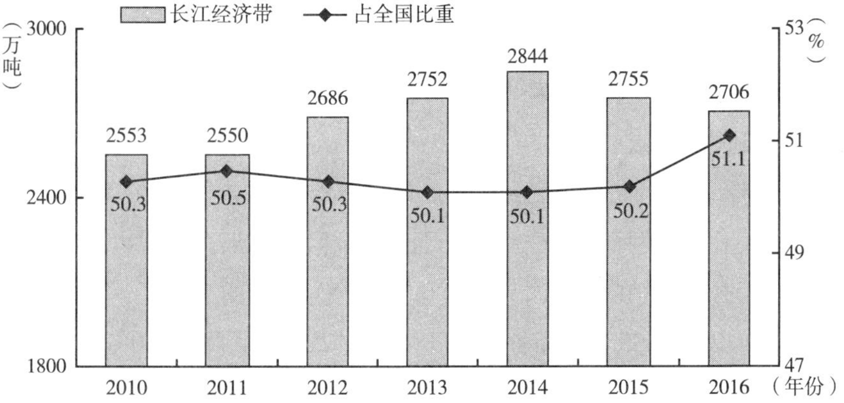

图 9　2010 ~ 2016 年长江经济带地区猪肉产量及占全国比重变化

资料来源：《中国统计年鉴（2011）》《中国统计年鉴（2012）》《中国统计年鉴（2013）》《中国统计年鉴（2014）》《中国统计年鉴（2015）》《中国统计年鉴（2016）》《中国统计年鉴（2017）》；下文有关畜牧业发展的数据，若无特殊注明，来源相同。

从表 4 中可知，2016 年，长江经济带地区禽蛋产量占全国总产量的 29.9%，主要产区为江苏、湖北、四川、安徽和湖南五省。其中，江苏和湖北省的禽蛋产量在全国名列前茅。

此外，长江经济带地区也是我国蜂蜜的主产区，2016 年蜂蜜产量占全国的 52.0%；11 个省市中，蜂蜜产区主要集中在浙江省和四川省，占全国的比重分别为 19.1% 和 10.0%。

长江经济带地区也生产绵羊毛、山羊粗毛和山羊绒，主要产区在四川省、浙江省和云南省，但生产规模小，长江经济带总产量占全国的比重均在 5% 以下。

表 4　2016 年长江经济带地区主要畜产品产量及全国比较

单位：万吨，%

地区	猪肉		奶类		禽蛋		蜂蜜	
	产量	全国占比	产量	全国占比	产量	全国占比	产量	全国占比
上海	13.5	0.3	26	0.7	3.5	0.1	0.1	0.2
江苏	216.4	4.1	59	1.6	198.5	6.4	0.4	0.8
浙江	90.7	1.7	15.3	0.4	30.8	1.0	9.2	19.1
安徽	244.9	4.6	32.7	0.9	139.5	4.5	1.7	3.5
江西	242.9	4.6	13.5	0.4	51.7	1.7	1.6	3.3
湖北	331.5	6.3	16.9	0.5	165.3	5.3	2.7	5.6
湖南	448.0	8.5	9.7	0.3	101.5	3.3	1.3	2.7
重庆	156.2	2.9	5.4	0.1	45.4	1.5	1.9	4.0
四川	512.4	9.7	67.5	1.8	146.7	4.7	4.8	10.0
贵州	160.7	3.0	6.2	0.2	17.3	0.6	0.3	0.6
云南	288.6	5.4	55	1.5	26	0.8	1.0	2.1
长江经济带	2705.8	51.1	307.2	8.3	926.2	29.9	25.0	52.0
全国	5299.1	100.0	3712.1	100.0	3094.9	100.0	48.1	100.0

4. 水产品产量持续稳步增长

长江经济带地区滨江临海，尤其是中下游地区河湖密集、水域广阔，囊括了我国 5 大淡水湖，密集分布着长江干支流水系及众多人工河港，东海海区拥有舟山、吕泗等著名渔港，水产养殖业和捕捞业的发展条件都比较优越，是我国常规水产品及多种特色水产品的重要产区。

2017 年，长江经济带 11 个省市共产出水产品约 2759.7 万吨，较 2010 年产量增加了 666.5 万吨；2017 年，长江经济带水产品产量占全国总产量的 39.8%，与 2016 年相比，占全国的比重有所提高，为 2010 年来最高比重（见图 10）。

从渔业生产结构来看，长江经济带地区以淡水渔业为主。2016 年，淡水产品总产量占该区域水产品总产量的比重 75.9%，占全国淡水产品产量的 60.3%。其中，湖北省和江苏省是主要产区，产量分别占全国的 13.8% 和 10.9%；长江经济带地区的海洋渔业仅分布在沿海的上海、江苏和浙江 3 省市，海水产品总产量占全国的比重较低，2016 年为 18.7%，其中，浙江省是主要产区，产量占全国的 14.0%（见表 5）。

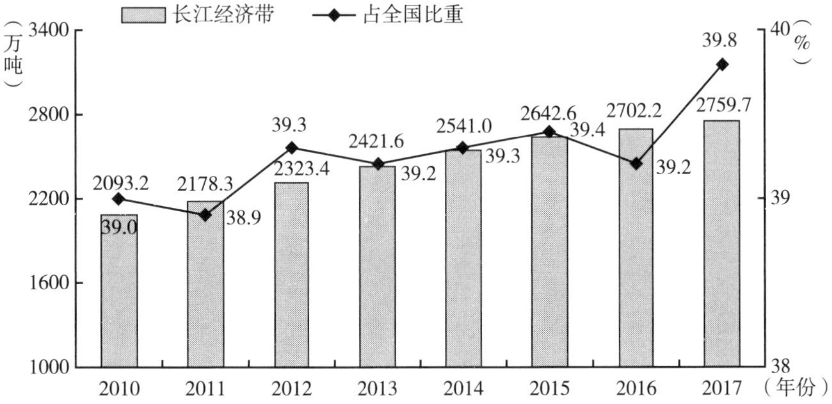

图 10　2010～2017 年长江经济带地区水产品产量及占全国比重变化

资料来源：2010～2013 年数据来自《中国统计年鉴（2011）》《中国统计年鉴（2012）》《中国统计年鉴（2013）》《中国统计年鉴（2014）》《中国统计年鉴（2015）》《中国统计年鉴（2016）》《中国统计年鉴（2017）》；2017 年数据来自全国及各省市 2016 年国民经济和社会发展统计公报，其中云南省水产量为估计数；下文有关渔业发展的数据，若无特殊注明，来源相同。

表 5　2016 年长江经济带地区水产品产量及全国比较

单位：万吨，%

地区	水产品		海水产品		淡水产品	
	总产量	全国占比	产量	全国占比	产量	全国占比
上海	29.6	0.4	14.2	0.4	15.4	0.5
江苏	520.7	7.5	147.3	4.2	373.4	10.9
浙江	604.5	8.8	490.3	14.0	114.3	3.4
安徽	235.8	3.4		0.0	235.8	6.9
江西	271.6	3.9		0.0	271.6	8.0
湖北	470.8	6.8		0.0	470.8	13.8
湖南	269.6	3.9		0.0	269.6	7.9
重庆	50.8	0.7		0.0	50.8	1.5
四川	145.4	2.1		0.0	145.4	4.3
贵州	29.0	0.4		0.0	29.0	0.9
云南	74.4	1.1		0.0	74.4	2.2
长江经济带	2702.2	39.0	651.8	18.7	2050.5	60.3
全国	6901.3	100.0	3490.1	100.0	3411.1	100.0

（三）农业经济概况

近年来，长江经济带地区的农业经济发展呈现上升态势，内部各省出现差异化特征。

1. 对全国农业经济的贡献度逐年提高

近年来，长江经济带地区农业经济总量持续增长，占全国的比重在2013年下降后逐年回升。2017年，11个省市共实现农业增加值约28162亿元，较2010年增长了11837亿元。长江经济带地区在全国农业经济总量中的比重到2017年上升到43.0%，为2010年来全国占比最高水平。与2010年相比，上升了1.5个百分点（见图11）。长江经济带地区农业增加值占全国的比重，略低于地区增加所占比重（45.2%），在我国农业经济发展中具有重要的支撑作用。2017年，长江经济带地区的农业增加值比上年平均增长3.8%，高于全国的平均增速2.8%。11个省市除上海减少9.6%，江苏与上年持平外，其他省份均实现了不同程度的增长，贵州省和四川省的农业增加值增速较高，分别为9.5%和9.0%，云南省的增速也较高，为5.3%，其他省份的增速普遍较低。

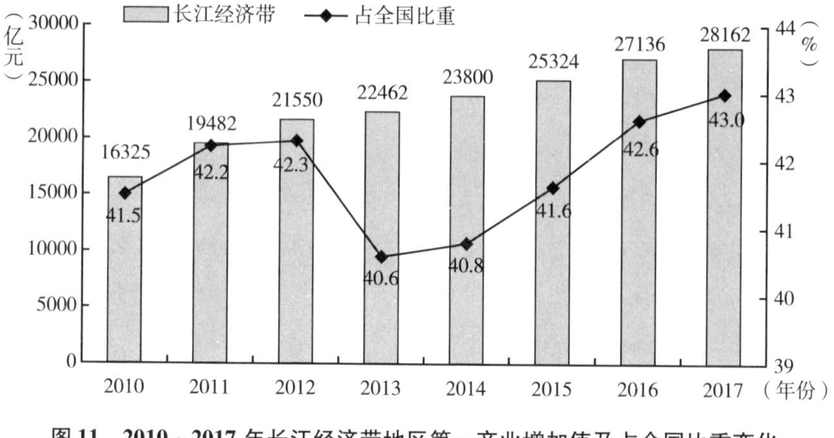

图11　2010 ~ 2017年长江经济带地区第一产业增加值及占全国比重变化

资料来源：2010 ~ 2016年数据来自国家统计局网站地区数据；2017年云南省数据来自《云南省2017年经济运行情况》，长江经济带其他10省市和全国数据来自各自省份的国民经济和社会发展统计公报；下文有关第一产业增加值的数据，若无特殊注明，来源相同。

随着经济发展，第一产业收入在国民经济总收入中的比重逐渐下降是世界共性规律。近年来，长江经济带地区的第一产业增加值在地区生产总值中的比重呈逐年下降趋势，2017 年比重为7.5%，较2010 年降低1.7 个百分点，较同期全国第一产业增加值比重低0.4 个百分点。较为特别的是，近几年江苏、贵州和云南三省第一产业增加值比重呈现波动式变化（见图12）。其中，2010～2012 年江苏省第一产业增加值比重小幅上升到6.3%后，呈现逐年下降趋势，2017 年下降到4.7%；贵州省近年来第一产业增加值比重逐年增加，2016 年增加到15.7%后，2017 年下降到14.9%；云南省第一产业增加值比重在2012 年达到最高点16%后逐年下降。其他9 省市第一产业增加值比重均呈逐年减少态势。

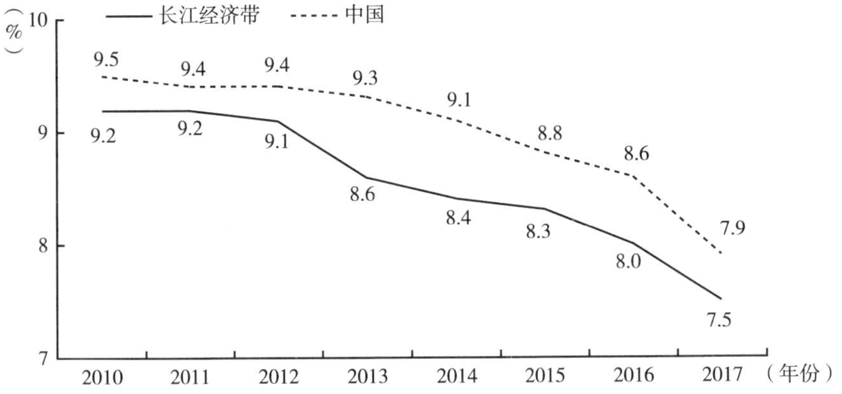

图12　2010～2017 年长江经济带地区第一产业增加值比重变化及全国比较

2. 农业总产值对全国贡献度继续提高

2016 年，长江经济带地区农业总产值继续保持增长态势。11 个省市共实现农业总产值46342 亿元，较2010 年增加了19528 亿元，占全国农业总产值的41.3%，较2010 年比重上升了2.6 个百分点（见表6）。长江经济带地区农业总产值占全国的比重略低于农业增加值所占比重（42.6%）及区域经济所占比重（45.3%），但高于土地面积和耕地面积占全国的比重，对全国农业的总体贡献度较高。近年来，长江经济带地区农业总产值增速变化的地区差异比较明显，部分省市出现负增长或微弱增长，中上游省市增速相对较高。2016 年重庆、贵州、湖北和江西的增速较高，分别达到13%、13%、10%和10%。

表6　2010～2016年长江经济带地区农业总产值及占全国比重变化

单位：亿元，%

年份	农业总产值		占全国比重
	长江经济带	全国	
2010	26814	69320	38.7
2011	32185	81304	39.6
2012	35505	89453	39.7
2013	37964	96995	39.1
2014	40183	102226	39.3
2015	43114	107056	40.3
2016	46342	112091	41.3

资料来源：《中国统计年鉴（2011）》《中国统计年鉴（2012）》《中国统计年鉴（2013）》《中国统计年鉴（2014）》《中国统计年鉴（2015）》《中国统计年鉴（2016）》《中国统计年鉴（2017）》；下文有关农业总产值的数据，若无特殊注明，来源相同。

分产业来看，长江经济带地区的农业总产值主要来自种植业和畜牧业，但从对全国的贡献来看，林业、渔业和农林牧渔服务业的贡献度更高一些。2016年，11个省市共实现种植业总产值23937亿元，林业总产值2259亿元，畜牧业总产值12589亿元，渔业总产值5505亿元，农林牧渔服务业总产值2053亿元。从各类农业产值占全国农业产值的比重来看，种植业和畜牧业产值都占全国的比重40%左右，林业和渔业所占比重较高，均为48%左右，农林牧渔服务业所占比重42.2%（见表7）。与2015年相比，2016年长江经济带地区的种植业、林业、畜牧业、渔业和农林牧渔服务业总产值占全国的比重均有所提高。

表7　2016年长江经济带地区及全国农业各产业产值比较

单位：亿元，%

地区	种植业	林业	畜牧业	渔业	农林牧渔服务业
长江经济带	23937	2259	12589	5505	2053
中国	59288	4632	31703	11603	4866
占全国比重	40.4	48.8	39.7	47.4	42.2

3. 农业结构与全国平均水平相近

长江经济带地区农业结构以种植业为主，农业总产值构成中种植业占一半以上，其次是畜牧业，占比超过 1/4，渔业比重约 1/10 略多，林业及农林牧渔服务业比重均低于 5%。近几年长江经济带地区农业结构变化幅度较小，总体表现为种植业和畜牧业比重下降，渔业、农林牧渔服务业和林业比重提高。2016 年，长江经济带农业总产值构成中，种植业占 51.7%，畜牧业占 27.2%，渔业占 11.9%，林业占 4.9%，农林牧渔服务业占 4.4%。与 2010 年比较，种植业比重不稳定，在 2013 年下降后，2015 年有所回升，2016 年又下降到 2013 年的比重；畜牧业比重持续下降，到 2016 年稍有回升；林业比重呈上升趋势，2016 年与 2015 年持平；渔业比重稳步上升，到 2016 年达到 11.9%；农林牧渔服务业的比重也呈上升态势，到 2016 年达到 4.4%（见图 13）。

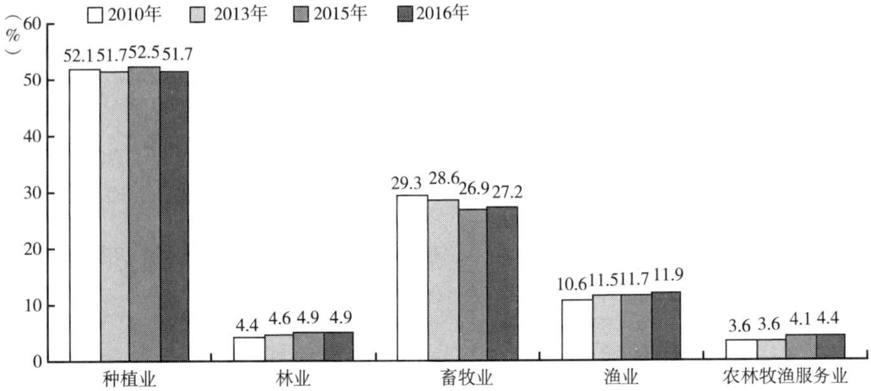

图 13　长江经济带地区农业结构比较

从全国的情况来看，长江经济带地区农业结构与全国的相似，均以种植业为主，畜牧业比重较高。与全国的平均水平相比，2016 年，长江经济带地区种植业和畜牧业比重低于全国，渔业和林业比重高于全国，农林牧渔服务业比重略高于全国平均水平。在长江经济带农业总产值构成中，种植业比重较全国低 1.2 个百分点，畜牧业比重较全国低 1.1 个百分点，渔业比重较全国高 1.5 个百分点，林业比重较全国高 0.8 个百分点。与 2015 年相比，

2016 年长江经济带地区的种植业比重与全国种植业比重的差距变化不明显（见图 14）。

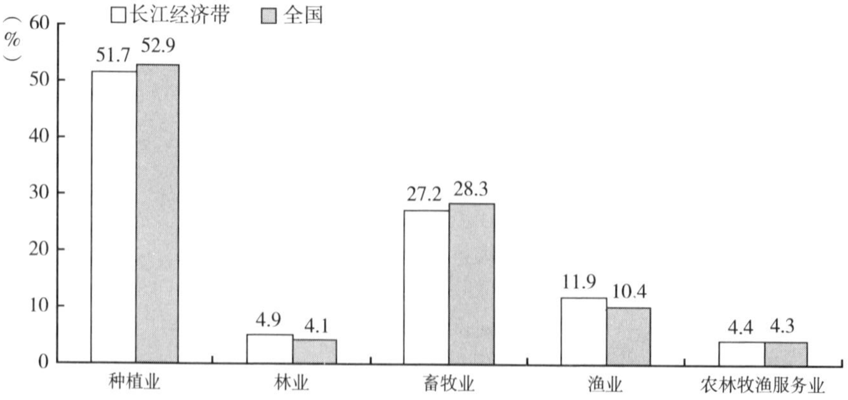

图 14　2016 年长江经济带地区农业结构与全国比较

二　长江经济带农业发展的地区比较

长江经济带地区 11 个省市横跨我国东、中、西三大区域，农业发展条件、发展阶段和发展水平、资源禀赋优势和特色等都存在较明显的地域差异。

（一）农业基本概况比较

1. 农业用地主要分布在上游

长江经济带地区的农用地面积主要分布在上游。2016 年，上、中、下游地区的农用地分别占长江经济带的 56%、28% 和 15%。长江经济带 11 省市中农用地面积最大的是上游的四川省和云南省，分别为 4216.1 万公顷和 3293.2 万公顷，占全国农用地总面积的 6.54% 和 5.10%。农用地面积较小的是上海、江苏、浙江和重庆，均不超过 1000 万公顷。其中，农用地面积最小的是上海市，农用地面积为 31.4 万公顷。安徽省农用地面积也较小，为 1113.7 万公顷。湖北、江西和贵州的农用地面积相近，均在 1500 万公顷左右；面积较大的是湖南省，为 1817.9 万公顷（见表 8）。

表 8　长江经济带农用地面积比较

单位：万公顷，%

地区	农用地面积				占全国比重			
	2007 年	2013 年	2015 年	2016 年	2007 年	2013 年	2015 年	2016 年
上海	37.5	31.7	31.5	31.4	0.04	0.05	0.05	0.05
江苏	672.8	652.7	649.7	648.2	0.71	1.01	1.01	1.00
浙江	869.9	864.2	861.3	859.9	0.92	1.34	1.33	1.33
安徽	1119.3	1118.5	1115.4	1113.7	1.18	1.73	1.73	1.73
江西	1417.1	1447.3	1443.7	1442.3	1.49	2.24	2.24	2.24
湖北	1465.6	1582.3	1576.6	1574.8	1.54	2.45	2.44	2.44
湖南	1790.7	1822.5	1819.4	1817.9	1.88	2.82	2.82	2.82
重庆	693.6	710.1	708.0	706.5	0.73	1.10	1.10	1.10
四川	4241.9	4223.5	4218.1	4216.1	4.46	6.54	6.54	6.54
贵州	1525.2	1478.8	1475.9	1474.3	1.60	2.29	2.29	2.29
云南	3176.5	3299.5	3294.4	3293.2	3.34	5.11	5.10	5.10
上游	9637.2	9711.9	9696.4	9690.1	10.14	15.03	15.02	15.02
中游	4673.4	4852.1	4839.7	4835.0	4.92	7.51	7.50	7.49
下游	2699.5	2667.1	2657.9	2653.2	2.84	4.13	4.12	4.11
长江经济带	17010.1	17231.1	17194.0	17178.3	17.89	26.67	26.64	26.65

从农用地结构来看，2016 年，长江经济带地区的耕地资源仍主要分布在上游，中下游所占比重相近。从表 9 中可看出上、中、下游地区分别占全国耕地总面积的 14.7%、9.2% 和 9.3%。从 11 个省市来看，耕地面积最大的是四川省，为 673.3 万公顷，占我国耕地总面积的 5.0%；其次是云南省，耕地面积为 620.8 万公顷，占我国耕地总面积的 4.6%；超过 500 万公顷的是安徽和湖北；介于 400 万 ~500 万公顷有三省，分别为江苏、贵州和湖南。300 万公顷左右的为江西省，100 万 ~300 万公顷的是重庆和浙江，耕地面积最小的是上海市，仅 19.1 万公顷，仅相当于四川省耕地面积的 2.8%。

长江经济带地区的园地资源仍主要分布在上游，超过中游和下游之和。上、中、下游地区分别占全国园地总面积的 19.6%、10.2% 和 8.7%。从 11 个省市来看，园地资源面积最大的是云南省，为 163.1 万公顷，占我国园地总面积的 11.4%；其次是四川省、湖南省和浙江省，园地面积在 50 万～80 万公顷，分别占我国园地总面积的 5.1%、4.6% 和 4.1%；再次是湖北省，占我国园地总面积的 3.4%，其他省市占我国园地总面积的比重不超过 3%。

长江经济带地区的牧草地资源较少，且基本分布在上游，中游和下游分布很少。上、中、下游地区分别占全国牧草地总面积的 5.1%、0.0 和 0.0。从 11 个省市来看，牧草地资源主要分布在四川省，2016 年为 10957.2 万公顷，占我国牧草地总面积 5.0%。

长江经济带地区的林地资源主要分布在上游，超过中游和下游之和。上、中、下游地区分别占全国园地总面积的 19.5%、10.1% 和 4.1%。从 11 个省市来看，林地资源分布在云南、四川，分别占全国林地面积的 8.0% 和 7.4%，以及湖南和江西，分别占全国林地面积的 4.0% 和 3.4%。

表 9　2016 年长江经济带各省市各类农用地面积比较

单位：万公顷，%

地区	耕地面积	占全国比重	园地	占全国比重	牧草地	占全国比重	林地	占全国比重
上海	19.1	0.1	1.7	0.1	0	0.0	7.7	0.0
江苏	457.1	3.4	29.9	2.1	0.01	0.0	178.7	0.6
浙江	197.5	1.5	58.0	4.1	0.03	0.0	660.7	2.1
安徽	586.8	4.3	35.0	2.5	0.05	0.0	443.2	1.4
江西	308.2	2.3	32.4	2.3	0.07	0.0	1069.7	3.4
湖北	524.5	3.9	48.2	3.4	0.2	0.0	849.9	2.7
湖南	414.9	3.1	65.7	4.6	1.35	0.0	1252.8	4.0
重庆	238.3	1.8	27.1	1.9	4.55	0.0	406.3	1.3
四川	673.3	5.0	73.0	5.1	1095.72	5.0	2328.3	7.4
贵州	453.0	3.4	16.3	1.1	7.24	0.0	861.2	2.8
云南	620.8	4.6	163.1	11.4	14.71	0.1	2501.0	8.0
上游	1985.3	14.7	279.5	19.6	1122.2	5.1	6096.8	19.5
中游	1247.6	9.2	146.2	10.2	1.6	0.0	3172.4	10.1
下游	1260.4	9.3	124.5	8.7	0.1	0.0	1290.3	4.1
长江经济带	4493.4	33.3	550.2	38.6	1123.9	5.1	10559.5	33.8

注：耕地、园地和牧草地数据为 2016 年版，林地为第八次全国森林资源清查数据。

2. 农业从业人口主要分布在中上游

与农用地和耕地的分布相对应，长江经济带地区的农业从业人口也主要集中在上游和中游。从表10中可以看出，上、中、下游地区分别占全国第一产业从业人员总数的23.5%、17.2%和12.7%，与农业用地和耕地占全国比重比较，长江经济带地区第一产业从业人员比重高于农地资源比重。

与2015年相比，除云南省外，2016年长江经济带地区10个省市的农业从业人口数量均有所下降。下降幅度较大的是重庆、浙江、湖北和江苏，分别下降5.7%、5.5%、4.7%和3.9%。下降幅度较小的是安徽省，不到1%，江西、四川和贵州的农业从业人口数量下降幅度也较小，下降幅度均在2%左右。

表10　长江经济带第一产业从业人口数量比较

单位：万人，%

地区	2014年	2015年	2016年	2016年占全国比重
上海	45	46	45	0.2
江苏	919	876	842	3.9
浙江	502	493	466	2.2
安徽	1415	1396	1384	6.4
江西	801	786	773	3.6
湖北	1487	1404	1338	6.2
湖南	1651	1619	1587	7.4
重庆	556	526	496	2.3
四川	1909	1871	1827	8.5
贵州	1171	1162	1137	5.3
云南	1591	1577	1588	7.4
上游	5227	5136	5048.19	23.5
中游	3939	3809	3698.72	17.2
下游	2881	2811	2737.04	12.7
长江经济带	12047	11756	11483.95	53.4

3. 上中下游农业增加值相近

与农地资源分布不同，长江经济带地区上中下游的农业增加值相近。

2016 年，上、中、下游地区农业增加值占长江经济带的比重分别为 34%、34% 和 32%，占全国的比重分别为 14.6%、14.4% 和 13.7%。从 11 省市的情况来看，江苏、四川和两湖地区是长江经济带地区的农业大区，江苏和四川占全国农业增加值的比重均 6% 以上，湖北和湖南占比也都超过 5%，上海仅 0.2%，其他各省市介于 2%~4%。

从近几年的变化趋势来看，长江经济带上游的第一产业增加值增长较快，2015 年后超过中游和下游，2016 年保持了快速增长趋势。中游地区在 2015 年前的增加值增幅与上游同步，2016 年增幅较大；下游地区近年来的增加值增速相对稳定，呈缓慢上升趋势（见图 15）。

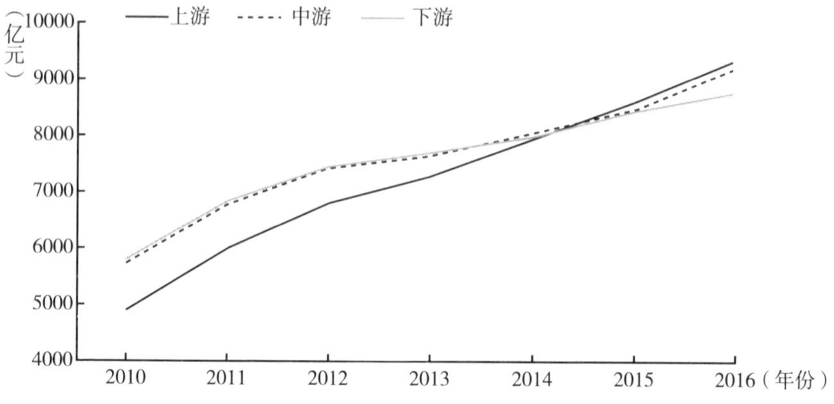

图 15　2010~2016 年长江经济带第一产业增加值比较

4. 中上游地区对农业的依赖度显著较高

从各地区农业对 GDP 和吸收就业的贡献来看，上中游地区对农业的依赖度明显高于下游地区。

从农业的增加值贡献来看，2016 年长江经济带地区上、中、下游第一产业增加值比重分别为 12.0%、11.1% 和 4.9%。从长江经济带 11 省市来看，农业对当地经济贡献最大的仍然是云南和贵州两省，贡献率均为 15% 左右；其次是四川、湖南、湖北、安徽和江西，贡献率介于 10%~12%；上述七省对农业的依存度大于全国和长江经济带平均水平。依存度较小的重庆和江苏介于 5%~8%；浙江低于 5%，上海市低于 1%，当地经济对农业的依存度最低（见图 16）。总体来看，长江经济带中上游省市除重庆市外，农业经济在地区经济中的比重均高于 10%，也高于全国水平，农业仍是地区经济发展中的主要产业部门。下游省市农业经济在地区经济中的比重相对较低，但除上海市外均高于欧美日等发达国家和地区农业增加值占国内生产总值的比重。

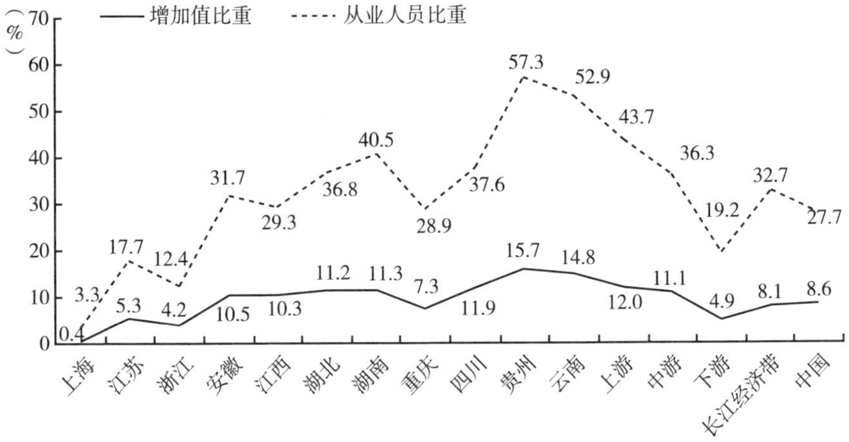

图 16　2016 年长江经济带地区第一产业增加值和从业人员结构比较

从农业的就业贡献来看。2016 年长江经济带上中下游地区第一产业就业人员占总就业人员比重分别为 43.7%、36.3% 和 19.2%。与 2015 年相比第一产业就业人员比重均有所下降。从 11 个省市情况来看，2016 年各省市按三次产业划分的就业人员构成，贵州省和云南省第一产业从业人员比重仍然最高，均超过 50%，湖南仍超过 40%，四川、湖北和安徽超过 30%，重庆和江西跌破 30%。如上中上游 8 个省市的农业从业人口比重均高于全国平均水平，农业仍是这些区域支撑农民就业和收入来源的重要产业载体；下游省市农业经济对区域经济增长的直接贡献已经较低，其中江苏和浙江省均低于 20%，上海市最低，为 3.3%。与 2015 年相比，11 个省市的第一产业从业人员比重均有所下降，其中，湖北、重庆和贵州就业对农业的依存度下降幅度更大。

从对农业的资本投入额来看，长江经济带地区上游和中游在 2012 ~ 2016 年 5 年平均农林牧渔业固定资产投资占全国的比重相近，中游稍高。

但从单位面积农用地的固定资产投资来看，上中下游依次提高。其中上游地区在农业投入方面与中下游地区差距较大，低于全国平均水平。2016 年上、中、下游地区 5 年单位面积农用地投入分别为 1987 元/公顷、4174 元/公顷和 5043 元/公顷，比 2015 年分别增长 29%、26% 和 23%。从长江经济带 11 省市来看，2012～2016 年对农林牧渔业固定资产投资投入最多的是湖南省，年均投入 853 亿元，其次是湖北、四川，均超过 700 亿元。从单位面积的农用地资本投入来看，投入力度最大的是安徽省和重庆市，每公顷投入分别为 6044 元和 5936 元；其次是江苏省、湖北省和湖南省，对农林牧渔业的投入均超过每公顷 4500 元；投入力度较大的还有浙江，投入强度为每公顷 3723 元；投入强度低于全国平均水平的是四川、云南、贵州（见表 11）。

表 11　2012～2016 年长江经济带各省市农林牧渔业固定资产投资比较

地区	2012 年（亿元）	2013 年（亿元）	2014 年（亿元）	2015 年（亿元）	2016 年（亿元）	5 年平均（亿元）	占全国比重（%）	2016 农用地（万公顷）	平均单位面积投资（元/公顷）
上海	11	18	12	4	4	10	0.1	31.4	3140
江苏	252	253	323	365	481	335	1.9	648.2	5168
浙江	200	269	305	393	433	320	1.8	859.9	3723
安徽	379	481	667	900	938	673	3.9	1113.7	6044
江西	347	338	395	515	538	426	2.5	1442.3	2957
湖北	531	539	640	827	1158	739	4.2	1574.8	4692
湖南	499	604	811	1019	1330	853	4.9	1817.9	4691
重庆	375	411	414	441	455	419	2.4	706.5	5936
四川	443	528	609	869	1190	728	4.2	4216.1	1726
贵州	79	88	136	331	457	218	1.3	1474.3	1480
云南	204	338	513	792	951	560	3.2	3293.2	1700
上游	1101	1365	1672	2433	3054	1925	11.07	9690.1	1987
中游	1377	1481	1846	2361	3026	2018	11.61	4835.0	4174
下游	842	1021	1307	1662	1857	1338	7.69	2653.2	5043
长江经济带	3321	3867	4824	6456	7936	5281	30.4	17178.3	3074
全国	10996	13479	16574	21043	24853	17389	100.0	64545.7	2694

（二）现代农业发展比较

长江经济带地区是我国现代农业示范区建设的重要区域，在我国现代农业发展中具有重要的引领和示范意义。长江经济带地区有第一批国家现代农业示范区19个，第二批国家现代农业示范区42个，第三批国家现代农业示范区59个。其中，上海市被整建制列为国家现代农业示范区。

农业现代化是动态和相对的概念，具有较强的时代性、区域性特征，目前尚无国际通用的权威评价标准体系。目前在我国应用最广、最权威的当属“国家现代农业示范区建设水平监测评价指标体系”。根据2013年农业部办公厅印发的《国家现代农业示范区建设水平监测评价办法（试行）》，国家现代农业示范区建设水平监测评价指标体系（试行）涵盖物质装备水平、科技推广水平、经营管理水平、支持水平、产出水平、可持续发展水平等6大类一级指标，24个具体指标。考虑到可比性和数据可获得性等原因，本报告仅选择农业物质装备水平、农业生产效率等方面的几个指标进行简要分析比较。

1. 上中下游地区农业劳动生产率呈现明显梯度特征

农业劳动生产率①是衡量农业生产效率的重要指标之一。从每个农业从业人口创造的农业增加值来看，长江经济带上、中、下游地区的劳动生产率呈现明显的梯度特征，下游地区较高，上游地区较低。2016年，上、中、下游地区农业劳动生产率分别为1.84万元/人、2.47万元/人、3.19万元/人，中、上游地区低于全国平均水平（2.96万元/人）。与上年相比，除下游外，上游和中游地区的农业劳动生产率均有所提高。

从11省市来看，上游的江苏省和浙江省的农业劳动生产率仍居前两位，分别为4.84万元/人和4.21万元/人，其次为湖北省和重庆市，均超过2.5万元/人。安徽、贵州和云南三省的劳动生产率较低，不到2万元/人。与全国平均水平相比，长江经济带地区只有江苏和浙江高于全国平均水平，上海

---

① 根据国家核算方案，2012～2015年全员劳动生产率为地区生产总值（以2010年价格计算）与全部就业人员的比率，依此口径，农业劳动生产率为第一产业增加值与第一产业就业人员的比率。

等其他9个省市均低于全国平均水平。劳动生产率较低的云南省甚至不到全国平均水平的一半（见表12）。

与2015年相比，重庆、湖北、贵州和浙江的第一产业劳动生产率增幅均达到两位数，分别为21%、16%、15%和13%；江西、湖南和四川的也较高，年增长率均为9%，其他7个省市劳动生产率年增幅均低于全国年平均增长率。其中，上海市的年增幅较低，为1%。

表12　2016年长江经济带各省市农业劳动生产率比较

地区	农业增加值(亿元)	农业从业人口(万人)	农业劳动生产率(万元/人)
上海	109	45	2.41
江苏	4077	842	4.84
浙江	1965	466	4.21
安徽	2568	1384	1.86
江西	1905	773	2.46
湖北	3659	1338	2.73
湖南	3578	1587	2.25
重庆	1303	496	2.63
四川	3929	1827	2.15
贵州	1846	1137	1.62
云南	2195	1588	1.38
上游	9274	5048	1.84
中游	9142	3699	2.47
下游	8720	2737	3.19
长江经济带	27136	11484	2.36
中国	63671	21496	2.96

2. 中下游地区的土地产出率相对较高

农业土地产出率也是衡量农业生产效率的重要指标之一。总体来看，作为谷物和油菜籽的主产区，长江经济带地区这两类产品的单产普遍较高，棉花和花生单产普遍较低，但也有省份花生单产较高（如安徽省）。受自然条件及设施条件等的影响，长江经济带各省市主要农产品的土地产出率存在较大差异。

从表13中可以得到如下信息。

从谷物单产来看，2016年全国谷物平均单位面积产出水平为5990公斤/公顷，长江经济带地区有 8 个省份单产高于全国平均水平，贵州和云南单位土地产出水平较低。其中，上海土地产出率在长江经济带地区为最高，仅次于排全国第一的吉林省（7804 公斤/公顷），其次是江苏、浙江和重庆，每公顷产出超过 6300 公斤，高于产粮大省黑龙江。

表 13　2016 年长江经济带地区主要农产品单位产量比较

单位：公斤/公顷

地区	谷物	棉花	花生	油菜籽
全国平均	5990	1584	3657	1984
上海	7190	1098	2721	2042
江苏	6624	1165	3910	2785
浙江	6689	1470	2888	1951
安徽	5804	1006	4955	2333
江西	6028	1486	2839	1344
湖北	6177	931	3481	2100
湖南	6262	1185	2586	1611
重庆	6394		2117	1952
四川	6122	977	2601	2332
贵州	4710	754	2155	1703
云南	4816	1341	1659	2002

资料来源：《中国统计年鉴（2017）》。

从棉花单产来看，2016 年全国棉花平均单位面积产出水平为 1584 公斤/公顷，长江经济带地区 11 个省市单产均低于全国平均水平。相对来说，浙江、江西和云南单位土地产出率较高，均高于 1300 公斤/公顷，单位土地产出率较低的是贵州，单产不到新疆的一半。

从花生单产来看，2016 年全国花生平均单位面积产出水平为 3657 公斤/公顷，长江经济带地区 11 个省市只有安徽和江苏 2 个省单产高于全国平均水平。其中，安徽省花生单产（4955 公斤/公顷）高于河南和山东，仅低于新疆（5827 公斤/公顷），单产排名全国第 2。相对来说，中下游地区各省市单位产出较高，上游地区单位产出较低。

从油菜籽单产来看，2016 年全国油菜籽平均单位面积产出水平为 1984 公斤/公顷，长江经济带地区 11 个省市中有 7 个省市单产高于全国平均水平。其中，江苏省油菜籽单产 2785 公斤/公顷，单位土地产量在全国名列前茅。总体来看，除四川省和湖北省外，下游各省市的单位产出较高，中、上游地区的单位产出较低。

3. 下游和中游地区农业机械化程度较高

从表 14 中可以看出，2016 年长江经济带上、中、下游的农业机械总动力占全国的比重分别为 11.38%、12.84%和 14.43%，依次递增，与依次递减的三地区的农用地资源占全国比重正好相反，说明下游和中游地区的农业机械化程度较高，尤其是下游。与 2015 年相比，长江经济带上、中、下游的农业机械总动力占全国的比重均有所增加。

从长江经济带 11 省市来看，2016 年农业机械总动力较高的是安徽省、湖南省和江苏省，分别占我国农业机械总动力的 7.06%、6.27%和 5.05%。较高的安徽省和湖南省的农业机械总动力超过 6000 万千瓦，江苏、湖北和四川的农业机械总动力也较高，超过 4000 万千瓦，上海市仅 122 万千瓦，其他各省市农业机械总动力介于 1000 万～3500 万千瓦。

与农地面积和耕地面积占全国的比重相比，部分省份农业机械投入力度更大。如江苏省农地面积和耕地面积占全国的比重分别为 1.00%和 3.39%，总动力比重超过农地面积比重 4.05 个百分点，超过耕地面积比重 1.66 个百分点。总动力比重超出两类土地面积全国比重的还有浙江、安徽、湖南、湖北四省。总体来看，上游和中游地区的农业机械投入力度更大，多山的上游地区受自然条件和经济条件的影响，农业机械投入力度相对较小。

表 14　长江经济带各省市农业机械总动力比较

单位：万千瓦，%

地区	2013 年	2015 年	2016 年	总动力比重	农用地面积比重	耕地面积比重
上海	113	119	122	0.13	0.05	0.14
江苏	4406	4826	4907	5.05	1.00	3.39
浙江	2462	2361	2137	2.20	1.33	1.46
安徽	6140	6581	6868	7.06	1.73	4.35
江西	2014	2261	2202	2.26	2.23	2.28

续表

地区	2013 年	2015 年	2016 年	总动力比重	农用地面积比重	耕地面积比重
湖北	4081	4468	4188	4.31	2.44	3.89
湖南	5434	5894	6098	6.27	2.82	3.07
重庆	1199	1300	1319	1.36	1.09	1.77
四川	3953	4405	4267	4.39	6.53	4.99
贵州	2241	2575	2041	2.10	2.28	3.36
云南	3070	3333	3441	3.54	5.10	4.60
上游	10463	11613	11068	11.38	15.01	14.71
中游	11529	12623	12487	12.84	7.49	9.25
下游	13121	13887	14033	14.43	4.11	9.34
长江经济带	35113	38123	37588	38.65	26.64	33.36

资料来源：2014 年、2016 年、2017 年的中国统计年鉴。

2013～2015 年，贵州和江西和四川机械总动力增长较快，年平均增长率分别为 7.5%、6.1% 和 5.7%。江苏、湖北、湖南、重庆和云南年均增长均超过 4%。增长较小的是上海，年增长 2.6%，最小的是浙江，年增长率为负。与 2015 年相比，2016 年长江经济带地区及其上游和下游地区的农业机械总动力有所下降，而下游地区比上年有所增加。整个长江经济带地区、上游地区和中游地区的降幅分别为 1.4%、4.7% 和 1.1%，下游地区的增幅为 1.1%。

从主要农作物综合机械化水平来看，2016 年我国农作物耕种收综合机械化率达 65%，主要农作物的耕作环节以及小麦、水稻的收获环节基本实现了机械化，[①] 比上年提高了 2 个百分点。长江经济带下游和中游的机械化水平较高，如 2017 年上海市主要农作物机械化综合水平达 89.3%；[②] 2016 年江苏省农业综合机械化水平达到 82%；[③] 2016 年浙江省粮食生产耕种收

① 李慧：《农作物耕种收综合机械化率达 65%》，《光明日报》2016 年 12 月 7 日，第 8 版。

② 上海市农业机械化管理办公室，上海市三个区被评为全国主要农作物生产全程机械化示范县（市、区），上海农业委员会网站，http：//www.shac.gov.cn/zwdt/sndt/zwxw/201801/t20180108_1637281.html，2018 年 1 月 5 日。

③ 江苏省农业机械化管理局，2016 年全省农机化发展情况，江苏省农业机械化信息网，http：//www.jsnj.gov.cn/144/jsnjjxxgk/201702/t20170217_247625.html，2017 年 1 月 23 日。

综合机械化水平74.02%；[1] 2017年安徽省农作物耕种收综合机械化率达到75.3%；[2] 2017年江西省主要农作物综合机械化率71.15%；[3] 湖南省2017年水稻生产综合机械化水平达到73.01%；[4] 2015年湖北省主要农作物综合机械化率约为67.5%，[5] 均高于全国。而上游地区较低，如四川省2015年主要农作物耕种收综合机械化水平约50.1%，[6] 云南省2016年主要农作物耕种收综合机械化水平约为47.6%，[7] 低于全国平均水平。

4. 中下游地区农田设施化水平较高

从耕地灌溉面积比重来看，2016年长江经济带地区为54.8%，超过一半的耕地为可灌溉耕地。其中，上、中、下游地区耕地的可灌溉比重分别为32.2%、64.7%、80.4%。与全国平均水平相比，中游地区和下游地区的有效灌溉面积比重显著高于全国平均水平，上游地区低于全国平均水平。与2015年相比，2016年上、中、下游地区的耕地灌溉面积和占耕地总量的比重均有所提高（见表15）。

从11个省市来看，2016年有7个省市超过全国平均水平（51.6%），灌溉面积占耕地面积的比重均超过55%，且均分布在下游和中游地区。2016年，上海市的耕地灌溉面积比重最高，为99.5%。其次是江苏省，灌溉面积比重为88.7%。湖南、安徽、浙江三省的比重均高于70%。而云南、重庆和贵州几个多山省份的设施现代化水平较低，耕地灌溉面积比重低于30%。

① 浙江省农业厅产业处：《我省农业现代化发展水平连续四年稳步提升》，浙江省农业厅网站，http：//www.zjagri.gov.cn/html/main/cyzxView/274892.html，2017年7月13日。

② 陶方启主任要求强力推进农业机械化，安徽农机化网，www.ahnjh.gov.cn，2018/3/16。

③ 江西省农机局：《江西省2017年全省农机化工作总结》，中国农业机械化信息网，http：//www.amic.agri.gov.cn/nxtwebfreamwork/detail.jsp？articleId = ff808081607d4ae00160b5f1c6477779，2018年1月22日。

④《湖南水稻生产综合机械化率升至73%》，《农民日报》2017年11月23日。

⑤ 鄂文：《湖北启动全程机械化创建工作》，《中国农机化导报》2016年9月6日。

⑥ “因农业生产区域多丘陵山地等实际，农业装备支撑不够一直是四川省农业发展的短板，2015年底主要农作物综合机械化水平比全国低9个百分点。”李淼：《2020年我省农作物耕种收综合机械化率将达63%》，《四川日报》2017年3月20日。

⑦ 云南省农业信息中心：《2017年云南省农机化工作会议在昆明圆满召开》，云南农业信息网，www.ynagri.gov.cn/news15/20170321/6760292.shtml，2017年3月21日。

表 15　长江经济带各省市耕地有效灌溉面积比重比较

单位：%

地区	2015 年	2016 年	有效灌溉面积增幅
上海	99.2	99.5	0.9
江苏	86.4	88.7	2.6
浙江	72.4	73.2	1.0
安徽	74.9	75.6	0.8
江西	65.8	66.1	0.5
湖北	55.2	55.4	0.2
湖南	75.0	75.5	0.6
重庆	28.3	29.0	0.5
四川	40.6	41.8	2.9
贵州	23.5	24.0	2.1
云南	28.3	29.1	2.9
上游	31.4	32.2	2.5
中游	64.4	64.7	0.4
下游	79.1	80.4	1.5
长江经济带	53.9	54.8	1.4
全国	48.8	51.6	1.9

资料来源：根据国家统计局地区年度数据中的耕地面积和耕地灌溉面积计算。

总体来看，长江经济带下游和中游地区农田灌溉设施建设配套情况较好，抗自然风险能力较强，上游地区的配套水平较低。

此外，从农业科技进步贡献率来看，2017 年我国农业科技进步贡献率超过 57.5%，[①] 长江经济带一些省市的农业科技进步贡献率达到或高于全国水平。例如，上海市农业科技进步贡献率为 70% 左右（2015 年），[②] 江苏省农业科技进步贡献率为 66.2%[③]（2016 年），浙江省农业科技进步贡献率为 62%[④]（2015 年），安徽省农业科技进步贡献率为 60%（2015 年）。[⑤] 湖南

① 郭静原：《我国农业科技进步贡献率已达 57.5%》，中国经济网。
② 资料来源：《上海市现代农业“十三五”规划》。
③ 吴琼：《江苏农业科技进步贡献率达 66.2% 居全国第一》，《新华日报》2017 年 11 月 29 日。
④ 资料来源：《浙江省现代农业发展“十三五”规划》。
⑤ 资料来源：《安徽省农业现代化推进规划（2016 ~ 2020 年）》。

省农业科技贡献率达到58%（2016）[①]，湖北2017年农业科技进步贡献率达到57.7%，[②] 江西省农业科技进步贡献率达到57%（2016年），[③] 重庆农业科技进步贡献率为58%（2016年）[④]。四川省农业科技进步贡献率为59%以上（2016年）。[⑤]

三 长江经济带地区农业发展：2018年展望

总体来看，长江经济带11省市虽然部分省市农业用地以坡地为主，在机械化设施化等方面存在先天不足，但由于经济发展程度差异而导致的在农业发展方面的区域差异非常明显，长江经济带的下游、中游和上游的农业发展水平依次递减。同时也可以看到，11省市农业发展水平在逐年提高，部分省市在农业规模经营、农业资本投入等方面不断加强，农业的劳动生产率、农业机械化、设施化水平较高，各地大都有自己独特的地理标志性农产品。

2018年是中央《关于实施乡村振兴战略的意见》的发布年，是实施“十三五”规划的重要一年，也是推进供给侧结构性改革的深化之年。长江经济带地区各省市将积极落实《全国农业现代化规划》、《全国种植业结构调整规划》、《关于推进农业供给侧结构性改革的实施意见》、《农业部关于启动2018年农业质量年工作的通知》（农计发〔2018〕7号）等相关政策，落实2018年中央农业农村工作会议精神，坚持把推进农业供给侧结构性改革作为主线，质量兴农、绿色兴农，加快推进农业现代化发展、可持续发展。

---

① 湖南“三农”工作成就新闻发布会，湖南省农业委员会网站，http://m.voc.com.cn/wxhn/article/201709/201709280942283241.html? from = singlemessage。

② 《湖北省农业厅2017年工作总结》，http://nyt.hubei.gov.cn/gk/jggg/ndjg/200025032.htm。

③ 江西省农业厅科技处：《十八大以来我省农业科技发展取得的成就》，江西省农业厅网站，http://www.jxagri.gov.cn/News.shtml。

④ 颜若雯：《我市科技对农业贡献率达58%》，《重庆日报》2017年6月2日，重庆市政府网，www.cq.gov.cn。

⑤ 资料来源：2016年四川省农业农村经济基本情况，四川农委网站。

1. 农业生产能力继续稳步提高

2018 年，在农业用地持续减少的背景下，长江经济带地区将继续实施“藏粮于地、藏粮于技”战略，通过土地综合整治、农田水利建设、高标准农田和菜田建设、增加可灌溉面积等手段提升农业生产能力。如江苏省计划以县（市、区）为单位，整体推进土地综合整治和高标准农田建设，5 年后高标准农田占耕地面积比重将提高到 65% 以上，还将积极推进中小河流治理、灌区改造和丘陵山区小流域治理，发展高效节水灌溉，有效灌溉面积比重将于 2022 年提高到 95%。安徽省将全面落实永久基本农田特殊保护制度，加快划定和建设粮食和重要农产品生产功能区和保护区，到 2020 年全省耕地保有量不少于 8736 万亩，将大规模推进农村土地整治和高标准农田建设，计划到 2020 年建成高标准农田 4670 万亩，还将实施全省农田水利“最后一公里”建设五年行动计划。上海将积极落实粮食安全责任制，划定 80 万亩粮食生产功能区、50 万亩蔬菜生产保护区和特色农产品优势区（简称“三区”），大力推进农田基础设施建设和农业装备建设，提升“三区”生产能力。湖北省将继续推进“五区一园”、3 个国家级和 33 个省级特色农产品优势区、咸宁市、夷陵区国家农业可持续发展试验示范区、潜江市国家现代农业产业园、62 个省级现代农业产业园等的建设。江西省在全面建成首批 290 万亩高标准农田的基础上，2018 年将启动新一批 290 万亩项目，进一步巩固粮食主产区地位，以稳定粮食产量在 420 亿斤左右。四川省将继续落实《推进农业供给侧结构性改革加快由农业大省向农业强省跨越十大行动方案》（川委〔2017〕303 号），实施产业基地建设行动，以建成全国优质粮油生产基地、特色农产品供给基地、商品猪战略保障基地。

2. 农业现代化水平不断提升

2018 年，长江经济带地区将继续推进农业规模经营，提升农业机械化、设施化和信息化水平，实施品牌战略，推动农业产业化发展。一是继续推进农业适度规模经营，促进小农户和现代农业发展有机衔接。培育新型农业经营主体和扶持小农户统筹兼顾。如安徽省提出要实施新型农业经营主体培育工程，培育家庭农场，规范合作社，培育龙头企业“甲级队”，发展农业社会化服务组织和农业产业化联合体，鼓励小农户以土地、林权、劳动、技艺、产品、房屋等开展多样化的联合与合作，力争到2020年把全省适度规模经营比重提高到50%。上海市将通过多种途径，培育各类新型农业经营主体和农业社会化服务组织。湖北省将搭建全省联网的农村土地管理信息服务平台，促进土地流转，继续实施现代青年农场主培养计划，推动合作社组建，争取2018年农业适度规模经营面积增长10%。四川省将完善带动小农户生产的扶持政策，如扶持小农户发展生态农业、设施农业、体验农业、定制农业，推广“龙头企业+合作社+基地+农户”“专业市场+合作社+农户”“供销社+小农户”等经营模式，推行合同订单、股份合作、托管寄养、联耕联种、代加工等生产方式，带动小农户实现适度规模经营和精细化管理。还将探索建立乡村产业发展用工制度、新型职业农民制度、新型职业农民教育培训体系，将制定省新型职业农民教育总体规划、建立初、中、高三级新型职业农民教育体系，支持新型职业农民通过弹性学制参加中高等农业职业教育。贵州省将推进标准化生产基地示范推广行动、新型经营主体培育行动。如将创建标准化规模生产蔬菜基地150万亩、食用菌基地15万亩、省级畜禽养殖标准化示范场100个、产值3亿元以上优质农产品示范基地100个。将实施农业龙头企业培育“双千工程”、农民专业合作社提质工程等。云南省将引进大企业，扶持本土农业龙头企业，将力争新增年销售收入超过1亿元和10亿元的龙头企业至少分别为100户和10户。还将积极培育专业合作社、家庭农场、种养大户等新型经营主体。二是将推进主要农作物全程机械化。2018年，长江经济带各地区积极出台措施，实施农业机械化提升工程。如上海发布《2018年本市主要农作物全程机械化推进行动工作方案》，安徽省印发《2018年全省农业机械化工作要点的通知》，浙江省印发《2018年农业机械化工作要点》，江苏省将加快建设粮食生产全程机械化整体推进示范省，发布《关于做好2018年度省粮食生产全程机械化整体推进示范县实施工作的通知》，推广设施农业新机具、新技术，并设定了5年内农业机械化水平达到90%的目标。湖北省也制订了2018年目标，预计主要农作物耕种收综合机械化水平达到70%。四川省将实施农业机械化与智能化和信息化融合工程，将加强科研机构、设备制造企业联合攻关，发展农业机械设备，还将通过示范县建设带动全省农业生产全程机械化。贵州省根据本省特点，将推进山地农业机械化行动。鼓励使用绿色技术，对绿色高效技术机具、保护性耕作和秸秆还田等绿色增产技术机具补贴力度，加快农机农艺融合，开展宜机化整治。2018年预计主要农作物耕种收机械化率达到36%。三是继续提高设施化、信息化水平。如江苏省2018年将实施新一轮设施农业提升工程，促进农业产业与信息技术融合发展，推动农业产业、设备和设施的智能化、智慧化。将于2022年实现农业市场主体信息服务全覆盖。浙江省《行动计划》提出要“高水平推进农业农村现代化”，实施“12188”工程，[①] 继续发展“互联网+”现代农业，目标是培育一批网络化、智能化、精细化的现代农业新模式和示范基地。上海市将建立全市统一的农业公共信息化平台，实现对农业信息的精准化控制，加快推进农机设施装备数字化、自动化、信息化和智能化。安徽省除了要建立农业大数据综合信息平台、实施信息进村入户工程、推动“互联网+”农业外，还提出要实施智慧农林水利工程，推进物联网试验示范和遥感技术应用。四川省将聚焦农机具和智慧农业。将强化农机关键零部件和重点产品研发，推进农田水利设施、农产品加工储运、农机装备等基础设施信息化改造，完善农业遥感监测应用体系、农村固定观察点调查体系和畜禽屠宰监测统计抽样调查等大数据工程。四是将继续推进品牌培育工程。如江苏省2018年将开展大品牌孵化行动，打造一批有影响力的“苏”字号品牌，着力推进“苏米”、太湖“三白”、邳州白蒜、盱眙龙虾等品牌知名度。安徽省将培育“绿色皖农”品牌，推进森林生态标志产品建设工程；打造“一村一品”“一县一业”。湖北省将继续打造“湖北粮，荆楚味”地域品牌。继续培育宣传虾香稻、富硒米、菜籽油等地域特色，发挥潜江龙虾、宜昌蜜橘、监利黄鳝、秭归脐

① 即建设100个一、二、三产业深度融合的现代农业园区、200个农业可持续发展示范园、100个特色农业强镇、80条全产业链和800万亩粮食生产功能区。

橙等品牌的示范引领作用。五是深入推进农业产业化发展。2018 年长江经济带地区将继续大力发展农产品加工业，落实《关于大力发展休闲农业和乡村旅游工作的指导意见》。如浙江省由点及面，将创建全域旅游示范县、旅游风情小镇和休闲旅游示范村；安徽省将大力开发农业多种功能，重点提升农产品加工业，创建一批农村产业融合发展示范园。将实施农村电商全覆盖巩固提升行动、农产品冷链仓储物流体系现代化建设、农产品销售公共服务平台打造，促进农产品产销稳定衔接。将实施休闲农业和乡村旅游精品工程，休闲观光园区、田园综合体、森林人家、康养基地、乡村民宿、特色小镇等多种模式全面发展，计划到 2020 年实现休闲农业和乡村旅游年营业收入 3500 亿元。上海也将完善地产农产品现代化物流和营销体系，发展休闲农业和乡村旅游项目，提出要依托“环、楔、廊、园、林、湿”生态环境格局，打造绿色生态乡村旅游产业链。江苏省 2018 年将聚焦农业农村电子商务和休闲观光农业和乡村旅游。计划 3 年内实现“一村一品一店”① 全覆盖。到 2022 年，全省农业电子商务销售额力争突破 1500 亿元。5 年将建设 100 个特色小镇、1000 个休闲观光农业精品村、30 个省级现代农业产业园区、20 个省级现代农业科技园，并创建一批国家级农村产业融合发展示范区。四川省将培育发展一批农业产业化联合体，着力打造乡村旅游特色村寨，开展河湖公园试点。推动“农业 + 康养”“农业 + 文创”产业融合发展，发展一村一品、一乡一业、一县一业。

3. 将大力推动农业绿色发展

一是将积极试点探索农业可持续发展新模式。为贯彻落实《关于创新体制机制推进农业绿色发展的意见》，农业部办公厅发布了《关于开展第一批国家农业可持续发展试验示范区评估确定工作的通知》（农办计〔2017〕26 号），40 个试验示范区中，长江经济带地区有 15 个，其中包括浙江全省。2018 年，各地将积极探索农业绿色发展模式，建立绿色发展制度，形成绿

① 所谓“一村一品一店”，是每个村依据区域资源禀赋，发展一个特色产业、打造一个主导产品，每个村建设一个标准网店，发展电子商务，实现“一村培育一品、一品做强一店、一店致富一片”。

色生产方式和绿色生活方式，并提炼推广。安徽省2018年将开展农业绿色发展行动，实行投入品减量化、生产清洁化、废弃物资源化、产业模式生态化。推行家禽业“规模养殖、集中屠宰、冷链运输、冰鲜上市”新模式。四川省建立完善农业绿色循环低碳生产制度和农业副产品资源化利用制度，推广农业循环发展模式。二是将大力推动绿色有机农产品生产。如2018年上海市将制订绿色食品发展工作方案，组织实施“上海市都市现代绿色农业发展三年行动计划”，计划到2020年全市绿色农产品认证率达到20%。江西省将推进绿色生态农业“十大行动”，在有条件的市县推行全域绿色有机生产。贵州省将实施农产品认证提速工程，大力开展“三品一标”农产品认证，认证面积占耕地面积要60%以上。云南省将推动农业生产方式“绿色革命”，有机和绿色认证农产品生产面积分别增长10%和15%以上。三是将继续推动农业生态环境保护和修复。将继续推动农药化肥减量化、农业废弃物资源化利用和农业环境污染防治、大规模畜禽养殖场粪污处理设施建设，推广绿色防控技术、有机肥、测土配方施肥。如上海市2018年将开展土壤污染状况详查，实施土壤污染防治行动计划。安徽省2018年将加快推进废弃物资源化利用，计划到2020年，全省畜禽粪污综合利用率达到80%以上，农作物秸秆综合利用率达到90%以上。将深化巢湖、淮河、长江等重点流域水污染防治，落实县乡两级农村环境保护主体责任。贵州省实施农业投入品减量工程。2018年将在全省创建50个绿色防控与统防统治融合发展示范基地，绿色防控覆盖率达30%以上、农药利用率达38%以上、化肥利用率达39%以上、测土配方施肥技术到户率达85%以上、秸秆综合利用率72%以上、畜禽粪污综合利用率提高5个百分点以上，实现“一控两减三基本”目标。四是建立农业生产保障体系和制度体系。如四川省将全面建立农业绿色生产评价体系、政策体系、工作体系和考核体系，如将建立完善绿色农业法规政策体系、绿色农业标准体系和农业资源环境生态监测预警体系等。

4. 加快由增产向增效提质转变

2018年，长江经济带地区将更加注重提升农产品品质，实施绿色化、优质化战略；更加注重提升土地利用效能，实施作物高效化、特色化和品牌化战略；更加注重监管体系建设，确保食品安全。一是大力发展经济高效作物的种植。如江苏省2018年将在稳定农业综合生产能力基础上，大力发展绿色蔬菜、应时鲜果、花卉苗木、中药材等高效作物的种植，积极推广稻田养蟹、养虾、养鸭等高效种养模式；将积极发展林下经济，到2022年全省发展林下经济800万亩，产值力争达到1000亿元。贵州省将继续着力提升经济作物占种植业比重，着力调优畜牧渔业结构，继续按照“稳生猪、增牛羊、扩家禽、兴奶业、养特色”思路，牛羊禽肉占肉类总产量比重提高到21%以上。二是大力发展特色优质产品。如江苏省将大力发展名特优水产品养殖，全省河蟹、小龙虾等名特优水产品产值计划在2022年达到1000亿元。安徽省将大力发展茶产业、中药产业等特色产业，大力发展绿色生态健康养殖。四川省将实施“川字号”知名品牌创建行动，要把川酒、川菜、川茶、川果、川药、川猪、川烟、川油（油菜籽）、川薯等知名品牌铸造成金字招牌。贵州省将实施农产品品牌提升工程。围绕茶叶、花卉、水果、蔬菜、坚果、咖啡、中药材、肉牛等产业，集中力量培育，形成品牌集群效应。三是将推动农产品质量安全体系建设。如江苏省将推进农产品质量安全整省创建，建立农业绿色生产技术体系、农产品安全标准体系、农产品质量追溯体系以及覆盖所有规模生产经营主体的监管体系。安徽省将推行农产品生产“红榜”和“黑名单”制度，开展食用农产品产地准出和市场准入衔接试点，并将深化农产品质量安全示范县、食品安全示范县创建。上海将加快农业生产各类标准的制定和应用，严厉打击违规使用禁限用农兽药、非法添加和超范围超限量使用食品添加剂等行为。四川省将加强农业投入品和农产品质量安全追溯体系建设。贵州省将实施质量安全提升工程，加快农产品质量安全追溯体系和农产品质量安全检验检测体系建设。

5.农业科技贡献率稳步提高

2018年，长江经济带地区将继续深入实施科教兴农战略，各地将通过构建农业产业技术体系、农技推广服务体系和农科人才培养体系等农业科技创新体系建设、农机装备制造和研发以及农业科技园区建设，大力推动农业科技贡献率的稳步提升。一是大力发展种源农业，推广良种工程。如安徽省将高标准建设南繁育种基地，提升自主创新能力。江苏省将加强农业新品种选育，培育壮大繁育推一体化的种业龙头企业，积极发展现代种业。湖北省将启动良种推广“555”工程，[①] 进一步提高良种覆盖率，力争2018年全省农业科技进步贡献率达到58%。四川省将加强农林种质资源保护，加快构建育、繁、推一体化现代种业体系。二是要加强农业关键技术、提质增效技术研发。如江苏省提出要加强基础性、前沿性和公益性重大农业科技研究。安徽将组建安徽省农业科技创新联盟，加快研发适用于经济作物、养殖业、丘陵山区的农林机械，发展高端农机装备制造。四川省将开展全产业链关键技术集成创新和示范应用，在作物优质丰产栽培技术、重大病虫害绿色防控等技术上实现突破。三是要创新农业科技体制机制，加快农业科技转化。如江苏省将创新农业科技体制机制，深入推进农业与科技对接，促进产学研协同创新。继续推进挂县强农富民、农业科技入户工程，推动农业科技成果进村入户，并提出江苏全省农业科技进步贡献率2022年力争达到72%的目标。浙江省将继续落实《浙江省人民政府办公厅关于大力推进农业科技创新创业的若干意见》，着力形成“产业+团队+项目+基地”的技术创新与推广应用模式，促进农技供需对接和科研成果推广应用。四川省将完善以“四川科技扶贫在线”、新农村发展研究院、专家大院等为重点的全域覆盖、运转高效的新型农村科技服务体系。

参考文献

李慧：《农作物耕种收综合机械化率达65%》，《光明日报》2016年12月7日，第8版。

上海市农业机械化管理办公室：《上海市三个区被评为全国主要农作物生产全程机械化示范县（市、区）》，上海农业委员会网站，http：//www.shac.gov.cn/zwdt/sndt/

① 即推进建设50个新品种示范片，带动5000个新型经营主体，创办500万亩良种示范样板。

zwxw/201801/t20180108_ 1637281. html。

江苏省农业机械化管理局：《2016 年全省农机化发展情况》，江苏省农业机械化信息网，http：//www. jsnj. gov. cn/144/jsnjjxxgk/201702/t20170217_ 247625. html。

浙江省农业厅产业处：《我省农业现代化发展水平连续四年稳步提升》，浙江省农业厅网站，http：//www. zjagri. gov. cn/html/main/cyzxView/274892. html。

《陶方启主任要求强力推进农业机械化》，安徽农机化网，www. ahnjh. gov. cn。

江西省农机局：《江西省 2017 年全省农机化工作总结》，中国农业机械化信息网，http：//www. amic. agri. gov. cn/nxtwebfreamwork/detail. jsp？articleId＝ff808081607d4ae00160b5f1c6477779。

《湖南水稻生产综合机械化率升至 73%》，《农民日报》2017 年 11 月 23 日。

鄂文：《湖北启动全程机械化创建工作》，《中国农机化导报》2016 年 9 月 6 日。

李森：《2020 年我省农作物耕种收综合机械化率将达 63%》，《四川日报》2017 年 3 月 20 日。

云南省农业信息中心：《2017 年云南省农机化工作会议在昆明圆满召开》，云南农业信息网，www. ynagri. gov. cn/news15/20170321/6760292. shtml。

郭静原：《我国农业科技进步贡献率已达 57. 5%》，经济日报－中国经济网。

吴琼：《江苏农业科技进步贡献率达 66. 2% 居全国第一》，《新华日报》2017 年 11 月 29 日。

《湖南“三农”工作成就新闻发布会》，湖南省农业委员会网站，http：//m. voc. com. cn/wxhn/article/201709/201709280942283241. html？from＝singlemessage。

贵州省农业委员会：《2013～2017 年全省农业工作总结和 2018 年工作打算》，贵州省农业委员会网站。

湖北省农业厅：《2017 年工作总结》，http：//nyt. hubei. gov. cn/gk/jggg/ndjg/200025032. htm。

江西省农业厅科技处：《十八大以来我省农业科技发展取得的成就》，江西省农业厅网站，http：//www. jxagri. gov. cn/News. shtml。

颜若雯：《我市科技对农业贡献率达 58%》，重庆市政府网，www. cq. gov. cn。

《2016 年四川省农业农村经济基本情况》，四川农委网站。

《上海市现代农业“十三五”规划》。

《浙江省现代农业发展“十三五”规划》。

《安徽省农业现代化推进规划（2016～2020 年）》。

湖北省农业厅：《2018 年工作计划》，湖北省农业厅网站。

《围绕“十大行动”加快发展湖北现代农业——访湖北省农业厅厅长肖伏清》，《农民日报》2018 年 5 月 14 日。

《关于江西省 2017 年国民经济和社会发展计划执行情况与 2018 年国民经济和社会发展计划草案的报告》。

《中共江苏省委江苏省人民政府关于贯彻落实乡村振兴战略的实施意见》。

《2018 年四川省委一号文件关于实施乡村振兴战略开创新时代”三农“全面发展新局面的意见》。

《云南省 2018 年政府工作报告》。

《2018 年重庆市政府工作报告》。

《安徽省 2018 年政府工作报告》。

《关于上海市 2017 年国民经济和社会发展计划执行情况与 2018 年国民经济和社会发展计划草案的报告》。

B.10 长江经济带现代服务业发展报告：2017～2018

周 静*

摘 要： 党的十九大报告中习近平总书记明确指出："以共抓大保护、不搞大开发为导向推动长江经济带发展。"现代服务业为主导是制造业转型升级的客观需求，长江经济带作为我国最重要的经济发展区域之一，肩负着经济发展方式率先转型，产业结构不断优化的重要历史使命。2017～2018年长江经济带现代服务业总体发展平稳有序，上、中、下游发展各具优势和特色，区域间融合互动不断增强，协同发展态势显著。但仍存在部分城市服务业占比下降、绿色发展模式仍处在探索起步阶段以及区域间协同性不强，各自为政等问题。建议形成共识的同时强化保障，增强长江经济带与"一带一路"互动，促进现代服务业发展，突出比较优势，实现省市间差异化协调发展。

关键词： 长江经济带 现代服务业 绿色发展

党的十九大报告中习近平总书记明确指出："以共抓大保护、不搞大开发为导向推动长江经济带发展。"习近平总书记为长江经济带今后的发展提

---

* 周静，博士，副研究员，中共上海市委党校（上海行政学院）上海发展研究院研究人员，上海市习近平新时代中国特色社会主义思想研究中心研究员，主要研究方向为产业经济、区域经济。

出了根本目标和要求。自《长江经济带发展规划纲要》（简称《规划纲要》）发布以来，长江经济带规划政策体系逐步健全，以《规划纲要》为统领的10个专项规划、沿江11省市实施方案印发施行，顶层、中层设计体系基本完成。

现代服务业为主导是制造业转型升级的客观需求，长江经济带作为我国最重要的经济发展区域之一，肩负着经济发展方式率先转型，产业结构不断优化的重要历史使命，现代服务业的健康、平稳、有序增长是解决我国发展不平衡不充分的问题，从而满足人们日益增长的美好生活需要的重要手段和根本方法。

一　长江经济带现代服务业总体发展概况

长江经济带现代服务业总体发展平稳有序，上、中、下游发展各具优势和特色，区域间融合互动不断增强，协同发展态势显著。

（一）总体态势良好，继续引领全国服务业发展

长江经济带现代服务业总体发展态势较好，总量增长较快，占比有明显提升，固定资产投资增速稳步回升，服务业对就业拉动能力不断增强，工资明显高于全国平均。

1. 服务业总量增长较快，占比明显提升

长江经济带现代服务业2016年总体发展状况较好，全年完成增加值165471.70亿元，继续保持领先全国现代服务业增加值增速2.1个百分点（见表1）。2015年长江经济带现代服务业增加值占地区生产总值的比例仅为46.63%，[①] 不仅低于全国平均水平，更低于2014年，2016年该占比明显提高，达到49.07%，对长江经济带地区GDP贡献接近一半，明显高于非长江经济带地区（见表2）。

① 王振主编《长江经济带发展报告（2016～2017）》，社会科学文献出版社，2017。

表1　长江经济带现代服务业增加值及增速

项目	2016年	2015年	2014年
长江经济带现代服务业增加值(亿元)	165471.70	144575.19	128401.02
增速(%)	14.45	12.60	11.63
全国现代服务业增加值(亿元)	20594.90	18331.74	16627.04
增速(%)	12.35	10.25	8.33

注：本报告如未特殊说明，数据资料均来自国家统计年鉴及各省市统计年鉴。

表2　2016年长江经济带GDP及服务业占比

指标	长江经济带地区平均	非长江经济带地区平均	全国平均
地区生产总值(亿元)	30652.90	22144.40	25163.55
服务业增加值(亿元)	15042.88	10711.07	12343.20
占比(%)	49.07	48.37	49.05

2. 固定资产投资增速稳步回升

2016年长江经济带现代服务业完成固定资产投资159084.31亿元，增速比2015年高0.45个百分点，较全国高3.08个百分点（见表3）。长江经济带地区平均服务业固定资产投资占全社会固定资产投资的比重较前些年进一步提升，达到59.81%，一方面得益于全国服务业固定资产投资快速上升的大环境，另一方面也与长江经济带地区对服务业发展的重视分不开（见表4）。

表3　长江经济带现代服务业固定资产投资及增速

地区	2016年	2015年	2014年
长江经济带现代服务业固定资产投资(亿元)	159084.31	139783.36	123311.09
增速(%)	13.81	13.36	20.66
全国现代服务业固定资产投资(亿元)	344290.93	310923.99	281542.29
增速(%)	10.73	10.44	16.12

表4　2016 年长江经济带固定资产投资及服务业占比

指标	长江经济带地区平均	非长江经济带地区平均	全国平均
全社会固定资产投资(亿元)	24179.20	16755.82	19389.92
服务业固定资产投资(亿元)	14462.21	9260.33	11106.16
占比(%)	59.81	55.27	57.28

3. 服务业对就业的拉动不断提高，工资明显高于全国

2016 年长江经济带服务业城镇单位就业人数达到 3603.13 万人，占城镇单位就业总人数的 48.74%，占比较前些年进一步提高（见表5）。服务业人员工资平均为 72985.25 元，明显高于其他各行业，长江经济带地区服务业从业人员工资高于非长江经济带地区，对全国服务业工资起到引领作用（见表6）。

表5　长江经济带服务业城镇单位就业人数占比

指标	2016 年	2015 年	2014 年
城镇单位就业人数(万人)	7392.11	7491.66	7593.19
服务业就业人数(万人)	3603.13	3562.37	3498.97
占比(%)	48.74	47.55	46.08

表6　2016 年长江经济带城镇单位就业人员工资及服务业人员工资

单位：元

指标	长江经济带地区平均	非长江经济带地区平均	全国平均
城镇单位就业人员工资	68576.82	66155.65	67014.77
服务业人员工资	72985.25	67015.15	69133.57

（二）区域发展不均衡，上、中、下游各具特色

长江经济带绵延 11 省市，长江上、中、下游地区间发展程度和特色均有不同，现代服务业发展水平和特征也需分区域研究。

1. 长三角地区继续高端引领

长三角地区是长江经济带的龙头，现代服务业发展也较为领先。2016

年长三角三省市服务业增加值为82446.07亿元，较上年增长13.80%，服务业增加值占GDP的比重也较高，上海更是以69.78%的占比遥遥领先。服务业固定资产投资占全社会固定资产投资比重较高，尤其是上海和浙江两地，分别达到85.39%和68.35%。从吸纳就业来看，上海市城镇单位现代服务业就业人数占总就业人数的64.82%，充分体现了上海市以服务业为主导的社会发展形态，江苏和浙江两省的服务业就业人数占比则明显低于上海，可见区域内部的差距也不容忽视（见表7）。同时，江苏、浙江两省服务业吸纳就业人数比例不高，上海服务业增加值占比较2015年出现下降（2015年为70.49%），也需引起注意。

表7　2016年长三角地区服务业发展状况

单位：%

地区	服务业增加值占GDP比重	服务业固定资产投资占全社会固定资产投资比重	服务业就业人数占全社会就业人数比重
上海市	69.78	85.39	64.82
江苏省	50.00	49.28	33.69
浙江省	50.99	68.35	39.77
长三角平均	56.92	67.67	46.09

上海作为国际金融、贸易和航运中心，现代服务业一直是其经济发展的重要组成部分，研发设计、文化创意、信息技术、检验检测认证、供应链管理等现代服务业，近几年在上海都保持了两位数的增长；以总部经济为主的商务服务业在2017年成为利用外资的第一大领域；自贸试验区2017年落地项目近300项，主要集中在金融服务、工程设计、演出经纪、教育培训等高端服务业领域；生产性服务业发展势头良好，2017年上半年，上海生产性服务业增加值增长8.8%，高于全市服务业增速，占全市第三产业生产总值比重达到64.3%，为近三年最高水平，生产性服务业十大重点领域上半年实现营业收入12314.8亿元，增长10.7%。上海现代服务业以其扎实的基础和不断萌芽的新增长点，在长江经济带中继续发挥着领头羊作用。

2016年江苏省服务业占GDP比重首次超过50%，对经济增长的贡献率达57.6%，比2015年提高11.6个百分点。从分行业营业收入看，科技服务业、保险业、航空运输业、商务服务业、软件业等生产性服务业均实现两位数以上增长，金融业、邮政快递业、旅游业、软件业、商务服务业均亮点纷呈。但需要引起注意的是，江苏省2016年服务业投资占比比前年下降0.2个百分点，且慢于全部固定资产投资，服务业税收增长受“营改增”政策变化影响而出现明显回落态势，这都为未来服务业增长埋下隐忧。

浙江省近些年高度重视现代服务业的发展。2016年浙江省现代服务业增加值为24091.57亿元，位于全国第4位；2017年除舟山市和台州市，各地区规模以上服务业企业营业收入同比均实现两位数增长。2017年12月浙江省政府发布了《浙江省服务业“四大经济”创新发展行动方案》，大力推动平台经济、分享经济、体验经济、创意经济的快速、健康增长。与此同时，浙江省各市也都积极发展现代服务业，2016年杭州市借G20的东风助推现代服务业实现大跨越，实现服务业增加值6768.26亿元，占地区生产总值的61.2%，对经济增长的贡献率高达80.0%。其中，信息经济对GDP增长贡献率超过50%，电子商务产业增加值增速为45.2%，移动互联网为45.1%，数字内容达到35%，信息软件业为28.8%，云计算与大数据产业增加值增速为28.2%，旅游业也表现突出，《纽约时报》评选的“全球最值得去的52个目的地”中，杭州占据一席，全年实现增加值808.89亿元，增长13.3%。宁波2017年10月发布了《关于加快服务业提升发展的若干意见》，明确指出到2020年，全市服务业增加值占GDP比重将超过50%，生产性服务业增加值占服务业增加值比重超过55%。[①] 2017年嘉兴市成立浙江省全面接轨上海示范区，而服务业成为嘉兴市的重要抓手，截至2017年10月，嘉兴市已有12个省级服务业集聚示范区与上海合作实现了全覆盖，2017年，嘉兴的金融、现代物流、文化旅游、科技与信息和健康服务五大领域发展指数增势迅猛，增幅均超过10%。其中，健康服务业指数每季度增长5%以上，接受服务人次指数增幅超50%。2017年7月温州市下发服

① 《关于加快服务业提升发展的若干意见》。

务业发展行动计划，着重培育壮大信息服务、金融、现代物流、科技服务、文化产业、商务服务等六大生产性服务业，提升发展现代商贸、休闲旅游、房地产、健康等四大生活性服务业，提出新增市级信息经济众创平台10个以上，进一步提高金融服务业上市企业数量等一系列具体目标和行动举措。

2. 长江中游①齐头并进

长江中游四省服务业较前一年都有较快增长，服务业增加值占GDP比重平均达到43.33%，服务业固定资产投资占全社会固定资产投资比重平均为52.76%，服务业就业人数占全社会就业人数比重平均也已过半，服务型经济为主导的经济形态正在慢慢形成（见表8）。与长三角地区不同的是，长江中游四省服务业发展水平相当，各项指标差距不大，更有利于形成互帮互促、齐头共进的良好局面。

表8　2016年长江中游服务业发展状况

单位：%

地区	服务业增加值占GDP比重	服务业固定资产投资占全社会固定资产投资比重	服务业就业人数占全社会就业人数比重
安徽省	41.05	52.99	51.29
江西省	41.97	44.78	46.62
湖北省	43.94	55.27	50.01
湖南省	46.37	57.99	56.91
长江中游平均	43.33	52.76	51.21

2017年安徽省重点抓服务业集聚工程建设，全年新认定省级服务业集聚区30个，首批认定省级示范园区16个，集聚效应也不断显现。2017年全省161个省级集聚区实现营业收入4851.3亿元，同比增长14.3%。其中，营业收入超100亿元的发展到10个，规模超10亿元的集聚区占总数的40%，规模最大的合肥蜀山国际电子商务产业园2017年营业收入达712亿元。不同区域板块也各具特色，皖江示范区、合肥都市圈集聚区先发优势明

① 主要包含安徽、江西、湖北和湖南四省。

显，皖江8市（不含六安的金安区、舒城县）、合肥都市圈6市（不含桐城）集聚区营业收入同比分别增长15.3%、15%，税收分别增长19.9%、20.4%，入园企业数分别增长13.5%、12%，规模和发展效益同步提升。皖北、皖西地区集聚区发展后劲增强，皖北6市、皖西2市实际完成投资分别同比增长17.9%、12.1%，带动就业人数分别增长14.6%、13%，投资增速和带动就业能力明显高于其他地区。分行业来看，2017年安徽省软件服务业亮点突出，全年实现营业收入615.6亿元，同比增长44.8%，是继2015年突破300亿元、2016年突破400亿元之后，首次超过600亿元。完成软件业务收入314.3亿元，同比增长30%，高于全国同行业平均增速约16个百分点。值得一提的是，2017年安徽软件服务业亿元以上企业超80家，其中科大讯飞、四创电子、华米科技、阳光电源、维天运通、继远软件、安徽电信工程、美亚光电、巨一自动化等9家企业收入超10亿元。欣奕华、协创物联网、维天运通、百助网络、琢学网络、三联交通、淘云科技、华启软件等企业增速超50%，“中国声谷”入园企业已达到200余家。

2017年江西省服务业实现增加值8892.6亿元，同比增长10.7%，增速比全国高2.7个百分点，快于全省GDP增速1.8个百分点，分别快于第一产业和第二产业增加值增速6.3个和2.4个百分点。服务业对全省经济增长贡献率为48.0%，同比提高0.4百分点。服务业实现税收收入1608.5亿元，占全部税收收入的55.8%，比上年提高1.9个百分点，增长15.0%。服务业税收对全部税收增长的贡献率达到72.8%，同比提高0.6个百分点。分行业来看，主导行业增长平稳，道路运输业，商务服务业，电信、广播电视和卫星传输服务三大主导行业营业收入分别增长16.3%、30.7%和6.9%；重点领域蓬勃发展，规模以上战略性新兴服务业增长18.5%，高技术服务业增长15.5%，科技服务业增长28.3%，生产性服务业增长21.9%，生活性服务业增长15.4%；文化、体育、民生相关产业快速发展，体育服务业增长146.8%，健康服务业增长28.9%，旅游及相关服务业增长16.0%。

根据《全国31个省级行政区2016年度服务业发展指数报告》的统计测算，湖北省2016年服务业发展指数在除港澳台地区的全国31个省区市中排名第9、中部第1。[①] 2017年湖北省服务业在吸纳就业方面表现格外突出，在"我选湖北""百万校友资智回汉工程"等政策的引导下，2017年湖北省规模以上服务业拥有从业人员84.37万人，比上年新增7.06万人，增长2.0%。其中，商务服务业、软件和信息技术服务业、互联网和相关服务业从业人员分别为9.19万人、5.52万人和0.62万人，比上年分别新增21171人、5883人和3494人，从业人员占规上服务业的比重分别为10.9%、6.5%和0.7%，比上年分别提高1.7个、0.4个和0.2个百分点。服务业从业人员的年人均薪酬达8.86万元，比上年增加4229元，增长5.0%。

2017年湖南省服务业可谓"量增质升"，规模以上服务业企业5046家，累计实现营业收入3198.97亿元，首次突破3000亿元大关，同比增长20.7%，增速高于全国平均水平7.1个百分点。其中，规模以上服务业战略性新兴产业、生产性服务业、高技术服务业、科技服务业等重点领域企业营业收入增幅同比分别升高0.1个、1.7个、2.9个、3.5个百分点。分行业来看，规模以上服务业33个行业类别中，仅水上运输业营业收入略有下降，其余32个行业营业收入均实现增长。其中，铁路运输业、租赁业、商务服务业、研究和试验发展、科技推广和应用服务业、生态保护和环境治理业、其他服务业、社会工作、文化艺术业、体育、娱乐业等11个行业增势迅猛，营业收入同比增幅均达到30%以上。

3. 长江上游[②]增长较快

长江上游地区现代服务业发展基础虽不及长江中游和长三角地区，但近些年发展势头良好，各项指标稳步提高。长江上游四省市2016年服务业增加值占比平均达到46.68%，高于长江中游3个百分点，但与长三角地区还有一定差距；服务业固定资产投资占全社会固定资产投资比重平均为70.81%，远高于长江经济带地区平均值，尤其是贵州和云南两省，服务业固定资产投资占比均超过

① 《全国31个省级行政区2016年度服务业发展指数报告》。九州服务业信息咨询研究中心、湖北现代服务业发展研究院、中南财经政法大学大数据研究院于2017年3月9日在武汉联合发布。

② 主要包含重庆、四川、云南和贵州四省市。

75%，为未来服务业的快速发展奠定了良好基础；2016年长江上游服务业就业人数占全社会就业人数比重平均为57.67%，也高于长江经济带平均水平（见表9）。

表9 2016年长江上游服务业发展状况

单位：%

地区	服务业增加值占GDP比重	服务业固定资产投资占全社会固定资产投资比重	服务业就业人数占全社会就业人数比重
重庆市	48.13	63.48	50.92
四川省	47.23	67.66	56.27
贵州省	44.67	75.71	63.72
云南省	46.68	76.40	59.78
长江上游平均	46.68	70.81	57.67

重庆市近些年始终坚持先进制造业与现代服务业双轮驱动发展战略，现代服务业发展水平不断攀升。如两江新区成立7年多，第三产业增加值从2010年的455.91亿元、占GDP比重45.5%，增加到2016年的1062.3亿元、占GDP比重47%，年均增速达到15.6%，2017年又有20个现代服务业项目落户两江新区，签约总金额212亿元，项目内容涉及金融、生态、商贸物流、城市服务等。2018年两江新区计划打造重庆最大的数字经济聚集区——两江新区数字经济产业园，重点发展数字基础型、数字应用型、数字服务型三大类产业，未来将助推重庆市的数字服务型经济迈上新台阶。

四川服务业长期以来是成都一城独大，2016年成都服务业增加值占全省比重达43.4%，《四川省“十三五”服务业发展规划》指出，“十三五”期间，四川要构建“一核两带五区”新格局。在新规划的指引下，四川省服务业得到较快发展，2017年上半年，四川省服务业实现增加值7295.2亿元，同比增长19.8%，增幅比去年同期增加1.2个百分点，高于全国2.1个百分点，占GDP比重达45.4%，对经济增长贡献提高到50.1%。成都市为加快服务业科学发展，于2017年12月出台了《成都市加快服务业发展支持政策》（修订稿），围绕聚力推进“中优”、支持电子商务生态圈建设、支持生活性服务业加快发展、支持“成都造”市场拓展、支持开放型经济生态圈建设、强化中介服务和“走出去”服务保障等六大方面的一揽子支持政策力度很大，最高给予400万元的一次性资金支持。

贵州省2017年服务业发展态势较好，前三季度，全省服务业增加值4282.60亿元，比上年同期增长11.6%，拉动经济增长5.2个百分点。分行业来看，旅游业延续“井喷式”增长，前三季度，全省旅游总人数5.91亿人次，比上年同期增长40.0%；旅游总收入5621.97亿元，增长41.6%；金融业运行稳定，9月末，全省金融机构人民币各项存款余额26243.68亿元，同比增长10.8%，金融机构人民币各项贷款余额20132.95亿元，同比增长17.2%。金融业增加值596.87亿元，占地区生产总值的比重达到6.3%；交通运输业发展较快，前三季度，全省公路货物周转量739.31亿吨/公里，比上年同期增长14.7%；铁路货物周转量361.00亿吨/公里，增长9.0%；民航货邮吞吐量7.78万吨，增长10.1%。①

2016年云南省1549家规模以上服务业企业实现营业收入2040.31亿元，同比增长28.3%，营业利润273.05亿元，同比增长19.3%，上缴税收88.47亿元，同比增长6.1%，应付职工薪酬318.59亿元，同比增长12.6%，吸纳就业人数39.80万人，同比增长2.2%。2017年云南省继续助推服务业发展，9月23日由省委办公厅、省政府办公厅印发的《服务经济倍增计划（2017～2021年）》中提出，到2021年，全省服务产业增加值达到10000亿元，服务业增加值占GDP比重达到50%以上，服务业对GDP增长贡献率达到50%以上。②

（三）合作交流增多，探索协同发展新模式

区域协调、融合发展是区域合作的最高目标，长江经济带现代服务业在地区间的协同互动，是区域间加强开放融合的重要动力。

---

① 庭静：《全省地区生产总值9499.53亿元，增速高于全国平均水平3.2个百分点》，《贵阳日报》2017年10月22日。

② 云南省委办公厅、省政府办公厅印发《服务经济倍增计划（2017～2021年）》2017年9月23日。

1. 各省市共建黄金旅游区域

截至 2015 年底，长江经济带 11 省市共有 A 级旅游景区 3602 个，占全国 A 级旅游景区总数的 40.23%，各地区资源富集、景点众多，沿线旅游产品和市场互补性强，具有形成特色旅游带的基础和优势。2015 年，长江经济带 11 省市旅游部门领导齐聚上海，共同签署了长江经济带旅游产业合作宣言，这是长江经济带全流域服务业资源整合，共同打造黄金旅游带的开始。自此，长江经济带旅游业合作共赢的模式开始形成，2017 年 12 月，2017 年长三角旅游合作第七次联席会议在黄山召开，三省一市旅游部门负责同志围绕如何进一步深化区域旅游产品开发、市场开发、市场监管和公共服务等方面进行交流并达成一定共识。在 2017 年长江中游城市群省会城市第五届旅游会商会及旅游系列活动中，武汉、长沙、合肥、南昌旅游部门共商区域间旅游经济协同发展大计，岳阳、黄石、九江、安庆四市旅游管理部门首次加盟。八城旅游局（委）领导共同签署了《长江中游城市群深化旅游合作暨促进自驾车房车露营旅游发展合作协议》。2017 年 12 月 4 日，第八届川滇黔市（州）合作与发展峰会文化旅游合作座谈会在昭通召开，来自昆明、大理、楚雄、毕节、六盘水、宜宾、泸州等峰会成员市（州）文化、旅游部门代表共同签订了《川滇黔市（州）文化旅游战略合作协议》。

2. 重点城市抱团，率先展开区域间合作

近些年，长三角两省一市服务业的合作有了较大进展。三省一市进一步增强科技合作，“长三角大型科学仪器协作共用网”实现了科技资源共享，积极推进“创新券”在长三角区域内通用通兑，加快推进区域内科技成果转移转化。三省一市相邻区域公交线路已开通，同城化程度不断提高，异地社保转移和异地就医结算等服务也不断推进，安徽广德居民已能在湖州指定医院刷卡就医，嘉兴的一些县市居民也能在上海指定医院刷卡就医。2018 年，盐通高铁的开工将盐城正式纳入“沪宁一小时”经济圈。同时，合作形式也逐渐出现新的变化，一改过去由一个特大型城市带动其他城市的局面，现在是其他城市与特大型城市共同发展。如杭州已经形成了巨大的信息经济产业链，合肥的科大讯飞则是中国智能语音与人工智能产业领导者。2017 年 12 月，上海市党政代表团一行专门到访合肥，希望科大讯飞在新一代人工智能发展领域与上海全面深化合作。

2013 年 2 月，长江中游城市群省会城市首届城市会商会在武汉召开，达成了《武汉共识》，武汉、长沙、合肥、南昌四城市率先起步，推动长江中游城市群的不断合作。从《武汉共识》到《长沙宣言》，从《合肥纲要》到《南昌行动》，“长江中游城市群省会城市会商会”坚持每年召开，取得的成果也不断积累，区域间合作使得 4 地成功开展住房公积金异地贷款业务、基本医疗保险异地就医即时结算、退休人员异地年审互认、就业创业和人力资源管理统一互惠政策、机动车环保标志互认、转移危险废物信息互通等机制，区域间服务市场更加开放、服务资源流动更加畅通、服务水平不断提高。时隔 4 年，2017 年 4 月，武汉、长沙、合肥、南昌四个省会城市主要领导再度“聚首”江城武汉，在第五届商会上，四省会共同签署了《长江中游城市群省会城市合作行动计划（2017～2020)》，将长江中游城市群的合作推上了新的高度。11 月商务部发布《长江中游区域市场发展规划（2017～2020 年)》，提出将依托湖北、湖南、江西三省交通区位优势，抢抓“一带一路”建设、长江经济带发展等战略机遇，重点城市率先合作，将长江中游区域打造成为全国重要的商贸物流枢纽。[①]

成渝城市群一直是长江下游地区合作发展的示范区域，2017 年和 2018 年，成渝高铁的数量和停靠站点不断增多，重庆成都已实现一小时抵达，这对成渝一体化的发展具有巨大的推动作用。资阳市出台了 2017 年服务业发展措施，围绕打造成渝现代服务业集聚区总体要求提出了具体的十条举措，包括鼓励引导服务业集聚发展，大力发展电子商务业，积极发展现代物流业，提质发展商贸流通业，扶持发展文化旅游产业，支持发展健康养老业，支持服务业企业发展，着力扩大消费需求，加大服务业项目建设力度，支持企业品牌创建等。

---

① 《长江中游区域市场发展规划（2017～2020 年)》。

3.11省市齐上阵，确保绿色健康发展

2016年1月5日，习近平总书记在重庆召开推动长江经济带发展座谈会中指出："当前和今后相当长一个时期，要把修复长江生态环境摆在压倒性位置，共抓大保护，不搞大开发。"[①] 两年来，各省市均把保护绿色航道的生态作为首要任务，共同肩负起这6300公里的健康发展。2017年7月，环保部等部门印发《长江经济带生态环境保护规划》，对水资源的利用与保护、风险防控等方面提出了具体的要求。8月，交通运输部印发《关于推进长江经济带绿色航运发展的指导意见》，明确到2020年，初步建成航道网络有效衔接、港口布局科学合理、船舶装备节能环保、运输组织先进高效的长江经济带绿色航运体系，[②] 同时发布《港口岸电布局方案》。方案明确提出，到2020年，实现全国沿海和内河主要港口以及船舶排放控制区域内港口50%以上已建的集装箱、客滚、邮轮、3000吨级以上客运和5万吨级以上干散货专业化泊位，具备向船舶提供岸电的能力，同时鼓励岸电需求较大、基础条件较好的港口争取实现100%的泊位岸电覆盖率。12月，长江干线四川段正式实施水上综合执法改革，由宜宾、泸州海事局统一承担各自辖区内的海事、航道、通信现场执法职责，标志着长江海事局下去长江干线水域实现（四川宜宾至江苏浏河口2700公里）水上综合执法全覆盖，长江海事"一体化管理、一条龙服务"的新格局顺利构建。[③] 根据12月环保部通报的长江经济带饮用水水源地整治情况，截至2017年12月21日18时，沿江11省市483个饮用水水源地问题得到彻底整治，完成率达到98.6%，沿江应取缔的959座非法码头已于2017年9月底全部拆除，恢复生态岸线100多公里，长江流域水质优良比达77.3%，比2016年同期高2.5个百分点。如今四川向家坝水电站库区建起湿地生态系统，江西省鄱阳湖山美水美，位于长江入海口的上海崇明，来自北极、西伯利亚的候鸟在东滩鸟类国家级自然保护区栖息……根据国家林业局2018年2月印发的《长江经济带生态保护

① 2016年1月5日习近平主席在推动长江经济带发展座谈会上发表的讲话。

② 《关于推进长江经济带绿色航运发展的指导意见》。

③ 《长江干线四川段正式实施水上综合执法》，《中国水运报》2017年12月4日。

科技创新行动方案》，2020 年长江经济带生态服务功能将提升 20%，在各省市的集体努力下，长江经济带的产业结构不断转型升级，绿色生态逐步治理恢复，黄金水道功能不断完善。

二　长江经济带现代服务业重点行业发展比较

现代服务业包含行业众多，该部分选取长江经济带现代服务业中具有代表性的重点行业进行深入分析。

（一）金融业

2016 年长江经济带金融业平均增加值为 2370.59 亿元，高于全国平均值 519.64 亿元，几乎相当于甘肃省全年金融业增加值（甘肃省 2016 年金融业增加值为 507.02 亿元）（见表 10）。长江经济带的金融业占全国比重约为 45.45%，而长江经济带所在的 11 省市经济总量 2016 年占全国经济总量的 43.1%，可见长江经济带在金融业方面的领先优势。从发展增速来看，2016 年在全国金融业增速普遍放缓的大背景下，长江经济带金融业发展增速也出现了下降，仅重庆市和四川省较 2015 年增速有明显提升，重庆市近些年致力于打造全国重要的金融中心，在一系列政策的促进拉动下，新兴金融业快速增长，以两江新区为例，现有金融企业 792 家，其中，新兴金融业 353 家，占比 44.57%。金融业成为仅次于汽车、房地产的第三大税源行业，而 2017 年 11 月出台的《重庆市绿色金融发展规划（2017～2020）》显示，未来重庆金融业将正式加快推进绿色金融的发展。当前，四川省拥有的银行业金融机构、证券期货基金经营机构数量均居中西部第 1。全省金融业总资产已经超过 9 万亿元，居全国第 7，中西部第 1；存款余额、贷款余额、上市公司数量、金融机构总数稳居中西部第 1。2016 年前三季度，四川金融业增加值增长 8.6%，占 GDP 的 7.8%，对经济增长的贡献率达 7.5%。上海市金融业增加值增速虽有明显放缓，但 2016 年上海再次以 17.3% 的金融业增加值占 GDP 比，及 14.49% 的增速位居各“万亿”级城市首位。

表10　长江经济带金融业发展状况

单位：亿元，%

地区	2016年金融业增加值	2016年金融业发展增速	2015年金融业发展增速
上海市	4765.83	14.49	22.42
江苏省	6011.13	13.35	12.26
浙江省	3050.61	4.37	5.62
安徽省	1447.02	16.52	18.65
江西省	1056.30	17.67	21.35
湖北省	2318.87	25.13	35.01
湖南省	1272.71	15.26	16.22
重庆市	1642.59	16.48	15.09
四川省	2729.45	23.94	20.47
贵州省	689.40	13.55	23.48
云南省	1092.60	11.28	14.04
长江经济带地区平均	2370.59	15.64	18.60
全国平均	1850.95	13.26	18.34

从固定资产投资来看，长江经济带平均达到50.84亿元，高于全国平均7.17亿元，但固定资产投资增速平均为-0.69%，远低于全国13.26%的平均水平。究其原因，长江经济带11省市中固定资产增速有一半省市为负值。其中上海、湖南、重庆和贵州固定资产投资增速较2015年下降明显，安徽省表现突出，安徽省2015年金融业固定资产投资增速为-28.97%，而2016年为27.03%，这为安徽省金融业未来的发展打下了良好的基础（见表11）。

表11　长江经济带金融业固定资产投资

单位：亿元，%

地区	2016年金融业固定资产投资	2016年金融业固定资产投资增速	2015年金融业固定资产投资增速
上海市	18.49	-24.50	19.23
江苏省	141.65	-6.09	-12.94
浙江省	88.94	-12.94	10.43
安徽省	92.39	27.03	-28.97
江西省	48.88	19.02	21.98
湖北省	33	-37.96	-36.84
湖南省	78.6	-10.89	28.91

续表

地区	2016 年金融业固定资产投资	2016 年金融业固定资产投资增速	2015 年金融业固定资产投资增速
重庆市	12.16	-43.68	478.82
四川省	21.3	-7.31	-16.95
贵州省	13.61	76.07	164.73
云南省	10.23	13.67	29.31
长江经济带地区平均	50.84	-0.69	-3.62
全国平均	43.67	13.26	0.31

2016 年长江经济带金融业城镇单位吸纳就业平均各省为 24.12 万人，比全国平均高 2.66 万人。从增速来看，长江经济带地区平均增速为 7.98%，虽与全国平均水平的差距较上一年有所减小，但仍低于全国近 0.69 个百分点。从各省市内部来看，安徽和四川两省金融业城镇单位就业人数增速都实现了两位数的增长，分别为 16.42% 和 17.47%，而浙江、湖北和湖南三省的增速较前一年有所下降（见表 12）。

表 12　长江经济带金融业吸纳就业

单位：万人，%

地区	2016 年金融业城镇单位就业人员	2016 年金融业城镇单位就业人数增速	2015 年金融业城镇单位就业人数增速
上海市	35.51	5.25	2.15
江苏省	38.08	8.64	5.19
浙江省	46.38	9.65	11.43
安徽省	22.26	16.42	8.27
江西省	13.01	3.42	3.28
湖北省	20.97	7.70	8.23
湖南省	25.34	5.41	7.42
重庆市	13.98	5.27	0.53
四川省	30.39	17.47	6.81
贵州省	9.03	4.39	3.59
云南省	10.36	4.12	-1.58
长江经济带地区平均	24.12	7.98	5.03
全国平均	21.46	8.67	7.05

（二）批发和零售业

2016年长江经济带批发和零售业增加值平均为2831.04亿元，平均增速达到8.49%，高于全国平均水平1.52个百分点。从内部来看四川省依然保持两位数的增速，明显快于长江经济带其余省市（见表13）。2017年，四川省充分发挥消费引领作用，加快内贸流通，创新推动供给侧结构性改革扩大消费专项行动，通过开展“万企出国门”“川货全国行”“惠民购物全川行动”等市场拓展活动，使得消费结构进一步优化，消费新动能快速成长，新兴消费蓬勃发展，消费品市场总体保持平稳健康发展。2017年，四川实现社会消费品零售总额1.75万亿元，比上年增长12.0%，增速比上年加快0.3个百分点，比全国平均增速快1.8个百分点。

表13　长江经济带批发和零售业发展状况

单位：亿元，%

地区	2016年批发和零售业增加值	2016年批发和零售业发展增速	2015年批发和零售业发展增速
上海市	4119.59	7.72	4.85
江苏省	7470.27	6.83	6.61
浙江省	5754.19	9.71	6.79
安徽省	1775.87	8.22	9.37
江西省	1264.66	6.57	6.53
湖北省	2485.05	6.55	8.82
湖南省	2487.8	7.06	5.06
重庆市	1470.85	9.33	9.39
四川省	2138.45	14.26	17.95
贵州省	732.71	9.13	7.57
云南省	1441.95	8.04	7.07
长江经济带地区平均	2831.04	8.49	7.45
全国平均	2401.22	6.97	5.64

长江经济带各省市批发零售业的固定资产投资平均为642.11亿元，增速在全国普遍下降的背景下依然保持了1.07%的增速，然而较2015年增速

均有明显回落。从长江经济带内部来看，江苏省批发和零售业固定资产投资总量最高，贵州省增速最快（见表14）。统计显示，2017年上半年，江苏累计实有市场主体户数、注册资本金继续保持稳步增长，平均每日有2500余个个体户登记；贵州省2017年统计数据显示，批发和零售业比2016年增加10%，新零售结合线上线下的销售模式，如雨后春笋在贵州兴起，强劲的发展势头对零售业的增长功不可没，全省限额以上企业（单位）通过公共网络实现商品零售额74.56亿元，比上年增长30.3%。

表14　长江经济带批发和零售业固定资产投资

单位：亿元，%

地区	2016年批发和零售业固定资产投资	2016年批发和零售业固定资产投资增速	2015年批发和零售业固定资产投资增速
上海市	37.15	6.75	9.23
江苏省	1648.46	13.84	46.65
浙江省	374.68	-8.93	-4.94
安徽省	935.91	-2.11	19.82
江西省	941.47	-3.25	41.18
湖北省	726.56	-8.43	25.24
湖南省	1118.4	-2.96	32.34
重庆市	224.18	-11.55	20.58
四川省	508.15	-11.46	-0.65
贵州省	273.8	41.36	83.44
云南省	274.48	-1.46	4.79
长江经济带地区平均	642.11	1.07	26.17
全国平均	586.03	-4.01	19.78

长江经济带2016年批发和零售业依然是吸纳就业的重要行业，平均各省市就业人数为32.81万人，而全国平均仅为28.23万人，但吸纳就业的增速却依然慢于全国平均水平。除上海、湖北批发和零售业城镇就业人数增速保持正增长外，其余省市增速均为负值（贵州增速为0），湖北省批发和零售业一直都是吸纳就业的关键行业，在2010年就是第二、第三产业中从业

人员增长最迅猛的行业，当前仍保持较好势头。表明湖北省批发和零售业未来还有一定发展空间（见表15）。

表15 长江经济带批发和零售业吸纳就业情况

单位：万人，%

地区	2016年批发和零售业城镇单位就业人员	2016年批发和零售业城镇单位就业人数增速	2015年批发和零售业城镇单位就业人数增速
上海市	78.36	0.18	0.27
江苏省	56.11	-4.25	-1.28
浙江省	37.63	-10.62	0.89
安徽省	23.19	-1.95	0.90
江西省	17.32	-4.36	2.90
湖北省	39.72	0.91	-2.31
湖南省	20.24	-4.80	2.71
重庆市	20.66	-6.60	-3.11
四川省	30.51	-1.23	-4.42
贵州省	12.39	0.00	-11.12
云南省	24.8	-0.96	-3.54
长江经济带地区平均	32.81	-3.06	-1.65
全国平均	28.23	-0.91	-0.59

（三）交通运输、仓储和邮政服务业

2016年，长江经济带交通运输、仓储和邮政服务业各省市平均实现增加值1251.18亿元，高于全国平均水平。从发展增速来看，平均达到8.38%，比全国平均高了3.11个百分点，较上一年相比全国的领先优势进一步拉大。从长江经济带内部来看，重庆市和四川省的增速比较突出，分别达到11.42%和20.73%（见表16）。根据统计数据，2017年1~10月，重庆货物运输总量累计达93655.5万吨，同比增长达5.1%。其中公路货物运输量最多，达77254万吨。1~7月邮政行业业务收入（不包括邮政储蓄银行直接营业收入）累计完成3575.7亿元，同比增长23.8%，业务总量累计完成5074.4亿元，同比增长32.7%。

表 16　长江经济带交通运输、仓储和邮政服务业发展状况

单位：亿元，%

地区	2016 年交通运输、仓储和邮政服务业增加值	2016 年交通运输、仓储和邮政服务业发展增速	2015 年交通运输、仓储和邮政服务业发展增速
上海市	1237. 32	9. 19	8. 49
江苏省	2837. 16	4. 87	4. 41
浙江省	1774. 37	8. 73	6. 94
安徽省	826. 9	4. 44	0. 93
江西省	796. 47	8. 19	3. 67
湖北省	1297. 48	4. 44	5. 14
湖南省	1356. 56	5. 08	2. 65
重庆市	848. 22	11. 42	7. 86
四川省	1472. 57	20. 73	14. 21
贵州省	987. 47	7. 29	11. 06
云南省	328. 41	7. 86	5. 55
长江经济带地区平均	1251. 18	8. 38	6. 27
全国平均	1132. 71	5. 27	5. 61

从固定资产投资来看，长江经济带 2016 年交通运输、仓储和邮政服务业平均实现固定资产投资 2106. 83 亿元，平均增速为 18. 09%。无论是总量还是增速都明显高于全国平均水平。较上一年，上海市、江苏省、浙江省、湖南省、重庆市和贵州省增速出现放缓，而安徽省、江西省、湖北省、四川省和云南省增速则有所提高，尤其是四川和云南两省，增速较 2015 年分别提升了 17. 44 个和 24. 05 个百分点（见表 17）。

表 17　长江经济带交通运输、仓储和邮政服务业固定资产投资

单位：亿元，%

地区	2016 年交通运输、仓储和邮政服务业固定资产投资	2016 年交通运输、仓储和邮政服务业固定资产投资增速	2015 年交通运输、仓储和邮政服务业固定资产投资增速
上海市	944. 86	18. 92	73. 02
江苏省	2550. 99	4. 87	12. 11
浙江省	2581. 91	11. 63	33. 18
安徽省	1628. 47	20. 55	18. 85
江西省	965. 42	17. 32	16. 99

续表

地区	2016年交通运输、仓储和邮政服务业固定资产投资	2016年交通运输、仓储和邮政服务业固定资产投资增速	2015年交通运输、仓储和邮政服务业固定资产投资增速
湖北省	2833.02	24.27	21.29
湖南省	1944.41	12.85	20.04
重庆市	1630.68	13.52	19.44
四川省	3737.95	21.06	3.62
贵州省	1779.92	12.02	20.38
云南省	2577.49	42.00	17.95
长江经济带地区平均	2106.83	18.09	18.61
全国平均	1609.20	11.27	15.84

长江经济带2016年交通运输、仓储和邮政服务业城镇单位就业人员共计30.06万人，城镇单位就业人数增速为-0.13%。增速较前一年有所下降，但与全国相比仍有优势。从11省市内部来看，江苏省和湖北省的就业人数增速较前一年提升较多，从绝对值来看，安徽和贵州两省增速较快（见表18）。

表18　2016年长江经济带交通运输、仓储和邮政服务业吸纳就业

单位：万人，%

地区	2016年交通运输、仓储和邮政服务业城镇单位就业人员	2016年交通运输、仓储和邮政服务业城镇单位就业人数增速	2015年交通运输、仓储和邮政服务业城镇单位就业人数增速
上海市	51.08	-0.72	0.16
江苏省	49.64	0.83	-1.10
浙江省	31.53	-1.35	-2.23
安徽省	22.93	3.01	2.49
江西省	20.30	-4.11	1.88
湖北省	34.97	1.63	-0.06
湖南省	23.99	-1.72	-3.10
重庆市	26.49	-2.32	-0.59
四川省	40.43	-0.69	-1.50
贵州省	11.99	3.01	4.96
云南省	17.31	1.05	0.12
长江经济带地区平均	30.06	-0.13	0.09
全国平均	27.40	-0.58	-0.83

（四）房地产业

长江经济带房地产业发展势头良好。2016 年各省市房地产业平均增加值为 1460.21 亿元，高于全国 1228.12 亿元的平均水平。从增速来看，长江经济带 11 省市均较前一年有较大提升，并明显高于全国平均水平；从长江经济带内部来看，江西省、安徽省和上海市位于发展增速前三名，分别达到 36.05%、29.19% 和 25.05%（见表 19）。根据统计显示，2016 年江西省房地产业实现增加值 745.89 亿元，是 2012 年 1.5 倍，占全省生产总值的 3.4%，对生产总值的贡献率为 3.5%，比 2012 年提高 2.4 个百分点。2016 年江西商品房销售首次突破 4000 万平方米，达到 4691.84 万平方米，是 2012 年的 2.0 倍。安徽省 2017 年服务业增长有所放缓，对全省经济增长的贡献率由上年的 49.9% 回落到 45%，拉动 GDP 增长 3.8 个百分点，比上年回落 0.5 个百分点，房地产业增加值增长 4.7%，比上年回落 7.3 个百分点，对全省经济增长的贡献率为 2.2%，回落 3.2 个百分点，拉动 GDP 增长 0.2%，回落 0.3 个百分点。

表 19　长江经济带房地产业发展状况

单位：亿元，%

地区	2016 年房地产业增加值	2016 年房地产业发展增速	2015 年房地产业发展增速
上海市	2125.62	25.05	11.03
江苏省	4292.79	14.31	5.36
浙江省	2607.00	10.87	8.52
安徽省	1124.07	29.19	7.77
江西省	745.89	36.05	4.87
湖北省	1291.35	13.60	6.96
湖南省	879.62	17.00	11.65
重庆市	926.19	9.26	3.76
四川省	1516.61	21.12	17.61
贵州省	249.2	7.38	5.26
云南省	303.96	7.59	2.37
长江经济带地区平均	1460.21	17.40	8.04
全国平均	1228.12	14.71	8.01

从固定资产投资来看，2016 年长江经济带各地平均达到 6047.13 亿元，高出全国平均 31.68%（见表 20）。其中江苏和浙江两省，2016 年房地产业固定资产投资都突破了万亿元大关。从发展增速来看，江西、湖南和云南三省都为两位数增长：江西省在过去的四年间全省房地产开发投资平均增长 16.7%，对全社会固定资产投资的贡献率由 2012 年的 5.0% 提高至 2016 年的 10.9%；湖南省 2017 年上半年，全省房地产开发投资 1466.42 亿元，同比增长 14.7%，增幅比第一季度提高 10.2 个百分点。高于全国平均水平 6.2 个百分点。在房价持续上涨的同时，2017 年 3 月和 5 月，长沙市先后实施限购、限贷、限价、限签的房地产调控政策，新建商品房销售出现由热趋冷的迹象。

表 20　长江经济带房地产业固定资产投资

单位：亿元，%

地区	2016 年房地产业固定资产投资	2016 年房地产业固定资产投资增速	2015 年房地产业固定资产投资增速
上海市	3720.67	6.71	8.15
江苏省	10467.38	5.35	-1.90
浙江省	10281.48	6.22	2.80
安徽省	6068.26	0.36	3.44
江西省	2775.63	14.30	5.14
湖北省	6446.36	4.94	10.47
湖南省	4906.00	17.36	-2.15
重庆市	4346.10	-1.89	1.08
四川省	8543.06	6.88	5.91
贵州省	3479.44	0.28	16.06
云南省	5484.08	18.75	12.15
长江经济带地区平均	6047.13	7.21	4.38
全国平均	4592.24	6.01	2.24

从吸纳就业来看，长江经济带地区平均为 15.05 万人，高于全国平均水平，但增速却为 2.77%，低于全国 0.72 个百分点。从长江经济带内部来看，房地产业吸纳就业增速较快的为湖北省、四川省和江西省（见表 21）。而湖北省 2017 年房地产市场处于调整阶段，开发投资增速稳中有降，商品房施工和竣工面积增幅收窄，商品房销售增长放缓，其原因离不开政策的调整。2017

年湖北紧跟全国调控趋势，采取限购、限贷、数次上调房贷利率、整治租赁市场成为房屋租赁试点单位、加大土地供给量等多种调控手段以抑制房价过快上涨。武汉市在保持限购政策不放松的前提下，强化行政性市场监管，紧邻武汉的孝感市为防止房价过快增长，出台限购限贷政策，成为湖北第二个限购城市。湖北省国资委发布《关于谨慎投资房地产的通知》，明确要求省出资企业及其各级子企业所有在建、在售房地产要加快建设进度、销售进度，确保资金尽快回笼，降低杠杆。[①] 各大银行纷纷出手收紧房贷政策，房地产放款周期延长，贷款利率提高，房地产调控或继续加码的市场预期浓厚。

表 21　长江经济带房地产业吸纳就业

单位：万人，%

地区	2016 年房地产业城镇单位就业人员	2016 年房地产业城镇单位就业人数增速	2015 年房地产业城镇单位就业人数增速
上海市	25.38	-3.17	2.42
江苏省	22.24	-1.81	2.30
浙江省	20.88	4.14	1.52
安徽省	10.46	0.38	0.19
江西省	6.71	5.50	10.99
湖北省	14.90	13.57	6.15
湖南省	12.15	-1.70	3.43
重庆市	13.01	3.91	1.05
四川省	19.84	6.49	5.31
贵州省	8.79	0.46	11.04
云南省	11.22	2.65	-1.80
长江经济带地区平均	15.05	2.77	3.87
全国平均	13.93	3.49	3.95

（五）旅游业

长江经济带绵延 11 省市，大量的自然景观和人文景点是长江经济带旅游

① 刘向红：《湖北国资委提示楼市风险，敦促企业加速销售降杠杆》，《上海证券报》2017 年 9 月 6 日。

业发展的根本保障。根据2017年12月由华中师范大学中国旅游研究院武汉分院联合恒润集团、湖北区域旅游研究院发布的《2017中国旅游业发展报告》，截至2015年底，长江经济带11省市共有A级旅游景区3602个，占全国A级旅游景区总数的40.23%，长江经济带的A级旅游景区尤其是高等级旅游景区在全国占有非常重要的地位。长江经济带旅游总人数为49.29亿人次，占全国旅游总人数的46.50%；旅游总收入为50625.97亿元，占全国旅游总收入的44.21%。而且，长江经济带中分别有5个省市的国际旅游收入、国内旅游收入排在全国前10名。2016年长江经济带各省市平均国际旅游外汇收入2359.11百万美元，较2015年有所下降，旅游外汇收入和接待国际游客人数都不及全国平均水平。从长江经济带内部来看，除浙江省外，其余省市国际旅游外汇收入都较2015年有所上涨。2016年浙江省接待国际游客数量却比2015年增多了0.67万人（见表22）。作为浙江省最重要的旅游城市杭州，2017年累计接待中外游客16286.63万人次，实现旅游总收入3041.34亿元，分别比上年增长15.84%和18.26%，西湖景区游客接待总量285081万人次，杭州市民与外地游客数基本持平，体现了主客共享的旅游魅力。根据杭州旅游经济实验室的统计分析，发现了2017年旅游产业数据有许多有趣的变化：去杭游客“年轻化”明显，平均年龄29.7岁，贡献了25%的线下消费，“90后”出行偏好选择飞机、火车甚至网约车等交通产品，“80后”偏爱度假产品，“60后”自主预订量少，多为他人代订，各大景区互联网售票量同比增长118%，移动端预定急速增长，当天预定人数比例高达40%，一日游游客平均每天游玩的景点数逐渐下降，但在景区逗留时间更长。

表22　长江经济带旅游业发展状况

单位：百万美元，百万人

地区	2016年国际旅游外汇收入	2015年国际旅游外汇收入	2016年接待国际游客	2015年接待国际游客
上海市	6419.20	5860.44	6.90	6.54
江苏省	3803.62	3527.29	3.30	3.05
浙江省	3127.59	6788.47	5.26	4.59
安徽省	2542.36	2262.87	3.13	2.91

续表

地区	2016年国际旅游外汇收入	2015年国际旅游外汇收入	2016年接待国际游客	2015年接待国际游客
江西省	584.54	567.00	1.65	1.56
湖北省	1872.39	1671.90	3.38	3.12
湖南省	1004.57	857.72	2.41	2.26
重庆市	1686.82	1468.57	1.81	1.48
四川省	1581.68	1180.87	3.09	2.73
贵州省	252.71	231.33	0.72	0.69
云南省	3074.77	2875.50	6.00	5.70
长江经济带地区平均	2359.11	2481.09	3.42	3.15
全国平均	2394.89	2311.31	3.46	3.19

三　面临的问题与建议

长江经济带现代服务业虽发展势头较强，各行业不断增长，但仍存在一些不可忽视的问题和瓶颈。正视问题并探寻行之有效的解决办法是促进长江经济带现代服务业发展的关键所在。

（一）面临的问题

1. 部分城市三产占比出现下降

现代服务业占GDP比重是反映一个地区现代服务业发展状况的重要指标之一。经分析长江经济带2017年服务业占比数据可知，部分重要城市，如上海、深圳、宁波等地的工业占比较前一年都有较大提高，而服务业占比出现下降。比如上海2017年第二产业增速为5.8%，大幅高于上一年的1.2%，但是服务业增速为7.5%，比上一年放慢了2个百分点。成都、武汉、宁波2017年第二产业增速分别为7.5%、7.1%、7.9%，分别比上一年的6.7%、5.7%、6.5%加快，这些地区服务业增速也有所放慢。① 其中，

① 定军等：《多城2017年经济增速加快，服务业比重反降》，《21世纪经济报道》2018年2月7日。

深圳2017年服务业比重为58.62%，比上一年的60.5%要低；宁波2017年服务业比重为45%，比上一年低1.8个百分点。究其原因，一方面，“中国制造2025”连续三年写入《政府工作报告》，各地重新掀起制造业发展浪潮，制造业的快速升温对服务业发展产生一定的挤出效应；另一方面，必须正视长江经济带部分区域现代服务业固定资产投资增速出现下降，现代服务业发展速度放缓的事实。因此，未来需不断挖掘长江经济带现代服务业发展潜力，在重点行业领域率先突破，探索服务业发展的新模式。

2. 绿色发展模式仍处在探索起步阶段

长江经济带横跨我国东中西三大区域，不同地区的资源禀赋和环境容量是不同的。如果所有地方都要大开发、大发展，显然不符合解放和发展社会生产力的本质要求。在“不搞大开发，共抓大保护”精神的指引下，各省市已达成了生态优先、绿色发展的共识，并在治理污染、保护环境等方面不断努力，取得了一定成效。2017年底，最高人民法院发布《关于全面加强长江流域生态文明建设与绿色发展司法保障的意见》，强调坚持最严格的水污染损害赔偿和生态补偿、修复标准，将生态环境损害及修复情况作为刑事处罚的重要量刑情节；[①] 2018年2月2日，财政部、环保部、国家发改委、水利部四部委在重庆召开工作会议，启动实施长江经济带生态修复奖励政策，明确提出到2020年，中央财政拟安排180亿元促进形成共抓大保护格局；2月24日，财政部网站公布《关于建立健全长江经济带生态补偿与保护长效机制的指导意见》，明确提出让保护环境的地方不吃亏、能受益、更有获得感，明确提出通过统筹一般性转移支付和相关专项转移支付资金，建立激励引导机制，明显加大对长江经济带生态补偿和保护的财政资金投入力度；2月26日，公安部会同推动长江经济带发展领导小组办公室、环保部、交通运输部等部门在京召开会议，部署长江流域污染环境违法犯罪集中打击整治工作。公安部决定对近期安徽、浙江等地立案侦办

① 《关于全面加强长江流域生态文明建设与绿色发展司法保障的意见》。

的45起案件全部挂牌督办；国家林业局印发了《长江经济带生态保护科技创新行动方案》，提出以生态保护科技需求为导向，以协同创新平台为载体，以森林保护、湿地修复和生物多样性保育为重点，强化科技创新和技术集成示范。

然而绿色发展、生态优先并不是只讲环保而放弃经济发展，生态治理和环境保护只是长江经济带健康发展众多工作中的一项，产业不断优化升级也是其重要内容。2014年9月，《国务院关于依托黄金水道推动长江经济带发展的指导意见》中指出“引导产业合理布局和有序转移，培育形成具有国际水平的产业集群，增强长江经济带产业竞争力”。[①] 2016年6月出台的《长江经济带发展规划纲要》中也指出，“长江经济带要突出产业转移重点，下游地区积极引导资源加工型、劳动密集型产业和以内需为主的资金、技术密集型产业加快向中上游地区转移。中上游地区要立足当地资源环境承载能力，因地制宜承接相关产业，促进产业价值链的整体提升”。[②] 而当前针对长江经济带产业发展的实施细则还较缺乏，各省市现代服务业的发展仍依照《长江经济带发展规划纲要》发布前就已存在的各地方的发展规划，缺乏全局性的统一细则指导。因此，长江经济带现代服务业还处在路径探索阶段，如何依托绿色现代服务业产业助推经济发展是未来需要重点研究的课题。

3. 区域间协同性不强，各自为政问题仍突出

一方面，长江经济带11省市间产业同质化问题较严重。根据统计，产业结构相似系数高达0.7，安徽与湖北、上海与重庆等区域重点产业的选择和产业定位都高度相似。这必然会导致长江经济带大量低水平重复建设和资源浪费，也会形成内部恶性竞争，不利于区域一体化协调发展。另一方面，地方政府各自为政、松散合作的现象仍存在，虽然长江中游、长三角等区域都已出台区域一体化合作的行动方案，但表面合作、松散合作的方式居多，

① 《国务院关于依托黄金水道推动长江经济带发展的指导意见》。

② 《长江经济带发展规划纲要》。

实质性展开深入协作的较少，这与缺乏有效调动积极性、刚性约束考核机制有关。当前对地方政府的考核缺少区域利益分享机制和生态补偿机制，“搭便车”的行为不可避免，表面合作，而实则能少做就少做，或只做能看得到的面子工程，同时对抢占资源、破坏区域合作行为缺少惩罚监督机制，也使得损人不利己的行为时有发生。

（二）若干建议

1. 形成共识的同时强化保障

一方面，设立长江经济带保护相关法律。建议设立《长江经济带保护法》，对长江沿线水资源、岸线、航道、土地利用等方面进行保护监督，建议成立11省市联合执法部门，定期对长江进行巡视，重拳打击破坏生态环境的行为。同时，对与该法律相违背的地方性法律、法规、行政条例进行清理，彻底实现区域共遵一法，打造公平、公正的区域发展环境。在《长江经济带保护法》的指导下，出台相关的现代服务业重点行业发展法规和条例（如金融业、物流业、旅游业等），真正消除内部恶性竞争，实现区域一体化发展。

另一方面，进一步完善组织机制明确考核奖惩措施。建议当前中央成立的长江经济带领导小组和国家发改委长江经济带领导小组办公室，尽快出台长江经济带协调发展考核和奖惩办法，对各地区发展的考核指标进行一定的修订，增加对区域协同的考核指标，对跨地区的重大工程、重点项目进行审批和定期考核，对设立11省市共同出资的专项资金给予支持，平衡各地区之间现代服务业发展政策，避免出现“政策洼地”，探索长江经济带税收共享政策，为我国区域一体化发展探索路径。

2. 增强长江经济带与“一带一路”互动，促进现代服务业发展

长江经济带和“一带一路”均为我国当前重要的区域发展策略。未来长江经济带要努力提升开放型经济水平，加强与“一带一路”建设衔接，深化长江大通关体制改革，增强服务贸易、国际旅游等现代服务业发展，构建长江经济带对外开放新格局。建议在上海、重庆、湖北等地设立长江经济

带与“一带一路”联动发展办公室，定期举办国际服务贸易、国际旅游合作等咨询洽谈会，促进合作交流与互动，组织专家学者为企业进行科普讲座、行业发展形势分析等。建议支持“渝新欧”铁路进一步发挥我国对欧洲最重要通道的作用，积极借助海外分支机构信用、地缘和客户资源优势，充分发挥内引外联作用，促进扩大与“渝新欧”沿线国家商贸、投资、文化、旅游等方面的互通互动。

3. 突出比较优势，实现省市间差异化协调发展

长江经济带覆盖11省市，区域间发展水平和发展特色各不相同，建议发挥各区域产业发展中的基础优势和特色，整合优化长江经济带各产业体系，实现全流域的有序分工、协同发展。如长三角地区应重点发展现代金融、科技研发服务、咨询服务等高端现代服务业，并将仓储物流、商贸、餐饮等适当转移至长江中、上游地区；长江中游应在基础物流、商贸服务等行业快速发展的基础上，逐步打造现代金融、房地产和信息化高地；长江上游省市应充分挖掘自身的资源和潜力，在交通基础设施不断完善的基础上，打造多条长江经济带区域旅游黄金线。

参考文献

Baert P, *Social Theory in The Twentieth Century*, Polity Press, Cambridge, 1998.

Browning H, Singelmann J. , “The Emergence of a Service Society: Demographic and Sociological Aspects of the Sectoral Transformation of the Labor Force in the USA,” Springfield. VA: National Technical Information Service, 1975.

程大中：《生产者服务论—兼论中国服务业发展与开放》，文汇出版社，2006。

张小兵：《论制造业与生产性服务业的互动和融合——以江西省为例》，硕士学位论文，南昌大学，2008。

格鲁伯：《服务业的增长：原因和影响》，上海三联书店，1993。

陈凯：《英国生产服务业发展现状分析》，《世界经济研究》2006年第1期。

刘培林、宋湛：《经济普查揭示的“秘密”：服务业是一个“昂贵”的产业》，林毅夫发展论坛讨论稿，2006。

陈保启、李为人：《生产性服务业的发展与我国经济增长方式的转变》，《中国社会科学院研究生院学报》2006 年第 11 期。

陈栋：《生产性服务业与浙江制造业互动发展的思考》，《当代经济管理》2006 年第 12 期。

周振华：《现代服务业发展：基础条件及其构建》，《上海经济研究》2005 年第 9 期。

B.11

长江经济带金融业发展报告：2017～2018

张　彦*

摘　要： 2017年长江经济带金融发展水平小幅回落，区域金融发展差异继续缩小，保险深度提高，金融业务占全国较大比重。银行存款业务增速显著降低，贷款业务增速保持平稳；上市公司数量与会员交易额保持较大比重，证券交易小幅上升，但是股票集资下降；保险业务平稳增长，增速放缓。展望2018年，长江经济带金融业将通过深化金融市场化改革和金融对外开放，提升金融运作效率，降低和化解金融风险，推进金融体系的稳健发展。

关键词： 金融发展水平　发展差异　金融业务

2017年，我国继续实施稳健中性的货币政策，为供给侧结构性改革和高质量发展营造中性适度的货币金融环境，货币信贷和社会融资规模平稳增长。长江经济带金融业保持了良好的发展势头，在全国金融业中占有重要的地位，实现了相对较高的金融发展水平。

一　长江经济带区域金融发展水平与地位

（一）金融发展水平小幅回落，区域金融发展差异逐渐缩小

2017年，长江经济带的金融相关比率①为3.23，较上年降低0.09，比

---

* 张彦，博士，上海社会科学院应用经济研究所助理研究员，研究方向为区域金融与金融集聚。

① 金融机构本外币存贷款余额之和与GDP比例。

全国水平低0.34。从表1中可知，分地区来看，2017年，下游地区和上游地区的金融业发展水平较高，分别为3.53和3.33；中游地区金融相关比率较低，为2.49。分省市来看，高于长江经济带总体水平的省市有6个，包括上海、浙江、四川、重庆、贵州、云南，其中，最高的是上海（5.96）。低于长江经济带总体水平的省市有5个，包括江苏、安徽、江西、湖北、湖南，其中，最低的是湖南（2.27）。

2013～2017年的5年里，长江经济带金融相关比率呈现小幅上升的势头，从2.92升至3.23，上升了0.31，低于全国同期的上升幅度（0.48）。同期上游地区、中游地区、下游地区的金融相关比率分别上升了0.29、0.41和0.26。长江经济带各省市都实现了金融发展水平的提高，其中提高幅度最大的是上海（0.75），最小的是重庆（0.05）。

表1　长江经济带金融发展水平

地区	2013年	2014年	2015年	2016年	2017年
全国	3.09	3.17	3.49	3.60	3.57
长江经济带	2.92	2.98	3.22	3.32	3.23
上游地区	3.04	3.13	3.31	3.40	3.33
中游地区	2.08	2.14	2.33	2.47	2.49
下游地区	3.27	3.30	3.61	3.69	3.53
上海	5.21	5.17	6.26	6.21	5.96
江苏	2.56	2.60	2.75	2.87	2.70
浙江	3.68	3.75	3.89	3.90	3.82
安徽	2.42	2.53	2.77	2.99	2.94
江西	2.27	2.38	2.61	2.77	2.81
湖北	2.21	2.26	2.40	2.53	2.52
湖南	1.83	1.89	2.09	2.23	2.27
四川	2.97	3.11	3.29	3.38	3.29
重庆	3.19	3.21	3.29	3.29	3.24
贵州	2.90	2.99	3.30	3.56	3.48
云南	3.12	3.19	3.41	3.46	3.37

资料来源：2013～2017年各省市金融运行报告，2013～2017年各省市统计公报。

通过对金融发展水平的泰尔指数测度发现，2012～2017年，长江经济带区域金融发展差异在逐渐缩小，从2012年的0.045下降至2017年的0.036，其间也有反复，其中，2015年有明显回升。对长江经济带区域金融发展差异进行分解后发现，长江经济带区域金融发展差异的降低主要是由于组间差异的下降，从2012年的0.017降至2017年的0.009。而组内差异下降并不明显，同期从0.028略微下降至0.027。这意味着，长江经济带的上游地区、中游地区、下游地区之间的金融发展差异在降低，而长江经济带各省（市）之间的金融发展差异并变化不大。2017年区域金融发展差异的结构以组内差异为主，占金融发展区域差异的比重约为75%，而组间差异占比约为25%（见图1）。

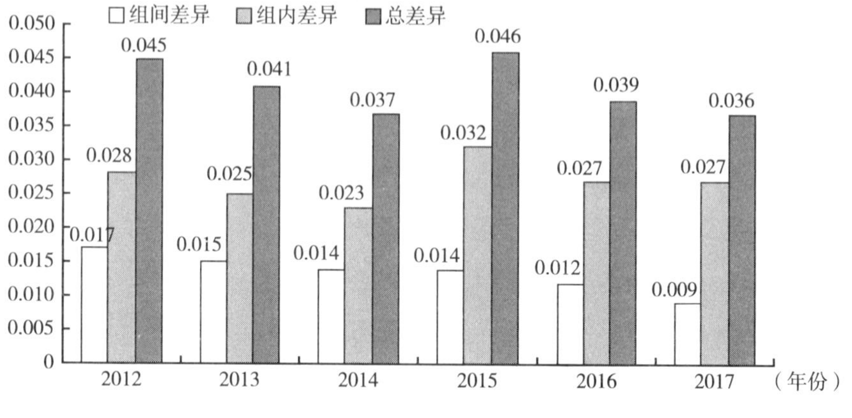

图1　长江经济带金融发展的区域差异

（二）保险深度小幅提高

从表2中可以看出，2017年长江经济带保险深度[①]为4.06%，较上年提高0.28个百分点，但是低于全国水平0.36个百分点。分地区来看，上游地区和下游地区的保险深度较高，分别为4.26%和4.24%，而中游地区的保

---

① 保费收入和GDP的比例。

险深度较低，为3.46%。分省市来看，保险深度较高（高于5.00%）的省（市）有上海和四川，分别为5.27%和5.24%；而保险深度较低（低于3.00%）的省（市）是贵州，为2.86%。

2013～2017年，长江经济带保险深度得到了显著的提高，从2.70%升至4.06%，增加了1.36个百分点，略低于同期全国增加的1.53个百分点。分地区来看，上游地区、中游地区和下游地区的保险深度都明显增加，分增加1.25个、1.18个和1.41个百分点。分省市来看，四川和江苏的保险深度增加较多，同期分别增加1.77个和1.60个百分点；贵州和云南的保险深度增加较少，同期分别增加0.61和1.00个百分点。

表2　长江经济带保险深度

单位：%

地区	2013年	2014年	2015年	2016年	2017年
全国	2.89	3.14	3.54	4.16	4.42
长江经济带	2.70	2.90	3.21	3.78	4.06
上游地区	3.01	3.17	3.54	4.12	4.26
中游地区	2.28	2.48	2.84	3.23	3.46
下游地区	2.83	3.05	3.29	4.00	4.24
上海	3.76	4.19	4.48	5.57	5.27
江苏	2.42	2.59	2.84	3.54	4.02
浙江	2.94	3.13	3.35	3.84	4.15
安徽	2.51	2.74	3.18	3.63	4.02
江西	2.21	2.55	3.04	3.31	3.49
湖北	2.37	2.56	2.85	3.26	3.69
湖南	2.07	2.17	2.46	2.84	3.21
四川	3.47	3.72	4.22	5.24	5.24
重庆	2.81	2.86	3.27	3.43	3.82
贵州	2.25	2.30	2.45	2.74	2.86
云南	2.71	2.93	3.19	3.56	3.71

资料来源：2013～2017年各省市统计公报。

（三）金融业务占有全国较大比重，但是低于经济的相对比重

通过表3可知，2017年长江经济带金融机构本外币存贷款业务规模

在全国占有相当的比重，存贷款余额总和占全国的40.93%，但是低于同期GDP占全国比重4.26个百分点。分地区来看，下游地区存贷款业务规模最大，占全国的比重为23.41%，低于GDP占全国0.21个百分点；上游地区和中游地区存贷款业务占全国比重分别为9.76%和7.76%，分别低于GDP占全国0.70个和3.35个百分点。分省市来看，江苏的金融机构存贷款占全国比重较高，达到7.87%；贵州的金融机构存贷款占全国比重较低，为1.60%。从存贷款与GDP占全国的差额来看，上海最高为2.45，江苏最低为-2.52。

2013～2017年，长江经济带金融机构本外币各项存贷款余额总和占全国比重呈现小幅下降的态势。从2013年的41.54%降至2017年的40.93%，下降了0.61个百分点。分地区来看，上游地区的本外币各项存贷款余额占全国比重同期小幅下降0.19个百分点，中游地区占全国比重提高0.55个百分点，下游地区占全国比重下降1.22个百分点。分省市来看，金融机构本外币各项存贷款余额总和占全国比重同期提高最多的是贵州，提高了0.24个百分点；下降最多的是浙江，降低了0.68个百分点。

表3　长江经济带金融机构本外币各项存贷款余额总和及GDP占全国比重

单位：%

地区	2013年	2014年	2015年	2016年	2017年		
					存贷款余额总和占全国	GDP占全国	差额
长江经济带	41.63	41.54	41.15	41.34	40.93	45.19	-4.26
上游地区	9.78	9.95	9.69	9.77	9.76	10.46	-0.70
中游地区	7.21	7.36	7.31	7.56	7.76	11.11	-3.35
下游地区	24.63	24.23	24.15	24.01	23.41	23.61	-0.21
上海	6.19	5.97	6.57	6.37	6.09	3.64	2.45
江苏	8.34	8.30	8.05	8.17	7.87	10.39	-2.52
浙江	7.57	7.38	6.97	6.78	6.70	6.26	0.44
安徽	2.54	2.59	2.55	2.69	2.75	3.33	-0.58
江西	1.78	1.83	1.82	1.90	1.98	2.52	-0.54

续表

地区	2013 年	2014 年	2015 年	2016 年	2017 年		
					存贷款余额总和占全国	GDP 占全国	差额
湖北	2.98	3.03	2.96	3.06	3.12	4.42	-1.30
湖南	2.45	2.50	2.53	2.60	2.66	4.18	-1.52
四川	4.27	4.34	4.13	4.13	4.13	4.47	-0.34
重庆	2.22	2.24	2.16	2.16	2.14	2.36	-0.21
贵州	1.28	1.36	1.45	1.56	1.60	1.64	-0.04
云南	2.01	2.00	1.94	1.92	1.89	2.00	-0.11

资料来源：同表 1。

二　长江经济带金融各行业发展态势

（一）银行业

1. 存款业务增速显著降低，贷款业务增速保持平稳

通过表 4 可以看出，2017 年长江经济带金融机构本外币存款余额为 691479.2 亿元，较上年增长 7.0%，比全国增速慢 1.8 个百分点。分地区来看，中游地区的存款增长最快，上游地区居中，下游地区最慢，三个地区同比分别增长 11.2%、8.8% 和 5.0%。分省市来看，江西增速最高，为 11.8%，上海的增速较低，为 1.8%。

2013～2017 年，长江经济带金融机构本外币各项存款余额增速波动明显。从 2013 年的 13.7% 降至 2014 年的 9.7%，随后回升至 2015 年的 14.9%，2016 年和 2017 年又分别降至 12.1% 和 7.0%。分地区来看，5 年里上游地区各项存款增速下降较多，下降了 8.4 个百分点，中游地区和下游地区下降较少，分别下降 5.0 个和 6.0 个百分点。分省市来看，同期各项存款增速下降较多的是贵州，达 15.9 个百分点；下降较少是浙江，为 2.8 个百分点。

表4　长江经济带各省市金融机构本外币存款增长态势

单位：亿元，%

地区	2013年	2014年	2015年	2016年	2017年	
					各项存款余额	增长率
全国	13.5	9.6	19.1	11.3	1692727.2	8.8
长江经济带	13.7	9.7	14.9	12.1	691479.2	7.0
上游地区	17.2	11.3	14.3	12.8	164050.1	8.8
中游地区	16.2	11.6	15.9	16.2	131592.5	11.2
下游地区	11.0	8.1	14.4	9.9	395836.7	5.0
上海	9.0	6.7	14.4	6.5	112461.7	1.8
江苏	13.0	9.8	14.8	12.8	129942.9	3.5
浙江	10.6	7.5	14.0	10.2	107320.5	7.8
安徽	16.1	11.7	15.7	18.7	46111.5	11.6
江西	16.3	11.1	15.1	16.2	32535.7	11.8
湖北	16.4	10.9	13.3	14.4	52352.4	10.7
湖南	16.1	12.6	19.7	15.9	46704.4	11.2
四川	15.7	12.1	11.5	11.3	72928.6	9.0
重庆	17.3	10.4	14.4	11.7	34816.7	8.3
贵州	25.8	15.1	27.6	22.0	26194.1	9.9
云南	15.3	8.2	11.9	10.8	30110.6	7.8

注：由于上海市2015年金融机构各项存款余额的统计口径变化导致与上年不完全可比，因而根据《2015年上海市金融运行报告》中的2015年各项存款增长率数据对上海及下游地区、长江经济带的各项存款增长率数据进行了调整。

资料来源：同表1。

通过表5可以看出，2017年，长江经济带金融机构本外币各项贷款余额保持了平稳的增长态势，各项贷款余额515454.8亿元，同比增长12.1%，与全国持平。分地区来看，中游地区各项贷款余额增速较快，同比增长15.9%；上游地区和下游地区的增长相对较慢，同比分别增长12.0%和10.9%。分省市来看，2017年云南的增长率最慢，为8.8%，江西最高为18.6%。

2013～2017年，长江经济带金融机构本外币各项贷款余额增长基本保持平稳，一直在12%～13%波动，相对于存款增幅的波动，贷款波动相对较小。分区域来看，上游地区的增长率下降较为明显，2013～2017年下降了4.0个百分点，而中游地区和下游地区的贷款增长率下降相对较少，同期分别下降了0.5个和上升了0.5个百分点。分省市来看，贷款增长率上升的省市有上海、浙江和江西三地，分别上升3.8个、0.5个、0.3个百分点；其余省市皆为下降，其中降幅最大的是贵州，5年间降低了4.9个百分点。

表5　长江经济带金融机构本外币贷款增长态势

单位：亿元，%

地区	2013年	2014年	2015年	2016年	2017年	
					各项贷款余额	增长率
全国	13.9	13.3	14.5	12.8	1256073.7	12.1
长江经济带	13.0	12.6	12.4	12.9	515454.8	12.1
上游地区	16.0	15.5	13.7	12.7	123766.5	12.0
中游地区	16.4	16.0	16.5	16.5	97230.9	15.9
下游地区	10.4	9.8	10.0	11.2	294457.4	10.9
上海	8.2	8.0	11.4	12.4	67182.0	12.0
江苏	12.6	11.7	12.0	14.5	102113.3	9.9
浙江	9.8	9.2	7.2	7.0	90233.3	10.3
安徽	17.2	15.6	14.9	17.7	34928.8	13.5
江西	18.3	19.7	18.2	17.7	25900.4	18.6
湖北	15.1	15.5	16.7	17.0	39571.1	14.6
湖南	15.9	14.6	16.5	13.7	31759.4	15.4
四川	15.8	14.7	11.4	12.5	48850.6	12.2
重庆	15.5	14.6	11.3	11.2	28388.8	11.2
贵州	21.6	22.5	21.6	18.8	20965.3	16.7
云南	13.8	13.9	15.7	10.6	25561.8	8.8

资料来源：同表1。

2. 业务结构以住户存贷款和非金融企业存贷款为主

2017年我国金融机构本外币各项存款余额中，住户存款、非金融企业存款、广义政府存款、非银行业金融机构存款分别占比38.52%、33.77%、18.05%、8.36%。长江经济带金融机构本外币各项存款余额也呈现出类似的结构，住户存款、非金融企业存款、广义政府存款、非银行业金融机构存款分别占比38.84%、32.14%、10.48%、4.18%。分地区来看，上游地区的广义政府存款和非银行业金融机构存款比重较高，分别为20.62%和4.81%，中游地区的住户存款比重较高，为47.85%，下游地区的非金融企业存款比重较高，为37.49%。分省市看，上海的非金融企业存款及非银行业金融机构存款比重最高，分别为43.89%和15.30%，住户存款和政府存款比重最低，分别为22.91%和13.44%。湖南的住户存款占比最高，为50.04%，云南的广义政府存款比重最高，为25.46%（见表6）。

表6 2017年长江经济带金融机构本外币存贷款余额结构

单位：%

地区	金融机构各项存款余额				金融机构各项贷款余额	
	住户存款	非金融企业存款	广义政府存款	非银行业金融机构存款	住户贷款	非金融企业及机关团体贷款
全国	38.52	33.77	18.05	8.36	32.26	64.50
长江经济带	38.84	32.14	10.48	4.18	26.67	52.34
上游地区	44.07	30.49	20.62	4.81	30.77	69.15
中游地区	47.85	18.09	10.74	1.78	33.75	64.99
下游地区	33.67	37.49	6.19	4.72	22.61	41.10
上海	22.91	43.89	13.44	15.30	29.37	64.30
江苏	35.47	36.33	22.58	5.41	32.17	67.72
浙江	38.02	34.71			37.51	61.96
安徽	44.74	31.66	20.40	3.21	37.23	62.77
江西	47.89	30.62	18.93	2.52	39.54	60.23
湖北	45.87	0.00			29.49	67.58
湖南	50.04	29.63	17.07	3.26	34.33	65.66
四川	48.02	26.48	20.32	5.18	30.92	69.07
重庆	41.48	33.80	17.23	7.49	34.76	65.21
贵州	36.66	38.70	20.40	4.22	29.58	70.02
云南	43.95	29.26	25.46	1.33	27.04	72.96

资料来源：同表1。

我国金融机构各项贷款余额中，住户贷款和非金融企业及机关团体贷款占比分别为32.26%和64.50%。长江经济带的金融机构各项贷款余额结构和全国近似，住户贷款和非金融企业及机关团体贷款占比分别为26.67%和52.34%。分地区来看，中游地区的住户贷款占比稍高，为33.75%，较上游地区和下游地区分别高出2.98个和11.14个百分点；上游地区的非金融企业及机关团体贷款占比较高，较中游地区和下游地区分别高出4.16个和28.05个百分点。分省市看，云南、上海、湖北、贵州的住户贷款占比较低，分别为27.04%、29.37%、29.49%、29.58%；江西的住户存款占比最高，为39.54%，比云南高出12.50个百分点。云南的非金融企业及机关团体贷款占比最高，为72.96%，较最低的江西高出12.73个百分点。

（二）证券业

1. 在上交所的上市公司数量较多，会员交易小幅上升

2017年，长江经济带在上海证券交易所上市公司总数为765家，占上交所上市公司总数超过一半，为54.80%。其中，下游地区的上市公司数量最多，占上交所的42.12%，而中游地区和上游地区分别占5.87%和6.81%。分省市看，上市公司的分布并不均衡。其中，上海在上交所的上市公司数量最多，达到205家，占上交所的14.68%；云南在上交所的上市公司数量最少，为14家，占1.00%。按股份类别分，长江经济带仅发行A股的上市公司数量为694家，占全部上市公司数量的90.72%，而发行A(B)、H股，发行A、B股和仅发行B股的上市公司数量分别为28家、38家和5家，合计占全部上市公司数量的9.3%（见表7）。

表7　2017年长江经济带在上海证券交易所上市公司股份类别的地区分布

单位：家，%

地区	仅发行A股	A(B)、H股	A、B股	仅发行B股	合计	占比
上交所	1264	82	44	6	1396	100.00
长江经济带	694	28	38	5	765	54.80
上游地区	90	5	0	0	95	6.81
中游地区	79	1	1	1	82	5.87
下游地区	525	22	37	4	588	42.12
上海	151	15	35	4	205	14.68
江苏	156	4	0	0	160	11.46
浙江	178	0	1	0	179	12.82

续表

地区	仅发行A股	A(B)、H股	A、B股	仅发行B股	合计	占比
安徽	40	3	1	0	44	3.15
江西	16	1	0	0	17	1.22
湖北	36	0	1	1	38	2.72
湖南	27	0	0	0	27	1.93
四川	37	3	0	0	40	2.87
重庆	25	1	0	0	26	1.86
贵州	15	0	0	0	15	1.07
云南	13	1	0	0	14	1.00

资料来源：《上证统计月报》2017年12月。

从表8中可以看出，2017年长江经济带在上交所会员共44家，交易金额总计209742.8亿元。同比上升2.7%。分地区看，上游地区上升最多（28.5%），而下游地区下降1.1%。分省市看，四川上升最多（45.8%）；江西下降最多（-28.4%）。长江经济带占上交所会员交易总额的43.2%，其中债券回购所占比例最高（80.4%），而股票、基金、政府债、公司债、期权分别占上交所会员交易总额的14.9%、3.9%、0.1%、1.6%和0.04%。下游地区在上交所会员共28家，交易金额总计161837.2亿元，占上交所会员交易总额的33.3%，而上游地区和中游地区在上交所的会员数量分别为9家和7家，交易金额分别占上交所会员交易总额的4.6%和5.3%。分省市看，上海和江苏在上交所的会员交易占比较高，分别占上交所会员交易总额的24.3%和6.8%。云南、贵州、重庆和江西在上交所的会员交易量占比较低，分别占上交所会员交易总额的0.3%、0.5%、0.4%和0.3%。

表8　2017年长江经济带各省/市（地区）在上交所会员的交易地区分布

单位：亿元，%

地区	总计	同比	占比	股票	基金	政府债	公司债	债券回购	期权
上交所	485537.2	-15.4	100.0	72360.0	18760.9	382.1	7907.8	390231.3	171.3
长江经济带	209742.8	2.7	43.2	31071.0	11606.0	146.3	2471.7	166376.6	85.1
上游地区	22273.4	28.5	4.6	2994.4	396.7	26.6	402.2	18686.6	0.8
中游地区	25632.3	9.9	5.3	4740.4	1470.7	13.7	485.0	19249.0	3.9

续表

地区	总计	同比	占比	股票	基金	政府债	公司债	债券回购	期权
下游地区	161837.2	-1.1	33.3	23336.2	9738.6	105.9	1584.4	128441.0	80.3
上海	118024.2	0.6	24.3	13132.2	4793.5	85.5	943.1	99860.6	59.7
江苏	33002.2	-8.1	6.8	7464.8	4175.5	18.9	262.7	21233.0	18.3
浙江	6174.9	-3.4	1.3	1598.7	708.8	0.8	247.7	3968.1	1.6
安徽	4635.9	16.7	1.0	1140.6	60.9	0.6	130.8	3379.3	0.8
江西	1474.7	-28.4	0.3	480.0	46.0	2.6	57.1	915.9	0.1
湖北	12724.2	26.2	2.6	2005.7	382.5	7.2	238.0	10234.7	2.1
湖南	11433.3	2.1	2.4	2254.6	1042.2	3.9	190.0	8098.4	1.8
四川	16403.1	45.8	3.4	1956.7	310.7	20.2	222.8	14008.1	0.6
重庆	2089.2	-12.9	0.4	536.1	65.1	0.9	40.1	1456.8	0.2
贵州	2542.9	14.6	0.5	201.4	6.3	5.1	80.9	2300.8	0.0
云南	1238.2	-15.9	0.3	300.1	14.6	0.5	58.3	920.9	0.1

资料来源：同表7。

2. 在深交所的股票集资下降，证券交易小幅上升

通过表9可以看出，2017年深交所的股票集资总额为7821.85亿元，同比下降26.34%，长江经济带在深圳证券交易所的股票集资额为3561.98亿元，同比下降23.73%。其中，中游地区股票集资额同比下降最少，为-8.90%，下游地区同比下降22.95%，而上游地区同比下降最多，为-44.80%。分省市来看，安徽、湖南、四川、云南在深交所的股票集资额同比实现正增长。其中，安徽同比增长高达110.70%。2017年，贵州、重庆、上海在深交所的股票集资额同比下降较多，分别为-88.46%、-77.59%和-73.12%。

2013~2017年五年中，深交所的股票集资额的增幅波动明显。其中2014~2016年是股票集资额增长较快，三年集资额同比分别增长139.23%、58.26%和58.63%，而2013年和2017年股票集资额下降，同比分别降低了12.78%和26.34%。长江经济带的股票集资额增速也呈现三年上升两年下降的态势。其中，下游地区2014~2016年同比增速迅猛，三年分别增长455.81%、115.89%和78.84%；而中游地区2016年增速较快（99.77%），但是2014年和2015年增速较慢，同比分别增长23.64%和36.22%，上游

地区的同比增速除了2015年增长较慢（1.65%）和2017年同比下降之外，其余年份均实现较快增长，其中2014年为164.46%。

表9 长江经济带在深圳证券交易所股票集资额增长态势

单位：亿元，%

地区	2013年	2014年	2015年	2016年	2017年	
					集资额	增长率
深交所股票集资总额	-12.78	139.23	58.26	58.63	7821.85	-26.34
长江经济带	-14.43	165.26	70.16	83.89	3561.98	-23.73
上游地区	109.04	164.46	1.65	91.57	373.77	-44.80
中游地区	20.23	23.64	36.22	99.77	723.58	-8.90
下游地区	-59.99	455.81	115.89	78.84	2464.63	-22.95
上海	-59.52	1803.91	4.43	64.18	81.82	-73.12
江苏	-65.92	273.44	197.62	81.52	802.67	-36.28
浙江	-52.71	438.85	117.84	52.96	775.45	-38.10
安徽	324.30	46.89	-30.19	323.34	804.69	110.70
江西	-16.76	102.64	-5.71	495.09	58.77	-68.03
湖北	-59.29	-3.59	204.02	204.66	427.60	-3.71
湖南	72.75	9.15	49.12	-24.70	237.21	42.59
四川	29.62	416.43	-4.42	-43.85	175.14	59.20
重庆	303.58	11.24	39.10	663.04	96.09	-77.59
贵州	-98.52	22350.74	-95.11	2087.45	8.40	-88.46
云南	1858.67	-37.82	185.64	-33.15	94.14	43.68

资料来源：2013～2017年深圳证券交易所《市场统计月报》。

2017年长江经济带在深圳证券交易所的证券交易总额为78.98万亿元，占深交所证券交易总额的48.49%。2013～2017年长江经济带在深圳证券交易所的证券交易额占深交所交易总额的比重呈现小幅上升的态势，提高了0.04个百分点。其中，下游地区的证券交易额占深交所证券交易额比例较高，2017年为35.26%，较2013年下降0.54个百分点。上游地区的证券交易额占深交所证券交易额的比例较低，2017年为6.05%，较2013年提高了0.22个百分点。分省市看，上海的证券交易额占深交所证券交易总额的比例在各省市中最高，2017年为15.51%，云南占比最低，同年仅为0.72%（见表10）。

表 10　长江经济带在深圳证券交易所证券交易额占比

单位：万亿元，%

地区	2013 年	2014 年	2015 年	2016 年	2017 年	
					交易额	占比
深交所股票总交易金额	100.00	100.00	100.00	100.00	162.87	100.00
长江经济带	48.45	48.25	48.68	49.87	78.98	48.49
上游地区	5.83	5.80	5.90	5.93	9.85	6.05
中游地区	6.81	6.83	7.20	7.17	11.71	7.19
下游地区	35.81	35.62	35.59	36.76	57.42	35.26
上海	17.68	17.12	15.13	15.64	25.25	15.51
江苏	7.54	7.56	8.04	8.55	13.31	8.17
浙江	9.16	9.49	10.83	10.87	16.10	9.89
安徽	1.44	1.45	1.59	1.71	2.75	1.69
江西	1.53	1.51	1.64	1.67	2.47	1.51
湖北	2.98	3.01	3.06	3.00	5.17	3.17
湖南	2.30	2.30	2.51	2.51	4.08	2.50
四川	3.20	3.33	3.48	3.57	5.88	3.61
重庆	1.26	1.28	1.32	1.28	2.05	1.26
贵州	0.36	0.37	0.39	0.41	0.74	0.45
云南	1.01	0.82	0.70	0.66	1.18	0.72

资料来源：同表 9。

（三）保险业

1. 业务平稳增长，但是增速放缓

由表 11 可以看出，2017 年我国保费收入规模达到 36581.0 亿元，同比增长 18.2%；长江经济带保费收入规模 15160.5 亿元，同比增长 20.4%，快于全国 2.2 个百分点，2017 年占全国的比重为 41.4%。分地区来看，下游地区的保费收入规模较大，占长江经济带总保费收入超过一半（54.7%），同比增长 20.5%，而上游地区和中游地区保费收入占长江经济带的比重分别为 24.3% 和 21.0%，同比分别增长 16.5% 和 25.0%。分省市看，江苏、浙江、安徽、湖北、湖南、重庆、贵州的保费收入增速较快，均在 20% 以上；上海的保费收入增长相对较慢，仅为 3.8%。从保费收入占长江经济带比重来看，江苏最高为 22.8%，贵州最低为 2.6%。

2015～2017年，长江经济带保费收入增速先上升后降低，从2015年的18.7%提高至28.7%，2017年保费增速明显下降。三年里上游地区、中游地区增速分别下降3.8个百分点和上升2.7个百分点，而下游地区同期提高了3.9个百分点。分省市看，2015～2017年，保费收入增速提高最多的是江苏（10.0个百分点），保费收入增速下降较多的是上海（10.2个百分点）。

表11　长江经济带保费收入规模与增长

单位：亿元，%

地区	2015年		2016年		2017年		
	保费收入	增长率	保费收入	增长率	保费收入	占比	增长率
全国	24283.0	20.0	30959.0	27.5	36581.0	100.0	18.2
长江经济带	9787.5	18.7	12591.9	28.7	15160.5	41.4	20.4
上游地区	2474.3	20.3	3164.3	27.9	3685.2	24.3	16.5
中游地区	2064.2	22.3	2546.9	23.4	3184.6	21.0	25.0
下游地区	5249.0	16.6	6880.6	31.1	8290.8	54.7	20.5
上海	1125.2	14.0	1529.3	35.9	1587.1	10.5	3.8
江苏	1989.9	18.2	2690.2	35.2	3449.5	22.8	28.2
浙江	1435.0	14.1	1785.0	24.4	2147.0	14.2	20.3
安徽	698.9	22.1	876.1	25.4	1107.2	7.3	26.4
江西	508.4	27.0	608.7	19.7	727.6	4.8	19.5
湖北	843.6	20.5	1051.8	24.7	1346.8	8.9	28.0
湖南	712.2	21.2	886.5	24.5	1110.2	7.3	25.2
四川	1267.3	19.5	1712.1	35.1	1939.4	12.8	13.3
重庆	514.6	26.4	601.6	16.9	744.8	4.9	23.8
贵州	257.8	21.0	321.3	24.6	387.7	2.6	20.7
云南	434.6	15.6	529.4	21.8	613.3	4.0	15.9

资料来源：2013～2017年各省市统计公报。

从表12中可以看出，2017年我国保险赔付支出合计为11181.0亿元，同比增长6.4%；长江经济带保险赔付支出4795.3亿元，同比增长6.7%，略高于全国增速，占全国的比重为42.9%。下游地区的保险赔付支出占长江经济带总支出比重超过一半（53.9%），同比增长6.1%。而上游地区和中游地区保险赔付支出占长江经济带的比重分别为25.3%和20.9%，同比增速分别为6.1%和8.8%。分省市看，安徽、湖南、贵州的保险赔付支出增速较快，同比增长均高于10%；上海、浙江、江西、重庆的保险赔付支出增长相对较慢，同比增速均低于5.0%。从保险赔付支出占长江经济带比重来看，江苏最高为20.5%，贵州最低为3.2%。

2015～2017年，长江经济带保险赔付支出增长明显降低，从21.0%下降至6.7%，下降了14.3个百分点。三年里上游地区、中游地区、下游地区增速分别下降18.5个、11.1个和13.7个百分点。分省市看，2015～2017年，保险赔付支出增速下降最多的是重庆（42.7个百分点），保险赔付支出增速下降较少的是贵州（降低了2.4个百分点）。

表12　长江经济带保险赔付支出规模与增长

单位：亿元，%

地区	2015年		2016年		2017年	
	赔付支出	同比增长	赔付支出	同比增长	赔付支出	同比增长
全国	8674.0	20.2	10513.0	21.2	11181.0	6.4
长江经济带	3714.9	21.0	4495.7	21.0	4795.3	6.7
上游地区	954.5	24.6	1142.1	19.7	1212.0	6.1
中游地区	718.4	19.9	919.2	28.0	1000.1	8.8
下游地区	2042.1	19.8	2434.4	19.2	2583.2	6.1
上海	473.6	25.1	528.8	11.7	548.9	3.8
江苏	732.6	18.8	915.1	24.9	983.6	7.5
浙江	559.0	17.7	633.0	13.2	653.0	3.2
安徽	276.9	18.1	357.5	29.1	397.7	11.3
江西	178.1	25.3	207.0	16.2	216.8	4.7
湖北	283.3	22.8	372.3	31.4	406.5	9.2
湖南	257.0	13.6	339.9	32.2	376.8	10.9
四川	454.1	21.4	554.4	22.1	583.3	5.2
重庆	220.2	45.4	250.2	13.6	256.8	2.7
贵州	107.0	19.3	131.5	23.0	153.8	16.9
云南	173.2	14.8	206.1	19.0	218.1	5.8

资料来源：同表11。

2. 业务结构以人身险为主、财产险为辅

从表13中可以看出，2017年，我国保费收入中人身险占有较大比重，为73.1%，而财产险占比为26.9%。长江经济带保费收入也呈现和全国类似的结构。其中，人身险的比重较全国稍低（70.8%），财产险稍高（29.2%）。分地区来看，中游地区的人身险比重较高（73.1%），上游地区的财产险比重较高（31.3%）。分省市来看，江苏、湖北、湖南、四川、重庆的人身险比重较高，均高于70%；贵州、云南的人身险比重较低，均低于60%，而这两省的财产险比重较高，均超过40%。

从2015～2017年保费收入结构的变化来看，长江经济带人身险的比重明显提高，从2015年的64.1%升至2017年的70.8%，提高了6.7个百分点。分地区看，下游地区的人身险比重提高最快，同期提高了7.9个百分点，中游地区的人身险比重提高较慢，同期提高了4.7个百分点。分省市来看，江苏的人身险比重提高最快，提高10.2个百分点，上海、江西的人身险比重提高较慢，同期占比分别提高1.2个和1.3个百分点。

表13　长江经济带保费收入结构

单位：%

地区	2015年		2016年		2017年	
	财产险	人身险	财产险	人身险	财产险	人身险
全国	32.9	67.1	28.2	71.8	26.9	73.1
长江经济带	35.9	64.1	30.5	69.5	29.2	70.8
上游地区	36.9	63.1	31.6	68.4	31.3	68.7
中游地区	31.6	68.4	28.7	71.3	26.9	73.1
下游地区	37.1	62.9	30.7	69.3	29.2	70.8
上海	31.6	68.4	24.3	75.7	30.4	69.6
江苏	33.8	66.2	27.3	72.7	23.6	76.4
浙江	45.1	54.9	39.0	61.0	35.4	64.6
安徽	39.1	60.9	35.7	64.3	33.1	66.9
江西	33.7	66.3	32.1	67.9	32.3	67.6
湖北	28.2	71.8	25.0	75.0	22.9	77.1
湖南	34.2	65.8	30.8	69.2	28.3	71.7

续表

地区	2015年		2016年		2017年	
	财产险	人身险	财产险	人身险	财产险	人身险
四川	33.3	66.7	26.7	73.3	27.5	72.5
重庆	30.3	69.7	27.5	72.5	24.7	75.3
贵州	52.0	48.0	47.7	52.3	46.2	53.8
云南	46.3	53.7	42.4	57.6	41.6	58.4

资料来源：同表11。

从表14中可以看出，2017年，我国保险赔付支出中，人身险占有较大比重，为54.5%，而财产险占有45.5%。长江经济带保险赔付支出也呈现和全国类似的结构。其中，人身险的比重较全国稍低（为51.8%），财产险稍高（48.2%）。分地区来看，中游地区的人身险赔付支出比重较高（56.1%），下游地区的财产险赔付支出比重较高（50.6%）。分省市来看，重庆、湖北的人身险比重较高，在60%以上，财产险比重较低，在40%以下；浙江的人身险比重较低，仅为34.2%，而财产险比重较高，高达66.0%。

从2015~2017年保险赔付支出结构的变化来看，长江经济带人身险的比重明显提高，从2015年的48.6%升至51.8%，提高了3.2个百分点。分地区看，下游地区的人身险比重提高最快，同期提高了4.0个百分点，上游地区的人身险比重提高较慢，同期提高了2.5个百分点。分省市来看，江苏的人身险赔付支出比重提高最快，同期均提高8.7个百分点，江西的人身险赔付支出比重下降较多，同期降低7.2个百分点。

表14　长江经济带保险赔付支出结构

单位：%

地区	2015年		2016年		2017年	
	财产险	人身险	财产险	人身险	财产险	人身险
全国	48.4	51.6	45.0	55.0	45.5	54.5
长江经济带	51.4	48.6	47.4	52.6	48.2	51.8
上游地区	49.2	50.8	43.6	56.4	46.7	53.3
中游地区	45.3	54.7	42.0	58.0	43.9	56.1

续表

地区	2015年		2016年		2017年	
	财产险	人身险	财产险	人身险	财产险	人身险
下游地区	54.6	45.4	51.3	48.7	50.6	49.4
上海	40.4	59.6	42.1	57.9	42.6	57.4
江苏	55.0	45.0	47.8	52.2	46.3	53.7
浙江	68.0	32.0	65.4	34.6	66.0	34.2
安徽	50.6	49.4	49.0	51.0	47.0	53.0
江西	48.2	51.8	49.0	51.0	55.4	44.6
湖北	40.4	59.6	38.1	61.9	37.7	62.3
湖南	48.6	51.4	42.1	57.9	43.8	56.1
四川	48.2	51.8	39.1	60.9	45.0	55.0
重庆	38.4	61.6	36.1	63.9	37.6	62.4
贵州	62.3	37.7	60.4	39.6	59.4	40.6
云南	57.3	42.7	53.7	46.3	52.8	47.2

资料来源：同表11。

三　2018年长江经济带金融业发展展望

2018年美联储加息政策将会持续，全球流动性收缩是大势所趋。2018年是我国全面贯彻落实党的十九大各项部署的开局之年，是实施“十三五”规划承上启下的关键之年。随着经济发展降速并向高质量发展转变，2018年将成为金融高质量发展的元年。我国金融业将进一步促进金融结构优化与升级，深化推进金融市场化和金融对外开放，促进金融机构组织的调整完善，发挥市场竞争机制的作用，加大对金融科技的应用，推动金融价格机制改革和金融内控与监管水平的完善，提升金融运作效率，降低和化解金融风险。

（一）银行业：提高风险防范能力，加强金融科技应用

2018年，银行业主要面临结构调整和金融科技推动效率提升的机遇，同时在负债增长、资产扩张和资产质量方面存在不小的压力。

1. 补充资本的压力增大

2017 年末，中国商业银行的资本充足率、一级资本充足率、核心一级资本充足率分别达到 13.65%、11.35%、10.75%，这三项比例比银监会资本新规过渡期安排中对 2018 年底的要求均高出 2 个百分点左右。但是，2018 年，在资管新规①下，商业银行理财业务规模增长将放缓，非标资产、同业理财规模将进一步压缩，风险管理压力增加。随着表外资产回归表内，银行业资本充足率可能承压。银行业需要进一步补充资本。一方面，通过稳步增强盈利能力，以留存盈余的方式增加资本，为银行长期资本金的补充提供持续的内生动能；另一方面，充分运用募集次级定期债券、发行次级债券、混合资本债、金融债以及推进上市等金融工具。

2. 不良资产防范存在一定压力

近几年，我国银行业的拨备覆盖率整体呈下降趋势，国有大型和股份制银行的拨备覆盖率在 180% 左右，而农商行 2017 年末的拨备覆盖率仅有 164%，已经接近 150% 的红线。2018 年，在金融去杠杆压力下，宏观经济增速下降，企业效益受到影响，部分企业可能存在贷款违约的风险。另外，大量资产从表外转移到表内，表内信贷新增规模大幅增加，都加大了拨备计提压力。商业银行需要持续优化风险资产组合配置，挖掘战略新兴产业、现代服务业、先进制造业、文化产业等新行业、新市场；加大优质及潜力客户资产业务拓展，压缩退出产能过剩、高负债等风险客户，优化信贷资源配置，实现风险、收益、成本综合平衡。同时，需要积极推进不良资产证券化，盘活存量不良资产。

3. 金融科技的应用进一步提升

随着人工智能、区块链、大数据、物联网等技术在银行管理领域的应用，传统银行的服务模式、服务形态、管理运营模式等发生了革命性的变化。智能银行、硅谷银行、科技银行等新型银行不断出现，利用科技创新，

---

① 2018 年 4 月，“一行两会一局”等多部门联合发布《关于规范金融机构资产管理业务的指导意见》，业界简称为“资管新规”。

银行实现精准营销、高效获客、有效风控、标准定价等，运营绩效显著提升。2018 年，银行业将继续提升金融科技水平，银行网点和员工逐渐从“交易型”向“服务型”转变，柜面员工人数的比例减少，科技开发、科技服务等岗位的员工人数占比将有明显提高。

（二）证券业：市场集中化、开放式发展，产品与业务结构继续优化

1. 机构投资者队伍发展壮大

2018 年，随着证券市场交易活动走向多样化，金融工具更为复杂，我国证券投资者将继续从散户向机构转型。海外投资者的参与度也将继续提高，国内资产管理行业正快速成长，养老金入市也提升了机构投资者的参与度。机构投资者拥有大量的信息、人才等资源以及完善的决策、监控体制等优势，它们更偏好长期投资和稳定收益，因而在一定程度上减缓了市场的短期波动。大型券商的优势在逐步发挥，近几年证券行业集中度上升趋势明显，尤其是在行业监管明显加强的 2017 年。2017 上半年行业前 5 家（CR5）、前 10 家（CR10）、前 20 家（CR20）的市场占有率较 2016 年底分别上升 3.89 个、4.22 个和 7.62 个百分点，在分类监管规定以及严监管的背景下，证券行业集中度可能进一步上升，强者恒强的局面将延续。

2. 扩大市场双向开放

2018 年 4 月 28 日，证监会公布了《外商投资证券公司管理办法》，允许外资持股比例最高可达 51%，三年后不受比例限制。外资证券公司的业务范围也将逐步放开，鼓励外资证券机构发挥在资管业务方面的优势。同时完善境外股东条件，包括境外股东须为金融机构且近 3 年业务规模、收入、利润居于国际前列。证券机构将积极发展跨境业务，除了继续推动沪伦通之外，沪达通和深达通也有望逐步开启。债券市场尤其是国债市场的双向开放也是未来我国证券市场对外开放的重点内容。大型券商在跨境业务上具有先发优势，2015 年海通证券获批从事跨境业务，2018 年中信证券、国泰君安、华泰证券、中金公司、招商证券、广发证券等多家券商获批以自有资金投资

于境外金融产品或工具，券商的跨境业务发展明显提速，这将极大地推动券商产品线的丰富和成熟。

3. 业务与产品结构进一步优化

（1）传统经纪业务，佣金率下滑放缓

市场交易方面，尽管2017年以来市场的成交量和换手率有所改善，但是在金融去杠杆，货币紧缩的大环境下，市场难以有大的行情。手续费率方面，自2013年起，互联网券商加速对传统经纪业务的渗透，激烈的价格战迫使行业佣金率大幅下滑。尽管目前各家券商没有再激进，而是退出了价格战，但佣金率的下滑趋势仍未结束，2018年佣金率水平将稳中趋降。

（2）投行业务将平稳发展，综合服务有待提升

IPO业务有望稳步回升。目前监管层对IPO的态度较为谨慎，IPO整体规模增速较低。考虑到党的十九大对资本市场直接融资功能的重视，投行业务空间有望进一步增长。2018年IPO对券商投行业务收入的贡献度将小幅上升。

可转债迎来机遇。受市场影响，债券承销结构发生较大变化：公司债融资规模下滑明显，金融债超过公司债占比最高。受再融资新规与减持规定的影响，可转债的发行迎来机遇。根据再融资新规，定增从发行到退出均受到很大的限制，而发行可转债、优先股和创业板小额快速融资却不受此限制，从而间接地推动上市公司发行可转债的需求。

投行集中度将持续提升。随着我国经济结构调整，并购重组不断增加，企业客户对财务顾问、IPO、融资、并购、产业整合、资产证券化等综合服务要求明显提高，投行产业链向综合化发展，而大型券商更具业务整合发展潜力。

（3）资管业务结构调整

随着我国居民财富的不断积累，对资产管理业务的需求逐步增长，但是由于市场行情低迷，券商资管业务规模有所下降。截至2017年末，券商受托管理资产规模16.88万亿元，同比小幅下降4%。其中，集合资管规模、定向资管规模、专项资管（不含资产支持专项计划产品）规模分别为2.11万亿元、14.39万亿元和89亿元，同比分别下降4%、2%和98%。展望

2018 年，资管市场延续去通道、去嵌套的监管要求，以大规模通道业务盈利的模式不再具备持续性，券商资管将回归其业务本源，主动管理是未来资管业务发展的重点领域，也是从长远来看最具发展潜力的业务。

（三）保险业：服务实体经济，扩大对外开放

1. 行业集中度稳中有升

寿险市场上，市场集中度进一步上升，截至 2018 年 1 月，国寿、平安、太保、人保、太平洋人寿共占有 65.1% 的市场，同比提升了 14.3 个百分点；市场份额前十的公司占有 80.3% 的市场，同比提升了 16.1 个百分点。财险市场上，市场集中度变化不大，截至 2018 年 1 月，人保、平安、太保共占有 65.27% 的市场份额，同比上升了 0.2 个百分点；市场份额前十的公司占有 85.9% 的市场，同比上升了 0.4 个百分点。展望 2018 年，市场竞争更加激烈，大型公司综合经营、管理水平更高，销售渠道丰富，因而具备较强的竞争优势，市场份额保持提升。

2. 进一步服务实体经济

低利率环境下，保险资金运用中债券投资、银行存款占比逐渐减少，股票和基金投资、其他投资占比逐渐增加。然而，随着资产投资结构的调整，风险资产的比例提高，保险业服务实体经济的能力和意愿下降。2017 年保险业监管确定主题为“回归保障，保险姓保”，保监会围绕“强监管、防风险、治乱象、补短板、服务实体经济”，发布实施了“1 + 4”系列文件。2018 年，保险业的发展定位将进一步明晰，回归保障功能，更好地服务实体经济是保险行业未来发展主线。保险业增强在社会保障、重大灾害赔付、金融业改革发展中的服务作用，进一步凸显经济“减震器”和社会“稳定器”功能。

3. 对外开放步伐加快

截至 2017 年底，我国共有来自 16 个国家和地区的 57 家外资保险公司。其中，外资寿险公司和财险公司占我国保险市场保费收入的份额分别为 7.4% 和 2.0%。在博鳌亚洲论坛 2018 年年会上，中国人民银行行长易纲表

示，将放宽人身险合资企业外资比例至51%，三年后不再设比例限制；允许符合条件的外国投资者来华经营保险代理业务和保险公估业务；允许外资保险经纪公司经营范围与中资机构一致；年底前全面取消外资保险公司设立前需开设两年代表处的要求。外资保险公司主要围绕细分市场进行产品和服务创新，这对于我国保险业的发展理念和发展模式的转变将起到较好的带动作用。此外，紧随国家战略，保险业将发挥资金融通和风险管理的专业优势，加大对“一带一路”的服务力度，在常规险种的基础上，积极开展产品和服务创新，加快建设海外承保、理赔作业、救援等境外服务网络。

参考文献

民银智库发布《我国保险业2017年发展状况及2018年一季报分析》（上），《民银智库研究》第114期。

田书华：《券商行业2017年回顾与2018年展望》，《搜狐财经》2018年2月11日。

赵卿：《2018年，银行业将迎来大变局?》，《苏宁财经》2018年3月23日。

《2018年中国银行业发展趋势预测》，中国产业信息网，2018年1月17日。

胡志远、欧向军：《基于泰尔指数的江苏省区域差异多指标测度》，《经济地理》2007年第9期。

董金玲：《区域金融发展差异的泰尔指数测度与分解》，《商业经济研究》2009年第35期。

B.12 长江经济带旅游业发展报告：2017~2018

于秋阳*

摘　要： 自长江经济带区域发展战略实施以来，其旅游业步入了发展快车道。近几年长江经济带的高品质文旅资源富集，旅游市场增长迅速，在全国旅游经济格局中占有重要地位。随着党的十九大的召开，长江经济带11个省市不断明确新时代的新使命，在全域旅游、红色旅游、乡村旅游等方面开展了积极实践。但同时，上中下游旅游业的资源与环境条件、核心要素运营业绩、产业环境与发展基础等方面还存在较大的差异。本报告结合长江旅游带的新机遇与挑战，提出了促进长江经济带绿色发展、高质量发展和协同发展的举措与建议。

关键词： 旅游业　比较分析　高质量发展　长江经济带

2018年4月，习近平总书记在主持召开深入推动长江经济带发展座谈会时指出，“推动长江经济带发展是关系国家发展全局的重大战略”，强调以长江经济带发展推动经济高质量发展。从2016年的“国家重大区域发展战略”到2018年的“关系国家发展全局的重大战略”，体现出党中央对推动长江经济带发展的高度重视与战略升级，也凸显长江经济带越发重要的经济重心地位。

---

* 于秋阳，博士，上海社会科学院应用经济研究所副研究员，硕士生导师，研究方向为旅游产业经济、区域经济、文化创意产业。

长江经济带西起三江源，东至崇明岛，全长6300公里，流经11个省市，所辖205万平方公里，依托成渝城市群、长江中游城市群和长三角城市群三大增长极的辐射和带动作用，不断增加协同发展力度。根据2016年印发的《长江经济带发展规划纲要》，到2030年“长江经济带将全面建成水脉畅通、功能完备的全流域黄金水道”。对此，习近平总书记在关于推动长江经济带发展的重要思想中强调，将长江经济带建设成为“生态更优美、交通更顺畅、经济更协调、市场更统一、机制更科学”的黄金经济带，要坚持好“共抓大保护，不搞大开发”的发展原则，要处理好“五个关系”，要运用好整体思维，要贯彻好“一盘棋”理念。这不仅为实现长江经济带发展的远景目标指明了方向，也成为新时代长江经济带旅游业强化区域协同，实现“流域旅游”高质量发展的重要战略指引。

一　长江经济带旅游业发展总体概况

长江经济带横跨我国东、中、西部三大区域，集聚华东、华中、西南的精华旅游资源，旅游产业规模庞大、类型丰富，是我国旅游经济的重要支撑。

（一）旅游业持续增长，总体发展态势较好

从我国旅游业的总体发展情况来看，2017年我国旅游业综合贡献为8.77万亿元，占GDP的11.04%；产业的辐射力不断增强，对住宿、餐饮、民航、铁路客运业的贡献超过80%，连续保持世界第一大出境旅游客源国和全球第四大入境旅游接待国地位。旅游直接和间接就业8000万人，对社会就业综合贡献达10.28%。[①] 从三大旅游市场发展情况来看，国内旅游市场仍保持高速增长，国内旅游收入和流量分别达45661万亿元和50亿人次，同比分别增长15.9%和12.8%。2017全年出境旅游居民达14273万人次，

① 国家旅游局发布《2018年全国旅游工作报告》2018年1月9日。

出境旅游消费 1152.9 亿美元，同比增长都在 5% 以上，出境旅游需求仍十分旺盛。[①] 入境旅游市场则较为平稳，国际旅游收入 1234 亿美元，入境旅游 13948 万人次，同比增长分别为 2.9% 和 0.8%。[②] 相较而言，出入境旅游市场的不均衡态势依然持续。在旅游投资方面，截至 2017 年底，我国已设 144 只旅游产业投资基金，旅游直接投资约达 1.5 万亿元，同比增长 16%。其中民间资本占总投资的 60% 左右，以民营资本为主、政府和国有企业投资为辅的多元主体对旅游市场未来的总体发展充满信心。

（二）高品质资源富集，文旅融合基础较好

2018 年 3 月，十三届全国人大一次会议批准国务院机构改革方案，决定设立中华人民共和国文化和旅游部，旨在进一步推动文化事业、文化产业和旅游业融合发展。截至 2016 年底，从文化资源储备来看，长江经济带 11 省市共有 33 处世界自然与文化遗产，约占全国总数的 63.46%；共有 57 个国家历史文化名城，约占全国总量的 42.11%，高品质文化资源基础丰厚。从旅游资源储备来看，长江经济带共有 A 级景区（点）3920 个，全国占比约达 39.90%，其中 5A 级和 4A 级景区（点）分别为 106 个和 1318 个，全国占比分别为 46.70% 和 43.44%（见表 1）。

表 1　长江经济带 11 省市文化与旅游资源储备

单位：个，%

项目	长江经济带资源数量	2016 年的全国占比
世界自然与文化遗产	33	63.46
国家历史文化名城	57	42.11
5A 级景区	106	46.70
4A 级景区	1318	43.44
A 级景区总量	3920	39.90

资料来源：《中国旅游统计年鉴（2017）》及其副本。

① 中国旅游研究院发布《中国出境旅游发展年度报告 2017》，2017 年 10 月 13 日。

② 国家统计局发布《中华人民共和国 2017 年国民经济和社会发展统计公报》，2018 年 2 月 28 日。

（三）三大市场蓬勃发展，增速均高于全国

1. 长江经济带旅游市场总体发展情况

2016 年，长江经济带旅游总人次达 677469.23 万人次，同比增长 17.71%；旅游总收入达 74905.46 亿元，同比增长 21.17%（见表2）。

表 2　长江经济带 11 省市旅游市场总体情况

地区		旅游总人次（万人次）	同比增长(%)	旅游总收入（亿元）	同比增长(%)
下游	上海	32718.28	7.36	4484.93	15.66
	浙江	64111.7	9.6	9323	15.1
	江苏	74657.4	9.6	11662.2	13.6
	安徽	63149.2	19.86	6196.9	25.6
中游	江西	57442.4	22.01	6477.64	29.73
	湖北	64115.53	11.5	5514	12.8
	湖南	67322.7	19.7	7172.6	31.3
上游	四川	67336.2	6.36	8923.1	16.1
	重庆	54230.21	20.3	3308.04	25.1
	云南	57367.69	31.28	4726.25	44.1
	贵州	75017.92	41.25	7116.81	41.6
长江经济带		677469.23	17.71	74905.46	21.17

注：旅游外汇收入按 1 美元 = 6.7518 元人民币（2017 年）、1 美元 = 6.6423 元人民币（2016 年）汇率进行折算加总。

资料来源：各省市 2017 年国民经济和社会发展统计公报。

旅游总人次方面，2016 年除上海外，长江经济带各省市的旅游规模基本均突破 5 亿人次。其中，江苏省、贵州省旅游总人次突破 7 亿，浙江省、安徽省、湖北省、湖南省、四川省旅游总人次均超过 6 亿（见图 1）。从旅游人次增长率来看，贵州省和云南省增速最快，同比增长分别达 41.25% 和 31.28%；上海市、浙江省、江苏省、湖北省、四川省则低于长江经济带平均增长率（见图 2）。

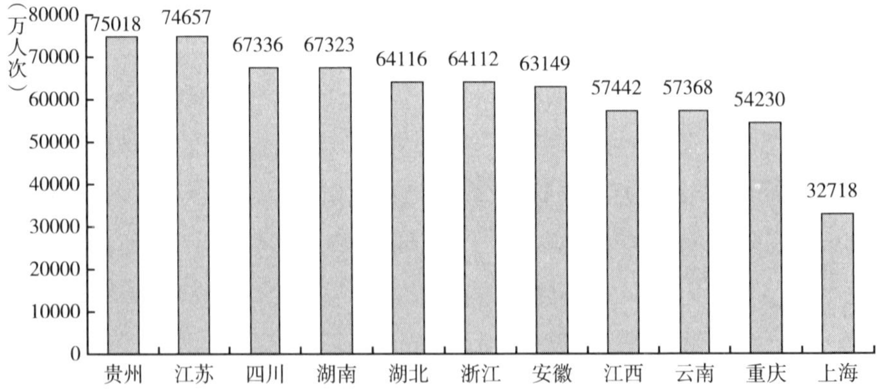

图1　长江经济带11省市旅游总人次排名

资料来源：各省市2017年国民经济和社会发展统计公报。

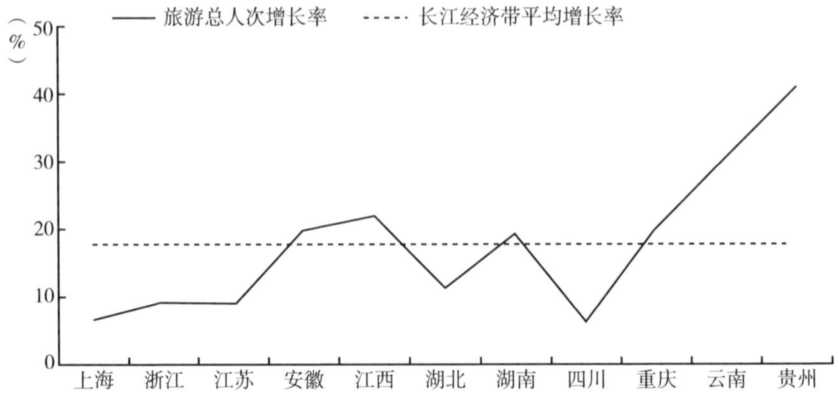

图2　长江经济带11省市旅游总人次增长率

资料来源：各省市2017年国民经济和社会发展统计公报。

旅游总收入方面，2016年江苏省旅游总收入突破万亿元，浙江省、四川省分别以9323亿元、8923亿元列第2、第3位。重庆市、上海市、云南省旅游总收入则均低于5000亿元（见图3）。从旅游收入增速来看，云南省、贵州省增长率超过40%，而上海市、浙江省、江苏省、湖北省、四川省则低于平均增长率。从地区分布看，上游增速较快，中游次之，下游则普遍低于平均增速（见图4）。

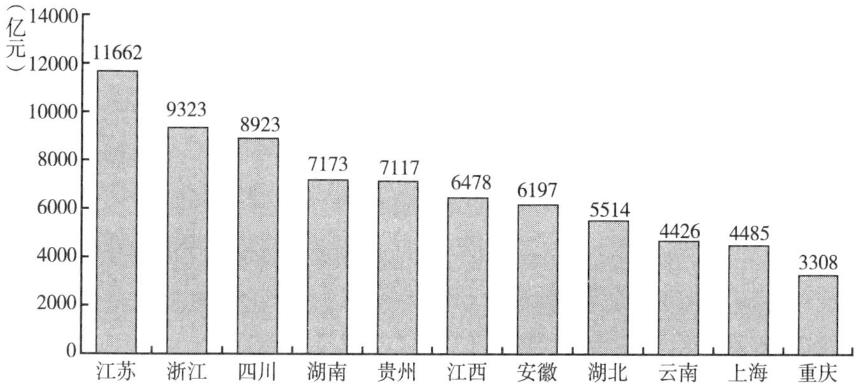

图 3　长江经济带 11 省市旅游总收入排名

资料来源：各省市 2017 年国民经济和社会发展统计公报。

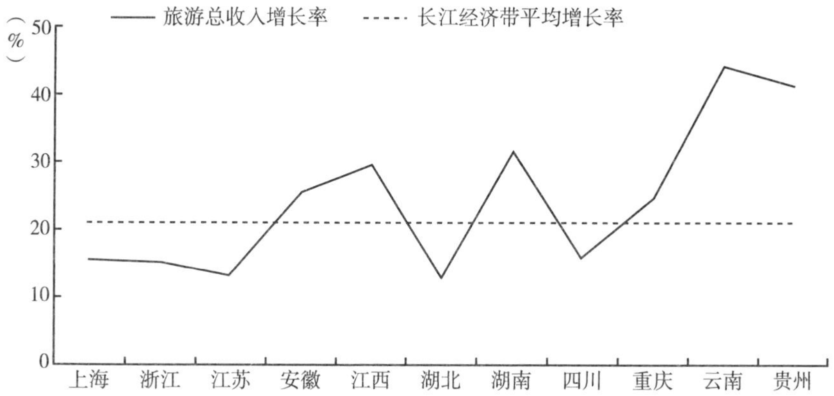

图 4　长江经济带 11 省市旅游总收入增长率

资料来源：各省市 2017 年国民经济和社会发展统计公报。

2. 长江经济带国内旅游市场基本情况

2016 年，长江经济带 11 省市国内旅游市场增长迅速，累计接待国内游客 672109.46 万人次，同比增长 17.91%；实现国内旅游总收入 74863.00 亿元，同比增长 25.19%。国内旅游人次和旅游收入均超过全国同期增长率（见表 3）。

表3　长江经济带11省市国内旅游市场基本情况

地区	省份	国内旅游人次（万人次）	同比增长（%）	国内旅游收入（亿元）	同比增长（%）
下游	上海	31845.27	7.5	4025.13	16.9
	浙江	62900	9.77	8763.89	15.31
	江苏	74287.3	9.6	11307.5	13.6
	安徽	62600	19.9	6002.4	26
中游	江西	57253.5	21.60	6435.1	28.9
	湖北	63762.5296	12	5383.5234	13
	湖南	67000	18.3	7084.8266	52.67
上游	四川	67000	6.2	8825.4	16.1
	重庆	53871.86	20.3	3176.55	25.4
	云南	56700	33.3	6682.58	47.3
	贵州	74889	41.3	7176.095692	43.18
长江经济带		672109.46	17.91	74863.00	25.19

注：湖北省、贵州省国内旅游数据未披露，增速以2016年增长率代替。
资料来源：各省市2017年国民经济和社会发展统计公报。

国内旅游人次方面，总体呈上游、下游规模较大，中游地区规模偏小的格局。其中，上游的贵州省2016年国内旅游量达74889万人次，接待规模居于首位；中游的湖南、湖北两省均超过6亿人次。下游四省市的国内接待规模差异较大。其中浙江和安徽两省均超过6亿人次，而江苏省则以74287万人次的国内旅游接待量位居下游之首，全流域第2位，其规模是上海市的2.3倍之多（见图5）。

从增速来看，长江经济带国内旅游接待人次平均增长率为17.91%，比全国高出5.11个百分点。其中，上游地区内部差异较大，贵州、云南两省表现突出，增长率分别达41.3%和33.3%，而四川省仅为6.2%，远低于平均增长率。中游地区内部差异较小，江西、湖南两省的增长率略高于平均增长率。下游地区除安徽省与平均增长率持平之外，其他三省市则普遍低于平均增长率（见图6）。

国内旅游收入方面，总体呈现出下游地区国内旅游收入最高，上游次之，中游偏低的格局，其态势与国内旅游人次分布高度相关。其中，江苏省的国内旅游收入达11308亿元，位列全流域之首，相当于云南省、上海市两

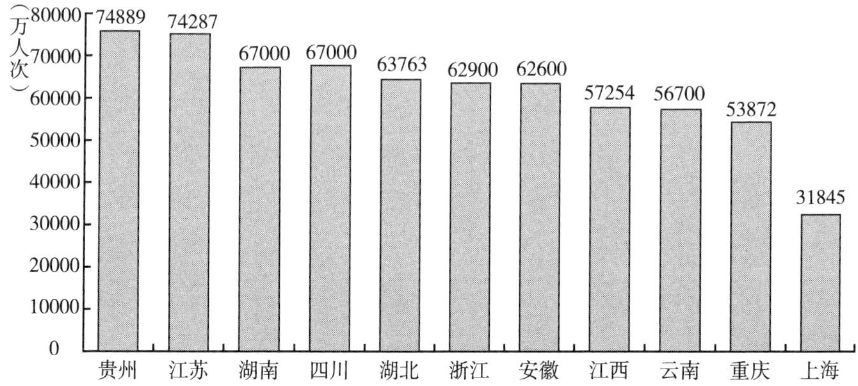

图5　长江经济带11省市国内旅游人次排名

资料来源：各省市2017年国民经济和社会发展统计公报。

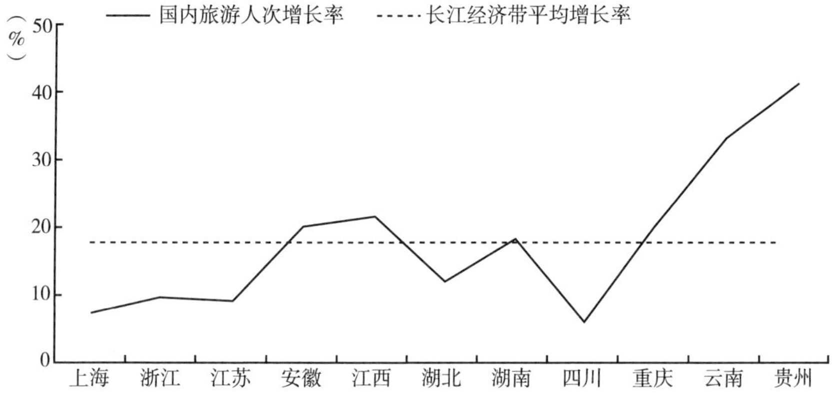

图6　长江经济带11省市国内旅游人次增长率

资料来源：各省市2017年国民经济和社会发展统计公报。

地之和。四川、浙江两省分列第2、第3位。排名前三位三省收入之和约占全流域的38.6%（见图7）。

从增速来看，长江经济带全流域的平均增长率为25.19%，比全国平均值高9.29个百分点，总体呈中游、上游增速较高，下游增速较低的格局。具体而言，中西部地区国内旅游收入增幅较大，云南、贵州、湖南三省增长率分别达47.3%、43.18%和52.67%，远高于平均增长率；江西、安徽、

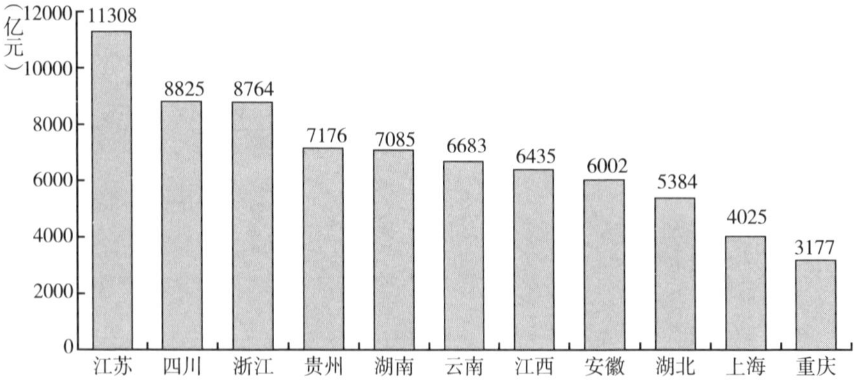

图7　长江经济带11省市国内旅游收入排名

资料来源：各省市2017年国民经济和社会发展统计公报。

重庆两省一市与平均增长率相当；而上海市、浙江、江苏、湖北、四川五地均低于平均增长率（见图8）。

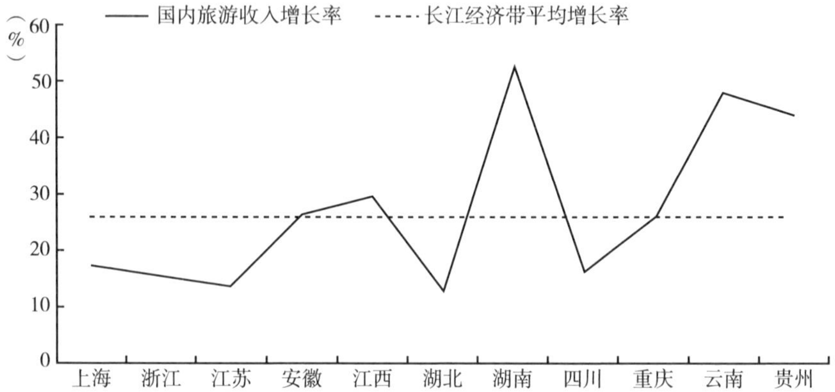

图8　长江经济带11省市国内旅游收入增长率

资料来源：各省市2017年国民经济和社会发展统计公报。

3. 长江经济带入境旅游市场基本情况

2016年，长江经济带11个省市累计接待境外游客5359.74万人次，同比增长9.70%，约占全国总量的38.43%；实现旅游外汇收入334.58亿美元，同比增长10.22%，约占全国总量的27.11%（见表4）。

表 4　长江经济带 11 省市入境旅游市场基本情况

地区	省份	入境旅游人次（万人次）	同比增长（%）	旅游外汇收入（亿美元）	同比增长（%）
下游	上海	873.01	2.2	68.1	4.3
	浙江	1211.7	8.3	82.76	11.39
	江苏	370.1	12.2	42	10.3
	安徽	549.2	13.1	28.8	13.3
中游	江西	188.9	3.90	6.3	7.8
	湖北	353	11.5	20.96	11.96
	湖南	322.7	8.6	13	11.7
上游	四川	336.2	9.9	14.5	16.7
	重庆	358.32	13.2	19.48	15.5
	云南	667.69	11.2	35.5	15.5
	贵州	128.9	17.1	3.18	25.87
长江经济带		5359.74	9.70	334.58	10.22

注：湖北省旅游外汇收入和贵州省入境旅游数据均未披露，均以 2016 年增长率代替。

资料来源：各省市 2017 年国民经济和社会发展统计公报。

入境旅游人次方面，下游沿海地区和上游边境口岸地区优势明显，内陆省份的入境人次普遍较低。其中，浙江省、上海市、云南省三地入境旅游人次均超过 600 万人次，位居前三，三地之和约占全流域总量的 51.35%。上游地区的内部差异较大，云南入境旅游人次为 668 万，而贵州省的 128.9 万人次仅相当于云南省的 1/5。中游地区入境旅游人次普遍较低，湖北、湖南、江西三省之和仅为 865 万人次，低于排名第 2 位的上海市入境旅游人次数量（见图 9）。

从增速来看，长江经济带平均入境旅游人次增长率为 9.7%，高于全国 8.9%。其中，上游增速较快，四川省、重庆市、云南省、贵州省均高于平均增长率，以贵州省 17.1% 最为突出。下游地区增速平稳，安徽、江苏两省略高于平均增长率。中游地区增速较慢，其中江西省仅为 3.9%（见图 10）。

旅游外汇收入方面，总体呈下游地区外汇收入高，中上游地区较低的格局。其中，下游的浙江省、上海市、江苏省位列前三，三省市之和占全流域总量的 57.68%；而排名后三位的湖南省、江西省、贵州省三地之和仅约 22 亿美元，约占全流域总量的 6.72%。值得注意的是，入境旅游人次最高的

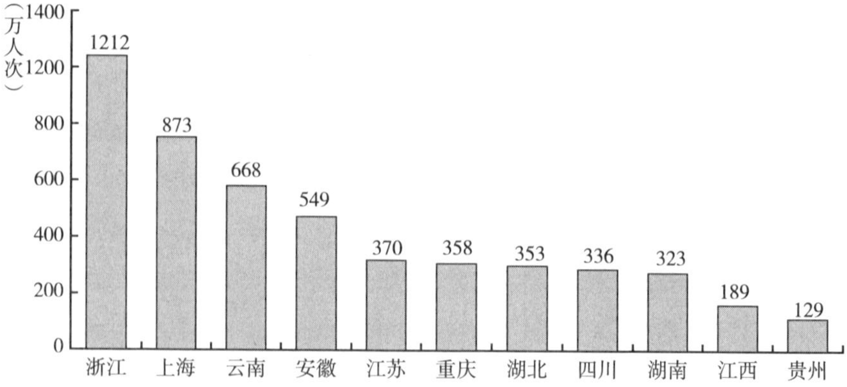

图9　长江经济带11省市入境旅游人次排名

资料来源：各省市2017年国民经济和社会发展统计公报。

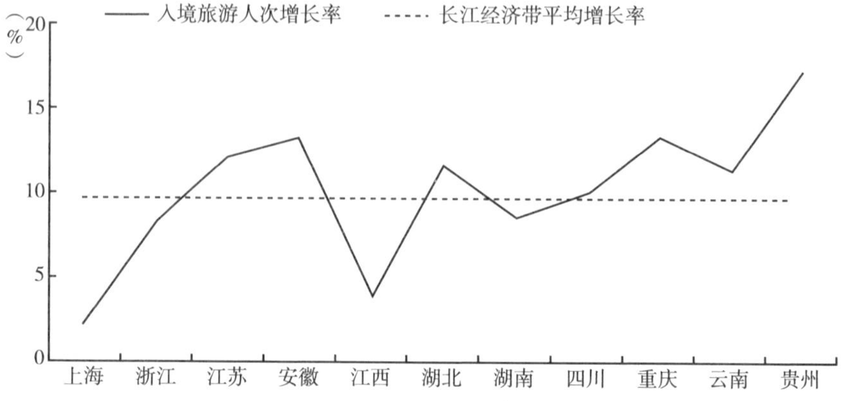

图10　长江经济带11省市入境旅游人次增长率

资料来源：各省市2017年国民经济和社会发展统计公报。

云南省，其旅游外汇收入排名仅位列第4，远低于浙江省、上海市的规模，说明云南省的创收能力和效率仍有较大提升空间（见图11）。

增速方面，长江经济带旅游外汇收入平均增长率10.22%，比全国高7.32%。其中，上游增速较快，贵州省以25%的增速居于首位。中游的湖北、湖南两省高于平均增长率，而江西省仅为7.8%。下游的浙江、江苏、安徽三省增速差异相对较小，上海市增速最慢，仅为4.3%（见图12）。

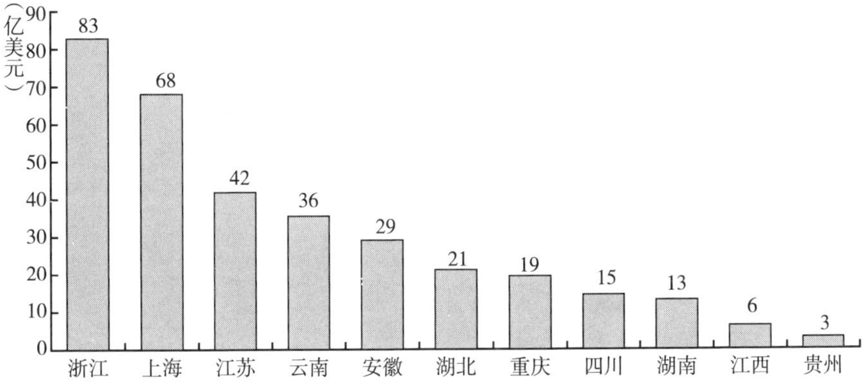

图 11　长江经济带 11 省市旅游外汇收入排名

资料来源：各省市 2017 年国民经济和社会发展统计公报。

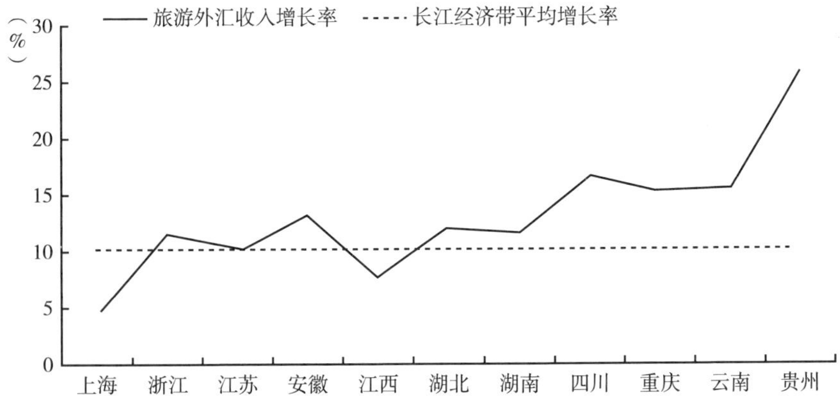

图 12　长江经济带 11 省市入境旅游外汇收入增长率

资料来源：各省市 2017 年国民经济和社会发展统计公报。

二　长江经济带旅游业运行态势区域比较

（一）旅游业资源环境差异较大，上游优势明显

1. 资源分布差异

从 A 级旅游景区分布来看，2016 年下游地区 A 级景区（点）数量为

1865 个（5A 级 50 个，4A 级 590 个）优势最为明显；上游地区 A 级数量为 1049 个，位列第二（5A 级 30 个，4A 级 400 个）；中游地区 A 级景区（点）数量为 1008 个（5A 级 26 个，4A 级 328 个）（见表 5）。从接待人数上看，2016 年长江经济带 A 级旅游景区共接待游客 22.42 亿人次，约占全国总量（44.32 亿人次）的 50.59%，主要集中在江苏省、浙江省、安徽省、四川省等下游和上游地区。

表 5　长江经济带 11 省市 A 级景区（点）分布情况

单位：个

地区	省份	5A 级景区数量	4A 级景区数量	A 级景区数量
下游	上海	3	50	99
	浙江	14	185	572
	江苏	22	183	638
	安徽	11	172	556
	小计	50	590	1865
中游	江西	8	107	308
	湖北	10	124	369
	湖南	8	97	331
	小计	26	328	1008
上游	四川	11	186	425
	重庆	7	76	214
	云南	8	68	233
	贵州	4	70	177
	小计	30	400	1049
长江经济带		106	1318	3920

资料来源：《中国旅游统计年鉴（2017）》及其副本；A 级景区数据同时根据国家旅游局最新发布（截至 2017 年 12 月 31 日）长江经济带 11 省市 5A、4A 景区数量数据整理而成。

从文化资源分布来看，2016 年上游地区世界自然与文化遗产量最多，共 14 个；中游和下游分别为 10 个和 9 个。下游地区国家历史文化名城数量最多，共 28 个；上游和中游分别为 17 个和 12 个（见表 6 和图 13）。

表 6　长江经济带 11 省市世界自然与文化遗产和国家历史文化名城数量

地区分布	下游				中游			上游				长江经济带	全国占比(%)
省份	上海	浙江	江苏	安徽	江西	湖北	湖南	四川	重庆	云南	贵州		
世界自然与文化遗产(个)	0	3	3	3	3	4	3	5	2	4	3	33	63.46
国家历史文化名城(个)	1	10	13	4	4	5	3	8	1	6	2	57	42.11

资料来源：《中国旅游统计年鉴（2017）》及其副本。

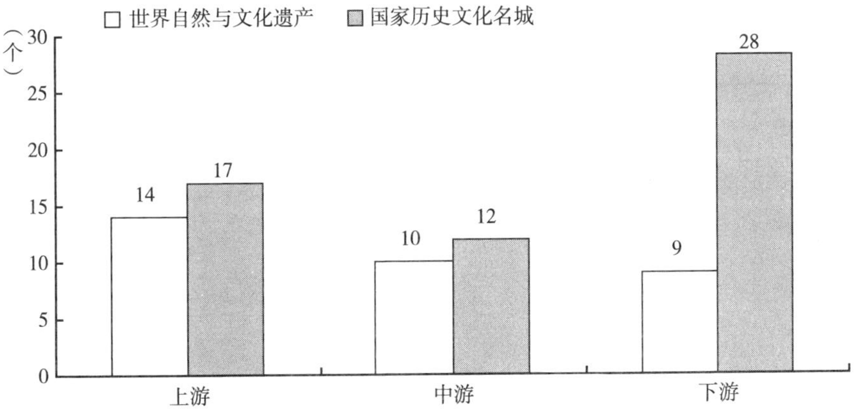

图 13　长江经济带世界自然与文化遗产、历史文化名城数量比较

资料来源：《中国旅游统计年鉴（2017）》及其副本。

2. 生态环境差异

总体而言，上游的生态环境条件最好，中游次之，下游条件相对较弱。人均绿地面积方面，除上海市外，上游和下游总体状况良好，重庆、贵州、江苏位居前三，分别达 16.9 平方米/人、15.0 平方米/人和 14.8 平方米/人。森林覆盖率方面，江西省和浙江省以 63.1% 和 61.0% 分列前两位。云南省、湖南省、贵州省、重庆市也均超过长江经济带的平均水平。下游的江苏省、上海市排名最后，分别仅有 22.9% 和 16.2%。空气质量达标率方面，上游最佳，云南省、贵州省分别达 98.3% 和 96.5%；江西省、湖南省、四川省和重庆市也在 80% 以上；相较而言，下游偏弱，除浙江外，其他三地达标率均在 70% 上下（见表 7）。

表7　长江经济带11省市生态环境指标状况

单位：平方米/人，%

地区	省份	人均绿地面积	森林覆盖率	空气质量达标率
下游	上海	8.0	16.2	75.3
	浙江	13.2	61.0	82.7
	江苏	14.8*	22.9*	68.0
	安徽	14.0*	27.5*	66.7
中游	江西	14.2*	63.1	83.3
	湖北	11.0*	38.4*	79.1
	湖南	10.6*	59.7	81.5
上游	四川	12.5*	38.0	82.2
	重庆	16.9*	45.4	83.01
	云南	11.3*	59.3	98.3
	贵州	15.0*	55.3	96.5
长江经济带		12.9	44.3	81.5

注：表格中加*数据为2016年数据，资料来源为2016年各地统计年鉴及2016年各省环境状况公报。
资料来源：2017年各省市国民经济和社会发展统计公报及2017年各省环境状况公报。

（二）旅游业运营业绩稳中有升，下游优于上游

1. 旅游企业规模

2016年长江经济带旅行社、星级酒店、旅游景区旅游企业的固定资产规模3391.518亿元。其中，下游优势最为明显，上海、浙江、江苏三地规模分别达648.42亿元、586.10亿元和578.28亿元，位居前三。三省规模之和占全流域的53.45%。中上游地区的四川、云南、湖北和湖南四省分别列第4至第7位，规模均在200亿元以上，而贵州省的规模仅为96.53亿元，处于末位（见表8）。

表8　长江经济带11省市旅游企业固定资产及增速

单位：亿元，%

地区	省份	固定资产原价	同比增长
下游	上海	648.42	36.29
	浙江	586.10	-8.04
	江苏	578.28	1.84
	安徽	191.61	3.87

续表

地区	省份	固定资产原价	同比增长
中游	江西	106.53	1.37
	湖北	239.89	-9.6
	湖南	230.95	10.33
上游	四川	272.34	-13.7
	重庆	172.038	-2.56
	云南	268.83	8.88
	贵州	96.53	33.75
长江经济带		3391.518	5.67

资料来源：《中国旅游统计年鉴（2017）》及其副本。

在固定资产增速方面，长江经济带平均增速为5.67%，各省份差异较大。上海市、贵州省增长率超过30%，增速惊人；湖南、云南两省的增长率也超过长江经济带的平均增长率。安徽省、江苏省、江西省低于平均增速，处于缓慢增长状态；而浙江、湖北、四川、重庆四地增长率为负数，固定资产减少（见图14）。

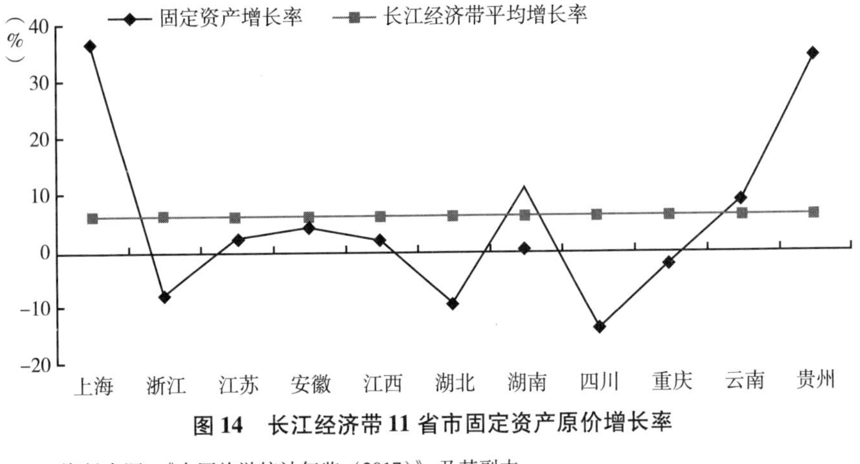

图14　长江经济带11省市固定资产原价增长率

资料来源：《中国旅游统计年鉴（2017）》及其副本。

2. 星级饭店业绩

根据《2016年度全国星级饭店统计公报》，全国共9861家星级饭店完成财务状况填报并通过省级旅游行政管理部门审核，其中长江经济带星级饭店的规模与绩效均在全国占有重要地位。从规模来看，长江经济带拥有星级饭店4144家，其固定资产原值为2079.38亿元，全国占比分别为42.02%和40.18%。从业绩来看，长江经济带星级饭店营业收入总额为906.49亿元，全国占比44.7%；平均出租率为56.68%，比全国客房出租率54.73%略高。

从分布上看，下游实力最强，星级饭店数量、固定资产规模、营业收入总额均高于中上游地区。浙江省星级饭店数量、固定资产规模最高，但利润总额为负，出租率仅有55.90%，低于平均出租率，创收能力偏弱。上海市星级饭店数量仅227家，但营业收入、利润总额、出租率均高于其他省份，创收能力最强（见表9）。

表9 长江经济带11省市星级饭店业绩情况

地区	省份	星级饭店数量（家）	固定资产原值（亿元）	营业收入总额（亿元）	利润总额（亿元）	平均出租率（%）
下游	上海	227	330.99	200.01	29.49	68.31
	浙江	651	432.79	194.81	-2.75	55.90
	江苏	561	342.69	158.03	-1.7	58.43
	安徽	312	134.31	49.47	-0.32	50.71
中游	江西	290	79.96	34.09	0.59	51.20
	湖北	364	122.81	47.28	-16.83	55.89
	湖南	419	159.03	63.06	-0.66	61.79
上游	四川	298	157.75	55.74	-3.00	56.36
	重庆	197	94.88	41.19	-0.66	55.18
	云南	559	162.36	37.16	0.16	54.84
	贵州	266	61.81	25.65	0.98	54.92
长江经济带		4144	2079.38	906.49	5.30	56.68

资料来源：《2016年度全国星级饭店统计公报》、《中国旅游统计年鉴（2017）》及其副本。

3. 旅行社业绩

根据《2016年度全国旅行社统计公报》，长江经济带11省市旅行社数量达11496家，全国占比为41.15%；其营业收入总额和营业利润分别为2149.75亿元和5.31亿元，全国占比分别为46.3%和21.43%。但从两组数据比较来看，长江经济带旅行社创收能力仍较弱。

在分布上，下游地区旅行社数量、固定资产、营业收入均处于绝对优势地位，远高于中、上游地区，但其利润总额却低于上游地区。四川省旅行社固定资产仅有15.00亿元，利润总额2.43亿元，贡献率达45.76%（见表10）。

表 10　长江经济带 11 省市旅行社业绩相关情况

单位：家，亿元

地区	省份	旅行社数量	固定资产原价	营业收入总额	利润总额
下游	上海	1261	219.77	827.28	-0.79
	浙江	2051	18.11	54.4	0.71
	江苏	2241	84.41	598.2	1.34
	安徽	1070	16.09	38.85	0.44
中游	江西	744	10.77	85.15	0.44
	湖北	1057	22.36	120.86	0.61
	湖南	838	18.78	146.92	0.43
上游	四川	485	15.00	150.03	2.43
	重庆	546	17.16	17.16	0.36
	云南	855	55.91	93.96	0.09
	贵州	348	16.94	16.94	-0.75
长江经济带		11496	495.3	2149.75	5.31

资料来源：2016 年全国旅行社统计调查情况公报、《中国旅游统计年鉴（2017）》及其副本。

4. 从业人员情况

2016 年长江经济带旅游业从业人员①总数 124.86 万人，占区域内总人口的 0.21%，较去年减少 1.23 万人，占比降低 0.01%。下游地区旅游从业人数为 51.2 万人，总量占比为 41.0%，占比最高。中游地区 41.0 万人，总量占比为 32.9%；上游地区 32.6 万人，总量占比为 26.1%（见表 11）。

表 11　长江经济带 11 省市旅游从业人员及所占总人口比重

地区	省份	旅游业从业人员数量(万人)	占总人口比重(‰)
下游	上海	9.7	4.0
	浙江	15.2	2.7
	江苏	18.2	2.3
	安徽	8.1	1.3
	小计	51.2	

① 此处旅游业“从业人员”包括旅行社、旅游景区（点）、酒店工作人员。

续表

地区	省份	旅游业从业人员数量(万人)	占总人口比重(‰)
中游	江西	9.7	2.1
	湖北	9.4	1.6
	湖南	21.9	3.2
	小计	41.0	—
上游	四川	11.3	1.4
	重庆	5.8	2.0
	云南	10.8	2.3
	贵州	4.7	1.3
	小计	32.6	—
长江经济带		124.8	2.1

资料来源：2016年全国旅行社统计调查情况公报、《中国旅游统计年鉴（2017）》及其副本。

从分布上看，下游地区浙江省、江苏省旅游业从业人数均超过15万；上海市旅游从业人口绝对数量不高，但其总人口占比达0.4%，远超平均水平；安徽省人力资源投入则相对较少。中游地区湖南省旅游业人数超过20万，占总人口比重为0.32%，旅游人力资源较为丰富。上游地区的四川、云南两个旅游大省的旅游业从业人数均超过10万，而贵州省、重庆市旅游业从业人员分别仅有4.72万和5.78万，旅游人力资源规模有待扩大（见图15）。

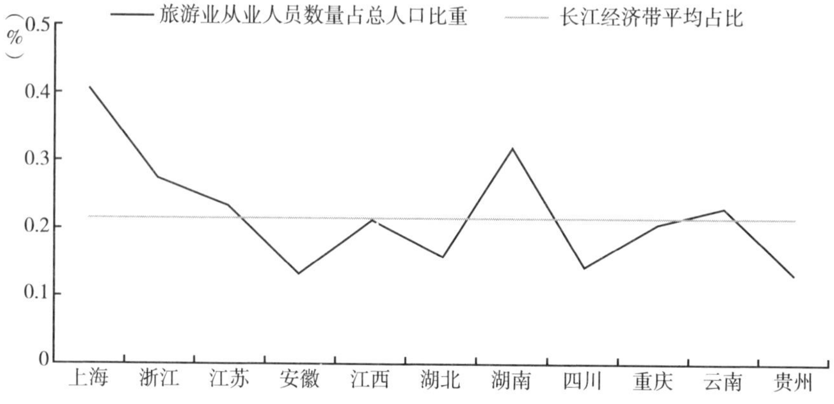

图15　长江经济带11省市旅游业从业人员数量占总人口比重

资料来源：2016年全国旅行社统计调查情况公报、《中国旅游统计年鉴（2016）》及其副本。

（三）全流域旅游业发展基础不断改善

1. 社会经济发展状况

长江经济带11省市的总体社会经济发展情况差异较大。2017年，除安徽省经济基础相对薄弱之外，下游地区的人均GDP、城镇居民可支配收入、农村居民可支配收入均高于中上游地区。中游地区湖北省实力相对较强。三省市差异较小。上游地区的重庆市实力高于其他三省。从全流域的省际差异来看，经济最发达的上海市人均GDP是贵州省的3.28倍，城镇居民可支配收入是贵州省的2.15倍，而农村居民可支配收入是贵州省的3.12倍（见表12）。

表12　长江经济带11省市社会经济指标状况

单位：万元

地区	省份	人均GDP	城镇居民可支配收入	农村居民可支配收入
下游	上海	12.46	6.26	2.78
	浙江	9.20	5.13	2.50
	江苏	10.72	4.36	1.91
	安徽	4.42	3.16	1.28
中游	江西	4.52	1.92	0.99
	湖北	6.20	3.19	1.38
	湖南	5.06	3.39	1.29
上游	四川	4.47	3.07	1.22
	重庆	6.37	3.22	1.26
	云南	3.45	3.10	0.99
	贵州	3.80	2.91	0.89
长江经济带		6.42	3.61	1.50

资料来源：2017年各省市国民经济和社会发展统计公报。

2. 城镇化率情况

2017年，长江经济带城镇化率56.54%。具体而言，浙江省、江苏省、湖北省、重庆市均高于长江经济带城镇化率平均水平。中游地区的湖北城镇化率较高，达59.3%。上游地区的重庆市城镇化率为64.08%，而其他三省均不足51%，城镇化水平总体较低（见表13）。

表 13　长江经济带 11 省市城镇化率

单位：%

地区	省份	城（市）镇化率	增长率
下游	上海	—	—
	浙江	67.0	1.5
	江苏	68.8	1.1
	安徽	53.5	1.5
中游	江西	54.6	1.5
	湖北	59.3	2.1
	湖南	54.62	1.87
上游	四川	50.79	1.58
	重庆	64.08	1.48
	云南	46.69	1.66
	贵州	46.02	1.87
长江经济带		56.54	1.69

资料来源：2017 年各省市国民经济和社会发展统计公报。

3. 旅客运输情况

2017 年，全国旅客运输总量 185.1 亿人次（同比下降 2.6%）。根据目前已公布的数据，长江经济带 11 省市旅客总运输量约为 93.3 亿人次，占全国总量的 50.4%。其中，浙江省、江苏省、湖北省、湖南省、四川省旅客运输量均超过 10 亿人次，贵州省超过 8 亿人次，安徽省、江西省、重庆市超过 6 亿人次（见表 14）。

表 14　长江经济带 11 省市旅客运输量基本情况

单位：亿人次，%

省份	旅客运输量	同比增长率
上海	2.1	6.6
浙江	10.8	0.4
江苏	12.8	-4.9
安徽	6.9	-14.8
江西	6.3	2.5
湖北	10.3	0.94
湖南	11.6	-5.4
四川	12.4	-8.99

续表

省份	旅客运输量	同比增长率
重庆	6.3	-0.6
云南	4.7	-3.5
贵州	9.1	2.7
长江经济带	93.3	-2.28

注：湖北、四川两省因缺失2017年最新数据，因此仍沿用2016年数据；资料来源为2016年各地统计年鉴及《国民经济和社会发展统计公报（2016）》。

资料来源：各省市2017年国民经济和社会发展统计公报。

4. 旅游教育情况

2016年长江经济带旅游院校共有1325所，比2015年增加181所，而旅游院校学生数量33.1万人，同比减少5.1万人。从地区分布看，下游地区的江苏省，中游地区的湖北省，上游地区的重庆市、四川省均表现突出，其旅游院校数量、旅游院校学生数量均超过所在流域的其他省市。其中，江苏省旅游院校最多，以238所位列第一；重庆市的学生数量最高，以5.2万人位列第1（见表15）。

表15 长江经济带旅游院校相关指标

单位：所，万人

地区	省份	旅游院校数量	旅游院校学生数量
下游	上海	52	1.7
	浙江	99	3.0
	江苏	238	4.1
	安徽	93	2.1
中游	江西	83	1.7
	湖北	127	3.2
	湖南	97	2.8
上游	四川	119	4.6
	重庆	191	5.2
	云南	169	2.9
	贵州	57	1.8
长江经济带		1325	33.1

资料来源：2016年统计年鉴。

三 长江经济带旅游业协同发展展望

（一）新时代长江经济带旅游业的新实践

1. 明确新时代旅游业新使命

2018年10月，习近平总书记在党的十九大报告中指出，当前“我国社会主要矛盾已经转化为人民日益增长的美好生活需要和不平衡、不充分的发展之间的矛盾”，标志着中国特色社会主义进入了新时代。这一重大判断为旅游业的发展指明了新的方向。长江经济带各省市也进一步明确了未来发展的新使命和新要求。①

上游地区着力推动旅游脱贫。四川省大力推动旅游产业扶贫，加快建设美丽繁荣和谐四川。重庆市按照旅游强国建设“三步走”战略，全力建设全域旅游示范市。云南省着力向观光与休闲度假及复合型结构转型升级，全面构建现代旅游产业体系。贵州省举全省之力推动山地全域旅游发展再升级，助推脱贫攻坚实现同步小康。

中游地区着力推进产业改革。江西省全面深化旅游体制改革，扎实推进全域旅游，努力打造新时代美丽中国的“江西样板”。湖北省明确旅游业发展的新功能定位，推动旅游业改革发展，建设旅游经济强省。湖南省树立战略思维，深化旅游综合改革，探索建立适合全域旅游格局的体制机制。

下游地区着力提升产业能级。上海市发挥龙头城市、桥头堡作用，推进旅游产业转型升级，加快建设具有全球影响力的世界著名旅游城市。浙江省深入推进“旅游+”，着力解决旅游发展中的不平衡问题，全力打造“诗画浙江”中国最佳旅游目的地。江苏省将加快推进“水韵江苏”旅游品牌建设，实现“建设国内领先的旅游强省和国际著名的旅游目的地”的目标。安徽省以“五个一批”工程为抓手，大力建设旅游强省，将旅游业打造成

① 根据国家旅游局网站新闻、中国旅游新闻网报道资料整理。

重要支柱产业。

2. 实施全域旅游发展战略

2018年为“美丽中国—全域旅游年”。《2018年政府工作报告》明确指出“要创建全域旅游示范区”，国务院办公厅也于2018年3月印发《关于促进全域旅游发展的指导意见》，强调要加快推动旅游业转型升级、提质增效，全面优化旅游发展环境，走全域旅游发展的新路子。根据《2017全域旅游发展报告》的统计，截至2017年底，全国500家国家全域旅游示范区创建单位中，长江经济带11个省市共有204家，占全国的40.8%。其中，下游最为集中，创建单位数量为73个，占全流域的35.9%，优势明显。上游和中游分别以66个和65个名列第二、第三位，分别占32.3%和31.8%（见表16）。

表16　长江经济带11省市国家全域旅游示范区创建单位个数（截至2017年底）

地区	省份	国家全域旅游示范区创建单位(个)
上游	四川	28
	重庆	8
	云南	12
	贵州	18
	小计	66
中游	江西	18
	湖北	16
	湖南	31
	小计	65
下游	上海	4
	浙江	19
	江苏	28
	安徽	22
	小计	73
长江经济带		204

资料来源：根据国家旅游局公告及《2017全域旅游发展报告》内容整理。

推进全域旅游发展战略要求地方政府强化区域内旅游业发展和监督管理的统筹协调。旅游主管部门由旅游局升格为旅游发展改革委员会，通过

“局改委”实现由政府直属机构向政府组成部门专报，旨在增强综合协调职能，积极破解“大产业小部门”的现实困境，由旅游部门担任“领头马”，变“一马拉车”为“众马拉车”，合力推动旅游业发展。截至2018年1月，全国完成“局改委”的省市共25个，长江经济带11个省市中已7个完成（见表17），占全国的28%。值得指出的是，除重庆市之外，上游和中游已全部完成“局改委”工作，足见旅游经济在该流域的重要性。

表17　长江经济带11省市旅游部门“局改委”情况（截至2017年底）

地区	省份	局/委	局改委时间
上游	四川	旅游委	2015年11月
	重庆	旅游局	—
	云南	旅游委	2013年2月
	贵州	旅游委	2016年5月
中游	江西	旅游委	2014年2月
	湖北	旅游委	2016年1月
	湖南	旅游委	2016年6月
下游	上海	旅游局	—
	浙江	旅游局	—
	江苏	旅游局	—
	安徽	旅游委	2017年9月

资料来源：根据各省市旅游局新闻整理而成。

3. 大力发展红色旅游

红色旅游是弘扬爱国主义民族精神和时代精神的重要载体。为纪念建党97周年和改革开放40周年，各地的红色旅游活动蓬勃展开。

上游地区传承红色基因，推出专题活动。四川省拥有重要红色旅游景区（点）106个，已发布十大红色旅游精品路线，于2018年6月正式启动了以“新时代、新长征、新四川”为主题的“川西红旅”体验游。重庆市推动革命老区红色旅游发展，于2018年6月正式启动“2018·重庆10+4”红色故里行活动。贵州遵义等地将红色旅游与自然风光相结合，开发了“重走长征路”等体验产品，在历史场景中增强教育功能和文化旅游内涵。

中游地区挖掘精神内涵，提升展质量。江西省创新发展思路，发挥红色旅游扶贫作用，实现经济价值和社会价值的双丰收。湖南立足红色旅游资源优势，积极探索红色旅游国际市场开发新路径，取得了较好成效。

下游地区强化区域合作，联合打造精品。2018 年 7 月 1 日，上海、嘉兴、吉安、遵义、延安五市在上海共同举办了“从石库门到天安门”旅游推介会暨红色旅游宣传片《光芒》首发仪式，上海、遵义近 40 家旅游协会及企业发起成立了沪遵旅游联盟。具体而言，上海市制订红色旅游发展三年行动计划，着力打响上海“红色文化品牌”。浙江省以“南湖红船精神”为核心，加强爱国主义和革命传统教育。江苏省积极打造集红色文化体验、红色研学教育、红色观光休闲等为一体的全国一流红色旅游目的地。安徽省大力弘扬“大别山红色精神”，不断加大红色旅游推进力度。

4. 促进乡村旅游特色发展

党的十九大报告提出了“实施乡村振兴战略”。2018 年中央一号文件多次提及乡村旅游，充分印证了乡村旅游在开展“三农”工作和实施乡村振兴战略中的重要作用。长江经济带各省市禀赋各异，乡村旅游发展基础较好。

上游地区积极开展乡村旅游扶贫工作。四川省以多种创新模式引导各地开展旅游扶贫，激发基层活力，促进农民增收；2017 年，全省实现乡村旅游收入 2283 亿元，带动 3. 7 万户 12. 6 万贫困人口就业增收。重庆市推进乡村旅游“百镇千村万企工程”，打造“巴渝人家”乡村旅游品牌体系，充分发挥乡村旅游精准扶贫效应。云南省成立了旅游扶贫工作领导小组，组织开展云南旅游千企千村帮扶专项行动，全年全省乡村旅游投资将达 210 亿元以上，实现旅游总收入 1600 亿元，预计带动 18 万贫困人口脱贫。贵州省实施“百区千村万户”旅游精准扶贫工程，强化旅游扶贫政策、项目、资金支持。截至 2017 年底共有省级乡村旅游示范区 131 个，乡村旅游扶贫重点村 1104 个。

中游地区不断扩大乡村旅游产业的综合带动效应。江西省着力提升乡村旅游发展质量，打造多元化、差异化乡村旅游品牌。湖北省乡村旅游呈现出多元化、融合化、品质化的发展趋势，已成为促进乡村生态保护、经济发展、文化传播和脱贫致富的重要力量。湖南省积极探索构建“党支部＋旅游公司＋互联网＋农户”的旅游扶贫利益联结机制，确保脱贫过程扎实、脱贫结果真实。

下游地区加快乡村旅游业态创新和产业升级。上海市积极推进旅游特色小镇、民宿等新业态，完善郊野公园的旅游休闲功能，打造市民休闲好去处，全面提升都市乡村旅游品质。浙江省致力于典型村改造提升，加快建设乡村景区。截至2017年底，培育农家乐休闲旅游特色村1155个，特色点2328个，农家乐经营户20463户，带动就业45.4万人。江苏省推动乡村旅游提档升级，塑造乡村旅游品牌，充分发挥乡村旅游经济文化功能。安徽省333个旅游扶贫重点村中有近200个实现脱贫，脱贫人口22.18万，人均增收640元。

（二）新理念下长江经济带旅游业的发展建议

1. 促进长江经济带旅游业绿色发展

坚持“共抓大保护，不搞大开发”，强调要把生态环境建设摆在压倒性的地位，是深入推进长江经济带建设的主线。一方面，粗放发展过程中不断暴露的生态环境问题和资源保护压力，要求旅游业在提升经济效益的同时，进一步明确旅游业的发展底线；另一方面，“绿水青山就是金山银山”，旅游业作为环境友好型、资源节约型产业，是绿色发展的主要载体。因此，在“生态优先、绿色发展”的理念引领下，旅游业成为驱动长江经济带协同发展的重要引擎。

促进长江经济带旅游业的绿色发展，一是构建特色差异、优势互补的区域生态旅游产品体系。上游地区依托良好的自然生态条件，以保护为主，适度开发高品质、低密度的生态康体养生、生态休闲和民俗生态文化产品；而中下游结合环境整治和生态修复，应着力提高旅游生态环境品质，通过都市生态游憩、郊野乡村生态体验和休闲度假产品开发，构建多层次的生态旅游产品体系，提升旅游产业的生态价值。二是促进长江经济带旅游产业本身的集约化、绿色化发展。在娱乐、餐饮、宾馆、交通运输等旅游生产和服务过程中，推广生态、低碳、节能理念和技术，减少资源浪费与污染环境，促进旅游产业绿色可持续发展。

2. 促进长江经济带旅游业高质量发展

推动长江经济带高质量发展，是实现长江经济带生态更优美、交通更顺畅、经济更协调的必由之路。促进长江经济带旅游业高质量发展，一是要深入推进旅游产业供给侧结构性改革，促进长江经济带旅游产业转型和质效提升，促使旅游业从“高速增长”转向“优质发展”。具体而言，上游和中游着力补齐旅游产业短板，加强市场治理，优化旅游供给品质，提高游客的满意度；下游则应加强创新驱动，加快业态和产品创新，推动旅游服务体系的完善，优化市场营商环境和旅游文明氛围。二是通过“旅游+”和“+旅游”，发挥旅游产业的融合带动功能，将旅游业培育成长江经济带的新动能。坚持全域旅游发展理念，推动旅游与文化、创意、农业、工业、商业、康养、医疗、科技、体育等产业的融合，提升旅游产业附加值，增强旅游业对长江经济带的综合贡献。

3. 促进长江经济带旅游业协同发展

长江经济带协同发展是树立“一盘棋”理念，着力打造“长江经济带黄金水道”的重要举措。一是促进上游、中游、下游三大流域内部的区域旅游一体化。以上中下游三大城市群为增长极，促进各流域旅游产业优势互补；以长三角旅游一体化的协同机制为借鉴，以旅游公共服务标准一体化为抓手，推动成渝城市群、长江中游城市群的旅游业一体化发展。二是加强全流域协同，进一步发挥上海作为龙头城市的作用，牵头建立长江国际黄金旅游带的协同发展联席会议机制；依托长江黄金水道，完善旅游通航条件，推进长江游船的标准化、品质化，优化长江游船邮轮旅游路线；结合长江沿线景观大道、自驾车和房车营地、高铁旅游服务中心等载体建设，加强水陆旅游衔接与联动，构建铁路、公路、水路为一体的旅游产品体系和精品路线；挖掘整合上中下游旅游资源优势，构建长江经济带全流域旅游品牌和营销体系，促进旅游市场共享与区域品牌联合推广。

B.13

长江经济带交通运输业发展报告：2017～2018

王晓娟*

摘　要： 2017年长江经济带上中下游交通运输业发展平稳，运输能力和运输结构进一步提升。在运用交通网络里程、交通运输能力、长江干线及港口建设和机场群建设等最新数据，对长江经济带立体交通网络建设和各种运输工具、运输能力进行综合分析的基础上，也提出了目前交通运输结构中的运输方式过度集中，水运效能低，不利于长江经济带产业布局优化的问题。

关键词： 长江经济带　交通运输业　交通运输能力

交通运输是实施长江经济带发展战略的重要基础，是推动发展的先手棋。2017年长江经济带交通建设以“共抓大保护、不搞大开发”为导向，坚持“生态优先、绿色发展”，通过全面落实《长江经济带发展规划纲要》和《长江经济带综合立体交通走廊规划》，着力推进综合立体交通走廊高质量建设，成效显著。

截至2017年底，长江经济带高等级航道为9000公里，完成《规划纲要》明确目标1.2万公里的75%；铁路营运里程为3.7万公里，完成目标的92.5%；公路通车里程达到208万公里。其中，上游地区普通国道二级

* 王晓娟，博士，上海社会科学院应用经济研究所副研究员，主要研究方向为区域经济与交通运输。

及以上公路比重70%的目标已达60.5%，中下游地区90%的目标已完成89%；民航机场100个的目标已完成84个。

一　长江经济带立体交通走廊建设

（一）长江经济带交通网络里程

交通是经济社会发展的通道基础，长江经济带交通网络是贯通长江上中下游构建的双向物流通道，是区域及区域间经济的纵深发展和整体协同的基础保障。自2014年《长江经济带综合立体交通走廊规划》颁布实施以来，公路、铁路和水运交通运输里程持续增加，路网密度得到不断提高，快速、高速交通里程明显增多，道路管理、调控水平明显提升，运输能力大幅增强。从交通数据看，长江经济带公路、铁路、水运、邮政等业务量增长明显，区域高速公路网主通道中4条主骨架（沪蓉、沪渝、沪昆、杭瑞高速公路）已基本建成。

从交通里程的总量和结构看，截至2016年，长江经济带公路总里程达204.43万公里，其中高速公路总里程达51173万公里，约占全国高速公路总里程的39.1%，比上年提高了近5个百分点。铁路总里程达36566.3万公里，占全国铁路总里程的29.5%；内河航道里程基本不变为87952万公里，占全国内河航道里程的69.2%（见表1）。与公路和铁路在全国的占比相比较，长江经济带内河航道优势明显。从交通网络的构成看，长江经济带交通网络中公路的里程远远超过了铁路和内河航道里程，特别是中上游地区，公路里程占比更是高达90%以上。

表1　2016年长江经济带交通运输里程

单位：公里

地区	铁路里程	内河航道	公路里程	高速公路
全国	123991.9	127099	4696263	130973
上海	465.1	2176	13292	825
江苏	2767.4	24383	157304	4657
浙江	2576.9	9765	119053	4062
安徽	4242.6	5641	197588	4543
江西	4010.5	3245	161909	5894

续表

地区	铁路里程	内河航道	公路里程	高速公路
湖北	4138.2	8433	260179	6204
湖南	4719.8	11496	238273	6080
重庆	2102.1	4352	142921	2817
四川	4622.7	10818	324138	6523
贵州	3269.5	3664	191626	5434
云南	3651.5	3979	238052	4134
长江经济带	36566.3	87952	2044335	51173
长江经济带占全国(%)	29.5	69.2	43.5	39.1

（二）水路公路交通固定资产投资

2017年长江经济带地区共完成水路公路交通固定资产投资10873.6亿元。其中，公路建设完成9984.6亿元，占总投资的91.8%，几乎占据全部投资总额，而内河投资占比仅仅为4.23%（见表2）。

根据交通运输部年底总结报告，2017年长江经济带重点推动省际待贯通路段建设，有序推进高速公路重点项目建设和低等级路段升级改造，以“四好农村路”建设为抓手，推进区域交通扶贫脱贫攻坚，区域99.7%的乡镇和98.7%的建制村通上了沥青路、水泥路，上海、江苏、浙江、湖北4省市已率先实现建制村客运全覆盖。

综合客货运枢纽建设也是重点之一，交通部综合规划司按照客运、货运枢纽“十三五”建设方案，积极推进。组织实施了《“十三五”综合客运枢纽和货运枢纽（物流园区）建设方案》，加快完善长江经济带综合枢纽场站建设，并对区域43个客货运枢纽进行了重点推进。

表2　2017年长江经济带水路公路交通固定资产投资

单位：万元

地区	总投资	公路建设	内河建设	沿海建设	其他建设
上海	3300402	1661905	203762	284767	1149968
江苏	6728126	5425568	805868	474932	21758
浙江	15560659	13715420	598300	1245250	1689
安徽	8363187	7787896	532808	—	42483

续表

地区	总投资	公路建设	内河建设	沿海建设	其他建设
江西	4755927	4535080	186533	—	34314
湖北	9871504	8528243	731922	—	611339
湖南	8026210	7640351	341182	—	44677
重庆	5044910	4680840	345942	—	18127
四川	14574428	13811110	540132	—	223186
贵州	16506229	16254680	211220	—	40329
云南	16004620	15805092	102400	—	97127
下游	33952374	28590789	2140738	2004949	1215898
中游	22653641	20703674	1259637	0	690330
上游	52130187	50551722	1199694	0	378769
长江经济带合计	108736202	99846185	4600069	2004949	2284997
全国	227067850	211625349	5544725	6610855	3286919

1. 下游地区的交通投资情况

上海建成12号线、16号线、17号线等一批轨道交通线，轨道交通运营线路总长从468公里增加到666公里，跃居世界城市首位。洋山港四期自动化码头、浦东国际机场第四跑道和第五跑道等重大工程相继建成。东风西沙水源地、黄浦江上游金泽水源地投入使用。世博央企总部集聚区全面建成，国家会展中心建成使用，国际旅游度假区和迪士尼乐园开园运营，临港地区智能制造核心功能初步形成，黄浦江从杨浦大桥至徐浦大桥45公里岸线的公共空间贯通开放。①

江苏省抓交通运输发展黄金时期机遇，以深化交通运输供给侧结构性改革为主线，着力推动交通运输由高速增长阶段向高质量发展阶段转变。2017年江苏省铁路、机场投资比重加大，投资结构进一步优化。铁路建设完成投资408.5亿元，占公、铁、水、空总投资的37%，占比为“十二五”以来最高水平。机场建设完成投资30.7亿元，同比增长46.2%。各种运输方式协调发展、融合发展水平不断提升。公路、水运建设稳步推进，充分发挥压

① 引自2018年《上海市政府工作报告》。

舱石作用。公路建设完成投资 540.9 亿元（其中，高速公路及通道 94.9 亿元，普通国省干线公路 199.1 亿元，集疏散和连接公路 90.8 亿元，农村公路 83.2 亿元，场站建设 72.8 亿元）。水运建设完成投资 122.9 亿元（其中，内河航道 24.7 亿元，港口 87.4 亿元，长江南京以下 12.5 米深水航道 10.8 亿元）。2017 年江苏顺利建成一批交通基础设施重大项目，包括徐州至明光高速公路江苏段、宿州至扬州高速公路江苏段、阜兴泰高速公路兴化至泰州段建成通车，高速公路通车里程达 4688 公里。新建成国省干线公路 423.4 公里，完成新改建农村公路 4309 公里、桥梁 1094 座。建成连云港港徐圩港区西防波堤工程、南通港通海一期码头等港口工程，全省新建成 15 个万吨级以上泊位，新增吞吐能力超过 3000 万吨。①

浙江省以“八八战略”为统领，全力实施 5411 综合交通发展战略、1210 交通强省行动。2017 年开工建设穿山集装箱码头、临金高速、杭州绕城西复线、杭绍台铁路、杭温高铁等重点项目，建成黄泽山油品储运码头，绍诸延伸线、杭长北延等高速公路 220 公里和九景衢铁路。着力建设梅山、金塘大浦口等集装箱码头，甬台温复线、杭绍台高速，杭黄、衢宁铁路等项目。

安徽省 2017 年重点完成了芜湖长江公路二桥、北沿江高速巢湖至无为段等 4 条高速公路建成，新增高速公路 130 公里。国省干线公路加快推进，完成新改建国省干线公路 3400 公里，新增一级公路 318 公里。引江济淮工程引江济巢线、淮河干流航道整治、涡河航道整治等一批项目开工建设。颍上复线船闸、水阳江宣州综合码头建成。②

2. 中游地区的交通投资情况

湖北省将 2017 年确定为交通运输的“重点项目开工年”，启动了一批高速公路、普通国省干线、港口航道、综合客货运枢纽等重点项目，特别是在打造长江黄金水道综合立体交通走廊方面，加快推进“645”工程，开工

① 引自《2017 年全省交通运输经济运行良好》，《新华日报》2018 年 3 月 3 日。

② 引自《安徽省 2017 年交通运输经济运行分析情况》，安徽省政府信息公开网。

建设蕲春水道等航段，确保纳入交通运输部“十三五”内河重点建设项目如期推进。推动了汉江河口三期等项目实质性开工。①

湖南省2017年新开工高速公路400公里，永吉、益娄、武靖、张桑、炎汝扫尾段等5条（段）高速公路建成通车，全省高速公路新增通车里程340.973公里，通车总里程达6419公里，位列全国第5；新改建干线公路1108.086公里；农村公路提质改造13320.986公里；新改建汽车客货运站24个，建成农村客运招呼站3000个；新建千吨级码头泊位6个。②

江西省水运、普通国省道、农村公路投资分别完成21亿元、226亿元、171亿元，同比分别增长75%、56%、93%，投资完成规模均创历年新高，水运建设和枢纽场站建设稳步推进，公路“三网”加快有效衔接。③

3. 上游地区的交通投资情况

四川省2017年新开工成资渝、乐西、宜攀等高速公路和岷江龙溪口航电枢纽等项目，在建高速公路达到968公里。建成通车巴陕高速南关段、雅康高速雅泸段111公里，集团通车高速公路里程达到4204公里。

重庆市2017年兰渝铁路开通运营，建成渝贵快铁，在建铁路达1000公里。开通4条高速公路，省际出口增至19个。完成800公里国省道改造，硬化8000公里农村公路。江北国际机场T3A航站楼及第三跑道投用，国际航线增至69条。果园港铁水联运接驳改造基本完成，龙头、新田、珞璜枢纽港一期建成投用。④

（三）长江航道及港口建设

1. 长江航道建设

长江航道建设一直是长江经济带建设的重点，只有长江能够真正联动上

---

① 《湖北2017年交通投资达805亿元 高速公路将突破7500公里》，湖北省人民政府网站。

② 《2017年度湖南交通运输经济运行分析报告》，湖南省交通运输厅网站。

③ 《2017年度江西省交通运输经济运行情况》，江西交通信息网。

④ 2017年重庆政府工作报告。

中下游地区，能真正发挥黄金水道的功能。而其中三峡大坝、中游地区肠梗阻以及高等级航道占比不高等因素，一直是制约长江航道功能提升的主要因素。

2017 年，国家政策继续倾斜，通过整治“肠梗阻”长江干线航道维护水深得到了持续提高。2017 年 4 月 15 日，长江中游荆江河段航道整治工程昌门溪至熊家洲段工程通过竣工验收，中游航道最低水深从 2.9 米提高到 3.8 米，通航“瓶颈”有效突破。

同时，2017 年长江中游蕲春水道航道整治工程和宜昌至昌门溪河段航道整治二期工程开工建设，标志着长江“645”工程拉开序幕。黑沙洲二期、安庆二期、九龙坡至朝天门段航道整治工程施工有序推进；燕子窝水道、鲤鱼山水道、东北水道、江心洲水道航道整治项目完成交工验收并投入试运行。实施“645 工程”，将有效解决长江干线航道“两头深、中间浅”的突出问题，形成一条超大容量、串起长江中游湘、鄂、赣、皖四省的“水上高速公路”，能够推动武汉长江中游航运中心建设，从而带动沿江综合交通运输体系的提档升级。

全面推进主要支流和长江三角洲分等级航道网项目建设。大芦线航道全面开工：苏申外港线江苏段、京杭运河浙江段、长湖申线浙江段西延工程开工建设；岷江、汉江、湘江、沅水、赣江等高等级航道建设也取得积极进展，全流域的黄金水道格局初步形成。

2. 干线码头泊位建设情况

坚持“绿色发展，生态优先”，长江干线码头 2017 年进行了调整和优化。2017 年长江干线亿吨大港有 14 个，包括太仓港、张家港港、南通港、江阴港、泰州港、镇江港、南京港、马鞍山港、芜湖港、铜陵港、九江港、武汉新港、岳阳港、重庆港。

在管理方面，2017 年出台了《关于进一步加强长江港口岸线管理的意见》《进一步加强长江干线非法码头专项治理工作方案》，水利部编制完成《长江岸线保护和开发利用总体规划》，为加强港口岸线资源保护、开展非法码头专项治理、打击危险废物非法转移倾倒等工作提供了依据。

在长江经济带“共抓大保护、不搞大开发”精神指引下，长江绿色航运取得新突破。按照“放管服”要求，开展港口岸线使用审批管理办法局部修订，优化岸线审批流程。大幅度压缩港口岸线规模，组织开展非法码头专项治理，拆除非法码头959座，修复城市、生态岸线100多公里。

2016年港口码头泊位拥有量见表3，2016年沿海主要规模以上港口码头泊位数见表4。

表3　2016年港口码头泊位拥有量

单位：个，米

地区	总计		生产用		非生产用	
	码头长度	泊位个数	码头长度	泊位个数	码头长度	泊位个数
全国	902835	13616	860933	12923	41902	693
上游	92013	1176	70837	813	21176	363
中游	55573	554	48662	476	6911	78
下游	261918	3350	257995	3284	4220	66
重庆	92013	1176	70837	813	21176	363
宜昌	7412	47	5708	35	1704	12
武汉	22188	231	19436	199	2752	32
黄石	7662	87	7232	81	430	6
九江	18311	189	16286	161	2025	28
安庆	10534	134	8962	111	1572	23
池州	9226	105	9226	105	—	—
铜陵	8313	102	8087	98	226	4
芜湖	14808	148	14808	148	—	—
马鞍山	11389	167	11339	166	50	1
南京	30359	246	29604	234	755	12
镇江	22497	210	22377	208	120	2
泰州	20849	165	20849	165	—	—
扬州	7672	46	7672	46	—	—
江阴	14756	101	14606	99	150	2
常州	4134	32	4134	32	—	—
南通	18477	108	18219	102	555	6
上海内河	88904	1786	88112	1770	792	16

资料来源：《中国交通运输统计年鉴（2016）》。

表4　2016年沿海主要规模以上港口码头泊位数

单位：个，米

地区	总计			生产用			非生产用	
	码头长度	泊位个数		码头长度	泊位个数		码头长度	泊位个数
			万吨级			万吨级		
上海	109222	1152	182	74066	592	172	35156	560
连云港	15817	66	57	15520	64	57	297	2
宁波—舟山	91029	697	163	86089	606	163	4940	91
台州	13118	181	9	12918	179	9	200	2
温州	17257	214	20	17119	213	20	138	1
长江经济带	246443	2310	431	205712	1654	421	40731	656
全国总计	827193	6096	1814	761463	5152	1793	65730	944
占全国(%)	29.8	37.9	23.8	27.0	32.1	23.5	62.0	69.5

资料来源：《中国交通运输统计年鉴（2016）》。

（四）机场群建设情况

航空网络是长江经济带综合交通枢纽和国际通道建设的重要组成部分。从长江经济带的机场地理分布来看，长期以来，长江经济带的航空布局存在一定的不平衡，长江下游省份航空机场密度较大，长江中上游省份机场密度相对较小。但从人口密度比较，机场密度的差异又会缩小。截至2017年底长江经济带共有87个民用与支线机场，新增了江西上饶、河北承德、湖南邵阳机场。

与航运中心相似，长江经济带也基本形成了上中下游三大机场群，但下游机场群集聚度更高。上海浦东和上海虹桥机场是下游机场群的核心，长三角良好的腹地以及高速发展的航空物流，使得上海浦东机场的货运量连年位居世界前列。在上游机场群中，成都已成为国内第四大航空枢纽城市，同时旅游业的发展也带动上游机场群的快速发展。中游机场群中的江西、湖北和湖南三省，航空运输的发展相对滞后。对于中部机场群来说，2017年湖北国际物流核心枢纽项目正式开工建设，意义深远。该项目包括4E级全货机机场、物流运输基地和产业园，目标是建成为全球第4、亚洲第一的航空物流枢纽。顺丰机场建成将在武汉城市圈内形成航空客货双枢纽的格局，使武汉依托鄂州成为继北京、上海、成都之后全国第4个拥有两个大型运输机场的城市。

未来随着政策推动，机场建设将进入新高潮。2017年2月国家发改委和民航局联合发布的《全国民用运输机场布局规划》提出的中国机场规划建设发展目标为：2020年，运输机场数量达260个左右，北京新机场、成都新机场等一批重大项目将建成投产，枢纽机场设施能力进一步提升，一批支线机场投入使用；2025年，建成覆盖广泛、分布合理、功能完善、集约环保的现代化机场体系，形成3大世界级机场群、10个国际枢纽、29个区域枢纽。北京、上海、广州机场国际枢纽竞争力明显加强，成都、昆明、深圳、重庆、西安、乌鲁木齐、哈尔滨等国际枢纽作用显著增强，航空运输服务覆盖面进一步扩大。长江经济带机场分布见表5。

表5　长江经济带机场分布

分地区	机场名称
上游机场	成都/双流、昆明/长水、重庆/江北、贵阳/龙洞堡、丽江/三义、西双版纳/嘎洒、绵阳/南郊、德宏/芒市、宜昌/三峡、大理、遵义、九寨/黄龙、泸州/蓝田、腾冲/驼峰、宜宾/菜坝、毕节/飞雄、南充/高坪、万州/五桥、普洱/思茅、迪庆/香格里拉、西昌/青山、保山/云瑞、达州/河市、临沧、兴义、安顺/黄果树、广元/盘龙、攀枝花/保安营、六盘水/月照、昭通、稻城/亚丁、凯里/黄平、文山/普者黑、黎平、黔南州/荔波、宁蒗/泸沽湖、阿坝/红原、沧源/佤山
中游机场	长沙/黄花、武汉/天河、南昌/昌北、张家界/荷花、赣州/黄金、襄阳/刘集、铜仁/凤凰、景德镇/罗家、井冈山、恩施/许家坪、宜春/明月山、十堰/武当山、衡阳/南岳、黔江/武陵山、永州/零陵、神农架/红坪
下游机场	上海/浦东、上海/虹桥、杭州/萧山、南京/禄口、温州/龙湾、宁波/栎社、合肥/新桥、无锡/硕放、常州/奔牛、南通/兴东、徐州/观音、扬州/泰州、义乌、盐城/南洋、淮安/涟水、连云港/白塔埠、舟山/普陀山、台州/路桥、黄山/屯溪、阜阳、常德/桃花源、池州/九华山、安庆、衢州

资料来源：中国民航总局网站。

二 长江经济带交通运输能量

（一）公路和水路货物运输能力

1. 总体概况

2017 年长江经济带公路和水路共实现货运量、货物周转量分别为 1987874 万吨、74148.5 亿吨公里。公路和水路货运量占全国比重分别为 42.0% 和 66.3%，公路和水路货物周转量占全国比重分别为 35.8% 和 51.6%，基本与 2016 年持平（见表 6）。与全国其他地区相比，长江经济带水运突出，水路货运量、货物周转量在全国水运中占比高。

表 6　2017 年长江经济带公路和水路货运量和货物周转量

地区	货运量（万吨）		货物周转量（亿吨公里）	
	公路	水路	公路	水路
上海	39743	56132	297.9	24174.8
江苏	128915	85668	2377.9	6382.2
浙江	151964	87405	1821.2	8225.1
安徽	278223	113600	5147.1	5480.0
江西	138074	11492	3432.0	251.9
湖北	147609	35883	2738.4	2788.8
湖南	199229	22711	2987.5	499.7
重庆	93978	18500	1068.9	2125.0
四川	155714	7633	1675.1	254.6
贵州	89000	1670	999.0	45.1
云南	124064	667	1360.4	16.2
下游	598845	342805	9644.1	47302.7
中游	484912	70086	9157.9	3540.3
上游	462756	28470	5103.4	2440.9
长江经济带合计	1546513	441361	23905.3	50243.2
全国	3679517	665719	66712.5	97455.0
占全国（%）	42.0	66.3	35.8	51.6

资料来源：中国交通运输部网站。

长江干线航道通过能力不断增强。2017 年长江干线货物通过量达 25 亿吨，同比增长 8.2% 以上，稳居世界内河首位，三峡船闸通过量、货船平均吨位再创历史新高。2017 年，三峡船闸货运量达 1.38 亿吨，超过设计能力近四成；长江干线货船平均吨位为 1630 吨，三峡库区过闸货船平均吨位达 4330 吨，运力结构大幅优化。多式联运加速推进，江海联运已达 14.1 亿吨，占长江干线货运量的一半以上。①

2. 上中下游比较

从货物运输的分布看，与往年相同，长江经济带货物运输依然集中在中游和下游地区。上中下游货运量分别占 24.7%、27.9% 和 47.4%，货物周转量分别占 10.1%、17.1% 和 76.8%。其中，下游地区货物运输占比更加集中，货运量和货物周转量占全区域的一半。而上游地区货运量和货物周转量占比均较低。同时，公路始终是上中下游运输的最主要选择，与其他交通方式相比，公路运输在上中下游货运量占比最大。

（二）公路和水路客运能力

1. 总体情况

2017 年长江经济带公路和水路客运量和旅客周转量出现下降，全年共实现客运量 77.13 亿人，实现旅客周转量 4600.4 亿人公里。从内部结构看，与货物运输不同，旅客运输中水运作用微乎其微（水路客运量、旅客周转量分别仅为全区域公路和水路运输量的 2.7%、0.7%），而公路客运量、旅客周转量占比分别高达 97.3%、99.3%。而根据 2016 年铁路运输数据，公路运输仍然是主要运输方式。

与货物运输不同，全国人员流动在长江经济带程度更高。2016 年，公路和水路客运量、旅客周转量占全国比重分别高达 51.8%、46.7%。同时，与货运有所区别，公路和水运的客运量在全国占比均较高。

---

① 《长江干线年货物通过量达 25 亿吨》，新华网。

2. 上中下游比较

从公路和水路在区域旅客运输中的地位看，中游规模最大。2017 年客运量、旅客周转量分别占长江经济带全区域的 31.3% 和 28.1%，占比较 2016 年有所下降。2017 年下游地区客运量增长速度快于上游地区，旅客周转量占比下游地区最高，为 37.2%，超过了上游地区的旅客周转量占比。

从内部结构看，公路运输无论是客运量还是旅客周转量，在上游、下游均占据主导地位。其中上游客运量、旅客周转量分别为 269623 万人和 1583.3 亿人公里；下游客运量、旅客周转量为 245605 万人和 1696.1 亿人公里，而中游客运量、周转量分别为 239460 万人和 1284.8 亿人公里（见表 7）。

表 7　2017 年长江经济带客运量和旅客周转量

地区	客运量（万人）		旅客周转量（万人公里）	
	公路	水路	公路	水路
上海	3420	446	1163500.0	7780.0
江苏	104566	2431	7468887.0	32579.0
浙江	80579	4279	4315586.0	62612.0
安徽	57040	257	4012960.0	4167.0
江西	52506	268	2772918.0	3398.0
湖北	86693	630	4813890.0	41107.0
湖南	100261	1675	5261540.0	34989.0
重庆	53215	860	2886086.0	56700.0
四川	94249	2359	5227559.0	22226.0
贵州	83500	2198	4637000.0	67040.0
云南	38659	1299	3082690.0	28753.0
下游	245605	7413	16960933.0	107138.0
中游	239460	2573	12848348.0	79494.0
上游	269623	6716	15833335.0	174719.0
合计	754688	16702	45642616.0	361351.0
全国	1459098	28358	97650624.0	778920.0
占全国（%）	51.7	58.9	46.7	46.4

资料来源：中国交通运输部网站。

（三）航空运输能力

提高航空运输能力是打造长江经济带立体交通走廊的重点任务之一。近年来，随着政策推动，机场建设正在进入新一轮投资高峰期。从机场分布看，长江经济带航空运输能力在上中下游地区呈现出明显的发展差异。其中，下游地区航空优势明显，机场网络密度大、可达性好、空侧服务水平高；中游地区机场密度与空侧服务能力最低，虽机场可达性与上游地区基本相当，其航空运输发展总体水平在三大区域中最低；上游地区机场密度较大，但空侧服务能力较低，加之集疏运体系不完善，发展水平与下游地区差距明显。

2017 年长江经济带全国排名前 40 位的机场完成航空旅客吞吐量 4.17 亿人次，占全国的 36.4%，旅客吞吐量主要集中在上游的成都机场和下游地区的浦东和虹桥机场。从货物吞吐量来看，这些规模排名前 40 位的机场共完成货物吞吐量 737.1 万吨，占全国的 45.6%，其中主要集中在下游地区的机场，特别是浦东机场。

2017 年全国十大旅客吞吐量机场中，长江经济带主要机场有 6 个，排进前十位的依次分别是上海浦东（2）、成都双流（4）、昆明长水（6）、上海虹桥（7）、重庆江北（9）和杭州萧山（10）机场（见表 8）。其中，昆明长水机场和上海虹桥机场排名均退后一位。南昌昌北机场虽然排名仅在第 31 位，但排名上升两位，旅客吞吐量增加迅速，首次超过 1000 万人次。上海浦东机场突破 7000 万人次大关。

在全国十大货邮吞吐量机场中，长江经济带也有 6 个，依次分别为上海浦东（1）、成都双流（5）、杭州萧山（6）、昆明长水（8）、上海虹桥（9）和南京禄口（10）。2010 ~ 2017 年浦东机场货邮吞吐量增长缓慢，年均增长率 2.6%。2011 年、2013 年出现了负增长。但由于基数大，增长净值还是较高。昆明长水机场和南京禄口机场分别上升 1 位，2010 ~ 2012 年昆明长水机场货邮吞吐量持续下降，但 2013 年开始稳步上升，2013 ~ 2017 年年均增长率约 10.6%，高于全国机场货邮平均增长水平。而虹桥机场和江北机场则分别下降 1 位，江北机场货邮吞吐量排名第 11 位。

表 8　2017 年长江经济带主要机场排名及吞吐情况

机场	旅客吞吐量（人次）			货邮吞吐量（吨）		
	名次	本期完成	同比增速（%）	名次	本期完成	同比增速（%）
全国		1147866788	12.9		16177345.4	7.1
上海/浦东	2	70001237	6.1	1	3824279.9	11.2
成都/双流	4	49801693	8.2	5	642872.0	5.1
昆明/长水	6	44727691	6.5	8	418033.6	9.2
上海/虹桥	7	41884059	3.5	9	407461.1	-5.0
重庆/江北	9	38715210	7.9	11	366278.3	1.4
杭州/萧山	10	35570411	12.6	6	589461.6	20.8
南京/禄口	11	25822936	15.5	10	374214.9	9.7
长沙/黄花	14	23764820	11.6	21	138737.6	6.5
武汉/天河	16	23129400	11.4	16	185016.7	5.5
贵阳/龙洞堡	22	18109610	19.9	27	102369.7	6.7
南昌/昌北	31	10937105	39.1	35	52262.4	3.3
宁波/栎社	34	9390527	20.5	24	120446.9	12.5
温州/龙湾	35	9285621	13.4	31	75531.9	-2.9
合肥/新桥	37	9147128	23.7	32	63575.0	9.4
丽江/三义	40	7105345	4.7	52	10265.6	10.4

资料来源：中国民用航空局网站。

与周边省市航空机场的迅猛发展相比，武汉天河机场地位下降 2 位。2017 年，武汉天河机场全年旅客吞吐量 2313 万人次，居全国第 16 位，仅相当于成都的 46.6%，低于长沙 64 万人次，客运量自 2010 年起连续 5 年落后于长沙黄花机场。而在货邮吞吐量方面，天河机场货邮吞吐量 18.5 万吨，全国排名第 17 位，分别相当于成都、郑州的 30.5% 和 39.2%。郑州新郑机场在全国排名从 2012 年的第 20 位跃至 2017 年的第 7 位，取代武汉成为中部第 1。2017 年武汉机场旅客吞吐量增长 11.4%，低于郑州 6.3 个百分点，低于长沙 0.2 个百分点。2011 年，郑州机场货邮吞吐量尚落后武汉近 2 成，但近年来，郑州机场货运增幅迅猛，排名从全国第 20 位跃升至第 7 位，创下中国民航界的“郑州速度”。

（四）长江干线港口运输能力

整体来看，2017 年长江干线主要港口货物吞吐量稳步增长，增幅较

2016年略有上升。2017年全年长江干线规模以上港口完成货物吞吐量44.54亿吨，完成外贸货物吞吐量13.47亿吨，完成集装箱吞吐量7554万TEU（见表9）。2017年三峡船闸通过船舶4.3万艘次、旅客39.6万人次，过闸船舶实载货运量1.3亿吨，考虑客船折算三峡船闸通过量达1.38亿吨，均创历史新高。长江干线货船平均吨位为1630吨，三峡库区过闸货船平均吨位达4330吨，运力结构大幅优化。5年来，长江干线规模以上港口货物吞吐量从18.6亿吨增长到24.4亿吨，集装箱吞吐量从1357万TEU增长到1650万TEU，长江干线亿吨大港从10个增加到14个，万吨级泊位从421个增加到581个。

表9 长江干线主要港口货物吞吐量（2017年）

地区	港口	货物吞吐量(万吨)	外贸吞吐量(万吨)	集装箱吞吐量(万TEU)
上游	重庆	19606	659	
	小计	19606	659	
中游	岳阳	12115	443	
	武汉	10018	1026	
	小计	22133	1469	
下游	南京	23913	2399	
	镇江	14429	3426	
	苏州	60774	15393	600
	南通	23569	5718	
	江阴	15878	3345	
	泰州	19706	1784	
	无锡	5312	25	
	连云港	20739	11636	472
	上海	75072	40946	4018
	宁波	100711	47421	2464
	杭州	10786	0	
	嘉兴	9434	67	
	湖州	10515	189	
	芜湖	12823	300	
	小计	403661	132649	
合计		445400	134777	7554
全国		1264420	400181	23680
长江经济带占全国(%)		35.2	33.7	31.9

资料来源：中国交通运输部网站。

从区段份额来看，2017 年上游、中游和下游地区长江干线和长江沿海地区港口分别完成货物吞吐量 19606 万吨、22133 万吨和 403661 万吨，分别占长江经济带干线和沿海港口总货物吞吐量的 4.4%、4.9% 和 90.6%。上游、中游和下游地区分别完成外贸货物吞吐量 659 万吨、1469 万吨和 132649 万吨，绝大部分的外贸货物吞吐量集中在下游地区，上游和中游地区没有集装箱吞吐量，集装箱吞吐量全部集中在下游地区。

三　发展展望与建议

当前随着交通条件改善，长江经济带上中游地区的双向开放度不断提升，越来越多地利用国际国内两种资源。而长期以来中上游地区靠近国内资源地形成的产业布局，已不适应形势的变化，引起生产加工能力和资源市场脱节，大幅度增加了生产和物流成本，降低产业竞争力等问题。交通条件的改善是长江经济带建设的先行军。从货物运输的分布看，长江经济带货物运输主要集中在中游和下游地区，下游地区货物运输占比更加集中，货运量和货物周转量占全区域的一半。而上游地区货运量和货物周转量占比均较低。水路运输具有低成本的优势，但长江黄金水道由于大坝问题和河道季节性问题，中上游地区大量资源和货物需要通过公路和铁路运输。从水路运输看，下游地区水路货运量和货物周转量都具有明显优势，占比分别为 36.54% 和 77.83%。上游地区水路货运量仅仅占其全部货运量的 5.82%，货物周转量占 30%。长江经济带产业布局靠近国内资源，水运资源无法有效利用，同时导致物流成本的增加，在一定程度上降低长江经济带产业竞争力。

加大力度实施长江经济带发展战略，是新时代中国实现高质量发展的必然要求，也是中国科学推进区域战略布局实现可协调发展的重要体现。2018 年，习近平再次强调，新形势下推动长江经济带发展，要“坚持新发展理念，坚持稳中求进工作总基调，坚持共抓大保护、不搞大开发”。如何高质量推进长江经济带交通基础设施建设，特别是贯彻绿色发展的理念，优化和提升立体交通网络的综合效能，提升交通运输的服务能力，特别是提升水运能力、拓展江海联运能力，应该是未来长江经济带交通运输的发展重点。

B.14

长江经济带文化产业发展报告：2017 ~2018

汪　杨　陈嘉欢*

摘　要： 长江经济带作为我国文化产业发展的领先之地，拥有极为丰富的历史文化资源。基于长江经济带综合立体交通走廊的地理优势及区域所有文化产业发展的深厚沃土，长江经济带文化产业已步入良性发展的轨道中，并处于稳健发展阶段，逐步确立文化产业集群的优势地位，并形成区域文化产业多增长极，同时逐渐明晰区域文化品牌。

关键词： 长江经济带　文化产业　文化品牌

习近平总书记指出："提高国家文化软实力，关系'两个一百年'奋斗目标和中华民族伟大复兴中国梦的实现。"文化软实力代表的是文化和意识形态吸引力，是一个国家和地区竞争力的重要组成部分。培育和践行社会主义核心价值观离不开文化的滋润，新时代对文化建设提出了全新的使命与更深的内涵，伴随着人民对美好生活需要的向往和追逐，文化建设必然是这一伟大事业不可或缺的一部分，通过自身强大的精神力量，助力成就伟大梦想。文化的繁荣离不开文化产业的发展壮大——随着文化市场主体的创新和壮大，新型文化业态和文化消费模式的百花齐放以及文化机制体制改革的持

---

* 汪杨，上海社会科学院应用经济研究所，《上海经济》责任编辑，主要研究方向为文化产业；陈嘉欢，上海社会科学院应用经济研究所，《上海经济》责任编辑，主要研究方向为文化产业。

续深入，文化产业所迸发的蓬勃生机势必将通过高质量文化供给及优质文化服务带给民众更为切实的文化获得感和幸福感，进而持续推动社会主义文化强国建设事业的稳步前进。

长江经济带区域作为我国文化发展的领先之地，持续探索着我国文化产业未来发展方向。随着长江经济带建设的不断深入，文化竞争力对于区域经济竞争力的支撑作用日益显著，尤其是在以“不搞大开发，共抓大保护”的建设思路下，文化产业作为天然的绿色产业、绿色经济，正积极推动长江经济带真正走上绿色发展之路，实现保护与开发的有机统一。

一 文化产业总体发展情况

（一）文化产业增加值保持活力增长，占 GDP 比重稳步提升

“十三五”以来，国家再次提升文化产业的高度，并将其定位在国家战略层高度，提出到 2020 年要让文化产业成为国民经济支柱性产业。根据《文化及相关产业分类（2012）》和《文化及相关产业增加值核算方法》的规定和要求，根据国家统计局数据核算，文化产业增加值从 2012 年的 18071 亿元增加到 2016 年的 30785 亿元，首次突破 3 万亿元，占 GDP 的比重从 3.48% 提高到 4.14%，首次突破 4%。

1. 全国文化产业发展现状

全国文化及相关产业在 2016 年的增加值为 30785 亿元，该数据较 2015 年上涨近 13%，GDP 占比达 4.14%，同比增加 0.17%。（见图 1）文化产业增加值占 GDP 比重近年来稳步提升，党的十八大以来整个文化产业更是呈现出迅速增长态势，文化及相关产业发展保持稳中有升的快速增长格局，对经济的转型和升级起到促进作用，也有利于社会的平稳健康和可持续发展。

按活动性质分，文化产品生产所创造的增加值与文化相关产品的生

产创造的增加值分别为 19655 亿元和 11130 亿元，较上年有 15.1% 和 9.5% 的增长，占文化及相关产业增加值的比重分别达 63.8% 和 36.2%。[①]

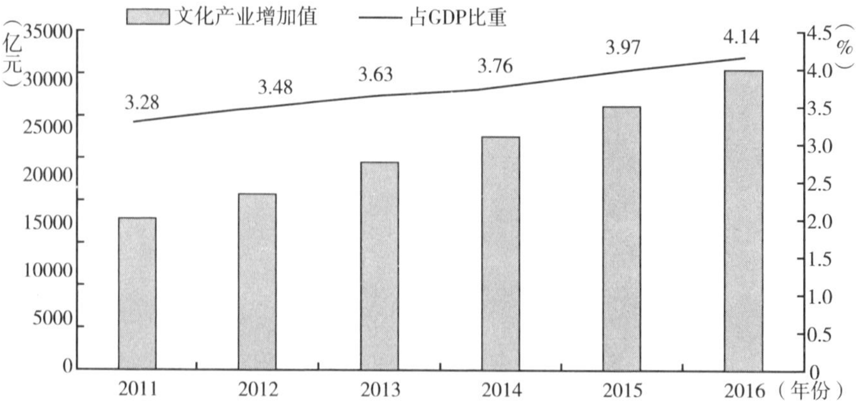

图 1　2011～2016 年占文化产业增加值及其占 GDP 比重

资料业源：公开资料整理。

分行业类型来看，2016 年文化制造业、文化批发零售业和文化服务业的增加值分别为 11889 亿元、2872 亿元和 16024 亿元；比上一年分别增长了 7.6%、13.0% 和 15.0%；占文化及相关产业增加值的比重分别为 38.6%、9.3% 和 52.1%（见图 2）。其中，文化服务业以绝对优势成为推动文化产业发展的核心力量（见图 3）。此外，2016 年全国居民用于文化娱乐的人均消费支出为 800 元，比 2013 年增加了 38.7%；属于文化服务业的文化娱乐支出占全部消费支出的 4.7%，高于 2013 年的 4.4%。说明文化产业已有明显升级改善并进一步优化结构。2017 年全国规模以上文化及相关产业企业营收增速见图 4。

2. 长江经济带整体文化产业发展现状

2016 年长江经济带整体文化产业实现增加值 15210.64 亿元，占 GDP 比

① 相关报告：智研咨询发布的《2018～2024 年中国文化产业投资基金产业竞争格局及发展趋势研究报告》。资料来源：公开资料整理（下同）。

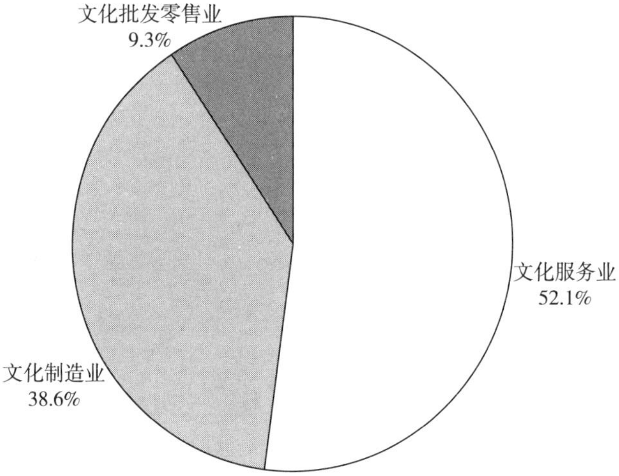

图2　2016年文化及相关产业营收构成

资料来源：公开资料整理。

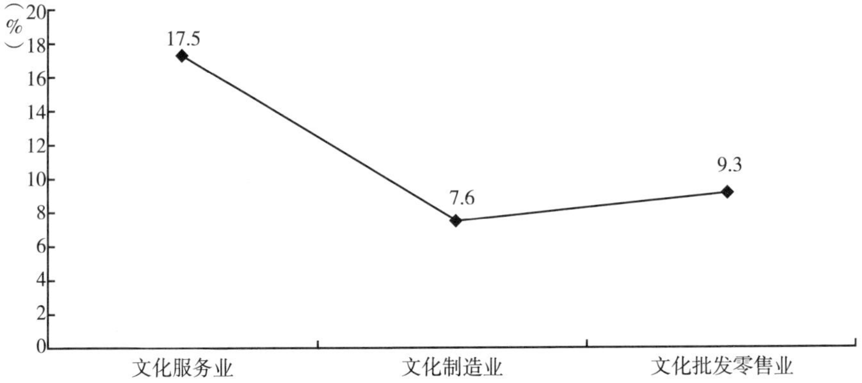

图3　2016年文化及相关产业营收增速对比

资料来源：公开资料整理。

重4.11%，较上年进一步提升。其中，长江经济带上游地区文化产业实现增加值2655.41亿元，占GDP比重3.21%；长江经济带中游地区文化产业实现增加值3116.78亿元，占GDP比重3.78%；长江经济带下游地区文化产业实现增加值9438.45亿元，占GDP比重5.35%（见表1）。

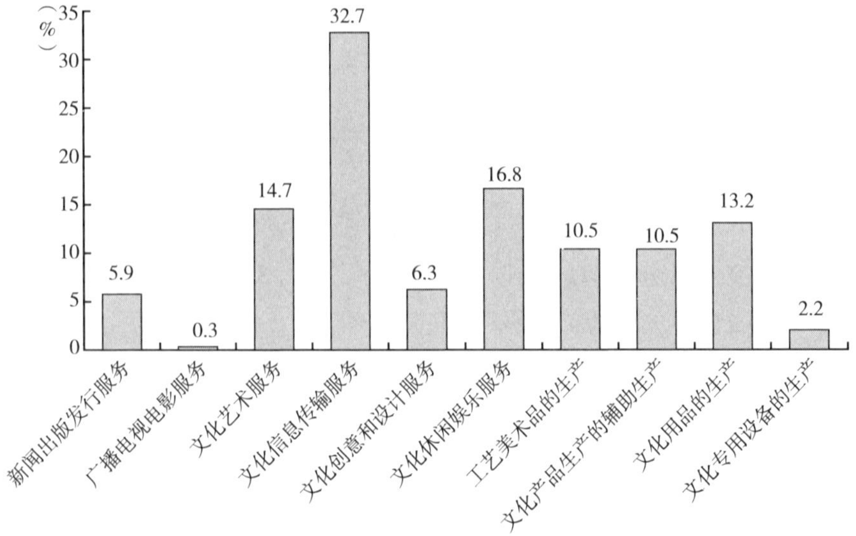

图 4　2017 年全国规模以上文化及相关产业企业营收增速

资料来源：公开资料整理。

表 1　分地区文化及相关产业增加值及占 GDP 比重

单位：亿元，%

地区	2015 年		2016 年	
	增加值	占 GDP 比重	增加值	占 GDP 比重
全国	27235.00	3.95	30785.00	4.14
长江经济带	13521.41	4.07	15210.64	4.11
下游	8333.87	5.21	9438.45	5.35
上海	1632.68	6.50	1861.67	6.61
江苏	3481.94	4.97	3863.90	4.99
浙江	2385.54	5.56	2745.57	5.81
安徽	833.71	3.79	976.31	4.00
中游	2839.23	3.77	3116.78	3.78
江西	613.89	3.67	702.98	3.80
湖北	853.78	2.89	954.48	2.92
湖南	1371.56	4.75	1459.32	4.63
上游	2348.31	3.24	2655.41	3.21
重庆	540.48	3.44	592.69	3.34
四川	1141.21	3.80	1323.78	4.02
贵州	241.57	3.12	285.29	2.42
云南	425.05	2.58	453.65	3.07

注：2016 年分地区文化产业增加值数据包含研发支出。

资料来源：中国文化及相关产业 2017 年统计年鉴。

近几年，政策东风频吹，文化产业蓬勃发展，经济结构转型调整，文化产业格局初现。在不断推出的利好政策和市场机制调节下，部分省市地区文化产业后发优势开始体现出来，并且越发明显。纵观整个长江经济带，文化产业增加值均呈现稳步提升态势。下游地区，以上海、江苏继续领先，文化产业增加值较上年分别增长14%和11%；浙江省文化发展迅猛，文化产业增加值较5年前实现翻倍增长；安徽省文化产业增加值较上年增加了17.1%，文化产业增加值占GDP比重实现4%突破。中游地区，江西、湖北、湖南文化产业增加值较上年分别增加14.5%、11.8%和6.4%，但与其他省份相比，湖北在整体发展水平上仍有差距。上游地区，四川省以龙头地位居榜首，从2012年的936.4亿元到2016年的1323.78亿元，四川文化产业增加值增幅超过41%。从“一带一路”倡议到特色文化产业，再到藏羌彝文化产业走廊，重庆、贵州、云南文化也紧跟步伐，乘势发展，文化产业增加值较上年分别增加9.66%、18.1%和7.06%，贵州文化产业的后发优势愈加明显。

（二）文化产业固定投资增速持续降低，资本仍集中在中上游

2016年，全国文化产业固定资产投资33712.9亿元，比上年增长16.67%。投资规模持续扩大，但增速已明显减缓，2014～2016年分别为24.41%、21.96和16.67%，增长率逐年降低。其中，长江经济带文化产业固定资产投资增长率为20.26%，虽高于全国水平，但较2014年同期的28.22%下降了近7.96个百分点。其中，长江经济带下游、中游和上游的文化产业固定资产投资增长率分别为12.97%、15.45%和40.04%，较2014年的25.11%、22.40%和47.60%，均呈现明显下降的态势。值得注意的是，下游地区文化产业固定资产投资增长率下降最为明显，较2014年数值下降近一半，上游地区文化产业固定资产投资率相对较小，下降幅度仅为3.68个百分点（见表2）。

从长江经济带文化产业固定资产投资上中下游占比情况来看，上游地区（2014年占比为20.88%，2015年占比为23.74%，2016年占比为27.65%）

文化产业固定资产投资额逐年增加，成为文化产业投资追逐的热点区域，资本仍集中在中上游；与之相对应，中游（2014年占比为34.08%，2015年占比为34.50%，2016年占比为33.12%）和下游地区（2014年占比为45.04%，2015年占比为41.76%，2016年占比为39.23%）占比逐年下降，但依旧保持着全国文化产业领域固定资产投资的高占比地位。

表2　分地区文化及相关产业固定资产投资情况

单位：万元，%

地区	2014年投资	较上年增长率	2015年投资	较上年增长率	2016年投资	较上年增长率
全国	236950339	24.41	288979574	21.96	337129263	16.67
长江经济带	103318513	28.22	130582821	26.39	157033784	20.26
下游	46536367	25.11	54529042	17.11	61602647	12.97
上海	2551302	13.11	1959561	-23.19	2134231	8.91
江苏	24098064	32.22	26412230	9.6	28242972	6.93
浙江	10747329	26.21	14423125	34.20	16597737	15.08
安徽	9139672	11.48	11734126	28.39	14627707	24.66
中游	35208683	22.40	45048389	27.95	52010600	15.45
江西	11839336	23.76	14574845	23.11	16012504	9.86
湖北	11091809	26.90	13851636	24.88	15988591	15.43
湖南	12277538	17.40	16621908	35.38	20009505	20.38
上游	21573463	47.60	31005390	43.72	43420537	40.04
重庆	7593029	83.76	11873347	56.37	17245903	45.25
四川	8070662	20.30	9387277	16.31	12568452	33.89
贵州	2205423	107.30	5208059	136.15	8865502	70.23
云南	3704349	36.61	4536707	22.47	4740680	4.50

资料来源：《中国文化及相关产业统计年鉴（2017）》。

（三）文化企业规模和收入均持续高速增长，发展基础不断增强

截至2016年底，我国共有规模以上文化企业54728家，资产总额98992亿元，分别比上年增长10.9%和18%。2017年，对全国规模以上文化及相关产业进行调查，共调查相关企业5.5万家，共计实现营业收入91950亿

元，较上年增加10.8个百分点。[1] 增速提高3.3%，增速持续保持在较高水平。2018年第一季度，据对全国规模以上文化及相关产业调查，增速持续较快增长，5.7万家被调查企业共实现营业收入19052亿元，同比增加了10.5%。[2]

2017年度，文化及相关产业中共计10个行业的营业收入均实现增长。其中，有4个行业的增长值达到了两位数。分别为：以“互联网+”为主要形式的文化信息传输服务业营业收入值为7990亿元，增加了34.6%；文化艺术服务业以434亿元，增加17.1%；文化休闲娱乐服务业实现1545亿元，增加14.7%；文化用品的生产达到33665亿元，实现了11.4%的增长（见表3）。

2018年第一季度，文化及相关产业9个分行业的营业收入继续保持增长。其中，4个行业同样实现了两位数增长。分别是：新闻信息服务业收入1740亿元，增加了34.6%；文化投资运营实现60亿元，增长26.0%；创意设计服务2220亿元，增长14.5%；内容创作生产3889亿元，增长12.1%（见表4）。

表3　2017年全国规模以上文化及相关产业企业营业收入情况[3]

单位：亿元，%

项目	绝对额	比上年增长
新闻出版发行服务	3566	7.2
广播电视电影服务	1749	6.1
文化艺术服务	434	17.1
文化信息传输服务	7990	34.6
总计	91950	10.8

① 名义增长，未扣除价格因素。

② 名义增长，未扣除价格因素。

③ 行业分类标准2017年度执行《文化及相关产业分类（2012）》，东部地区包括北京、天津、河北、上海、江苏、浙江、福建、山东、广东、海南10个省（市）；中部地区包括山西、安徽、江西、河南、湖北、湖南6个省；西部地区包括内蒙古、广西、重庆、四川、贵州、云南、西藏、陕西、甘肃、青海、宁夏、新疆12个省（市、自治区）；东北地区包括辽宁、吉林、黑龙江3个省。

续表

项目	绝对额	比上年增长
文化创意和设计服务	11891	8.6
文化休闲娱乐服务	1545	14.7
工艺美术品的生产	16544	7.5
文化产品生产的辅助生产	9399	6.4
文化用品的生产	33665	11.4
文化专用设备的生产	5168	3.7
东部地区	68710	10.7
中部地区	14853	11.1
西部地区	7400	12.3
东北地区	988	-0.9

注：①表中速度均为未扣除价格因素的名义增速；

②表中部分数据因四舍五入的原因，存在总计与分项合计不等的情况。

分区域看，东部地区规模以上文化及相关产业企业2017年度营业收入达到68710亿元，占到全国的近3/4，为74.7%；2018年第一季度营业收入达到14500亿元，超过全国3/4，达76.1%。2017年度中部地区营业收入为14853亿元，占全国比重16.2%，西部地区以7400亿元占8.0%，东北地区较为弱势，仅988亿元，占1.1%。到2018年第一季度，该指标值在中、西、东北三个区域的数值分别为2723亿元、1630亿元和198亿元，全国占比有小幅变化，分别为14.3%、8.6%和1.0%。增速方面来看，西部地区增长最快，2017年度该地区增加12.3个百分点；中部地区紧跟其后，增加11.1个百分点；东部地区增加了10.7百分点；东北地区下降0.9个百分点，是唯一一个下降的区域，但降幅比上年收窄12.1个百分点。2018年第一季度，继续保持上年趋势，西部地区继续领跑，增速为14.7%，东部地区和中部地区增速分别为10.5%和9.0%，东北地区增速持续下降，但3.0%的降幅比上年同期持续收窄8.5个百分点。

表4　2018年第一季度全国规模以上文化及相关产业企业营业收入情况①

单位：亿元，%

项目	绝对额	比上年增长
新闻信息服务	1740	34.6
内容创作生产	3889	12.1
创意设计服务	2220	14.5
文化传播渠道	2080	7.8
文化投资运营	60	26.0
文化休闲娱乐服务	296	2.4
文化辅助生产和中介服务	3592	8.4
文化装备生产	1497	1.7
文化消费终端生产	3677	5.4
总计	19052	10.5
东部地区	14500	10.5
中部地区	2723	9.0
西部地区	1630	14.7
东北地区	198	-3.0

注：①表中速度均为未扣除价格因素的名义增速。

②表中部分数据因四舍五入的原因，存在总计与分项合计不等的情况。

2016年长江经济带区域规模以上文化企业的法人单位总数在全国占比为48.45%，2013年资产规模与营业收入在全国占比分别为45.85%和33.07%。长江经济带下游及中游地区规模以上文化企业法人单位数量增幅明显，分别为19.58%和16.38%，体现出迅猛的发展势头。

从规模以上文化制造企业单位数增长率看，2016年整个长江经济带平均增长率2.25%高于全国值（1.4%），其中以中游地区的5.7%最高。规模以上文化服务业企业单位数增长率也呈现上升趋势，其中2016年长江经济带中游和上游地区规模以上文化服务业企业单位数较上年均有超过30%的增长率，显示出后发地区的巨大发展空间（见表5）。

① 行业分类标准2018年度执行《文化及相关产业分类（2018）》。

表5　分地区文化企业基本情况比较（2015～2016年）

单位：个

地区	规模以上法人单位数		规模以上文化制造业企业单位数		限额以上文化批发和零售业企业单位数		规模以上文化服务业企业单位数	
	2015年	2016年	2015年	2016年	2015年	2016年	2015年	2016年
全国	49356	54728	20079	20361	8620	9604	20657	24763
长江经济带	23664	26513	9974	10198	3972	4428	9718	11887
下游	15398	16829	6484	6527	2446	2773	6468	7529
上海	2294	2362	416	389	227	288	1651	1685
江苏	6820	7571	2788	2831	1056	1180	2976	3560
浙江	4377	4616	2284	2218	820	853	1273	1545
安徽	1907	2280	996	1089	343	452	568	739
中游	5157	6002	2578	2725	858	931	1751	2346
江西	1033	1251	621	692	64	77	348	482
湖北	1652	1814	540	569	445	452	667	793
湖南	3919	2937	1417	1464	349	402	736	1071
上游	3079	3682	912	946	668	724	1499	2012
重庆	864	946	215	189	171	175	478	582
四川	1361	1543	485	483	273	284	603	776
贵州	390	565	105	131	98	113	187	321
云南	464	628	107	143	126	152	231	333

资料来源：《中国文化及相关产业统计年鉴（2017）》。

（四）居民文化消费水平趋于平稳，区域间、城乡间文化消费水平差距依旧显著

2016年，全国居民用于文化娱乐的人均消费支出为800.0元，同比增加5.25%；文化娱乐支出占全部消费支出的比重达到4.7%，与上年基本持平。分城乡看，2016年城镇居民人均文化娱乐消费支出1268.7元，增长4.3%，占城镇居民人均消费支出的比重为5.5%，比上年减少0.2个百分点。农村居民人均文化娱乐消费支出为251.8元，增长5.4%，占农村居民人均消费支出的比重为2.5%，比上年减少0.1个百分点（见表6）。城乡居民文化消费水平日趋平稳，持续稳定地拉动文化产业的可持续发展和良性循环。

表 6　分地区居民人均文化娱乐消费支出占比情况（2016 年）

单位：元，%

地区	全国			城镇居民			农村居民		
	人均消费支出	人均文化娱乐支出	占比	人均消费支出	人均文化娱乐支出	占比	人均消费支出	人均文化娱乐支出	占比
全国	17110.7	800.0	4.7	23078.9	1268.7	5.5	10129.8	251.8	2.5
长江经济带	17884.5	896.8	5.0	22859.4	1331.3	5.8	11257.0	284.8	2.5
下游	24956.6	1417.7	5.7	28990.9	1778.8	6.2	14786.3	408.9	2.8
上海	37458.3	2638.2	7.0	39856.8	2898.1	7.3	17070.8	429.0	2.5
江苏	22129.9	1311.8	5.9	26432.9	1733.6	6.6	14428.2	556.9	3.9
浙江	25526.6	1209.2	4.7	30067.7	1636.3	5.4	17358.9	441.1	2.5
安徽	14711.5	511.7	3.5	19606.2	847.2	4.3	10287.3	208.5	2.0
中游	14965.9	681.0	4.6	19708.5	1099.7	5.6	10232.2	269.9	2.6
江西	13258.6	538.0	4.1	17695.6	887.8	5.0	9128.3	212.4	2.3
湖北	15888.7	589.7	3.7	20040.0	897.3	4.5	10938.3	222.9	2.0
湖南	15750.5	915.2	5.8	21420.0	1514.1	7.1	10629.9	374.3	3.5
上游	13730.9	591.8	4.3	19878.7	1115.5	5.6	8752.5	175.7	2.0
重庆	16384.8	681.4	4.2	21030.9	1025.7	4.9	9954.4	204.8	2.1
四川	14838.5	625.9	4.2	20659.8	1159.4	5.6	10191.6	200.0	2.0
贵州	11931.6	519.5	4.4	19201.7	1129.7	5.9	7533.3	150.3	2.0

资料来源：《中国文化及相关产业统计年鉴（2017）》。

2016 年，长江经济带上中下游居民文化消费支出成为拉动区域文化产业发展的主要动力。根据《中国文化及相关产业统计年鉴（2017）》数据，2016 年长江经济带居民家庭人均文化消费支出较 2015 年增长了 8.89%，低于 2015 年 12.62% 的增幅。

从区域来看，2016 年长江经济带中下游居民人均文化娱乐消费支出增长率分别 10.86% 和 10.22%，同比均呈现下降态势。

从绝对数的估算来看，2016 年下游地区的上海、江苏、浙江三省市居民人均文化娱乐消费支出皆超过 1000 元。其中，上海居民人均文化娱乐消费支出超过 2500 元，下游区域依旧领跑文化消费（见表 7）。

而长江经济带文化消费的城乡差距依旧明显，长江经济带全流域城镇居民人均文化娱乐消费支出是农村居民人均文化娱乐消费支出的4.67倍，比上年的4.59倍略有提高。但长江经济带上游地区的这一比值为6.35（云南省城乡差距仍是最大，为7.77倍），与中游地区的4.07倍及下游地区的4.35倍差距较上一年度有所缩小。此外，值得注意的是，上游区域城镇居民人均文化消费水平甚至超出了中游区域水平。

表7　分地区居民人均文化娱乐消费支出（2015～2016年）

单位：元

地区	全国		城镇居民		农村居民	
	2015年	2016年	2015年	2016年	2015年	2016年
全国	760.1	800.0	1216.1	1268.7	239.0	251.8
长江经济带	823.6	896.8	1257.9	1331.3	273.9	284.8
下游	1286.2	1417.7	1604.5	1778.8	405.1	408.9
上海	2372.8	2638.2	2593.2	2898.1	473.9	429.0
江苏	1266.7	1311.8	1700.0	1733.6	512.7	556.9
浙江	1093.0	1209.2	1462.9	1636.3	440.9	441.1
安徽	412.4	511.7	661.9	847.2	193.0	208.5
中游	614.3	681.0	996.7	1099.7	251.1	269.9
江西	552.3	538.0	921.9	887.8	217.8	212.4
湖北	551.8	589.7	823.9	897.3	235.0	222.9
湖南	740.7	915.2	1244.3	1514.1	300.4	374.3
上游	569.7	591.8	1096.0	1115.5	165.6	175.7
重庆	653.7	681.4	1002.0	1025.7	184.3	204.8
四川	584.7	625.9	1087.1	1159.4	194.7	200.0
贵州	506.5	519.5	1126.6	1129.7	147.0	150.3
云南	533.8	540.5	1168.4	1147.3	136.5	147.6

资料来源：《中国文化及相关产业统计年鉴（2017）》。

居民文化消费水平可以从一个侧面反映出该区域文化产业发展活跃度。而随着城镇化不断推进以及“特色小镇”的建成与发展，居民文化消费结构也将进而发生相应变化，有利于推进区域文化产业的转型升级。根据住建部认定的第一批与第二批特色小镇情况，长江经济带流域的特色小镇数量成倍增长，必将引领多元化发展（见表8）。

表8　第一批、第二批全国特色小镇

单位：个

地区	第一批(2016年10月14日公布)	第二批(2017年8月22日公布)
全国	127	276
长江经济带	56	118
下游	23	46
上海	3	6
江苏	7	15
浙江	8	15
安徽	5	10
中游	14	30
江西	4	8
湖北	5	11
湖南	5	11
上游	19	42
重庆	4	9
四川	7	13
贵州	5	10
云南	3	10

资料来源：分开资料整理。

二　重点区域发展现状及特点

根据《2017年度中国省市文化产业发展指数》，2017年全国各省市综合指数排名与上年相比有一定幅度的变动。整个长江经济带中共有5个省市进入全国前十名。上海在社会影响、市场环境和公共环境方面有突出表现，稳居第2；江苏凭借文化资源和文化资本的优势排名第3；浙江凭借人力资源和市场环境的优势排名第4。上述三省市文化产业发展各有亮点，构成第二梯队。湖南通过深化文化资源发展和加强文化产业社会影响力排名第7；四川依靠深挖特色文化产业之路位列第8。

从数值来看，2017年全国省市文化产业均值达到74.10，比2016年的73.71有小幅提升，并高于2016年指数增速。根据对2010~2017年指数变化分析，我国文化产业发展指数的平均值基本以正增长形势分布，可以概括为以下几个时期——2010～2011 年的高速发展期、2012～2014 年的稳步增长期、2015～2016 年的平稳发展期，2017 年文化产业发展指数再次呈现增长态势。

根据2017 年中国文化消费指数，我国文化消费综合指数已由 2013 年的 73.7 上升到2017 年的81.6，平均增长率为2.6%，且保持上涨态势。此外，稳步上升的还有文化消费环境和消费满意度指数。其中，文化消费环境指数以年平均增加 6.9% 的趋势，实现上升速度最快。数据表明，在过去四年中，随着我国不断改善的文化消费环境，更加丰富的文化产品种类选择，越加多样和便捷的消费渠道，都为居民文化消费营造了良好氛围。2017 全国部分省市综合指数排名见图 5。

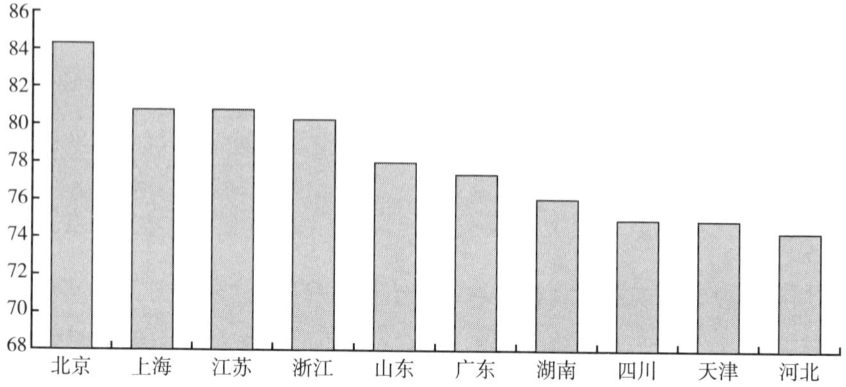

图 5　2017 年全国部分省市综合指数排名

资料来源：公开资料整理。

（一）长江经济带下游地区：先发优势领跑文化产业新发展

长江经济带下游地区有其独特的地理优势，不仅仅是跨流域文化交汇融合之处，更是传统文化与世界文化交流互通之所，拥有文化多样性和包容性。以下游地区为代表的第二梯队，2016 年文化产业发展保持领先，辐射并覆盖整个长江经济带，多领域全方位地对全国政治、经济、文化、社会等产生影响力。

凭借先发优势，长江经济带下游地区凭借其丰富良好的文化资源、多层次文化消费市场、完善的商业金融服务体系、文化品牌优势等构建起文化发展第一梯队。日趋完善的政策服务体系，吸引高水平文化企业、文化人才聚集，配套的产业资源和活跃的投融资环境让文化产业发展如虎添翼。

从产业发展的整体态势来看，长江经济带下游地区文化产业发展规模继续保持着良好的增长态势，较上年增长值均达到两位数：2016 年，上海文化产业实现增加值 1861.67 亿元，同比增长 14%，占地区生产总值比重为 6.61%，较上年增加 0.11 个百分点；浙江省文化产业实现增加值 2745.57 亿元，年均增长 15.1%，占地区生产总值的比重为 5.81%；江苏省文化产业实现增加值 3863.90 亿元，同比增长 11%，占同期 GDP 的比重为 4.99%；安徽省文化产业增加值 976.31 亿元，同比增长 17.1%，占 GDP 比重首次超过 4%。

从文化消费来看，典型的“城乡二元”结构依然是长江经济带下游地区文化消费的基本形态——尽管区域内居民文化消费水平开始趋于平稳，但城乡居民文化消费间的差距依旧明显，不过值得注意的是，这种差距比上年已略有下降。

从产业业态及产业链来看，基于移动互联网和人工智能等的新型传媒文化业态将成为文化产业快速发展的新引擎，以“互联网 +”为主要形式的文化信息传输服务业发展迅猛。2017 年上半年全国规模以上文化及相关产业企业营业收入增长 11.7%，以“互联网 +”为主要形式的文化信息传输服务业增速最快，同比增长 32.7%，占文化产业增加值的 7.7%。在最近的这一年时间里，上海发挥文化产业国有资本一家独大的优势，先后通过设立 50 亿元双创文化产业投资母基金、100 亿元众源母基金的“组合拳”频频撬动文化市场，激活民间资本，加快推动电影、网络游戏、网络视听等一批重点文化产业升级发展。作为互联网大省的浙江，其本土的数字阅读、数字出版、网络剧、互联网娱乐、动漫、游戏等也迎来发展新机遇。2016 年 10 月《关于加快把文化产业打造成为万亿级产业的意见》的出台，清晰勾画了 2020 年浙江文化产业发展面貌。

（二）长江经济带中游地区：渐成文化产业发展助推器

长江经济带中游地区有着浓重深厚的历史文化资源，以赣文化、湘文化、楚文化为代表的江西、湖南、湖北三省正加速发展文化产业，竞相成为长江中游文化产业第一大省。

从产业发展的整体态势来看，长江经济带中游地区文化产业发展增速始终超过本区域 GDP 增速，占 GDP 比重逐渐增加：2016 年江西省文化产业增加值 702.98 亿元，同比增长 14.5%；湖北省文化产业增加值为 954.48 亿元，同比增长 11.8%；2016 年湖南省文化产业增加值约 1459.32 元，同比增长 6.4%，占 GDP 的比重为 4.63%。而根据最新数据，2017 年湖南实现文化产业增加值 2196.18 亿元，首次迈上 2000 亿元新台阶；比上年增长 14.9%（未扣除价格因素影响，下同），增速比同期 GDP 现价增速高 5.3 个百分点，明显高于同期经济发展。

从文化消费来看，城乡居民的休闲文化生活更加丰富多彩，文化需求较快增长，长江经济带中游地区居民人均文化娱乐消费增长明显，占全部人均消费支出比率已接近全国平均水平，而城乡文化消费比率与下游地区接近，且差距较上一年度有所缩小。2017 年湖南省城乡居民人均文化娱乐支出增速分别高出人均生活消费支出增速 12.5 个和 9.2 个百分点。

从产业业态及产业链来看，长江经济带中游地区各省文化及相关产业固定投资增速放缓开始趋于稳定，但资本仍相对集中于中游地区。凭借深厚的文化底蕴，借助各种政策扶植、投资环境优化等，助推中游地区文化产业进一步发展，逐步确立了长江经济带中游地区文化产业发展助推器的地位。江西省在文化市场、公共文化服务、古村落、文化遗产、创意设计、乡村振兴等领域先后下发了不下 22 个政策文件，促进文化大繁荣大发展。湖南文化产业勃勃生机的背后则是改革创新的成果显现，在大力实施国有文化企业兼并重组的同时，当地一批优秀骨干文化企业积极涌现。2017 年湖南全省规模以上文化产业企业 3162 家，比上年同期增加 465 家，规模扩张快于全国。据对上述企业调查，2017 年全省规模以上文化产业企业实现营业收入

4385.23亿元，同比增长12.2%，高出全国平均增速1.4个百分点。而作为全国第三大教育中心的湖北，文化人才富集名副其实。不仅是文化创新创造的主力军，也是文化消费最为旺盛的群体，引领文化产业发展未来。

（三）长江经济带上游地区：深挖特色文化产业富矿

作为多元民族文化交流汇集之地，融合发展，丰富业态创新，成为长江经济带上游区域深挖特色文化产业富矿的总体方针。该区域中多样化的少数民族文化、宜居的地理环境、宜人的气候条件、独具特色的旅游资源等，成为长江经济带上游区域打造富有地方特色和民族风情、文化产业与旅游产业互融互通的区域文化产业发展环境的优势所在。

从产业发展的整体态势来看，长江经济带上游地区文化产业正逐步进入良性发展阶段：2016年，重庆市文化产业增加值592.69亿元，占GDP比重达3.34%，与上年基本持平；四川省文化产业实现增加值达1323.78亿元，占GDP达4.02%；云南省文化产业实现增加值453.65亿元，占GDP比重为3.07%；贵州省文化产业增加值285.29亿元，同比增长7.06%，后发优势愈加明显。2017年全省与文化及相关产业10个行业的营业收入实现全面增长。其中，文化专用设备的生产增长最快，增速超过200%；文化休闲娱乐服务业、文化艺术服务业、广播电视电影服务业和文化产品生产的辅助产业均实现了20%以上的增速。

从文化消费来看，长江经济带上游地区城镇居民人均文化消费水平甚至超出了中游区域水平，农村居民人均文化消费仍处于较低水平，但长江经济带上游地区城镇居民人均文化娱乐消费支出是农村居民人均文化娱乐消费支出的6.35倍，较上一年度的7.08倍已有所下降。

从产业业态及产业链来看，围绕区域内非遗资源、文旅资源、民族文化艺术资源等相互融合，探索建立“藏羌彝文化产业园区”，长江经济带上游地区文化产业发展模式愈加清晰与成熟。随着区域内各省市系列政策的出台，在文化产业大发展大繁荣时期，长江经济带上游地区具有鲜明特色的文旅融合。

三　发展趋势与存在问题

（一）长江经济带促进长江文化带的形成，文化产业的发展亦将有力地支撑长江经济带的系统发展；但目前各区域间的发展层次不一致，行政壁垒、要素市场流动障碍等依旧对长江经济带的后续发展产生负面影响

长江经济带作为我国最发达的农业产区和商业集散区，历史文脉深厚，沿江历史名城众多，在漫长的历史发展过程中，长江沿岸城市间的互动逐渐构筑出独特的历史文化空间，汇聚了巴蜀文化、荆楚文化、吴越文化乃至各少数民族文化在内的丰富的历史文化资源和文化体系。目前，长江经济带地区也汇聚了长三角城市群、长江中游城市群、成渝城市群三大跨区域城市群、黔中城市群以及滇中城市群量大区域性城市群，六大城市群均有自己独特的特色文化，且集聚了一定规模的文化产业集群，拥有相当数量的文化品牌。虽然长江绵延六千余公里，但在类似的自然气候、相近的经济运行方式、频繁舒畅的商贸航运以及贯穿东西的移民整合的联合推动下，长江区域始终保持着频繁的商贸交流以及文化交融，以城市为中心的长江文化带也随之生成。

长期以来，长江经济带九省二市发展基础和经济水平参差不齐，东中西部文化市场不统一、文化资源分割、文化产业生产要素脱节，进而导致到各省发展任务、发展目标以及发展战略存在较大差异。加之区域间产业同质化、重复建设现象严重，区域市场分割、要素市场流动存在障碍且行政壁垒始终难以消除，极大影响了长江经济带的发展，阻滞了长江经济带各区域之间实现文化互融互通，进而也导致长江经济带文化产业难以系统地、有机地、有序地、高效地筹谋发展，难以对长江经济带的后续发展提供有力文化支撑。

长江经济带作为拥有文化认同和共同价值的有机整体，经济与文化间的

紧密关系和积极互动将有效推进经济文化化以及文化经济化。作为区域核心竞争力的重要因素，文化将为长江经济带提供新的经济机会，通过促发东中西部经济跨越均衡发展，提升长江经济带竞争力，促进长江经济带的整体发展是未来可期的发展趋势。

（二）少数民族文化储备深厚，可开发潜力巨大，但受地理环境、产品开发、人才资源等条件制约，文化资源开发进程迟缓

长江经济带区域包括了苗、彝、藏、土家、布依、回、壮、仫佬、侗、哈尼等三十余个少数民族，总人口数近1亿。各少数民族均有自己独特的民族文化，民族文化地域性明显，聚居区特色明显，历史文化沉淀丰富，少数民族文化资源开发的主体实力优势明显。此外，该区域还拥有大量的自然资源，可以连通进行文化旅游产业的开发，有利于对文化资源和旅游资源进行多层次多角度开发和利用。目前，已经产生了有一定影响力的文化品牌。

通过文化多层次交流、多领域传播、多区域贸易等形式，引领民心相通、促进文化包容及融合。在长江经济带各省市所制定的文化发展“十三五”规划中，优化文化产业区域布局，加强文化交流，为推广少数民族文化从机制建设、合作平台、品牌建设、文化发展、贸易合作等方面提供了有效途径和广阔视角。

但由于少数民族多集中在上中游区域，相对封闭的地理环境对少数民族文化的开发和利用产生了一定的负面影响。而民族文化产品开发流于表面、产品形式单一且同质化程度高、质量欠佳等因素也导致其竞争力薄弱，加之当地缺少专业文化产品经营公司，文化产业人口缺口较大，导致少数民族文化资源开发进程迟缓，文化产业链难以完善，文化品牌影响力薄弱等状况。

（三）文化产业集群发展逐渐成熟，但就区域而言发展仍不均衡，集群产业链不完善，投融资渠道依旧相对单一且狭窄，投融资体制不完善、模式有待健全

就行业而言，长江经济带中文化产业集群相对集中在新闻出版行业以及

广播影视业，但作为文化核心层的文化艺术产业尚未真正形成产业集群。就区域而言，各中心城市均作为集群发展中心而存在，首位度极高，但其他地区依旧处于起步阶段，无论是数量还是质量方面，均难以与各中心城市相匹敌。同时，各地文化产业集群之间特质不鲜明，缺乏差异化发展规划，存在同质化倾向，这一倾向不予以阻滞势必影响长江经济带文化产业集群的可持续发展进程。

就产业链而言，文化产业集群总体仍处于成长初期，无论是园区空间集聚度，分工协作层次、产业构成和分布，还是集群产业张力及辐射力等领域仍处于较低层面。尤其值得注意的是，短时期内难以通过有效配套来实现上下游产业间的良性互动，更难以提升产业链的互补性及黏合度。

就投融资渠道而言，当前文化产业集群的投资主体依旧是政府，集群发展主要依赖于政府的政策支持或投资导向。但政府的投资对集群发展所需的资金总量而言仍有较大差距，同时由于其他投融资渠道“输血”不畅，缺失有效的市场引入机制，缺乏有效的多元化市场培育环境，将对文化产业集群的后续发展产生负面影响。

（四）技术变革促发文化产业发展领域不断拓展，催生出新的产业形态及经济增长点，但当前业态融合尚处于探索阶段，尚未激发最大潜能

在大数据和“互联网+”时代，极具依附性和吸纳性的文化产业与相关产业互联互通，催生新的产业形态和经济增长点——从2017年文化及相关产业的营业收入数据来看，文化及相关产业增长形势喜人，均实现了两位数的增长。其中，以“互联网+”为主要形式的文化信息传输服务业增幅达到32.7%；文化休闲娱乐服务业增幅达到16.8%；文化艺术服务业、文化用品生产、工艺美术品生产以及文化产品生产的辅助生产的增幅分别达到14.7%、13.2%、10.5%及10.5%。文化产业及其相关产业间的互融互通互补互动已进入良好循环状态，在破除行业及行政地域壁垒、促进产业创新

融合、创造新型跨界业态等方面，均体现出强大的生命力，创造出全新的发展动能。业态融合是文化产业适应市场经济发展的必然趋势。

近年来，我国对文化创意产业发展极为重视，提出要着力推进文化业态创新，并颁布了一系列推进文化产业发展的规划纲要，如《关于推进文化创意和设计服务与相关产业融合发展的若干意见》着眼于提升国家文化软实力和产业竞争力，培育国民经济新增长点的重任付诸推进文化创意和设计服务等新型、高端服务业；《文化部“十三五”时期文化产业发展规划》亦将文化产业定位为国民经济支柱性产业，将文化产业提升到社会发展和国民经济的战略地位，特别是在稳增长、促改革、调结构、惠民生等方面，“文化+”和“互联网+”双战略将进一步拓展至国民经济的各个领域；《关于推动数字文化产业创新发展的指导意见》则明确了国家鼓励数字文化产业发展的信号，势必推动文字文化产业进一步创新发展。

虽然宏观层面动力明显，但不可否认，目前我国文化企业依旧产业规模不大、核心竞争能力有限、人员资金紧缺、创新能力不足、投融资渠道单一、升级投入有限等问题，短期之内难以达到政府预期的经济目标。

基于经济结构调整、产业转型升级、生态环境保护、技术大变革等多种影响和机遇，作为经济学界公认的“无烟工业”——文化产业势必将会在长江经济带今后发展过程中占据更为重要的地位，更将在长江经济带区域国民生产总值中占有更大比重。

四　对策与建议

就产业发展而言，随着“互联网+”、数字创意产业、人工智能、共享经济、知识经济等高层次、高质量、高精度的新型业态发展模式的涌现，文化产业的跨界运行催生出一系列适应市场化运作的、多元化的、多层面融合的新型业态，同时带动了一系列文化消费新模式，确立了文化产业发展的新目标。

从政府角度而言，作为文化产业发展的领先之地，长江经济带各地政府始终保持着对文化产业的强大的支持力度，无论是体现“浙江速度”的文化产业“万亿元产业级”政策，还是上海着眼于打造国际文创中心的“文创 50 条”，都对文化产业这一 21 世纪的朝阳产业的顺利发展提出了包括构建现代文化市场体系、资源要素引导集聚、推动重点领域加快发展等系列举措和扶持意见。

随着文化科技融合的不断推进，沿线省市“十三五”文化产业发展规划的持续落实见效，长江经济带的文化产业将进入又一突破性发展时期。

（一）充分利用长江经济带文化共性，建长江经济带文化产业走廊，为区域发展注入全新活力

长江经济带东西绵延数千公里，东起以上海为中心、经济发达的长三角地区，该地区是中国现代文化产业的发源地，是当代中国文化、科技与资本融合度最为紧密的地区之一；中间发展速度滞缓的中部诸省市，该地区历史文化底蕴深厚，文化产业集群亮点颇多；西接经济相对落后的云贵川地区，但在文化产业领域，同样有着极大的发展空间和潜力。将绿色发展融入文化繁荣之中，将有助于促进文化产业的可持续发展，更可推进长江经济带保护与开发的和谐统一。

随着长江经济带综合交通走廊逐渐成形，长江经济带文化产业发展可依赖现代多元立体交通格局，在全新的自然历史条件下，以创新的思维、多元的手段、原创的内容深化长江经济带文化产业建设，借由长江文明的复兴，助力长江经济带的新一轮发展。在这一全新发展大势之下，长江经济带九省二市应将整个经济带视同一体、互融互动、互通有无。相对领先的下游地区应当在技术、制度上对上游、中游地区予以扶持；而上游和中游地区应当利用区域内独特的人文及自然禀赋优势，积极借助下游地区所提供的有利条件，进行实质性的合作。

通过关注长江文化的共通点，传承共性意识，全力构建长江文化共同

体，体现集群优势；在文化建设中，形成文化的长江品牌优势，打造带有鲜明长江文化特质的旅游文化带，形成全流域独有的思想文化、价值理念、历史遗存、视觉标识、文创产品、艺术文化生产体系等文化衍生；打造具有长江共性的文化产业区，重点加强长江经济带各省市优势文化产业领域的深度对接和合作；搭建长江经济带文化产品综合展示交易平台，促进上中下游间的文化产业交流和互补，助力上中下游文化产业链的完整构建，推动文化产业经营的规模化、系列化以及品牌化，实现文化创新与经济发展间的有效、有机互动；联合上中下游政府、研究界、投资界及产业界多方力量，打造全流域、整体性的文化发展政策支持体系，为长江经济带的文化产业快速、健康、持续发展提供政策保障；尝试设立长江经济带文化联席会议制度，整合区域内文化产业管理体制机制，健全区域内现代文化市场治理体系。

（二）将文化资源与自然资源充分融合，全方位多角度开展长江经济带少数民族文化资源开发

随着“一带一路”倡议的不断推进，长江经济带特别是上游地区少数民族文化资源开发务必坚持“可持续”的原则——满足当下对文化的开发需求，并在获取经济发展的同时更要保护好文化资源，切不可因过度开发而造成文化生态资源不可逆的损害。通过建立民族文化特质显著的民族文化旅游区，既可以保持当地原有的风土人情，亦可以将之品牌化推至文化市场。

在坚持尊重民族文化多样性、独立性、特质性和完整性的基础上，打造民族特质明晰、富有竞争力的文化产品，并组建树立有影响力的少数民族文化品牌；围绕民族文化可持续发展策略，在多方面加入少数民族特有文化符号，促进文化产业与少数民族地区社会各阶层、各领域间的跨界融合，创新少数民族地区文化产业发展方式，进而将传承与革新相融合，打造富有生命力、竞争力的少数民族特色文化产品。

少数民族文化需要持续、有序开发，优秀的人才队伍是保证——无论是

行政管理的推进，还是经营方式的推陈出新，抑或是服务水平的改善提升，均需要专业人士的推行。具有现代文化知识、管理技能的少数民族文化工作者是民族文化研究和传承，更是文化产业持续推进、提升的重要力量。利用长江经济带的整体发展优势以及“一带一路”倡议的联动优势，鼓励沿线文化人才交流，在引进优秀文化产业人才的同时，抓好当地文化从业人员的培训工作，引入各方力量优化人才培养和激励机制。

少数民族的节庆活动是少数民族文化集中体现节点，随着节庆开发逐渐为文化产业发展所认同，如何利用好少数民族节庆活动助力当地少数民族聚居区的经济文化建设，在全国乃至全世界范围内提升该区域的知名度。在丰富当地少数民族民众日常文化的同时，促进全区域不同民族间的文化交流与融合。

（三）建立长江经济带文化产业集群投融资相关制度、模式，加强政策支持

目前，长江经济带文化产业集群逐渐成熟化、规范化，在规避同质化倾向的同时，着重选取优势或新兴产业开展差异化竞争发展。同时，对重点企业以及新趋势企业在政策上予以扶持、资金上予以倾斜，尤其是选取尚处于萌芽期且有潜力的产业予以扶助。

在区域发展方面，在保持中心城市发展优势的同时，务必针对城市群区域文化产业集群发展制定有针对性的措施，将中心城市的中心极效应及辐射效应予以最大能效的发挥，并实现中心城市与城市群各区域之间的良性互动，进而带动城市群乃至辐射区域的健康发展。

务必将整个文化产业集群的投融资建设作为系统工程进行考量，构建措施需分步骤进行，首先选取有发展潜力，与现有成熟集群关联度大的文化行业，通过政策扶持、系统培育，发挥其引领作用。

完善投融资系统构建，明确集群产业链及集群退出机制——针对目前集群产业链存在的问题，长江经济带文化产业发展可以联合区域内优势金融资源，建立投融资系列制度鼓励集群企业完善其产业链，助力主导产业的延伸

和关联产业的衍生，加速产业链的完整化和延长化。与此同时，亦应建立和完善集群加入退出机制，且注意抑制盲目过度的扩张冲动。

丰富集群投融资机制体制及模式，拓宽投融渠道——在长江经济带内，推广下游先进地区的成功经验，深化文化产业及集群投融资机制体制改革，放宽投融资领域，形成集合政府投入、银行贷款、企业资金、民间资本、境外资金等多渠道、多元化投融资机制，创新投融资模式，拓宽投融资渠道，构建文化产业公共服务平台，推动金融对文化产业的支持，并探索文化无形资产评估和流转。

加强投融资政策支持，扶持文化复合型人才和新型文化业态——随着文化产业跨界融合的趋势越发明晰，在传统事业机制下的文化人才原有的知识储备以及产业运营能力亦继续更新提升，进而增强基于文化资源的创新能力、与金融资本的融通能力、针对其他产业的学习能力。更要引进国内外高素质的文化产业人才，并可通过资金资助、协助融资等方式引导集群企业主动引进人才。与此同时，基于政府财政资金的扶持，吸纳多元资本设立鼓励业态发展的基金，进而促进文化产业的各方实践。

（四）将文化产业作为催化剂，带动长江经济带各项产业和谐发展，从根本上促进区域产业结构调整

长江经济带拥有丰富的文化产业内容及人力资源以及广阔的文化消费市场，利用“文化+”以及“互联网+”的业态融合力量，将传统文化产业赋予互联网时代应有的特征——在技术和内容上均有所创新且跨界融合。

从方式上，政府可引导重点培育新型文化产业项目，促进“互联网+文化产业”的形成；利用高校及科研院所的力量，有力推动文化产业与科研优势的紧密结合；基于中微小企业在文化产业发展中的积极探索，消融因地域差异而导致的经济增长方式单一、经济增长后续乏力等问题；在此基础上，利用互联网优势，将文化产业与其他现有传统产业有机融合，形成新的交叉产业，激发新的经济增长点，进而促进区域产

业结构根本性调整，使得文化产业成为地区优化产业结构、提升地区竞争力的支点。

在文化产业的区域协调发展以及区域内外联动的推动下，基于立体化、全方位发展的大格局，文化产业务必发掘长江经济带各省市间的协同效应，实现高层次的集约化经营、科学化管理和专业发展，推动文化产业与其他产业融合、跨界发展，实现互惠互赢，进而成为未来我国文化产业区域化发展的重要标杆。

Abstract

Annual Report on Development of Yangtze River Economic Belt (2017 - 2018) is the third book of the Blue Book Series on the Yangtze River Economic Zone, and also is one of the achievements of the National High-end Think Tank organized by the Innovation Team of the Yangtze River Economic Zone of the Shanghai Academy of Social Sciences. This report takes the overall development of the Yangtze River Economic Zone as the research object. It is divided into four parts: general report, index paper, city and society article and industry article. On the one hand, the index of green development, technological innovation and industrial transformation of 110 cities in the Yangtze River Economic Belt are comprehensively evaluated and ranked by using statistical data and government reports. On the other hand, a comprehensive comb of industry, agriculture, service industry, financial industry and tourism in the Yangtze River Economic Zone has been made, and a comparative study of the development of the three major urban agglomerations in the region has been made. The publication of these indexes and the study of the development of major industries and cities have important decision-making reference value for the construction of the Yangtze River Economic Zone.

In index part, there are four main development indexes. Firstly, based on eight influential evaluation index systems, the author constructs the evaluation index system of urban green development in the Yangtze River Economic Belt, to evaluate the green development level of 110 cities in the region. The results analyze the regional differences and socio-economic influence factors of green development in the Yangtze River Economic Belt. Secondly, based on the improved evaluation index system of science and technology innovation in the Yangtze River Economic Belt, this report systematically and comprehensively evaluates the Yangtze River Economic Belt from four dimensions: scientific and technological innovation investment, technological innovation carrier, technological innovation output and technological innovation performance. Thirdly, in response to the Central Committee's innovation driven and high quality development requirements, the author optimized the evaluation index system and expanded the evaluate sample to all the 110 cities in the Yangtze River Economic Belt, in order to have a more comprehensive analysis of the industrial transformation and upgrading of the Yangtze River Economic Belt. The Social Development Index focuses on the comprehensive performance of major cities in the Yangtze River Economic Belt in terms of social undertakings, social security, social balance and social vitality. It consists of four primary indicators, nine secondary indicators and 15 third-level indicators, forming the Yangtze River Economic Belt Social Development Index.

In city and social reports, The author makes a comparative analysis of the general situation and the development in 2017 of the three urban agglomerations. It concludes that there are obvious regional differences in the basic situation, development stage, development level and structural characteristics among the three urban agglomerations. The social structure report pointed than the trend and characteristics of the social structure evolution of 11 provinces and cities in the Yangtze River Economic Belt, analysied the trend, current situation and problems of the social structure evolution in Shanghai, including population, family, marriage, education, employment and income, etc; And also refered the impact of the social structure evolution trend of the Yangtze River Economic Belt on the social structure.

The industry reports focus on the development of industrial economy and agriculture, service, travel and transport industrial, and have a overall anyalise on those main industries. The industrial economy of the Yangtze River Economic Belt runs smoothly and is better than expected. Industrial production and investment growth rate have rebounded, and economic benefits have improved significantly. The computer, communications and other electronic equipment manufacturing industry maintains smooth development; the development of chemical raw materials and chemical products manufacturing industry is quite different between member regions. The Yangtze River Economic Zone has about 27% of the agricultural land and about one-third of the cultivated land in

China. More than one-half of the country's agricultural employment population is in the Yangtze River Economic Zone. Modern service-oriented is the objective demand for the transformation and upgrading of the manufacturing industry, the Yangtze River Economic Belt as one of the most important economic development zones in our country, we have shouldered the important historic mission of taking the lead in transforming the mode of economic development and constantly optimizing the industrial structure. The financial development level of the Yangtze river economic belt drops slightly, insurance depth increased slightly, and the regional financial development differences continue to shrink, the financial business occupies a large proportion in the country.

Contents

Ⅰ General Report

Abstract: In 2017, surrounding environment protect and repair has been Become the core of Yangtze River Economic Belt construction. In order to build the model belt of China's ecological civilization construction, innovation drive belt, coordinated development belt overall strategic deployment, the Yangtze River Economic Belt cities ecological priority, green development strategy, adhere to the surrounding environment and the practical problems in economic development. From the top design aspects of health promoting steadily to a concrete project, the Yangtze River Eeconomic Belt became the one of the important economic growth point in China. On the whole, the economic development of all provinces and cities in the Yangtze River Economic Belt shows a trend of maintaining high growth rate. With the main indicators operating within a reasonable range, the driving force and structure of economic growth gradually improving, and the quality of economic development steadily improving. In the construction of the people's livelihood, the various provinces and cities in 2017 degree is higher and higher to the attention of the people's livelihood issues, social undertakings developed rapidly and the per capita disposable income increased steadily. The differences between urban and rural areas narrowed, medical and health undertakings continued to improve, we will further improve the employment security system, the core city of population appeal to further strengthen, to further improve the urbanization level, people's living standards improve. Along with the planning of ecological environment protection in the Yangtze River Economic Belt, the Yangtze River Economic Belt from the use of water resources, water conservation, the environmental pollution control, risk prevention and control of task goal more detailed and quantitative, about promoting the development of the Yangtze River Economic Belt green shipping guidelines, further the strategic layout of the Yangtze River Economic Belt green shipping system, the Yangtze River Economic Belt and green ecological construction career progressed steadily.

Keywords: Yangtze River Economic Belt; Economic Development; Social Development; Ecological Construction; Green Development

Ⅱ Index Reports

B. 2 Comprehensive Evaluation of Urban Green Development Index in the Yangtze River Economic Belt in 2018 *Ma Shuang* / 031

Abstract: Nowadays, the green development has become an important development pattern. Many countries regard the green development as important measure to achieve regional sustainable development. Based on eight influential evaluation index systems, this paper constructs the evaluation index system of urban green development in the Yangtze River Economic Belt, to evaluate the green development level of 110 cities in the region. The results analyze the regional differences and socio-economic influence factors of green development in the Yangtze River Economic Belt. Finally, this paper puts forward some policy suggestions to improve the level of regional green development.

Keywords: Yangtze River Economic Belt; Green Development; Comprehensive Evaluation

Abstract: Based on the improved evaluation index system of science and technology innovation in the Yangtze River Economic Belt, this report systematically and comprehensively evaluates the Yangtze River Economic Belt from four dimensions: scientific and technological innovation investment, technological innovation carrier, technological innovation output and technological innovation performance. According to the comprehensive index and four special indexes, 110 cities were ranked, and the top 20 important cities in the Yangtze River Economic Belt's technological innovation driving force rankings were analyzed.

Keywords: Yangtze River Economic Belt; Driving Force of Technological Innovation; City Development

Abstract: In response to the Central Committee's innovation driven and high quality development requirements, this article optimized the evaluation index system in "Annual Report on Development of Yangtze River Economic Belt (2016 –2017): B. 3 Evaluation Report about the Industrial Transformation and Upgrading of the Yangtze River Economic Belt". Also this article expanded the evaluate sample to all the 110 cities in the Yangtze River economic belt, in order to have a more comprehensive analysis of the industrial transformation and upgrading of the Yangtze River Economic Belt. The evaluation results show: The lower reaches has reasonably system and obvious advantage, but environmental friendliness needs to be upgraded; the structure of the middle reaches is upgraded steadily, but industrial innovation needs to be strengthened urgently; although the upstream lags behind now, it has a high input-output ratio, rapid innovation growth, opportunities coexist with challenges and risks.

Keywords: Yangtze River Economic Belt; Industrial Transformation and Upgrading; City Development

Abstract: This report focuses on the comprehensive performance of major cities in the Yangtze River Economic Belt in terms of social undertakings, social security, social balance and social vitality. It consists of four primary indicators, nine secondary indicators and 15 third-level indicators, forming the Yangtze River Economic Belt Social Development Index. According to the index score, Zhoushan's social development is the best among the 50 key cities in the Yangtze River Economic Belt, followed by Shanghai and Huzhou. The report focuses on the social development of the 14 important node cities in the Yangtze River Economic Belt, the differences in the social comprehensive index scores of the upper, middle and lower reaches, and the Long and short board of each city in the field of social development. The study found that compared with other social fields, the performance of 14 important node cities in the development of social equilibrium is lacking, and the mid-stream cities have become the depression in the social field of the Yangtze River Economic Belt. In the future, the Yangtze River Economic Belt should pay attention to the leading role of social development planning, and at the same time make up for the vacancy in the social development of the middle reaches of the Yangtze River. It will focus on long-term and short-board, and further promote the stable and sustainable development of the social zone of the Yangtze River Economic Belt.

Keywords: Social Development Index; Social Undertaking; Social and People's Livelihood; Yangtze River Economic Belt

Ⅲ City and Social Reports

Abstract: The Yangtze River Delta urban agglomeration, urban agglomeration in the middle reaches of the Yangtze River and the Chengdu-Chongqing urban agglomeration are the most active areas with the highest concentration of population and resources, the highest level of comprehensive development, and are the important growth poles supporting the development of the Yangtze River Economic Belt. This paper makes a comparative analysis of the general situation and the development in 2017 of the three urban agglomerations. It concludes that there are obvious regional differences in the basic situation, development stage, development level and structural characteristics among the three urban agglomerations. The problems of unbalanced and inadequate development among the three urban agglomerations and among different cities are still obvious. Moreover, the actual functional area of the three urban agglomerations is less than the planned area. Therefore, the primary task of the development for the three urban agglomerations is to promote the coordinated development of the cities within every urban agglomeration and cultivate their own functions. Then, the government should strengthen the development links between the three urban agglomerations and cultivating them as an important engine to promote the economic development of the Yangtze River Economic Zone and even China.

Keywords: Yangtze River Economic Belt; Urban agglomeration in Yangtze River Delta; Urban Agglomeration in the middle Reaches of the Yangtze River; Chengdu-Chongqing Urban Agglomeration

B. 7 Research On the Harmonious Development of Social Structure in the Yangtze River Economic Belt (2017 -2018)

Zhou Haiwang / 177

Abstract: This report mainly includes four aspects: Firstly, the trend and characteristics of the social structure evolution of 11 provinces and cities in the Yangtze River Economic Belt, Secondly, the trend, current situation and problems of the social structure evolution in Shanghai, including population, family, marriage, education, employment and income, etc; Thirdly, the impact of the social structure evolution trend of the Yangtze River Economic Belt on the social structure of Shanghai; Fourthly, it puts forward some ideas and suggestions to promote the coordinated development of the social structure between Shanghai and the Yangtze River economic belt, such as solve the contradictions in social structure, give full play to the comparative advantages of the provinces and cities in the Yangtze River Economic Zone, resolve the shortcomings in the development of the provinces and cities, and promote the optimization of the social structure of Shanghai and the Yangtze River Economic Zone.

Keywords: Yangtze River Economic Belt; Social Structure; Coordinated Development

Ⅳ Industry Development Reports

B. 8 Report on the Industrial Development of the Yangtze River Economic Belt (2017 -2018)

Fan Fuzhuo / 214

Abstract: In 2017, the industrial economy of the Yangtze River Economic Belt runs smoothly and is better than expected. Industrial production and investment growth rate have rebounded, and economic benefits have improved significantly. The computer, communications and other electronic equipment manufacturing industry maintains smooth development; the development of chemical raw materials and chemical products manufacturing industry is quite different between member regions; the development of electrical machinery and equipment manufacturing industry is generally faster and automobile manufacturing industry keeps growing fast. 2018 is the key year for the implementation of the 13th Five-Year plan, the Yangtze River Economic Belt should make active efforts to transform and upgrade traditional industries, stimulate enterprise investment vitality, and promote coordinated regional development, and maintain the healthy and steady development of the industrial economy.

Keywords: Yangtze River Economic Belt; Industry; Steady Development

Abstract: In 2016, the Yangtze River Economic Zone has about 27% of the agricultural land and about one-third of the cultivated land in China. More than one-half of the country's agricultural employment population is in the Yangtze River economic zone. The Yangtze River economic zone has invested nearly one third of the country's agricultural investment. The agricultural added value of the Yangtze River Economic Zone accounts for 43% of the whole country. Compared with the planting industry, the forestry and fisheries industry account for a higher proportion of the country. The region is the main producing areas of rice, potato, rubber, lacquer, camellia, tobacco, tea, citrus, pork, honey and aquatic products. And these kinds of products all account for more than half of the country's output.

The land output rate of grain and rapeseed in the Yangtze Economic Zone is obviously higher than the national average. From the level of agricultural modernization, the contribution rate of agricultural science and technology in the Yangtze River Economic Zone is generally higher than the national average. The agricultural labor productivity, the land output, the degree of mechanization and facilities in the middle and lower reaches of the region are relatively higher than that in upstream area and national average.

In recent years, the area of cultivated land has declined. The grain output is relatively stable. The proportion of the employment in agriculture is declining year by year. The proportion of the agricultural employment population in the whole country has declined. The proportion of agricultural investment in the whole country is increasing, and the contribution to the national agricultural economy is increasing.

In 2018, the provinces and cities in the Yangtze River Economic Belt will actively implement the strategy of rural revitalization, closely surrounding the structural reform of agricultural supply side. They will continue to optimize supply structure, improve the quality of agriculture products and impove the efficiency of resource utilization. They will follow the green ecological guidance, and promote the sustainable development of agriculture.

Keywords: Yangtze River Economic Belt; Agriculture; Modern Agriculture

Abstract: General Secretary Xi Jinping clearly pointed out: "Take the protection and not developing as the guide to promote the development of the Yangtze River economic belt." Modern service-oriented is the objective demand for the transformation and upgrading of the manufacturing industry, the Yangtze River Economic Belt as one of the most important economic development zones in our country, we have shouldered the important historic mission of taking the lead in transforming the mode of economic development and constantly optimizing the industrial structure. The overall development of modern service industry in the Yangtze River Economic Belt is stable and orderly in 2017 - 2018. Each of the upper, middle and lower reaches has its own advantages and characteristics. The inter-regional integration and interaction continues increasing and the coordinated development is notable. However, there is still a decline in the proportion of service industries in some urban areas. The green development model is still exploring the initial stage and the problem of poor inter-regional coordination and fragmentation is still exist. It is suggested that consensus be formed and security be enhanced at the same time. Interaction between the economic belt along the Yangtze River and the Belt and Road should be enhanced so as to promote the development of modern service industry, highlight the comparative advantages and achieve a coordinated and coordinated development between provinces.

Keywords: Yangtze River Economic Belt; Modern Service Industry; Green Development

Abstract: In 2017, the financial development level of the Yangtze river economic belt drops slightly, insurance depth increased slightly, and the regional financial development differences continue to shrink, the financial business occupies a large proportion in the country. The growth rate of bank deposit business was significantly reduced, while the growth rate of loan business remained stable. The number of listed companies and member trading volume maintained a large proportion, the stock trading increased slightly, but the stock fund raising decreased; Insurance business steady growth, but growth rate slow. Looking ahead to 2018, the financial industry of the Yangtze river economic belt will promote the steady development of the financial system by deepening financial market reform and opening up to the outside world, improving the efficiency of financial operation, reducing and defusing financial risks.

Keywords: Financial Development Level; Developmental Differences; Financial Business

Abstract: Since the implementation of the regional development strategy of the Yangtze River Economic Zone, the tourism industry of this area has entered the fast track of development. High-quality cultural and tourism resources is very rich and the tourism market grows rapidly here, playing a very important role in the national tourism economic pattern. With the the 19th National Congress of the Communist Party of China, the 11 provinces and cities of this area have made clear the new mission of the new era, and have carried out active practice in the fields of red tourism, rural tourism as well as holistic tourism. But at the same time, there are still great differences of resources and environmental conditions, core elements, operation performance, industrial environment and development foundation within the upper, middle and lower reaches the upper and middle reaches. Based on the new opportunities and challenges of the Yangtze River Tourism Belt, this paper puts forward measures and suggestions to promote the green development, high-quality development and also coordinated development of the Yangtze River Economic Zone.

Keywords: Tourism Industry; Comparative Analysis; High Quality Development; Yangtze River Economic Belt

Abstract: In 2017, the transportation industry of the Yangtze River Economic Belt developed steadily, and the transportation capacity and structure were further improved. Based on the latest data of transportation network mileage, transportation capacity, Yangtze River trunk line, port construction and airport group construction, this paper makes a comprehensive analysis of the three-dimensional transportation network construction and transportation capacity of various means of transportation in the Yangtze River Economic Zone, and puts forward that the transportation modes in the current transportation structure are over-centralized and the water is over-centralized. Low efficiency is not conducive to the optimization of the industrial layout of the Yangtze River economic belt.

Keywords: Yangtze River Economic Belt; Transportation Industry; Transportation Capacity

Abstract: As a leading place in the development of cultural industry in China, the Yangtze River Economic Belt has extremely rich historical and cultural resources. Based on the geographical advantage and along the Yangtze River Economic Belt comprehensive transportation corridor area all deep fertile soil for the development of cultural industry, cultural industry of the Yangtze River Economic Belt has embarked on a track of healthy development. In the stage of steady development, it will gradually establish the advantage position of cultural industrial cluster, and form regional cultural industry growth pole, at the same time gradually clear regional culture brand.

Keywords: Yangtze River Economic Belt; Cultural Industry; Culture Brand

权威报告·一手数据·特色资源

皮书数据库

ANNUAL REPORT(YEARBOOK) DATABASE

当代中国经济与社会发展高端智库平台

所获荣誉

- 2016年，入选“‘十三五’国家重点电子出版物出版规划骨干工程”
- 2015年，荣获“搜索中国正能量 点赞2015”“创新中国科技创新奖”
- 2013年，荣获“中国出版政府奖·网络出版物奖”提名奖
- 连续多年荣获中国数字出版博览会“数字出版·优秀品牌”奖

成为会员

通过网址www.pishu.com.cn访问皮书数据库网站或下载皮书数据库APP，进行手机号码验证或邮箱验证即可成为皮书数据库会员。

会员福利

- 使用手机号码首次注册的会员，账号自动充值100元体验金，可直接购买和查看数据库内容（仅限PC端）。
- 已注册用户购书后可免费获赠100元皮书数据库充值卡。刮开充值卡涂层获取充值密码，登录并进入“会员中心”—“在线充值”—“充值卡充值”，充值成功后即可购买和查看数据库内容（仅限PC端）。
- 会员福利最终解释权归社会科学文献出版社所有。

社会科学文献出版社 SOCIAL SCIENCES ACADEMIC PRESS (CHINA) 皮书系列

卡号：933451298661

密码：

数据库服务热线：400-008-6695

数据库服务QQ：2475522410

数据库服务邮箱：database@ssap.cn

图书销售热线：010-59367070/7028

图书服务QQ：1265056568

图书服务邮箱：duzhe@ssap.cn

S 基本子库
SUB DATABASE

中国社会发展数据库（下设12个子库）

全面整合国内外中国社会发展研究成果，汇聚独家统计数据、深度分析报告，涉及社会、人口、政治、教育、法律等12个领域，为了解中国社会发展动态、跟踪社会核心热点、分析社会发展趋势提供一站式资源搜索和数据分析与挖掘服务。

中国经济发展数据库（下设12个子库）

基于"皮书系列"中涉及中国经济发展的研究资料构建，内容涵盖宏观经济、农业经济、工业经济、产业经济等12个重点经济领域，为实时掌控经济运行态势、把握经济发展规律、洞察经济形势、进行经济决策提供参考和依据。

中国行业发展数据库（下设17个子库）

以中国国民经济行业分类为依据，覆盖金融业、旅游、医疗卫生、交通运输、能源矿产等100多个行业，跟踪分析国民经济相关行业市场运行状况和政策导向，汇集行业发展前沿资讯，为投资、从业及各种经济决策提供理论基础和实践指导。

中国区域发展数据库（下设6个子库）

对中国特定区域内的经济、社会、文化等领域现状与发展情况进行深度分析和预测，研究层级至县及县以下行政区，涉及地区、区域经济体、城市、农村等不同维度。为地方经济社会宏观态势研究、发展经验研究、案例分析提供数据服务。

中国文化传媒数据库（下设18个子库）

汇聚文化传媒领域专家观点、热点资讯，梳理国内外中国文化发展相关学术研究成果、一手统计数据，涵盖文化产业、新闻传播、电影娱乐、文学艺术、群众文化等18个重点研究领域。为文化传媒研究提供相关数据、研究报告和综合分析服务。

世界经济与国际关系数据库（下设6个子库）

立足"皮书系列"世界经济、国际关系相关学术资源，整合世界经济、国际政治、世界文化与科技、全球性问题、国际组织与国际法、区域研究6大领域研究成果，为世界经济与国际关系研究提供全方位数据分析，为决策和形势研判提供参考。

法律声明

“皮书系列”（含蓝皮书、绿皮书、黄皮书）之品牌由社会科学文献出版社最早使用并持续至今，现已被中国图书市场所熟知。“皮书系列”的相关商标已在中华人民共和国国家工商行政管理总局商标局注册，如LOGO（）、皮书、Pishu、经济蓝皮书、社会蓝皮书等。“皮书系列”图书的注册商标专用权及封面设计、版式设计的著作权均为社会科学文献出版社所有。未经社会科学文献出版社书面授权许可，任何使用与“皮书系列”图书注册商标、封面设计、版式设计相同或者近似的文字、图形或其组合的行为均系侵权行为。

经作者授权，本书的专有出版权及信息网络传播权等为社会科学文献出版社享有。未经社会科学文献出版社书面授权许可，任何就本书内容的复制、发行或以数字形式进行网络传播的行为均系侵权行为。

社会科学文献出版社将通过法律途径追究上述侵权行为的法律责任，维护自身合法权益。

欢迎社会各界人士对侵犯社会科学文献出版社上述权利的侵权行为进行举报。电话：010-59367121，电子邮箱：fawubu@ssap.cn。

社会科学文献出版社